U0504339

中国公法史讲义

聂鑫 著

商务印书馆
The Commercial Press

目　　录

引　言

　　传统中国法律史学侧重于刑律,把刑法史作为教学的重点与教科书编纂的逻辑主线,这或许与"诸法合体,民刑不分"的刑律传统相关。近年来,受海外学界的影响,传统习惯法、民事契约与裁判受到很大的关注;但传统政治法律史(政治制度史、公法史)在教学、研究领域则不那么受到重视。依笔者浅见,古代中国的法律传统对今天影响特别深远的,恐怕首先并非刑律或者民事习惯法,今天中国的刑法和民法(包括刑法学和民法学)可以说是充分现代化("西化")了;反倒是在公法领域,传统的制度与思想仍然有清楚的传承,监察制度在现代中国所开出的老树新枝就是一个典型的例子。在中央集权与成熟的官僚体制背景之下,在传统中国,即使是西方意义上的私法规范也往往兼有公私法的双重属性,而且其公法属性强于私法属性,例如土地制度在传统中国始终便是公法与政治上的重要议题。

　　有日本学者提出"人口大国的列车模型",把人口大国的生存环境比作上下班高峰时期乘客拥挤的列车。在拥挤的车厢中,并非情况各异的每个人都应均等地占有一定的空间,在此状态下,每个人首先应该"自肃",必须一方面"自卫"以保有自己的最低限度的空间,一方面对他人做适度的退让与调整。"通过这样在默默之中的相互推搡和退让,摸索谋求着全员的满足(或曰忍受)的均衡点。"所谓拥挤列车型的社会原理，"是一个对所有个别主体利益主张都不给予确定性的论据，或者更确切地说，通过将个别主体的利益主张视为'私欲'加以约束，从而营造整体秩序的逻辑世界"。"这样的权力结构必然要超越无数个私的相互竞争的世界"，"祈求其中以为实现当事人的共存为目标的'公'的主体的存在，并且赋予这样的主体以权威"。政府强调人民的"自肃"，宣扬"欲之私为失"，以"厌讼"来对抗好讼的社会。"通过采用公与私、全体与个私这样的修辞，剥夺个别主体的自我主张的绝对性根据，圆滑地为全体利益代表者的公权力奠基正位。"①中国古代的公权力特别发达，人民有事喜欢"找政府"，甚至在一定意义上也特别依赖政府（例如赈灾与荒政），这或许与上述原因有关。

在近代以来的中国，法学在很大程度上被作为"西学"来看待，法律现代化与西化被画了等号。在信奉社会达尔文主义的人看来，"全盘西化"是救亡图存的唯一路径；可是，"生存的真正意义是什么?""如果没有'我们的国粹'，'我们将是什么呢'?"②英文有言：越是民族的，越是国际的（more national, more international），文化依其个性而独立存在。"一个民族当然不能把他自己过去的文化一笔勾销，况且亦是办不到的事。""一个民族应当有他的自尊心，哪里肯说自己的样样不如他人呢?"③这样一种"全盘西化"的态度有很多弊端，它造成法律未能与国情适应，国民心理渐失自信，民族精神不能发扬。中国法律现代化之所以至今依然困难重重，其重要原因便是在谋求现代化的过程中，一直未能与传统取得协调。现代化未能充分利用本土资源，取得传统的协助，反

---

① 参见〔日〕寺田浩明：《权利与冤抑：寺田浩明中国法史论集》，王亚新等译，清华大学出版社 2012 年版，第 415—421 页。

② 〔美〕浦嘉珉：《中国与达尔文》，钟永强译，江苏人民出版社 2009 年版，第 104 页。

③ 王伯琦：《近代法律思潮与中国固有文化》，清华大学出版社 2005 年版，第 62 页。

而传统与现代相互干扰，这样的现代化只是"片面的深刻"。现代中国的法律文明应当是以中国人为主体，以中国的现实为原料，参考外国资料，借鉴外国方法而创造的。① 现代中国公法的发展与创新，当然必须关注传统政治制度与文化的传承。

　　笔者的研究领域包括法律史学、比较法学与宪法学，其中又以公法史与比较宪法为主要研究方向。2008 年我到清华任教，2009 年春季即申请给研究生新开设一门课程——"中国政治法律史"，主要讲授中国公法（宪法、行政法）的历史，具体包括了古代的官制、财经、选举、司法、监察制度，以及近代的立宪、修律、国会、司法、监察等重大问题。国内法学院较少开设类似的部门法史（公法史）的课程，民国时期清华大学著名学者钱端升先生在 20 世纪 30 年代曾主编过《民国政制史》，20 世纪 40 年代在哈佛大学做访问教授时还开设过"中国政府与政治 1912—1949"；但其内容只集中于民国时期，未曾言及中国古代的部分。我考虑到中国古代的法制与现代意义上的宪法、行政法在概念与内涵上无法一一对应，所以将课程名之为"中国政治法律史"，而非"中国公法史"。当时也有前辈老师建议我索性将课名定为"中国政制史"，但考虑到本课程的讲授对象仍为法学院的学生，我本人的研究路径也与传统的政制史学研究有很大差异，我没有采纳这个意见。在方法论上，本课程力求兼顾法学、历史学与政治学，具体而言是宪法行政法学、法律史学、比较法学与政府组织研究相结合。课程设置目的是希望学生掌握相关的知识，培养学科交叉研究的能力，同时能够深刻地领会到传统政治法律制度及其文化在中国现代化进程中的断裂与延续。2009 年以来，我先后多次给研究生讲授"中国政治法律史"；自 2019 年起，我将该

---

　　①　参见蔡枢衡：《中国法理自觉的发展》，清华大学出版社 2005 年版，第 18 页。

课程的授课对象改为本科生,同学们选课十分踊跃,这也促使我将课程讲义最终整理出来。最终确定书名时,我决定放下"古今法律概念能否对应""中国古代是否有公法"之类的疑虑,直接命名为"中国公法史讲义"。对我而言,这或许也是一种决断吧。

　　本书在一定意义上乃是一本"读书札记"①,作为一本法制通史类的教科书,它涉及的很多内容并非笔者的专长,只是"不求甚解"之下的"偶有所得"。"前修未密,后出转精",当代中国的学术研究已经日趋精致化,如钱穆般所谓"全史在胸"已成为天方夜谭。面对"知识爆炸"的现实,学者只能力求耕耘于一个或数个较小的研究领域,主题高度集中的论文也成为学术成果评价的首要指标。对于"以学术为业"的学者而言,按照兴趣读书已成为一种奢侈;更多的时候,我们只是为了写论文而"看资料",而非真正意义上的"读书"。可是,人文领域的研究恐怕还是要靠"以学术为乐"的情怀来支撑,从目的性不那么强的广泛阅读中获得的满足感,常常让笔者"乐而忘忧",忘却当今学界"不发表,就出局"的残酷现实。

---

　　①　慵懒如笔者,所谓"读书札记/笔记"并未如其字面意义上一般集中记录于笔记本,而是采用在原书批注与夹条子的方式。

第一章　中国的封建社会与礼制

第一节　商周革命

关于夏代的史料十分有限,商王朝可能仍处于部族国家联盟的阶段,"周人到底是商国之内的一个地方区域,还是与商国有密切接触关系的一个单独的国家? 这是一个难以回答的问题"。虽然在武丁征伐后周形式上似乎臣属于商,但在名、实上仍有很多不一致之处。[1] 本章主要以周代为主,并结合商周比较展开。"周虽旧邦,其命维新",史书将商周之际的变革称为"商周革命",其主导者为周公(姬旦)。"周人以蕞尔小邦,国力远逊于商,居然在牧野一战而克商。周人一方面对此成果有不可思议的感觉,必须以上帝所命为解,另一方面必须说明商人独有的上帝居然会放弃对商的护佑,势须另据血缘及族群之外的理由,以说明周之膺受天命。于是上帝赐周以天命,是由于商人失德,而周人的行为却使周人中选了。"[2]周人在取得政权后,为确立其政权合法性,不得不制礼作乐,在政治理念与统治方式上有所创新。

---

① 参见张光直:《中国青铜时代》,生活·读书·新知三联书店 2013 年版,第 165—166 页。

② 许倬云:《西周史》,生活·读书·新知三联书店 2012 年版,第 117 页。

一、政治观念上的变化："向上看"→"向下看"

（一）"天"之超越观念

商人迷信，"尚鬼"、好卜，把国运寄托于未知世界的神祇，信奉祖宗神型的上帝；而周人的天命观念则具有普世性。与古埃及等古代文化类似，商人有着神权政治的传统，特别重视宗教事务，据甲骨文的记载，商王仅仅因为耳鸣就用了上百头牲畜祭祀以求平安。面对沸腾的民怨，商纣王却置之不理，认为国运取决于天帝的眷顾而不在于民心向背。对臣民而言，商王代表了无上权威；"对于商王来说，他要求臣民'从誓言'，否则他将'孥戮汝'，并且'罔有攸赦'"（《书经·汤誓》）[1]。关于宗教，"与埃及或两河流域不同，中国的'天'，在周代已取代商人的'帝'，成为最高的尊神，天为自然现象的神格化，……是神，也是超越的观念。因为'天'是超越的观念，'天'遂具有普世性，……天命靡常，惟德是辅，将普世与道德两大超越观念合二为一，由这一步的突破，中国文明与犹太、希腊同为人类的枢轴文明之一"[2]。

（二）对"德"的重视

表面上看，商人与周人都信奉神权政治，都相信上天有无上的权力，而王是上天在人间的代理人，周王同样自称为"天子"。不过，周人虽继承了商人的"天命说"，宣称自己同样"受命于天"，但周人实际上创立了"德治说"来修正"天命说"，提出"皇天无亲，惟德是辅"，"以德配天，明德慎罚"。如此一来，"夏商传国的长久是为了敬德，他们的灭亡是为了不敬德"；商朝的文字里是没有"德"这个字的，"周以前只有天负

---

① 张光直：《商文明》，张良仁等译，生活·读书·新知三联书店 2019 年版，第 216 页。

② 许倬云：《历史分光镜》，上海文艺出版社 1998 年版，第 376 页。

责任，人是没有力量的，周以后才由自己负起责任来，自己弄得好，天就降福，弄不好，天就降祸，天只会跟人走了"。① 周人总结说商王朝被取代的原因在于其"缺德"，德的评价源于社会现实，基于民心向背。周公也由此告诫勉励周人，使得其知道创业艰难，应兢兢业业地守成。后世"商人"便成为"唯利是图"的职业群体的代名词。以至于直到现在，中国人缺什么也不承认"缺德"。

二、商周之比较

商	周
敬祀鬼神	敬天、惟人
手工业、贸易发达	农业发达、重农抑商
文字（甲骨文）	文字（金文）
东方部落不同的生活方式：所谓"淫祀"	回归西方部落的典型生活方式：秩序
商业贸易中蕴含的交往方式	农业帝国所需要的政治模式
政权组织形式为较松散的部族国家联盟	政权组织形式为相对紧密的封建制

需要强调的是，周人的文化与制度虽然与商人有所区别，但也并非完全对立。周人在商人故地建立政权的过程中，"在确保周人统治的基础上，尊重甚至吸收土著制度皆可为之"，"殖民于东方的周人邦国，将其家乡的制度习俗带到新占领的区域，但周人并不固守祖宗旧制，即便在古文献中以遵从周文化'原教旨'而闻名的鲁滕诸国，仍然尊重商人

---

① 参见顾颉刚：《国史讲话：上古》，上海人民出版社 2015 年版，第 51—52 页。

旧制,甚至请商人来协助自己制定法度、管理国家"。①

三、问题

1. 商周之际到底发生了什么?

(1)卜筮地位的没落。

(2)天人关系从间接到直接。

(3)器物方面:西周中期青铜器的形态,金文的出现。

(4)商业方面:农业社会的意识形态统御社会。

2. 周代奠定的权力结构统治了中国历史的绝大多数时间,但这是否是中国内生政治结构的唯一道路? 商代的政治模式或许蕴含着另一种被截断的尝试。

当然,尽管商人的生产力水平可能高于周人,但从文化素养与政治文明程度来看,周人明显高于商人,周代典章制度可谓"郁郁乎文哉"。以下详述周代的制度。

第二节　礼制

一、"礼"的渊源与发展

作为一种言行规范,"礼"最早源于氏族时代的祭祀风俗。在阶级明显分化、国家形成以后,一部分反映等级差别和专制要求的精神原则逐渐从具体的礼仪形式中被抽象、概括出来,形成了一系列指导阶级社

---

① 王沛:《刑书与道术:大变局下的早期中国法》,法律出版社 2018 年版,第 13 页。

会生活的原则和规范,即"礼"的抽象原则;而那些带有象征意义的各种礼仪,则仍保留在制度层面发挥作用。根据史籍记载,在夏、商时期,作为言行规范的"礼"就已经存在。孔子就曾说:"殷因于夏礼,所损益,可知也;周因于殷礼,所损益,可知也。"这说明在夏、商、西周的礼制之间,存在着密切的渊源关系。特别是在西周初年,经过"周公制礼"以后,周礼成了一个庞大的"礼治"体系,在国家生活和社会生活的各个方面都发挥着广泛的调节作用。

(一) 俗(乡俗)—礼(礼制)—法(国法)

乡有俗,国有法。

——《管子》

礼从俗,政从上。

——《慎子》

缘人情而制礼,依人性而作仪。

——《史记·礼书》

礼制源于乡俗,乡俗构成礼的古老渊源。周代之礼,已不尽同于乡俗:因为周之封建国家,早已不是小型或原生的乡土亲缘共同体。它是一个较发达的政权系统,具有相当的公共行政和政治强权性质。礼制与法制不同,它并不截然地将政治(行政)分化出来,使之具有独立的角色与目的,反而诉诸原生性的人际关系——"礼由人起""礼顺人情",由此达到"反本修古"的境界。

(二) 礼、刑(法)

礼始于祭祀,特重仪式性,礼、仪经常连用,我们中国人总说自己是"礼仪之邦",礼首先是对精神追求的满足。"礼有差等",要求社会各阶层的人民"各守本分"。即使在现代社会,所谓礼(貌)其实也是"见什么人,说什么话,做什么事",例如长幼之间、师生之间其实是各有自己的本分的,称谓上的"你""您"之别就是一个例子。而所谓"法律面前人人平等",相对的则是现实中的不等与不均,而"不平则鸣"者多半是不平等关系中的弱者。古人说"出礼入刑","礼之所去,刑之所取",违背了礼,就难免有受刑之虞。把西周时期的礼、刑两种规范加在一起,就约略等于现代国家的法律。

二、礼的分类

一般而言,"礼"大体上包括抽象的精神原则(礼义)和具体的礼仪形式两个层面的内容。

(一)礼义

作为抽象的精神原则,诸如"忠""孝""节""义""仁""恕"等,都是"礼"的基本内容。从精神原则方面看,"礼"的核心在于"亲亲"和"尊尊",在于强调等级名分、等级差别。

(二)礼仪

从具体的礼仪形式方面看,"礼"通常有"五礼""六礼"和"九礼"之说。所谓"五礼",是指"吉、凶、宾、军、嘉"。

三、礼乐文化

乐者为同,礼者为异。同则相亲,异则相敬。

乐者天地之和也,礼者天地之序也。

和,故百物皆化;序,故群物皆别。

——《礼记·乐记》

前代兴亡,实出于乐……乐在人和,不由音调。

——《贞观政要》

　　广义的"礼"包括了"礼"与"乐"两个部分。兼"礼""乐"二者而言的"礼",其处理人事的原则是"和而不同"。乐的功能,除了宗教、政治、教育、军事之外,一个很重要的功能是社会整合,即通过集体歌舞(狂欢)活动来实现"与民同乐""其乐融融"的目的。[①] 直到今天,我们依然有"同一首歌""联欢晚会"等形式,来营造"普天同庆"的气氛。

四、周礼的普遍适用

　　西周时期,在国家行政、司法、军事、宗教、教育,乃至伦理道德、家庭生活各个方面,都有"礼"的调节和规范:"道德仁义,非礼不成;教训正俗,非礼不备;分争辩讼,非礼不决;君臣上下、父子兄弟,非礼不定;宦学事师,非礼不亲;班朝治军,莅官行法,非礼威严不行;祭祀鬼神,非礼不诚不庄。"(《礼记》)

第三节　封建

　　"在中文的用法里,所谓'封建'是指由君主分封或承认一些封国,并给予统治者以世袭的地位;反之,'郡县'是说把帝国划分成若干郡与县,由中央政府任命郡守和县令以治理之,而且各有一定的任期。简言之,前者相当于一种封国联盟,后者则相当于一种集权帝国。"[②]周天子

---

① 参见阎步克:《士大夫政治演生史稿》,北京大学出版社1996年版,第482页。
② 杨联陞:《国史探微:宏观视野下的微观考察》,中信出版社2015年版,第95页。

把土地和人民分封给诸侯,叫做"建国";诸侯再把土地和人民分封给卿、大夫,叫做"立家"。这样就形成了金字塔形状的封建体制:天子—诸侯—卿—大夫—士—庶民。就天子与姬姓诸侯这一体系而言,封建与宗法有着密切关系。周天子既是政治上的共主(国王),又是天下同姓(姬姓)的大宗。政治上的共主与血缘上的大宗紧密结合,成为"封建"的精髓。封建制到郡县制(帝制)的转变是,诸侯用各种方法兼并来的土地,不再"封"予他人,而是暂时"悬而不决"或"悬而不封"。这就是"县"的起源了。在古文里,"县""悬"本是一字,读音亦相同。用许倬云先生的比喻,封建是天子将权力"批发"给诸侯,帝制是天子将权力"零售"给官员。[①]

一、西周分封

"周兼制天下,立七十一国,姬姓独居五十三人。"他们多在王畿附近的沃壤。其封异姓诸侯泰半属于不得已:其有古圣先王之后者如封神农之后于焦,黄帝之后于祝,帝尧之后于蓟,帝舜之后于陈,大禹之后于杞,殷之后于宋等。其外便是平天下立有汗马功劳的功臣亦不得不封。然异姓诸侯所封多在边围,甚或指定某一块未经征服的土地,开一个空头支票封予之,令其自己去经营,如封齐便说:"五侯九伯,女实征之。"(《诗经·齐风》)还有后来的秦,周人为犬戎所逐,平王东迁时对秦襄公说:"戎无道侵夺我岐丰之地,秦能攻逐戎,即有其地。与誓封爵之。"(《史记·秦本纪》)后来秦文公逐戎,"遂收周余民有之,地至岐,岐以东献之周"。他们皆是独力发展而蔚成大国的。其另外一种异姓诸侯,即是本有其国,实力亦相当强大,周人鞭长莫及,奈何他不得,只得

---

① 参见许倬云:《历史分光镜》,上海文艺出版社 1998 年版,第 47—48 页。

就其地加封之,如楚、越。[①]

　　钱穆曾言:"西周封建,乃是一种侵略性的武装移民与军事占领,与后世统一政府只以封建制为一种政区与政权之分割绝然不同",乃"耕稼民族之武装拓殖"。面对商王朝遗留下来的众多既存邦国林立这一政治现实,针对殷商孤立而亡的教训,周王"取之所灭国与隙地",将同姓兄弟与姻姓亲信分封到各地建诸侯国,"封建亲戚,以屏藩周",乃是"以武力为背景,在原有众多邦国的地域内人为'插队'进去,新建的'殖民基点',很像是'掺沙子'"。[②]

　　另外,土地(胙土)与人民(族属)均为分封不可缺少的要素。"西周分封并不只是周人殖民队伍分别占有一片东方的故地,分封制度是人口的再编组,每一个封君受封的不仅是土地,更重要的是分封了不同的人群。"周初,"封建"之中"封人"的因素甚至大于"封土"的因素,周初各国每多迁移,这反映了当时"诸侯的地著性还不强固"。周人在其封国之内整合、同化其他民族,"分封制度,在这一层意义下,是统治族群与各地土著族群的重叠关系"。[③]

　　有学者认为,西周封建与欧洲中世纪的"领地-封臣制度"有着根本的区别:其一,西周初年其实有两套并行的规则,一套规则是用以规范周王与东部地方封国的政治关系,一套规则则运用于周王直接管理下的王畿地区,所谓"封建"主要适用于东部地区;其二,西周的封建既包括"授土",也包括"授民",这迥异于中世纪西欧的"采邑","后者本质上是一种土地薪俸,不具有政治和法律权力,但有具体规定的表现为军事服务形式的义务";其三,"周王与诸侯之间的关系比中世纪欧洲'领地-

①　参见瞿同祖:《中国封建社会》,上海人民出版社 2003 年版,第 30—31 页。
②　参见王家范:《中国历史通论》,生活·读书·新知三联书店 2012 年版,第 56 页。
③　参见许倬云:《西周史》,生活·读书·新知三联书店 2012 年版,第 163、167 页。

封臣'(feudo-vassalic)制度下的'领主'与'封臣'之间的契约关系更紧密,也更独裁","各地诸侯虽然在其国内拥有完备的民事、经济及军事权,但毕竟没有独立统治的自由"。[①] 具体可见下述"诸侯与天子的关系"。

二、诸侯与天子的关系[②]

1. 贡赋:诸侯向天子所贡物限于其本地的产物;如王室畿辅遭遇天灾,诸侯应尽力接济。诸侯虽有纳贡的义务,但依礼天子不应主动开口向诸侯有所要求,因为天子是"无求"的,否则于礼不合,例如周天子向鲁国求车,《春秋》便认为是"非礼"。

2. 诸侯派人为天子服"役"。

(1) 工役,如筑城。

(2) 兵役:戍,平王室之乱,为王讨诸侯。

3. 巡狩:天子巡行视察诸侯之国。

4. 朝聘:诸侯必须定期向周王述职,诸侯自己来亲朝为"朝",派卿大夫来朝称为"聘"。

5. 诸侯的卿大夫有的由中央直接任命,周王甚至可以在地方封国设置世袭的"监国"。"春秋时天子号令不行,但形式上诸侯的上卿仍然由天子任命,称为'命卿'或'王之守臣'。看来这种制度,西周确曾实行,邦君的司马要由天子任命,就是'一卿命于天子'。司马、司徒、司工三卿中,司马掌兵权,最为重要,所以要由周王任命,以便于调遣

---

① 参见李峰:《西周的灭亡:中国早期国家的地理和政治危机》,徐峰译,上海古籍出版社 2016 年版,第 118—125 页。

② 参见瞿同祖:《中国封建社会》,上海人民出版社 2003 年版,第 60—72 页。

出征。"①

6. 诸侯随王祭祀。

7. 天子对诸侯的颁赐,如祭肉、服饰器用、田、赐命加服。

8. 天子与诸侯通庆吊。

9. 诸侯为王卿士。

10. 通婚。例如姬姓与姜姓之间频繁的通婚。

三、宗法与封建

在中国古代国家形成过程中,亲缘关系与国家政制长期纠缠不清,故而在氏族社会阶段之后经历了漫长的宗法封建时期。宗法制度是用以维系封建制度的产物,"宗庙的谱牒即是政治上的名分"。"世国则有封建,世家则有宗法。"②

"封建制的背景是宗法制","从天子到诸侯到大夫到士,是一张用血缘关系编织起来的大网","封建制与宗法制的关系,亦即天子以嫡长子继位,众子封为诸侯;诸侯以嫡长子继位,众子封为大夫;大夫以嫡长子继位,众子封为士。士为小宗,以大夫为大宗。大夫亦为小宗,以诸侯为大宗。诸侯亦为小宗,以天子为大宗。周天子与诸侯,诸侯与大夫,大夫与士之间一般都存在血缘关系即亲戚关系,这就是宗法制。封建制是地缘关系,宗法制是血缘关系,封建制与宗法制二而一,一而二。这是以地缘关系来维护血缘关系"。③

①　杨宽:《西周史》上册,上海人民出版社 2016 年版,第 375—376 页。

②　陈寅恪:《隋唐制度渊源略论稿·唐代政治史述论稿》,生活·读书·新知三联书店 2001 年版,第 7 页。

③　周振鹤:《中国地方行政制度史》,上海人民出版社 2014 年版,第 12 页。

（一）宗法制度

1. 嫡庶之别与嫡长子继承制

古代贵族往往希望能够多子多孙以增强本家本族的力量，但诸子之间会产生继承纠纷，诸子之间的冲突甚至会导致一家一国的衰亡。从考古成果来看，商朝的王位继承顺序非常复杂，很难简单地用父死子继或兄终弟及来概括，甚至有学者提出是由两个王族轮流执政，历代商王的血统关系非常模糊。[①] 为了永久地解决继承人问题，周人实行嫡长子继承制度，嫡长子不仅继承了爵位与采邑，也继承了宗庙的祭主之位。周代贵族婚姻实行一夫一妻多妾制，贵族的诸子因为生母的不同而有嫡庶之别，同一生母的诸子因为出生的先后顺序有长幼之别，继承宗庙的嫡长子也称"宗子"，他的妻子称为"宗妇"，宗子的其他兄弟称为"别子"。周天子的历代宗子一系称为"大宗"，相应的其他分出去的别子所领的一系称为"小宗"。小宗对于其所属之大宗，有事宗之道。宗室（大宗之庙）所在，即国都所在。

2. 祭祀

天子七庙、诸侯五庙、大夫三庙、士二庙、庶人无。"一国无二君，一庙无二祭主"，"大宗统于上，小宗统于下"。始祖只有宗子一系可以祭祀，祭始祖的称为大宗。嫡长子称宗子，是继承大统的宗庙主，其庙称为"宗室"。始祖是所有后代的共同始祖，所以永远享祀，为百世不迁之大宗。小宗则五世而迁，亲尽之祖入于祧庙，即所谓"祖迁于上，宗易于下"。立庙须以昭穆为次，表大统之先后，天子七庙，为太祖加三昭三穆。

---

① 参见张光直：《商文明》，张良仁等译，生活·读书·新知三联书店 2019 年版，第186—203 页。

(二) 宗法与"孝"之观念对后世的影响

1. 政治观念上宗法继承制度的延续

宗法继承制度,包括嫡长子继承制与大宗万世一系的体制,关乎皇帝世系的稳定性与儒家"正统"之理念,为后世士大夫群体所坚守。尽管历代帝王常有不立嫡长子之实践,但儒家正统观念仍坚持皇位的嫡长子继承制。例如明代万历皇帝就因废长立幼的问题,与士大夫集团发生严重冲突,最后作为最高统治者的万历也不得不屈从于儒家的理念。而万历的祖父嘉靖皇帝乃是藩王的儿子,并非其前任正德皇帝的直系亲属,在继位后便因为其生父之庙号问题及其在世的生母之称号问题,与奉行儒家正统观念的士大夫集团发生"大礼之争"(大礼之议)①,其背后的核心问题则是宗法继承上的根本问题——宗"统"(王朝世系的合法继承)与承"嗣"(家族惯例的血统继承或过继继承);当时有近两百名中央官员因与嘉靖正面对抗而受到皇权的责罚,但他们毫不畏惧,虽死犹荣。②

2. "以孝治天下""亲尽庙毁"与服制之争③

外族征服者,如北魏孝文帝、金、元、清均特别推崇《孝经》,在于推孝(事亲)及忠(事君)。而魏、晋"以孝治天下",在于其政权基于巧取豪夺,不便提倡"忠",所以用"不孝"之罪名打击政敌。孝文帝以"孝道"为基础,输入整套中国的家族(包括汉姓、宗族)、祖先崇拜(宗庙祠堂、服制)等制度。他易庙号,改道武帝为太祖;行五服,排除远亲于皇族之

---

①　士大夫集团以正统的宗法继承观念,坚持嘉靖应拟制为其具有皇帝身份的伯父的子嗣,相应地嘉靖应改称自己藩王身份的父亲为叔父;而嘉靖则以对生父母尽孝道为名,因为自己帝王的身份而奉生父母为帝、后的尊号。

②　"大礼之争"参见〔美〕牟复礼、〔英〕崔瑞德编:《剑桥中国明代史》上卷,张书生等译,中国社会科学出版社 1992 年版,第 430—437 页。

③　参见康乐:"孝道与北魏政治",载邢义田、林丽月主编:《社会变迁》,中国大百科全书出版社 2005 年版。

外。孝武帝改革服制,"嫡封则爵禄无穷,枝庶则属内贬绝",在其身后引发了不愿因"旁支"而丧失特权地位的贵族的反弹。

四、家臣制度

在西周、春秋时期,各国的卿大夫是非常重要的贵族阶层,"他们世袭着卿大夫的等级地位,世袭着封土和采邑,世代担任各种重要官制,操纵着国家的兵权和政权。他们在封土内,立有宗庙,筑有城邑,设有军队。他们有以宗族组织为基础的统治机构。称为'宗''家''室'等"。"宗子"作为一"家"之主,其手下有宗亲和家臣协助进行统治,由此形成一套家臣制度。"春秋时代卿大夫的'家臣'中也有等级,地位高的称'家大夫'";"有些权力大的'家臣',也有宗族和封土或封邑,又有臣属"。家臣与宗主的关系也是一种君臣关系,他们彼此关系的确立如同天子与诸侯,需要经过"策命"礼。家臣必须对主上效忠。"因为家臣必须效忠于'家',就只知有'家'而不知有'国'。"①

第四节　封建礼制之破坏

一、方伯体制与封建制的离心力

方伯体制呈现为天子—方伯—诸侯。其中,方伯是作为地区首领的较大的诸侯,是天子在一方的政治代理人,有征伐之权。方伯的地位往往并非天子主动授予,而是天子被动承认的政治现实。方伯的产生

---

① 杨宽:《西周史》上册,上海人民出版社 2016 年版,第 476、479 页。

源于诸侯的拥戴/承认,与天子的产生机制类似。与此同时,方伯实力与权威的膨胀将威胁天子,商即亡于方伯(西伯)。

政治与血缘的结合,看似牢不可破,其实不然。既然周天子授土授民给诸侯叫做"建国",诸侯授土授民给卿、大夫叫做"立家",因此对于士、庶民而言,就有"国"与"家"的对立,他们把自己的宗族称为"家",只知效忠于"家",而不知效忠于"国"。这种离心力,是封建制度的致命弱点,导致分裂割据,与中央分庭抗礼,春秋战国的历史充分证明了这一点。

二、周室衰微与"礼崩乐坏""民在鼎矣"

周室东迁后,逐渐"礼崩乐坏"。天子—诸侯—大夫礼法失序,天子王田庄稼被诸侯抢割,到战国时期诸侯国如晋居然被三家外姓大夫所分("三晋")。乱世百家争鸣(儒、法、墨、道、阴阳、名……);乱世也出圣人——孔子,孔子周游列国,劝诸侯"克己复礼",可大家都"不克己、只克他"。传说孔子削笔作《春秋》(国史),令"乱臣贼子惧"。"春秋"也成为一个时代的代名词,指代东周前期。"战国"之称则源于《战国策》,在清代《东周列国志》出版之前,并无东周之名,只有西周和春秋、战国。新贵族为了巩固自身地位,笼络新兴地主、商人,以让其放心。从"临事制刑"到公布成文法,贵族自身也受到法约束,"民在鼎矣",贵族不能再"信口雌黄"。

当时比较著名的公布成文法的事件有:(1) 公元前536年郑国的执政子产把法律铸在鼎上,史称"铸刑书"。(2) 其后,历史上著名的法律专家、郑国的大夫邓析私自编纂法律写于竹简,史称"竹刑";郑国当时的执政以私著法律的罪名杀死邓析,但采用了邓著的文本作为官方法律。(3) 公元前513年,晋国的权臣赵鞅"铸刑鼎",其内容为范宣子所作之"刑书"。"铸刑书"与"铸刑鼎"分别遭到了坚持礼制传统的叔向与孔子的批评,他们认为公布成文法,乃是对于奉行"先王议事以制,不为刑辟"的礼制的重大破坏,将导致贵族与平民上下失序,引起政治与社会混乱。但立法者不为所动,子产还以"救时""顺应时势变化"的理由为自己辩护。

春秋与战国之别在于,春秋时期的历史充斥着王室与诸侯、诸侯之间,以及诸侯国内部诸侯与大夫、大夫之间的冲突。但亲者不失为亲,宗族或姻戚间的阋争,总是容易调停,总留点余地。这种顾念旧情、不为已甚的心理,加上惧名分、虽干犯却不敢过度干犯的矛盾心理,是春秋之所以异于战国的地方,使得周室东迁后三百年间的中国尚不至于成为弱肉强食的世界(春秋灭国在六十以上,但大多是以夷灭夏或以夏灭夷,诸夏国相灭极少,姬姓国相灭之例尤少)。宗族和姻亲的情谊经过的世代越多便越淡,君臣上下的名分最初靠权力造成,名分背后的权力削弱、消失之后,名分便成了纸老虎,不免被戳穿。它窟窿越多,则威严越减。于是靠亲族与名分维系的封建制度必不能长久。①

春秋霸业之"义"包括尊王、攘夷、禁抑篡弑与抑制兼并;然而晋三分、齐易主之后,姬、姜君统断而霸业歇。

三、郡县制之推行

郡县制推行、封建制破坏之原因有:其一,"内废公族"(始于晋),从公族没收来的采邑不再分封出去,而是由国君交给由其自由任免的官员代管;其二,"外务兼并",兼并他国得来的土地,也由国君任命的官员管理。

---

① 参见张荫麟:《中国史纲》,商务印书馆 2003 年版,第 65—66 页。

（一）县

"县"始于西周,义为"悬之",非定制也。古人亦有释"县"义本为"悬"者。唐,即是周初分封悬而未决者之一,其原因在于唐形势险要,逼近王畿,在当时无适当人选可以封唐,倒不如悬之,至成王即位始封予胞弟叔虞。在将封予谁尚悬而未决之时,唐不能为无政府状态,中央势必指派官员暂时治理其地,此即"县"(悬)之起源。这在周初不过暂时悬之,终必封人,是一时权宜之计;演变至后世,遂成为定制,而"县"就成为一级地方政府的代名词了。至春秋时诸侯强弱兼并,强国灭人小国,惩周王封建之失权,不愿以之分封,因此师法唐之先例县之,使人暂时治理其地,其官名曰"县尹""县令""县公"或"县大夫"。悬之不封日久,县乃为定制矣。据统计,春秋晚期晋国至少有 40 个县。"根据秦、楚、晋三国史事分析,春秋之县原是小邦国都或贵族都邑,经过征服或没收,而成为大国的直领地。"[1]

（二）郡

郡、县在始皇统一中国以前各自成为一政治单位,绝无联系。《说文解字》曰:"郡从邑君声。"郡是形声字,似专造此字以名政治区划者,或为适时需要而立之者。"春秋末年晋虽有郡,犹比县轻","郡荒陋而县富庶";"后世意义上的郡可能始于战国初期的魏国","郡或许是特殊的大县城,兵强马壮,人口众多,始初多从边疆军事区设起"。[2] 始皇以前之郡,似均与国防军事有关:"魏有河西上郡,以与戎界边";"秦有陇西北地上郡,筑长城以拒胡"。(《史记·匈奴列传》)时日推移至战国之

————————

① 杜正胜:《编户齐民:传统政治社会结构之形成》,(台北)联经出版事业公司 1990年版,第 122 页。

② 杜正胜:《编户齐民:传统政治社会结构之形成》,(台北)联经出版事业公司 1990年版,第 123 页。

世,征战益形频繁,武将地位当然亦随之增高,渐渐地郡之地位乃凌驾于县之上。秦国在统一战争中不断地置郡,且随着兼并战争,边郡日见大,腹县日见小。至始皇统一天下,分天下为三十六郡,明定县县于郡,遂为后来地方政治的二级制,是自然演变之结果。

四、经济与社会体制的变革

(一)从"国""野"对立的井田制到土地私有化下的按户籍身份授田①

在封建制度下,天子的王畿和诸侯的封国,都有"国"与"野"分立的制度。都城及其周围地区主要居住着贵族和贵族下层,称为"国人",他们享有政治、经济权利,同时也是国家政治上和军事上的支柱;广大农村地区称为"野"("鄙"/"遂"),相应地,在其中从事农业生产的平民称为"野人"或"庶人"。"在春秋中期以前,广大农村地区依然保留有村社的组织形式,保留有这种村社的土地制度,被各级贵族用作'分田制禄'的手段,成为所谓井田制。"从西周后期开始,井田制已经开始瓦解,一方面"公田不治";另一方面,私田不断增多,土地逐渐私有化。在春秋时代井田的郊野,已有私自开垦的小农存在;与此同时,"国人"的耕地首先私有化。到春秋末年,各国的"国人"大都成为拥有耕地的小农。战国时代的魏、秦等国都有按照户籍身份授田的制度;以争霸为目的,各国竞相实行以爵位和田宅赏赐军功的政策。秦"用商鞅之法,改帝王之制,除井田,民得买卖"(《汉书·食货志》)。商鞅变法所确立的名田制度虽未明言"民得买卖",但"既然确认赏得田宅得以个人名义占有,确认其私有而得传子孙,于是就可以公开买卖了"。随着井田制的解

---

① 参见杨宽:《战国史》,上海人民出版社 2016 年版,第 162—177 页。

体，"国人"（下层贵族）与"野人"（平民）在经济上与身份上的差异也日趋模糊。

（二）从城邦氏族到编户齐民①

编户，即编列户籍（列入国家户籍）。封建时代以编查户口为不祥，其登记的是一家一人的"名籍"，用以征兵、籍田、狩猎。帝制时代按时清查、编列户口，登记的是包括全家人口的"户籍"，其原因之一乃是为了扩大征兵与军事化管理。齐民意味着法律身份平等（齐等），但这并不意味着个人社会与经济地位的平等，而仅仅是行政与法律意义上的平等，现实中仍大量存在"齐中之不齐"。封建时代层层叠叠的贵族（公、侯、伯、子、男）、平民（"国人""野人"），身份待遇迥异；春秋中晚期起，城邦各色人等的身份（待遇）之差异逐渐消失，首先是国人与野人无差别，贵族也逐渐"齐民化"。具体反映在如下几个方面：

1. 军队组织：战车武士（贵族）→步兵（平民）。

2. 地方行政制度：形成严密组织的国家公民，组成兵农合一的社区；王畿、邦国、采邑等内部相当独立的政治社会单位消失，代之以郡、县、乡、里的隶属体系。

3. 什伍制：家—伍—里—连—邑。

4. 土地权属：土地国有→私有（土地"受而不还"）。

5. 法律制度：编户齐民的生命与财产受国家法律保护。

6. 聚落社区：传统血缘、地缘关系被打破。

7. 身份爵位：秦二十等爵制代替了"世卿世禄"之制。

---

① 参见杜正胜："'编户齐民论'的剖析"，载王健文主编：《政治与权力》，中国大百科全书出版社 2005 年版。

五、君臣关系之变化与争论

（一）先秦封建制：重仪式、属地主义，"义合"的君臣关系

孔子所谓"君君、臣臣、父父、子子"，强调君臣各有本分，权利、义务相对。对于这种相对主义的君臣关系，孟子则说得更加直白："君之视臣如手足，则臣视君如腹心；君之视臣如犬马，则臣视君如国人；君之视臣如土芥，则臣视君如寇仇。"

（二）秦汉以后帝制：自然化、"王者无外"，以"恩"为基础的君臣关系

儒家经典多成于战国，乃是针对当时的政治现状，对于秦以后大一统的政治局面完全无法预料，不能直接作为秦汉以后帝国制度的蓝图。故而西汉儒者欲建立"儒教国家"，必须对经典进行再诠释。在当时，就君臣关系的转变有许多争论。

1. "二重君主观"与"为旧君服丧"[①]

在封建时代，在天子—诸侯—卿—大夫—士的等级序列中，人们通常首先向自己直接的上级效忠，而不是向周天子效忠，在天子—诸侯—卿—大夫—士之间形成了多层次的君臣关系（效忠关系）。秦汉行帝制之后，这样的传统并未立刻中断，形成了君—臣—民三级的二重君臣关系，下级官僚首先向上级官僚而非皇帝效忠。在长官与属官之间，形成了终生的"旧君—故吏"关系，当昔日的老长官去世时，老部下是要为其服丧的，这就是所谓"为旧君服丧"。在汲汲于"专制集权"的帝制之下，皇帝当然不能容忍这种"另立中央，搞小集团"的倾向，在效忠问题上，皇帝当然希望由"君—臣—民"多级的君臣关系向"君—臣/民"的二级

---

① 参见甘怀真："'旧君'的经典诠释——汉唐间的丧服礼与政治秩序"，载王健文主编：《政治与权力》，中国大百科全书出版社 2005 年版。

关系转变,全体臣民只向皇帝效忠。在东汉,针对臣下"为旧君服丧"的行为专门有禁止之科,但士大夫们往往不避风险"为旧君服丧",这反映了士大夫社会的强制规范与官僚体制的矛盾。

2. 仪式("策名委质")的问题

所谓"策命"之礼,指的是周王通过典礼仪式,赏赐给臣属种种恩命,臣属由此"委质为臣",肯定了主从之间的君臣关系,一旦委质,"虽死不贰"。周礼对于主从双方接受贽礼的形式极为注重,铜器铭文中绝大部分都是关于策命礼的记录。[①] 在封建时代,这种仪式性的策名委质是确立君臣关系的必备条件;可在帝制时代,绝大多数官员与皇帝并没有过如此"亲密"的接触,由此产生了"纯臣"(与皇帝有当面任命关系的)与"不纯臣"的区别,这两种臣子在对待皇帝的效忠义务上应当有所不同吗? 在帝制时代,答案当然是否定的。

3. 义→恩

帝制时代的统治思想将君臣之恩比为父子之情,由此,君臣关系就由以义合的相对关系变成了绝对的关系,臣下不再可以和君上讲条件。"王者无外,天下一家",臣下若与君主发生冲突,也不再可以像春秋战国那样从一个诸侯国逃亡到另一个诸侯国了。到唐太宗时就彻底将相对义务的"忠"变为绝对义务,他严惩隋朝的贰臣,旌表隋代的忠臣,称"君可以不君,臣不可以不臣","他们放弃汤武革命之说,而只采用'比干谏而死'的忠君观念"。[②]

---

① 参见许倬云:《西周史》,生活·读书·新知三联书店 2012 年版,第 184—186 页。

② 参见萨孟武:《中国政治思想史》,(台北)三民书局 1969 年版,第 337—338 页。

第五节　周之后的中国封建礼制的延续

一、封建制与"一国多制"

关于封建制与郡县制,"在传统学者心目中,这两种制度是完全对立的,因此他们往往不考虑到任何定义问题而热烈地讨论它们的利弊。事实上,我们无须把这两种制度看成是互不相容的政府组织形式。从整个政治制度史来看,我们发现如果把这两种传统的政治形式当作是具有极为宽广的光系的两极的话,似乎更有意义"①。

在西周分封制下,周天子与诸侯的关系与欧洲封建时代的体制有类似之处,分封在一定意义上乃是对于主权的分割。《诗经》所谓"普天之下,莫非王土;率土之滨,莫非王臣","只能是理想制度的反映和集权国家的写照,并不是西周分权社会的真相"。诚如唐代柳宗元《封建论》所言:"封建非圣人意,势也。"施行封建制并非君主主观的愿望,而是"统治者迫不得已的行为"。②

周之后的封建制度具体体现在:其一,西汉与西晋的分封。其二,西晋以后,仍有多个朝代在建立之初,分封宗室给有功将领,特别是在边疆地区,如明太祖曾分封北方边区给几个皇子,分封云南地区给沐英及其后代;元朝和清朝曾分封投降的汉人将领,如清初之"三藩"。其

---

① 杨联陞:《国史探微:宏观视野下的微观考察》,中信出版社 2015 年版,第 95 页。
② 参见周振鹤:《中国地方行政制度史》,上海人民出版社 2014 年版,第 13 页。

三,有学者注意到中国历史上长期因为民族、宗教、地域等问题存在"一国多制"的现象,例如中原王朝与少数民族地区延续至清的宗藩关系,以及明清两朝的土司制度,"有趣的是,明代控制土司的方法之一是派遣流官去当土司的属官,尤其是吏目,这和汉代之派遣国相去控制诸侯国的方法极为类似"①。

"天下的'弹性'兼容多维度、多层面的表达和实践,既包括把众多族群绾合在一起的'一',也有保留相对独立的'多'。"②以清朝为例,中原的十八行省继承明朝宪制,满蒙藏则各有特殊体制,大清皇帝是各方唯一的连接点;"满蒙问题在世界史和国际法的意义上,酷似佛兰德、科索沃和燕云十六州"。③ 尽管这种西方"君和国"的理论有一定的局限性,但不可否认的是,在一国之内的确有不同的管理方式,清朝处理蒙藏事务的不是六部而是理藩院,民国时期在各部之外设有"蒙藏事务委员会",今天中央统战部及其归口领导的国家民族事务委员会在少数民族地区事务上仍发挥重要作用。传统中国"历来中原政权在边疆和少数民族地区实行与汉族、农业区不同的制度,在维持中央政权有效控制的前提下保持原有制度,允许民族自治,尊重宗教信仰,给予经济资助。成功地实施这种'一国多制'的政策是统一政权得以维持和巩固的必要条件"④。

关于封建制与郡县制的优劣,历朝历代的思想家有不同的看法,例如曹魏的宗室曹同著《六代论》,主张恢复封建制度;晋朝的陆机也认为封建制比郡县制可取;唐朝柳宗元所著《封建论》,则强烈地批判贵族世

---

① 杨联陞:《国史探微:宏观视野下的微观考察》,中信出版社 2015 年版,第 97 页。

② 韦兵:《完整的天下经验:宋辽夏金元之间的互动》,北京师范大学出版社 2019 年版,第 8 页。

③ 参见刘仲敬:《经与史:华夏世界的历史建构》,广西师范大学出版社 2015 年版,第 314—315 页。

④ 葛剑雄:《统一与分裂——中国历史的启示》,商务印书馆 2013 年版,第 221 页。

袭政治下的封建制;明末清初的启蒙思想家黄宗羲与顾炎武,则都主张
调和封建制与郡县制:"封建之失,其专在下;郡县之失,其专在上",应
当"寓封建之意于郡县之中",以限制君主过分集权,由此"二千年以来
之弊,可以复振"。①

　　尽管封邦建国这样一种非单一制的国家形式,在周以后只是偶一
为之,并且总是与"割据""分裂"联系在一起,但是"在帝制时代的中国,
'封建'一词已经发展出了一种很强的对专制权力的历史批判作用"。
到了19世纪末,以封建批判专制的思想"又一次浮现出来";而民国初
年的联省自治运动,甚至在行动上部分落实了这一反中央集权的思想。
但很快,"封建"又与军阀割据与混乱联系在一起,成为一个完全贬义的
词汇,在思想上和政治上都被唾弃,中央集权的民族国家成为当时唯一
的诉求。②

二、礼制与西周的政治遗产

　　礼制(礼治)"首先只是儒家理念中的一种政治文化模式,在古代不
能把它们等同于实际政治,在近代它们更是日益变成某种'遥远的回
声'"。不过,礼制在时间维度上超越了封建社会,在长达数千年的时间
里深刻影响了古代中国的政治思想、制度规划与政治行为,并深深植根
于中华民族心理之中。与法家单向度地追求富强不同,儒家会更进一
步追问:富强之后,国家的终极目的何在? 子产所谓"救时"之外,政府
是否有更吸引人的、长远的愿景? 儒家礼制的思想,是以"和谐"而非

①　参见杨联陞:《国史探微:宏观视野下的微观考察》,中信出版社 2015 年版,第
98—105 页。

②　参见〔美〕杜赞奇:《从民族国家拯救历史》,王宪明等译,江苏人民出版社 2009 年
版,第 192—194 页。

"发展",以"人"而非"事"为中心的;它所理解的"治","不限于纯粹政治性的目标和秩序",而是一种更高、更远大的文化理想的贯彻,"并由此赋予了文化群体和教育组织以特殊的政治社会责任"。面对中国传统的礼乐文化与"和而不同"的精神,我们今天是否能够找到一脉相承的东西,能否由此激发文化创造的灵感?①

"作为中国早期王朝中的末代,西周国家在后来的中国历史上留下了无法磨灭的印记";"西周国家留下了古代中国经典的核心内容",如《诗经》《尚书》《周易》,这些经典借助儒家思想作为载体,对于后世的政治文化,包括政治道德、政治哲学、政府实践以及士大夫的人生观,都产生了巨大的影响。"西周国家不仅留给了中国一个民族的核心,同时还留下了对于中华文明在日后百年和千年间在帝国统治下的持续繁荣至关重要的文化根基。尽管西周与秦汉帝国之间有着五百年以上的时间间隔,但文化因素却是可以长时间存续的。我们应该在西周国家所带来的文化与民族融合中去探寻中华帝国的起源,应该在西周国家植入周人世界每个角落的同一文化因素中去寻找中国日后统一的基础。"②

---

① 参见阎步克:《士大夫政治演生史稿》,北京大学出版社 1996 年版,第 505—508 页。
② 参见李峰:《西周的灭亡:中国早期国家的地理和政治危机》,徐峰译,上海古籍出版社 2016 年版,第 297—298、316 页。

第二章　古代政府组织

第一节　中央官制

传统中国的中央官制非常早熟,西周时代的朝廷大臣即分为公、卿两级。公一级的中枢,早期包括太保、太师、太史,后期有太师、太史,太师可能同时有两人;卿一级的(类似于后世的六部九卿),"早期有司徒、司马、司工、司寇、太宰、公族,到中期以后,司寇的职位降低,只有五位大臣"[①]。本节内容主要集中于帝制时期的中央官制。

一、中枢机关

(一) 天子近臣转变为国家大臣[②]

吾国中央官制,秦汉以后,无时不在变化之中,而其变化的特质则为天子的近臣(汉时称为内朝官或中朝官)转变为国家的大臣。天子畏帝权旁落、惧大臣窃命,欲收大臣之权为己有,常用近

---

① 杨宽:《西周史》上册,上海人民出版社 2016 年版,第 385 页。
② 参见萨孟武:《中国社会政治史》(一),(台北)三民书局 1975 年版,第 107—111 页。

臣以压制大臣。历时既久,近臣便夺取了大臣的职权,因之大臣乃退处于备员的地位,而近臣却渐次演变为大臣。近臣一旦演变为大臣,天子又欲剥夺其权,而更信任其他近臣。由近臣而大臣,演变不已,而吾国中央官制遂日益复杂起来。

——萨孟武

举例言之,秦汉之中枢大臣——丞相、太尉、御史大夫——均源于古之天子近臣,而三省制度之形成也即天子近臣转变为国家大臣之轮回。

1. 丞相:"相"本为诸侯朝聘会盟之时辅导行礼的官员("相会仪也")。到了战国,君权日益扩大,贵族日益没落,人主启用身边的士人以抑制贵族,相之地位方渐次提高,最终在实质与名义上均称为一国最高行政长官。丞相之名似始于秦。

2. (太)尉:封建时代贵族平时为卿而主政,战时为将而主军。到了战国,由车战而进步为马队与步兵之战,贵族在军事上被淘汰,代之而起的则为平民出身的武官(尉),如孙武、吴起。他们最初不过是人主的侍从参谋,居则侍卫左右,出则从征作战。尉由侍从武官变为国家的军官,地位最高的称"国尉",汉改称"太尉"。

3. 御史(大夫):御史乃记事之官,侍从人主左右,记载百官言行,有肃正纲纪的作用;主四方文书,知四方政情;进而被寄以耳目之任,令其监察内外官员。至秦,则置御史大夫为众御史之长。

另外,汉代官制中存在无关地位高下、职务差异而使用同样文字的官名,例如丞、史、尉。典型如"丞",它表示无关官署大小的副职。再如

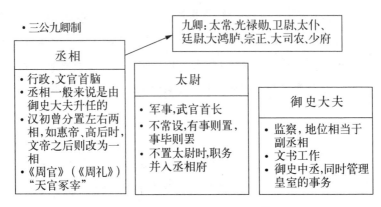

图 2-1　汉代中央政府组织①

史,"带有'史'字者属于文官系统,尤以书记官居多"。在同一机构(如丞相府)中设有官秩高低不同的史(包括丞相史、丞相少史等),"秩百石一级中的令史、尉史、卒史也是'史',上级官僚中的御史、刺史、长史也是'史'","可以说'史'不是表示地位,而是表示职务内容的词语"。另外,还有武官系统的"尉",其中最高长官是太尉,在中央政府中还有卫尉、中尉、水衡都尉等,在地方还普遍设有都尉、校尉、县尉等;比较特殊的是处于文官系统的最高司法官员"廷尉",据东汉应劭的解释是"兵狱同制",也即受古人兵刑合一的思想的影响。②

(二) 一省与三省之递衍

1. 尚书

尚书在秦为少府之属吏,汉承秦制,论其职权,不过掌管文书、传达诏令。("秦时置尚书四人在殿中,主发书,故称尚书。")武帝曾以中官

---

① 该图为清华大学卞格同学所绘。
② 参见〔日〕大庭脩:《秦汉法制史研究》,徐世虹等译,中西书局 2017 年版,第 19—20 页。

（宦官）任尚书之事,称中书（谒者）令;成帝时更以士人任之,复尚书之旧名。故中书令与尚书令,在汉时因所任者身份不同（士人或宦官）而异名,乃是同职异名,且有同时并置之例,与后世中书与尚书系统截然不同。[1]

西汉之世,尚书已经分曹办事,置令一人,仆射一人,尚书四人,成帝时尚书增为五人。尚书既得阅读章奏,又得起草诏令,于是传达文书之吏逐渐变成天子的喉舌。丞相、御史大夫不得不阿附尚书令。至光武虚位三公,事归台阁（尚书）,尚书系统终以秉笔之吏,重于三公。及曹魏,尚书乃脱离少府而独立,称为尚书台。在尚书系统内,原有的少府属吏尚书发展为尚书令、左右仆射、左右丞、尚书、尚书郎、令吏等多级官员。

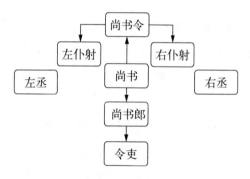

图 2-2　尚书台[2]

2. 中书[3]

尚书由掌理政务,体制化为大臣（外朝）;皇帝另设其侍从秘书曰

---

[1]　参见林咏荣:《中国法制史》,（台北）1976 年自刊,第 167 页。
[2]　该图为清华大学卞格同学所绘。
[3]　参见萨孟武:《中国社会政治史》（二）,（台北）三民书局 2007 年版,第 414—416 页。

"秘书令"，曹魏文帝受禅后改"秘书"为"中书"，其长官为监、令各一人，中书侍郎四人，中书（通事）舍人数人。久之，原尚书之权移于中书，中书省成立。中书与尚书的权限划分为：中书职司起草诏令，进而参与决策，成为丞相之任；尚书奉行诏令，为执行机关。中书由魏晋历南朝四代，职权益重，梁陈尤甚。故曰："大臣之预国论者，必兼中书监令，尤为政本之地"；而尚书"但听命受事而已"。中书舍人在魏称通事，后改称通事舍人。南朝自宋齐以后，中书省之职权乃渐次归于中书舍人，中书监令反成为清简之职，"诏命殆不关中书，专出舍人"。这一方面是因为南朝尚玄虚，放诞不理"俗务"；另一方面是南朝皇子自幼即宰州临均，一切政务由"典签"理之，一旦皇子继承大统，常任"典签"为中书舍人，委以心腹之任，导致其弄权。

3. 门下①

晋承魏旧，唯原有之侍中，其地位日趋重要，以侍中为主管长官之门下省因而设立，与尚书台、中书省开三省制度之先河。自汉以来，侍中为"亲近之职"，地在枢近，多承宠任。曹魏侍中"综理万机"；至晋，其职权益重。

查吾国历史，近臣往往转变为大臣，三公、尚书、中书无不如是。一个转变了，另一个就来顶替，自内而外，自近而疏，这是吾国政制演变的形式。侍中在其顶替之处，虽渐变成外朝官，同时尚有内朝官的性质，所以权任虽大，而尚侍从天子左右。其职务又张切问近对、拾遗补阙，于是就渐次成为枢机之任，管理机要、参断帷幄，而为丞相之职。侍中最初只是就中书起草的诏命对天子提供消极的咨询，以匡正其政治上的缺失；但中书逐渐重视侍中的意见，侍中便得以积极提出主张，进而

————————

①　参见萨孟武：《中国社会政治史》（二），（台北）三民书局 2007 年版，第 419—421 页。

为宰相,门下省属官给事黄门侍郎的地位亦随之提高,有"小宰相"之称。

南朝侍中常以膏粱世家任之,又王谢居多,选用"后才先貌"。南朝政情如同魏晋,中央无确定之宰相,而为宰相者非有外援,亦不能久居其位。至于北魏,多以侍中黄门为"小宰相"。

4. **隋之革新**[①]

之前如汉之尚书,魏晋之中书与侍中,各以一个或两个机构秉理大政,担任宰辅之职;而隋之三省,则为联合并立之组织,各有专司、互相牵制。由尚书省之尚书令、门下省之纳言、内史省之内史,共议国政。尚书省领六部,处理国家一切政务;内史与门下两省,掌握发布命令与封驳之权。三者共同构成中枢机关。

5. 唐之三省并立与政事堂制度

唐承隋制,只是将内史省更名为中书省,以尚书令、中书令、侍中共议国政。三省长官议事,集于政事堂,"颇有近世内阁之精神"。三省权限明确作如下划分:(1) 中书省取旨,掌理法令、政策之制定,置中书令二人;(2) 门下省出纳王命,掌法令、政策之复核,置侍中二人;(3) 尚书省执行,掌理法令与政务之推行,其长官原为尚书令,后因唐太宗曾任此职,臣下避讳而虚悬其缺,以尚书省副长官左右仆射为其实际长官;(4) 在唐人眼中,中书门下才是"真宰相",尚书省仅为执行机关,左右仆射若得兼衔如"参知机务""同中书门下平章事",方为"真宰相",才有资格出席政事堂会议参与议政。唐时三省长官虽为丞相之职,也有其他较低级的官员"参知政事",参与政事堂会议,如"同中书门下三品"及"同中书门下平章事"。因他官参议朝政,中书之权被侵蚀,制诰之任渐

---

① 参见林咏荣:《中国法制史》,(台北)1976 年自刊,第 167—168 页。

次归于翰林学士。①

6. 宋代三省制度的破坏

（1）从三省分立到两省并置、一省独大

宋宰相不议大政，而是依圣旨草诏令、办理文书；当天子昏庸时，宰相就办理文书，进而决定军国大计。翰林学士掌制诰，其常在天子左右，必要时可贡献意见，常迁为辅相。宋以尚书令、中书令、侍中官位隆崇，俱缺而不除，或以他官兼领，为荣誉职务，未尝真拜。初承唐制，以同平章事为宰相，以中书、门下两省侍郎拜之。宋代宰相人数不多，普通不过二三人，再加以参知政事，亦不过四五人。宰相二人时，以一人为昭文馆大学士，并监修国史，一人为集贤殿大学士。若置三人，则分别为昭文、集贤、监修国史。

宋原拟将取旨（中书）、审议（门下）、执行（尚书）三权各自分立，但行之未久，制度就被破坏。其根源在于中书单独取旨，与君主接近，机会独多，较之他省，渐臻重要，终至演成一省独大（"一省专政"）。② 宋初以尚书、中书、门下三省长官同秉国政。元丰改制后，以左右仆射为相，并以右仆射兼中书侍郎，以左仆射兼门下侍郎。以执行部门长官兼领其他两省，三省互相制衡的体制就被破坏了。宋南渡后则不置门下省。高宗将左右仆射并加同平章事，无须再兼二省侍郎；二省侍郎改为参知政事③。孝宗设左右丞相代中书令与侍中，省仆射不置，另设参知政事代中书侍郎与门下侍郎，中书省名存实亡，"三省之政合乎一"。④

---

① 参见钱穆：《中国历代政治得失》，生活·读书·新知三联书店 2005 年版，第 37 页；林咏荣：《中国法制史》，（台北）1976 年自刊，第 168 页。

② 参见林咏荣：《中国法制史》，（台北）1976 年自刊，第 168 页。

③ 参知政事本非官名，后成为"副相"。

④ 参见萨孟武：《中国社会政治史》（四），（台北）三民书局 1975 年版，第 114 页。

（2）政、军、财分立^①

宋既废三省分权，采政（中书省）、军（枢密院）、财（三司使）分立。宋仿五代设户部、度支、盐铁三司使，统财用大计，职权益重，统之者号为"计省"，三司使号为"计臣"，位亚执政。元丰改制后，三司使归并于户部，中书省与枢密院合称"两府"。

枢密之任本属丞相，唐后期帝宠任宦官，始以枢密归于内侍。五代之枢密使每以武臣为之，权重将相。宋代承唐及五代之制，设枢密院，掌军国机务、兵防、边备、戎马之政令，出纳密命，以佐邦治。枢密院以枢密使为长，佐天子执军政，由宰相兼之；元丰改制后，不复兼任；南宋则或兼或否不定。因中书与枢密行事常有龃龉，故有"政事军事不应分开"的意见。元丰改制，王安石等欲罢枢密院，神宗仍坚持祖宗遗训，不欲文武二柄归于同一机关，而希望其能互相牵制。南宋常有战事，因此皇帝意识到军事与政务不能分开，宋高宗常令丞相兼任枢密使，其后或兼或否，开禧之后丞相兼枢密使成为定制。

7. 元代一省制度

元世祖采一省制度，以中书省总揽全国庶政，枢密院掌管军事，御史大夫掌纠劾百官，其体制与秦（汉）类似。中书省置中书令一人，以皇太子兼任，地位在一切臣僚之上，但形同虚领；其下设右、左丞相（元代以右为尊），为"真宰相"；又设平章政事，右、左丞，参知政事，负责掌理机要，处理军国大事。

8. 明代权力中枢移于殿阁

明初，政府组织沿元制，设中书省，置左右丞相。洪武十三年

---

① 参见萨孟武：《中国社会政治史》（四），（台北）三民书局1975年版，第148—153页。

(1380)左丞相胡惟庸擅权伏诛,乃废中书省及丞相之职,政归六部,以各部尚书秉理国政。另于中极殿、建极殿、文华殿、武英殿、文渊阁及东阁置大学士,每殿阁二位,均列六部之上,但仅备为顾问而已。因大学士常侍天子于殿阁之下,避宰相之名,而称内阁。大学士在制度上并非宰相,仅仅是"辅臣"。成祖开阁臣预政之始,嗣后六部在实务上渐变为内阁之隶属机关,政务多依内阁意旨行之,大学士俨然成为"真宰相"。

9. 清之军机处

清初官制沿用明制,以内阁为中枢,六部则分掌政务。内阁置殿阁大学士六名,其中由特简补授者仅满汉各二人,赞理机务、表率群僚;另置协办大学士满汉各一,由尚书、总督等大臣兼任,以为其贰。至于军事,则归议政王大臣议奏。翰林院因掌制诰而备顾问,稍分内阁之权力。雍正时,因西北用兵,虑内阁泄露军机,乃在宫门内另设军机房,后改称军机处,以重臣当之。凡寄信上谕,不经过内阁与六科,直接由军机处拟旨,皇帝过目后封好,盖"办理军机处"印,交兵部加封袋,直接发给受命之人。最初,军机处专理军务,以后逐渐侵入内阁职权,以致"内外要事悉归军机处",内阁虚有其名。军机处设军机大臣 4—6 人,由皇帝于满汉大臣中选任;又下设军机章京相辅佐,编制满汉各 16 人。光绪新政时,设"督办政务处",其权力与军机处相埒。宣统三年(1911)颁行新内阁制,军机处随之撤废。①

(三) 君权与相权

1. 汉初丞相之职权②

秦置丞相,总百官,揆百事;汉承秦制,以丞相为宰相,于政事"无所

---

① 参见陈顾远:《中国法制史概要》,(台北)三民书局 1977 年版,第 106 页。
② 参见萨孟武:《中国社会政治史》(一),(台北)三民书局 1975 年版,第 242—250 页。

不统","权重而体制亦崇"。

（1）地位与职权

其一，受天子的礼遇："丞相进见圣主，御坐为起，在舆为下。"
（《汉书》）

其二，有决定大政方针之权。

其三，有执行赏罚之权，对于大臣可以先斩后奏，甚至有专杀之权。

其四，"天子不亲政，则丞相当理之"（《汉书》）。

其五，丞相所请求，天子须听从；天子的提议，丞相若不同意，只有
作罢。其甚者，丞相得封还诏书。

（2）汉初丞相位高权重的原因

在思想上，依黄老学说，人主高拱无为，必须有人辅佐以统领万机，
此人便是丞相。故而"人主不问苍生问鬼神"。在政治上，汉武帝以前，
丞相必是列侯（功臣）。列侯拥戴刘邦称帝，铲平诸吕之乱，迎立文帝，
可左右政局。汉初丞相代表列侯集团，以节制君主之专制。

（3）秦汉（西汉）之御史大夫为副相

秦汉之御史大夫，史称副丞相，故汉时名为"两府"。"御史之官，宰
相之副，九卿之右。"（《汉书》）御史大夫职权与丞相相埒，常与丞相争
权，有时权力在丞相之上："晁错为御史大夫，权任出丞相右；张汤为御
史，……丞相取充位，天下事皆决于汤。萧望之为御史，意轻丞相。"
（《容斋随笔》）自东汉省御史大夫，以御史中丞为台率，始专司纠察之
任。后世或复置御史大夫为台主（或为中丞），但均不再兼任副相。

（4）朝议制度

汉制，经常会就重大事项——如封建诸侯王、判决谋反者、修正法
律、决定新政（如盐铁政策）等——举行朝议。"相关问题发生后，通常
的做法是皇帝咨询朝议并由丞相主持朝议，丞相未受命则不得举行朝

议,但一旦受命,就必须承担报告结论的责任。"至于有多大范围的官员参加朝议,则根据所讨论问题的性质而有所差异,与咨询事项相关的官吏参加的讨论称为"杂议"。①

2. 内朝的兴起与丞相的失权②

汉初天子垂拱无为,"天下大计决于丞相",天子有事是询问丞相而不是其下属的大臣。国家政令由丞相总其纲,九卿分掌之。汉武帝之前,在君主和丞相之间,并无可以干预政务的人,也就无所谓内朝。汉武帝力求有为,故重用幕僚,侵夺丞相之权,而当时外朝"权相"如窦婴、田蚡多不得善终,而公孙弘之流"充位"为相,不过取其雍容儒雅,朝廷大事不由丞相。天子近臣(内朝官)逐渐壮大,侵夺了丞相的权力,自此丞相失势,九卿"更进用事",直接听命于皇帝及其近臣。由此,"汉代政治的源泉往往不由于丞相而由另外一般人,这就是所谓'内朝'。内朝的起源或由于军事的处置不是德业雍容的宰相所能胜任,因此将大计交给另外的人,但内朝和外朝既有分别,渐渐地在非军事时期也常常有天子的近臣来夺宰相之权,因此宰相便只成了一个奉命执行的机关了"。

3. 三公与丞相之更迭

传说殷周之制,三公系指太师、太傅与太保等师保之官,其下另有六卿,为政务执行者。秦之三公,则指丞相、太尉、御史大夫等执政之官。汉从秦制,以丞相统百官;太尉之尊虽类丞相,然不常置,即置亦未必有兵权;御史大夫"佐丞相,统理天下",有副相之称。汉武帝时罢太尉置大司马,以其同时为内朝(中朝)之领袖。汉成帝纳何武之议,以"丞相兼三公之事",不能胜任,乃改御史为大司空,并置大司马,以分丞

---

① 参见〔日〕大庭脩:《秦汉法制史研究》,徐世虹等译,中西书局 2017 年版,第34 页。
② 参见劳干:"论汉代的内朝与外朝",载黄清连主编:《制度与国家》,中国大百科全书出版社 2005 年版。

相之权,是为三公。汉哀帝时改丞相为大司徒,而大司马、大司空亦各有专司,遂恢复三公为执政之官。王莽篡位,沿用未改。

光武初因西汉末之制,后稍改其名,以太尉、司徒、司空为三公。三公鼎立、互相牵制,实权则出于纳王命之尚书。"光武皇帝愠数世之失权,忿强臣之窃命,矫枉过直,政不任下,虽置三公,事归台阁。"(《汉书·仲长统传》)①东汉明帝时更置录尚书事,三公非录尚书事者,不得与闻朝政。于是尚书乃由掌理文书之小职变为总典朝纲之中枢,三公遂成为备员。灵帝末大司马与太尉并置。汉献帝建安中改司徒为丞相、司空为御史大夫,其背景是曹操为了掌握大权、对抗皇室,恢复了汉初丞相与御史大夫(副相)的设置。但曹魏代汉之后又恢复了东汉的体制。

两汉相权衰落之后,外戚与宦官作为与皇室最为亲近之人,常常弄权并且互相倾轧。

4. 唐代之政事堂与宰相副署制度

政事堂为中书、门下两省的联席会议。凡属皇帝命令,在敕字之下,须加盖"中书门下之印",即须政事堂会议正式通过,然后再送尚书省执行。若未盖印,而由皇帝直接发出的命令,则是违法的,不能为下级机关承认。武则天滥权,未经政事堂直接发布命令,被批评说"不经凤阁(中书)鸾台(门下),何名为敕";唐中宗未经两省径自任官,被讥讽

---

①　东汉光武帝年轻时虽游学京师,但其公开的理想是"做官当做执金吾(类京城的警察局长),娶妻当娶阴丽华(刘秀家乡的富家女,是著名的美人)"。称帝之后,其心中最大的政治问题便是如何巩固自己和子孙的权位,其有限的改革也都是朝着这个方向:(1) 中央官制方面,把大司徒、大司空的"大"字去掉,大司马改称太尉,不让大将军兼领;把三公的职权移给本来替皇帝掌管文书出纳的尚书台。令有位的无权,有权的无位,以杜绝臣下专权。(2) 地方官制方面,令州牧复称刺史,秩禄由六百石增到二千石,并且有固定治所,年终遣人入奏,参劾不经三公,直接听皇帝定夺。(3) 兵制变革方面,取消地方军事训练,削弱地方军事力量,导致郡国兵不中用,边疆有事,依靠雇佣的胡兵。参见张荫麟:《中国史纲》,商务印书馆 2003 年版,第 233—235 页。

是"斜封墨敕"。这样的副署制度一直延续到宋代,宋太祖欲派赵普为相,因之前几个宰相已全体去职,无人副署,只好援引唐代甘露事变之例,令其他大臣代为盖印副署。[1]

翰林院设于唐玄宗开元初年,原为学士待诏之所,后遂掌理内命,渐次演变,逐渐代替中书舍人之职。到至德年间,天下用兵,翰林学士因在天子左右,侍从兼参谋,遂有"内相"之称。于是枢密之中心,由外相移至内相。[2]

5. 宋代分割相权与君权上升

宋代相权较唐代低得多,三省只有中书省设在皇宫之内,由其单独取旨,称政事堂;军权归枢密院;财权归三司("计相");人事由吏部转归考课院(审官院),分文(东院)武(西院),用人之权也不归宰相。古制,三公"坐而论道";宋初,为纠正五代君权旁落之弊,宰相谦抑,逊让不坐。宰相替君主起草诏书,由唐之"熟拟"变为宋之"札子",由定稿变为草稿,由交君主裁可变为仅供君主参考,君主的决定权大大增加。但宋代君主集权乃是制度上的,而非事实(人事)上的,北宋诸帝通常无暴戾、无专擅。[3]

宋代君权扩张的一个重要领域为司法(包括再立法),宋代正式律典在司法实务中很少适用,取而代之的是皇帝的敕令与断例、指挥以及它们的汇编。由于现行敕令与判例汇编篇幅巨大,过于庞杂,官员们在适用时无所适从,从北宋末期起,官员们"开始把问题推给上级,为他们处理的特殊案件寻求皇帝的御决"。"这种求助于皇帝判决形式的中间

---

① 参见钱穆:《中国历代政治得失》,生活·读书·新知三联书店 2005 年版,第 36—39 页。

② 参见萨孟武:《中国社会政治史》(三),(台北)三民书局 1975 年版,第 303 页。

③ 参见钱穆:《中国历代政治得失》,生活·读书·新知三联书店 2005 年版,第 67—69 页。

道路(判决以后变成了判例),仅仅是宋朝进一步走向'专制'倾向的表现。"[1]

6. 明代内阁制度与皇帝独裁

元朝以少数民族入主中原,与宋朝相较,相权有所扩张,君权有所抑制,被明太祖朱元璋评价为"事不师古"。丞相胡惟庸谋反案后,明太祖废中书、门下省,不再置相,并且谕令今后凡有臣下奏请设立丞相者皆处以极刑。自此尚书省不设长官,尚书省六部首长(正二品)各不相属,变成一个"多头衙门"。

明太祖不仅废除了宰相制度,事实上,他是把秦汉创立的中央政府的三个顶层机构(行政、军事、监察)均废除了,权责均集于皇帝,他亲自担任首辅与最高军事统帅,并直接领导上百位监察御史。除撤销中书省外,他还撤销了中央最高军事机关大都督府,将其一分为五(中、前、后、左、右都督府),使得没有一个将领可以专兵。同时,明太祖还撤销了御史台,将全部高级职位废除,仅保留"群龙无首"的察院,以其作为互不隶属的监察御史办公之处。1382 年和 1383 年,明太祖为改变御史群龙无首的混乱状态,将御史分道,并且在诸道之上设置了都御史等三级长官,将监察机构重组为都察院。但这仅仅是基于内部的人事安排与行政目的,中央政府并没有一个官员能够真正控制监察机关,皇帝是"数百名御史的唯一协调人"。[2]

内阁学士不过是皇帝的顾问,官阶只有五品。后世皇帝偷懒,把政权交付内阁,阁权渐重。由经筵讲官(皇室的老师)与六部尚书兼任内

---

[1]　马伯良:"从律到例:宋代法律及其演变简论",载高道蕴、高鸿钧、贺卫方编:《美国学者论中国法律传统》,清华大学出版社 2004 年版,第 332 页。

[2]　参见〔英〕崔瑞德、〔美〕牟复礼编:《剑桥中国明代史》下卷,杨品泉等译,中国社会科学出版社 2006 年版,第 66—69 页。

阁大学士,内阁大学士的地位就尊贵了。但在制度上,明代一切诏令出自皇帝,责权都在皇帝,大学士只是其私人秘书。尚书六部才是政府的最高长官,他们只须听命于皇帝,而非内阁。内阁并非宰相,如其揽权专权,则是"权臣"而非大臣。例如,"能干"的首辅张居正,其在制度上并非政府的领袖,却超越制度问事揽权、干涉部院[①],故有权臣奸臣之讥。

在明代,除内阁外,另一个控制政权的组织是宦官集团,他们拥有以司礼监为首的庞大机构,并且掌控了特务机构。宦官集团与内阁有合作也有倾轧,它们是皇帝的"两套顾问班子","自从 1380 年取消宰相的职务以后,这两个集团都没有行使咨询职能的明确的宪政基础,它们都属于内廷,都是皇帝亲密的私人随从,它们的权力都来自它们与皇帝的关系"。明代宦官势力高涨的根源,在于明太祖废相集权之后中枢系统的支离破碎,皇帝由此不得不求助身边的宦官侍从处理重要文件,特别是考虑到明代皇帝除洪武、永乐外少有精明勤政者。"对皇帝来说,宦官侍从是一个针对外廷领导遭到破坏的临时性的反应,在以前的朝代中,这种领导给统治者提供了可靠的行政协助。"明代把庞大的宦官行政编制正规化的做法,在之前宦官肆虐的汉唐也未有先例。[②]

明亡后,黄宗羲《明夷待访录》认为明代废相是大错,将来应再立宰相做政府领袖,不要由皇帝亲揽大权。[③]

---

① 其表现有:不通过皇帝直接下命令,并要求各衙门奏章公事备两份,其中一份不通过六科给事中,直接送内阁。

② 参见〔美〕牟复礼、〔英〕崔瑞德编:《剑桥中国明代史》上卷,张书生等译,中国社会科学出版社 2006 年版,第 352—355 页。

③ 参见钱穆:《中国历代政治得失》,生活·读书·新知三联书店 2005 年版,第 97—103 页。

7. 清代之军机处与"圣君"独裁

明朝虽然废除了丞相制度,但是由于有多位皇帝常常怠政,又逐渐发展出以内阁大学士为首的外朝自治,"许多日常政务是在远离皇帝的外朝处理,不必每每向他请旨"。康熙时期的内廷包括满洲人和蒙古人垄断的内务府和议政王大臣会议,以及汉人学者组成的南书房。雍正并没有利用其父亲时代的权贵集团,他将康熙时期的内廷组织降级,创设了新的内廷组织,并且任用新人。对于最高层,雍正放弃了康熙内廷民族区分的安排,任命满汉官员一体办事;在各部尚书之上设立了管理部务大臣,强化了内廷。这为乾隆以来的军机处体制打下了基础。①

(1) 南书房

南书房设于康熙十六年(1677),康熙在翰林等官员中,"择词臣才品兼优者"入值,称"南书房行走"。入值者主要陪伴皇帝赋诗撰文、写字作画,同时秉承皇帝的意旨"撰述谕旨"。它是直接听命于皇帝的机要机构,随时承旨出诏行令,这使南书房"权势日崇"。康熙帝亲政以后,国家大事需经过满洲王公贵族参与的议政王大臣会议,而内阁在名义上仍是外朝的最高政务机构,议政王大臣会议与内阁对于皇权有一定的限制作用。康熙帝为了把国家大权严密地控制在自己手中,决定以南书房为核心,削弱议政王大臣会议的权力,同时将外朝内阁的某些职能移归内廷。但南书房在制度上只是秘书机关,并未取代内阁,体制化为真正意义上的中枢机关。

(2) 军机处

军机处如前所述乃是由于军务机密而设,这一机构早期的名称是"办理军需大臣",其权力逐渐由军务扩大到一般政务。"所谓军机处

---

① 参见〔美〕白彬菊:《君主与大臣:清中期的军机处(1723—1820)》,董建中译,中国人民大学出版社 2017 年版,第 21—22 页。

者,非清朝创设也,唯从时势趋势,应其需要,一位内阁之一分局耳。及后收内阁之实权,遂为最高唯一统治机关也。"雍正皇帝去世后,内廷急速扩张,军机处的任务大幅度增加,并在军机处设立了总理事务王大臣。军机处直隶于君主,为最高议政机关,君主日常亲临以"裁断万机"。军机处办理军务与机要,特别注意保密,为避嫌,军机大臣通常不接见地方官,与中央官员也很少有私人往来。[1] 依清制,内阁仍为外朝之中枢,军机处仅为皇帝内廷的御用班子,其在嘉庆之前甚至未列入《大清会典》,但军机处因其背后的皇权而成为实际的最高中枢机关。清朝历代天子特别勤勉有为,几乎无日不与军机大臣相见,而机务及用兵皆由军机大臣承旨办理,清朝的皇权专制由此达于极致。

(四) 历代之超品(虚位)官

西周初期的中央政权是以太保和太师作为首脑,"太保和太师掌握着朝廷的军政大权,并成为年少国君的监国者"。"这种政治上的长老监护制度,是从贵族家内幼儿保育和监护的礼制发展起来的。""西周中期以后,就不见有太保担任执政大臣的",但是太师仍然为中央官署卿事寮的长官;作为与卿事寮并立的太史寮的长官,太史"掌握着朝廷行政和用人的大权,成为仅次于太师的执政大臣"。[2] 西汉以后,太师、太保这类西周最为尊贵的大臣名号,则保留给了地位尊崇但不掌握实权的超品官,具体如下。

西汉以太师、太傅、太保为上公;东汉以太傅为上公。

魏之上公有相国、太傅、太保、大司马、大将军、太尉、司徒、司空,均位居一品。

---

① 参见〔日〕织田万:《清国行政法》,中国政法大学出版社 2003 年版,第 165—171 页。

② 参见杨宽:《西周史》上册,上海人民出版社 2016 年版,第 337、356—358 页。

晋分特任公与八公：特任公有丞相与相国，八公为太宰、太傅、太保、大司马、大将军、太尉、司徒、司空，前五位为超品，后五位为一品。南北朝大致承晋制，其中有省罢及不常置者。其中相国与丞相则或无或不常置。

隋设三师三公：三师为太师、太傅、太保，三公为太尉、司徒、司空。三师为超品官，三公为一品官。

唐承隋制，唯三师三公均为正一品。三师为训导之官，无所统职；三公为论道之官，佐天子、理阴阳、平邦国，无所不统。

宋设三师三公三孤，为正一品。

元设三公，为太师、太傅、太保，为正一品。

明设三公三孤：三公为太师、太傅、太保，正一品；三孤为少师、少傅、少保，从一品。

清无定制，但洪承畴曾被加封太子太师衔，也有不少重臣于生前身后被加封太子太保等衔。

二、中央各职能部门——"六部九卿"

（一）九卿之演变[①]

传说中周代即设九卿，为少师、少傅、少保、冢宰、司徒、宗伯、司马、司寇、司空。秦以丞相总揽政务，另置九卿分司职守：奉常掌祭祀礼仪，郎中掌宫殿掖门，卫尉掌门卫屯兵，宗正掌皇帝亲属，治粟内史掌谷货，廷尉掌刑辟，典客掌宾客，太仆掌舆马，少府掌地泽之税。汉承秦制，唯改奉常为太常，郎中为光禄勋，典客为大鸿胪，治粟内史为大司农，并将九卿直接统辖于丞相（或大司徒），九卿之官邸称为"寺"。汉成帝置尚

---

① 参见杨鸿年、欧阳鑫：《中国政制史》，武汉大学出版社 2005 年版，第 121—123 页；林咏荣：《中国法制史》，（台北）1976 年自刊，第 171 页。

书分曹任事后,政归尚书,九卿遂渐失其重要性;唯尚书地位尚低,虽已分九卿之职务,却不能完全侵夺其职权。后汉九卿分隶于三公:太常、光禄勋、卫尉隶于太尉,太仆、廷尉、大鸿胪隶于司徒,宗正、大司农、少府隶于司空。晋以九卿为基础增加数卿,并且各置属曹掾史。

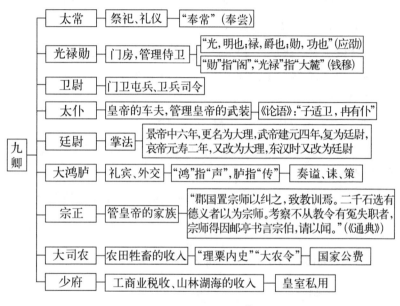

图 2-3　汉代九卿①

梁武帝调整九卿职务,析少府增大府卿,改将作大匠为大匠卿,改都水使为都水卿,合为十二卿,分为春卿、夏卿、秋卿、冬卿四类,每类三卿。十二卿皆置丞及功曹、主簿作为属官。汉代虽号称九卿,但官名并无"卿"字,"卿"之名始于梁武帝,后世沿袭之。

北魏仍为九卿,并于九卿各设少卿为副。北齐改廷尉为大理寺,改

━━━━━━━━

①　该图为清华大学卞格同学所绘。

少府为太府,并称其官署为"寺",故称为"九寺"。隋沿北齐九寺,又另置国子、少府、军器、将作、都水五监。唐沿隋制,唯增司天监。宋沿之,及南渡后(南宋)九寺六监多有裁撤,为五寺三监。明为五寺三监三司二府,如通政使司、宗人府、詹事府等。清有太常、光禄、大理、鸿胪、太仆五寺与钦天监、宗人府、内务府、通政使司等。清季改大理寺为大理院,通政使司裁撤,太常、光禄、鸿胪并入礼部,太仆并入陆军部。

九卿之中,半数为皇帝办宫室之务,即所谓"宫中府中,俱为一体"。故曰:"丞相与御史由君主左右有学识的近臣发展而来,九卿亦由君主的仆役发展而成。"清季改大理寺为大理院后,所存各寺,纯为皇室之服务机构,与政府各部分立,不再"宫中府中,俱为一体"。

(二) 六部之更张

1. 尚书分曹[①]

汉成帝于尚书仆射之下,置尚书四人,分司四曹:(1)常侍曹,主丞相公卿奏事;(2)二千石曹,主刺史郡国事;(3)民曹,主吏民上书事;(4)客曹,主外国夷狄事。成帝后又增"三公曹",主断狱,并为五曹。

东汉光武帝设六曹:(1)三公曹,主岁考课诸州郡事;(2)改常侍曹为吏曹,主选举祠祀事;(3)民曹,主修缮功作盐池园苑事;(4)客曹,主护驾及羌胡朝贺事;(5)二千石曹,主词讼事;(6)中都官曹,主水火盗贼事。六曹合仆射二人,并称"八座",为六部制度之雏形。

魏有吏部、左民、客曹、五兵、度支五曹尚书。晋有吏部、三公、客、驾部、屯田、度支六曹。魏另有祀部尚书,晋另有祠部尚书,由右仆射兼领。故史载魏晋尚书曹数,"或五或六"不等。魏晋除尚书分曹,尚书郎亦分曹,开日后各部分司之先河。

---

① 参见林咏荣:《中国法制史》,(台北)1976 年自刊,第 172—173 页。

2. 六部尚书

北齐分吏部、殿中、祠部、五兵、都官、度支六部尚书,分领二十八曹。隋初承北齐之制,嗣后除吏部照旧外,改度支为户部,祠部为礼部,五兵为兵部,都官为刑部,殿中为工部。六部每部下辖四司。唐因之,六部遂定制。安史乱后,"方镇跋扈于外,宦官擅兵于内,兵部遂失其权";而户部失权于盐铁、度支、转运诸使;吏部铨叙之权在中央为君相所侵夺,在地方为诸使、道把持,刑部亦由此失权。[①]

宋以六部各治其事,不隶宰相。六部除吏部外,不置尚书,只置判部事1—2人。嗣后仿五代设户部、度支、盐铁三司使,统财用大计,职权益重;元丰改制后,三司使归并于户部。元代以六部隶中书省,部各置尚书三人而不分曹。明代废中书省,六部独立,每部设尚书一人,左右侍郎各一人。清承明制,唯各部设满汉尚书各一,侍郎各二。

(三)寺监与六部之关系

秦汉的国家政令由丞相为中枢,九卿为执行机关;而汉末曹魏以后,尚书既夺丞相之权,又兼分九卿之职,直接参与行政。隋及唐初,则尚书令仆为宰相正官,六部分曹,共行国政。故尚书省为宰相机关兼行政机关。及神龙以后,仆射虽被摒于衡轴之外,然尚书省上承君相,下行百司,为国家政事之总枢纽,仍不失其国家最高行政机关之地位。自汉末以来,尚书虽参与行政,侵夺九卿之权,但九卿亦不废,与尚书并立,皆承君相之名,分行政务,双方职权难免有重复、混淆之困扰。例如,司农、太府两寺与户部,太常、鸿胪、光禄三寺与礼部,太仆、卫尉两寺与兵部,大理寺与刑部,少府、将作两监与工部,其执掌均有类似、重合之处。有人由此认为九卿有沦为冗曹之虞,"九寺(卿)可并于尚书"。

---

① 参见严耕望:"论唐代尚书省之职权与地位",载氏著:《严耕望史学论文选集》下册,中华书局2006年版。

考证事实,隋唐尚书省与六部之组织极简单,官之编制不过一百五十余人,吏之编制不过一千一百余人,国家大事远非这区区一千余人所能集办;而九卿组织远较尚书六部复杂而庞大,编制不下万人,其首长之品秩亦与六部尚书均等,若说九卿为冗曹,未免不合情理。其实,六部与九卿是有分工的,六部"掌政令",以行(君相之)制命;九卿"掌诸事",以行尚书之政令。即六部(二十四司)承丞相之制命,制为政令,下于九寺诸监,促其施行,而为之节制。于是六部为上司、主政务,故官员不必多;寺监为下级、掌事务,故组织需庞杂。六部长官为政务官,故地位崇隆;寺监长官为事务官,故权势自远逊。①

三、监察机关

中国监察制度源远流长,尧舜时代便有贵族民主监察制度,与西洋古代贵族民主制度有类似之处。但作为中国特色的传统监察制度,则是萌芽于夏商周、成于秦、大行于汉、绵延于后世的御史和谏官制度。②

(一)从御史台到都察院

1. 秦汉

周朝以小宰和中大夫担任监察,御史则以史官兼有监察职能,当时的史官,官职虽低,但清望很高,责任很重。秦的御史则不是史官,而是察官,是为中国御史制度的创始。秦的御史地位很高,御史大夫位列三公,与丞相和太尉共领朝政,其主要职务是监察和责罚。汉承秦制,但汉制与秦制相较,秦之御史类现代的检察官,而汉御史则纯为监察官。③

---

① 参见严耕望:"论唐代尚书省之职权与地位",载氏著:《严耕望史学论文选集》下册,中华书局 2006 年版。
② 参见陶百川:《比较监察制度》,(台北)三民书局 1978 年版,第 11—12 页。
③ 参见陶百川:《比较监察制度》,(台北)三民书局 1978 年版,第 13—15 页。

西汉御史的中央官署称为御史台(府),掌理监察内外,纠举百官不法,与丞相府并称"两府"。御史府首长为御史大夫,兼副丞相。[①] 御史府副首长为御史中丞和御史丞;有御史 45 人,其中 15 人为侍御史,供职殿中,其余 30 人则留在御史府。在地方上,汉武帝在行政区郡国之外,另行设置了一种作为监察区的州,置刺史以查之,因为刺史各部一州,故亦称部刺史,隶属于御史中丞。中国古代传统上监察官均得独立行使职权,御史中丞虽为御史大夫属官,但其内领侍御史、外督部刺史,可与御史大夫相抗衡,后者有过,中丞亦得察举。[②]"因行政权之不可信,故置御史以监之,而御史又何可深信。"这就发生谁来监督监察官的问题。所以汉制监察权并非专属于御史府,丞相府亦设司直,掌佐丞相举不法;又另设独立的司隶校尉监察百官。司隶校尉权力极大,纵是丞相、御史大夫亦得弹劾,甚至可察及皇太后及贵戚;为避免司隶校尉恃权娇纵,汉制又令司隶位在司直之下。这就形成御史府、司直、司隶校尉并行的监察体制,三机关互相监察,进而监察百官,这就杜绝了御史专权妄为、扰乱朝纲的可能。[③]

汉制监察官的职等待遇可用"秩卑、权重、赏厚"六字概括,其理念如下。自御史中丞以下司监察的官员秩位都不高,御史中丞秩止千石,侍御史与部刺史秩仅六百石,却要监督秩位比他们高很多的公卿和郡守、国相,但是监察官因为工作成绩优异常常可以超擢。[④]"以小吏监察巨僚",这是因为"秩卑则其人激昂,权重则能行志";"官轻则爱惜身家

---

　　① 东汉御史大夫转为司空,御史中丞成为御史府之长。

　　② 参见萨孟武:《中国社会政治史》(一),(台北)三民书局 1975 年版,第 253—259、291 页。

　　③ 参见萨孟武:《中国社会政治史》(一),(台北)三民书局 1975 年版,第 321—323 页。

　　④ 秩六百石的刺史有功绩者可直接升为秩二千石的郡守、国相。参见《汉书》卷 83《朱博传》。

之念轻",所以少患得患失之心,这就是后世监察官无不位卑而权重的理由。再加上破格提拔的刺激,"秩卑而赏厚,咸劝功而乐进"。尽管这样的制度安排有一定的道理,但一直也有人质疑以小官监察巨僚是否可能,甚至认为这是中国古代监察制度的弊病之一。^① 不过,从另一个角度看,因为古代监察官乃是"帝王之报凶的鸟和守夜的狗"^②,作为帝王鹰犬的人自然不可与辅佐帝王的公卿大吏同列,这或许也是御史秩卑的缘由之一。御史负责纠弹不法,乃"风霜之任",所以汉代常常选择明法律而性刚毅之士担任。^③

　　御史(包括司直、司隶)所察者为官员的失职与违法(枉法),前者是因为官吏不善尽其义务而惩戒之,用以维持官纪;后者是因为官吏滥用职权而惩戒之,用以维持社会秩序。"吾国古代对于斯二者没有截然划分,所以监察机关不但监察官吏枉法,且亦监察官吏失职。"^④汉制,监察机关掌弹劾,审判官吏违法情事的则为廷尉(汉时最高司法机关);案情特别重大的,天子尚可派秩位为二千石的高官五人组成特别法庭审判。至于官吏因失职而受弹劾,也必须由三公派专人查验是否属实。所以审判权与弹劾权原则上是分开的,当然,在君主专制的时代,一切权力最终归于天子。^⑤

　　2. (隋)唐

　　唐代御史台^⑥设大夫一人,正三品;中丞二人,正四品下。其下设三院:台院,设侍御史四人,从六品下,掌纠举百官;殿院,设殿中侍御史六

---

　　① 　参见邱永明:《中国监察制度史》,华东师范大学出版社 1992 年版,第 138 页。
　　② 　陶百川:《比较监察制度》,(台北)三民书局 1978 年版,第 15 页。
　　③ 　参见萨孟武:《中国社会政治史》(一),(台北)三民书局 1975 年版,第 256 页。
　　④ 　萨孟武:《中国社会政治史》(一),(台北)三民书局 1975 年版,第 320 页。
　　⑤ 　参见萨孟武:《中国社会政治史》(一),(台北)三民书局 1975 年版,第 323 页—324 页。
　　⑥ 　武后文明元年,曾易御史台之名为肃政台。

人,从七品下,掌巡察两京,肃正朝仪;察院,设监察御史多人,正八品上,掌巡按地方。① 监察御史并分察尚书省吏户礼兵刑工六司;至于地方监察机关,则置有十道巡按,由监察御史分任之。② 肃宗至德后,地方诸道使府参佐,皆以御史充任,谓之"外台"。"御史台的职掌,从秦到汉,虽有部分的司法监察权,但无司法审判权。到了唐朝,在原有基础上又赋予御史台部分的司法审判权。……三院御史都可以推鞫狱讼。御史台正是通过推鞫狱讼、鞫审诏狱、评定案件来获得部分司法审判权的。"③御史台还得以设立台狱,于台中设立东、西二狱。御史台推鞫诉讼,是其主要职权(监察)之外的附属职权,其往往是根据皇帝的旨意审案,故成为"鞫审诏狱"。御史台推鞫刑事有东推、西推和三司推,前两种是御史台独家鞫审诏狱,三司推则是与刑部、大理寺一起鞫审大狱。

(隋)唐"上承魏晋御史制度之遗绪,下开台院之先河,实为我国监察制度发展史上之转折点"④。"不唯分巡分察之制起自于唐,即各御史独立弹事,风闻弹事,于中丞之不奉违法制诏,亦极盛于唐。"⑤御史甚至得以拒绝君主的非法调遣,这是历代所罕见的。唐代御史制度对于后世影响深远的大约有如下几点:其一,三院制度为宋朝所因袭,而武后时肃正台之名为民初肃政厅之渊源;其二,唐之外台为元行御史台之所本,而明代督抚制度,又系由元代行御史台发展而来;其三,监察御史分察尚书省六司,为清代十五道监察御史分察各部院之滥觞;其四,十道巡按御史开清代监察御史之先河。⑥

---

① 参见那思陆:《中国审判制度史》,(台北)正典出版文化有限公司 2004 年版,第 45—46 页。

② 参见常泽民:《中国现代监察制度》,(台北)商务印书馆 1979 年版,第 14 页。

③ 邱永明:《中国监察制度史》,华东师范大学出版社 1992 年版,第 249—250 页。

④ 常泽民:《中国现代监察制度》,(台北)商务印书馆 1979 年版,第 10 页。

⑤ 陈顾远:《中国法制史概要》,(台北)三民书局 1977 年版,第 133—134 页。

⑥ 参见常泽民:《中国现代监察制度》,(台北)商务印书馆 1979 年版,第 16 页。

3. 宋元

宋代不设御史大夫，以御史中丞为台长，这无形中降低了御史台的地位。同时，御史中丞也多由他官兼理，甚至由丞相的属官兼任。所以形式上宋代御史制度承袭了唐制，实际上御史地位却很难独立，甚至无异于使纠弹权形同虚设。

元代的御史台乃承袭辽金制度，御史台规模大为扩张，御史品级之高更史无前例。御史台设御史大夫为台长，从一品；御史中丞二人，正二品；殿中侍御史二人，正四品；另有监察御史三十二员，正七品。唐宋以来的三院仅余两院（殿中司和察院），而殿中司仅有两名侍御史，与察院御史不成比例。台院制度，至此已近尾声。元代御史制度一大特色为行御史台之设，其为地方最高监察机关，下设诸道廉访肃政司。当时全国分为三大监察区：一为内台（即御史台），下属八道（廉访肃政司）；一为江南行御史台，下属十道；一为陕西行御史台，下属四道。总共三台二十二道监察区。[①]

4. 明清

明代彻底废除了唐代以来的御史台分院（台院、殿院、察院）的制度，合并为一，更御史台之名为都察院。弹劾、纠仪、巡按之任，均归于监察御史。都察院设左右都御史各一人，正三品；左右副都御史各一人，从三品；左右佥都御史各二人，正四品。左右都御史主管都察院院务，负责提督各道、纠弹百司、参与会审与廷推、廷议。左右副都御史和左右佥都御史襄助都御史工作，也常被派赴地方巡视。都察院除设院务官之外，还下设十三道（监察区）监察御史。监察御史共 110 人，皆正七品。他们虽然隶属都察院，却具有较强独立性，其主要监察对象是中

---

① 参见"监察院实录编辑委员会"编：《国民政府监察院实录》（一），（台北）"监察院秘书处"1981 年版，第 4 页。

央的中下级官吏和地方官吏。其具体职责是:纠弹官邪、巡按地方、参与廷推和廷议、纠察礼仪以及各种专差和临时派遣。[①] 清代都察院在品级与职权上高于前代,都察院长官与六部尚书平级,为从一品,除主管院务外,并可参与朝政。清代都察院长官为左都御史,满汉各一人,左副都御史满汉各两人,不设佥都御史。至于右都御史与右副都御史,则分别为地方总督、巡抚的兼衔。[②] 至于地方监察御史,则改十三道为十五道。

(二) 从台谏并立到台谏合一

汉代由大夫"掌议论"[③],以批评朝政。汉时大夫有太中大夫(秩比千石)、中大夫(西汉太初元年更名为光禄大夫,秩比二千石)、谏大夫(东汉时更名为谏议大夫,秩比八百石)。"后世大夫多为散官或为阶官,只唯谏(议)大夫与御史并置,即所谓台谏者也。前者批评朝政,后者弹击官邪。""历来居此职(大夫)者多择博学修行之人为之。学博而后知政策之得失,行修而后不党同伐异。"[④]掌批评朝政的大夫与掌纠弹的御史相较,前者秩位较高,选拔标准也较高。大夫要博学而有修为,御史只需明法而刚直。在中国传统文化中,法学(律学)并非显学,从学问上讲明法远不及博学;而从品性上讲刚直固然是美德,但其与"有修为"的差距是"勇者"与"仁者"之别,不可同日而语。御史所察者为法律问题;而谏官矫正朝政阙失,所察者则为政治问题。这与西方现代议会

---

① 参见皮纯协等编著:《中外监察制度简史》,中州古籍出版社1991年版,第181—182页。

② 今天我们参观保定直隶总督府,看到其大门牌匾称"都(察)院衙门",便是这个缘故。

③ 参见《汉书》卷19上《百官公卿表》。

④ 萨孟武:《中国社会政治史》(一),(台北)三民书局1975年版,第262页注。

制度有类似之处,尽管其本质迥异。① 汉代的谏官尚未从皇帝的内廷中分离、独立出来,所以其谏官制度只是初步地形成。②

唐初统治者吸取隋朝灭亡的教训,注意谏诤制度的建设,唐太宗更把谏官当作师友与明镜看待。唐代中书、门下两省多设谏官,谏议大夫、给事中属门下省;散骑常侍、补阙、拾遗则分左右,左属门下省,右属中书省。因为两省谏官很多,当时已有"谏院"之称。谏官独立行使谏诤权,并可随丞相入阁,与闻政事。唐时谏官制度的一大发展是封驳制的进一步确立,军国大事由中书舍人制敕草成,交由门下省审查,如有不合时宜的,则驳回。门下省给事中在不适宜的诏敕上直接涂窜封还,称之为"涂归",对诏敕的封还叫做"封驳";门下省还可在敕书后用黄纸加上批语,称"批敕"。③

经五代而至于宋,废拾遗、补阙,置司谏正言,后者与散骑常侍、谏议大夫均分左右,左属门下省,右属中书省。中书省置中书舍人四人分治六房,门下省亦置给事中四人分治六房。若政令不合时宜,或任免官员不当,谏官则"奏论而纠正之"。御史与谏官合称"台谏",给事中与中书舍人合称"给舍",合其四者即所谓"台谏给舍"。南宋废门下省,谏官虽分左右,而不属于两省,而是另设一局作为谏官的组织。南宋"给舍"只掌记天子言行,而非谏官。

宋代时已经发生谏官侵夺御史弹劾之权,反而忽略了自身谏诤事

---

① 谏官与议会之不同在于谏官由君主任命,受制于君主,而议会由人民选举产生,代表人民监督政府。参见萨孟武:《中国社会政治史》(三),(台北)三民书局 1995 年版,第 291—293 页。

② 参见皮纯协等编著:《中外监察制度简史》,中州古籍出版社 1991 年版,第 69—70 页。

③ 参见邱永明:《中国监察制度史》,华东师范大学出版社 1992 年版,第 229—233 页。

务的问题:"谏诤之官往往行御史之职,至于箴规阙失,寂无闻焉。"①这一方面固然是因为弹劾与谏诤在业务上有重合之处,官员的失职(御史的"业务范围")与政府的失策(谏官的"业务范围")往往不易区分;更重要的是,弹劾是对一般官员,谏诤则是针对天子或中枢,谏官难免会有避重(谏诤君上)就轻(弹劾百官)之心。这也是后世台谏合一的肇始。至于元代,则不设谏官,御史台除纠察百官善恶外,又掌纠察得失。

明代裁去谏官,将谏官之权,统归于六科给事中,独自为一曹,直接统属于天子。(吏户礼兵刑工)六科各设都给事中一人,正七品;左右给事中各一人,从七品;各科根据事务繁简设有给事中多人,从七品。六科给事中的具体职责是规谏皇帝、封驳奏疏、监察六部、纠弹中央官吏等。御史时称道官、察官,给事中则称科官、言官,二者合称科道。明代虽然御史与给事中职权混一,即台谏职权合一,但组织机构上仍保留了台谏分立的形式。到了清代雍正元年(1723),清世宗力排众议,将六科隶属都察院,听都御史考核。六科给事中成为都察院内部与十五道监察御史并列的监察机构,台谏进一步统一。这同时也就废除了对于专制皇权给予一定制约的给事中封驳制度。②

(三) 古代监察制度之利弊

有人说,明"半亡于言官",明代以给事中代替谏官,其职权本与御史不同。明制,给事中为言事之官,非大臣之子不得为之。六科给事中除奏闻朝政得失之外,又得奏闻"百官贤佞"。给事中与御史职掌混淆不清,遂启科道之争,二者均得参加集议,但他们是言事之官,不了解实际情况,所发言论不免标新立异,以求扬名于当世:"然论国事而至于爱

---

① 参见萨孟武:《中国宪法新论》,(台北)三民书局1993年版,第464—465页。
② 参见皮纯协等编著:《中外监察制度简史》,中州古籍出版社1991年版,第182—183、196—197页。

名,则将惟其名之可取,而事之得失有所不顾。……一字之误,则喋喋以言……深文弹劾。""给事中讨论朝政,进而弹劾,加反对派以罪名;御史复由弹劾,进而论政,使既定之政策为之变更:言路势张,恣为抨击,是非督乱,贤良混淆,群相敌仇,罔顾国是。"严嵩、张居正、魏忠贤均以台谏为爪牙,以打击异己。"明祚之亡,言官要负一半责任。"①

　　中国古代监察制度在世界上独树一帜,御史纠弹官邪,给谏规正君主,在一定程度上替代了近代以来西方国会监督政府的职能,为我国两千年帝制下之闪光点。但是,随着君主集权的一步步深化,台、谏渐趋合一,监察官只察小奸小恶,不敢"打老虎",更不能"逆龙鳞",反倒在一定程度上沦为君主的鹰犬与政治斗争中的打手,是为监察制度之沉沦。

第二节　中央集权与地方建制

一、中央与地方的关系:集权与分权

(一) 帝制"大一统"与"均权"问题

　　以"统一"言,唐虞夏商之部落国家,已有"元后"之号,免其分离。周初封建国家,继以"天王"之尊,趋于一统。春秋王纲不振,霸主仍以"尊王"为号召。战国诸侯争霸,孟子则以"定于一"为期望。秦统一中国,封建之局告终,汉虽偶为之,致七国之祸。晋虽再为试之,致有八王之乱。清亦稍为仿之,致有三藩之患。然无论

---

①　萨孟武:《中国社会政治史》(四),(台北)三民书局1975年版,第440页。

如何,地方犹在中央系统之下,藩国得有置兵特权而已。统一国家之局面,历二千年而不改,遂认其为立国之天经地义焉。于是正统、僭国之观念由是而生。正统云者,国家统一之象征也。僭国云者,反统一之道,非正也,乃闰也。不能以其事实上之割据一隅,而谓中国非统一国家也。汉失其政,三国分立,陈寿以魏为正统,朱熹以蜀为正统。无论理由何在,均不承认国家分裂之局面为正常现象,依然有统一国家之观念耳。从而东晋南宋之偏安,仍皆为正。而魏齐周及辽金夏不与焉。……且侨郡之设,又所以表示其为统一国家也。[1]

西周行封建,诸侯、大夫等各级贵族依次受封后世袭采邑,中央天子、地方诸侯与大夫各级领主的关系可参见本书"中国的封建社会与礼制"一章。春秋战国,诸侯侵略他国土地而不再封予贵族,由君主直接控制的郡、县开始普遍设置。秦始皇统一中国,废封国,分天下为三十六郡,后增为四十郡,郡下设县。地方为郡、县二级政府。秦之郡守、县令均由中央委派,权力集于中央,而陷于孤立。汉惩秦孤立之失,封建与郡县并行,久而受封诸王坐大,晁错削藩而有七国之乱。平乱后,景帝留列侯不使就国,仅得食其租税,郡县之政遂大兴,武帝又使部刺史监临各地,监控地方大员与豪强。汉末灵帝出朝廷重臣为州牧,遂开地方割据之局。晋武帝又封宗室,先肇八王之乱,终至外患入寇。

也有学者认为,西汉与西晋的分封乃是事出有因,并非一味泥古。以汉代秦虽然被认为是一场"平民革命",但六国的氏族武士集团(如项羽背后的"江东父老")亦为革命之主力,故而"平民革命"未能带来"平

<hr />

① 陈顾远:《中国文化与中国法系——陈顾远法律史论集》,范忠信等编校,中国政法大学出版社 2006 年版,第 524 页。

民政治"。西汉草创,秦皇之专制为民众所反感,而推翻秦朝的乃六国之遗民,封建制度为当时人们所能想象的最好制度,高祖分封功臣与分封子弟,在理念与政治形势上有其必然性。"高祖虽灭项籍,然谓一人可以专天下,此当时人心所必不许,而亦非高祖之所敢望也。是时之所欲者,则分天下多自予,使其势足以临制诸侯;又多王同姓,俾其势足相夹辅耳。""独有天下之想,非汉初所能有。"①"曹魏立国不到五十年而亡,使西晋皇室产生新的疑虑,认为封建制度是保证皇朝长治久安的法宝之一,加之司马炎欲以封王作为对宗室诸父祖的报偿",于是于西晋立国伊始便再行封建,西晋分封与汉初相较有严重失误:其一,晋武帝司马炎泰始封王 27 人,无一人是皇子,这些人与皇帝的亲属关系相对疏远,无法起到拱卫皇室之功效;其二,为安抚宗室王,西晋分封的户邑与西汉相较大为增加,而且"国皆置军","把诸王的政治地位与执掌军事的权力结合起来,形成一股足以与中央分庭抗礼的力量";其三,司马炎临死前,提高皇子王的权位来制衡皇室远支的宗室王,结果创造出一个新的挑战中央权力的集团。②尽管其结果是灾难性的,西晋分封也有其现实的政治需要,面对东汉以来世家大族盘踞地方的政情,司马氏不得不分封子弟以扩充其势力范围,屏藩中央。南朝历代均派皇子出镇地方要津(如荆州),便是这一传统的延续,但是却回避了封国之名。

除此之外,在大一统郡县制之下仍有中央与地方之"均权"问题,仍时常发生分裂与割据的情况。大一统本身即包含着内在的矛盾,一方面是权力高度集中于中央,地方刻板划一地执行中央政令,地方政府缺乏独立意志;另一方面,"国家行政管理实际仅到县衙一级,加上幅员辽阔,鞭长莫及,发展参差不齐,情况千差万别,中央对地方的有效监控程

①　吕思勉:《秦汉史》,上海古籍出版社 2005 年版,第 556—557 页。
②　参见周振鹤:《中国地方行政制度史》,上海人民出版社 2014 年版,第 53—55 页。

度,虽有强有弱(大致与离中央的距离远近成反比),总体水平却远逊于欧洲君主国。……名曰'大一统',其实'统一'也是有限度的,往往是一国多制",更重要的是国家权力系统与社会生活系统若即若离,民间的社会与经济通常按当地的自然状态运行。"统一的坚壳,内部却包容着许多松松垮垮、多元含混的板块,'捣浆糊'式的一体化既虚假又脆弱,气候适宜,也常常会弱化为名存实亡乃至分裂割据。"[1]

反过来讲,"断裂与分化大概是文明发展的常态",传统中国"何以会背离常态,能够成为连续的'广土众民'的中国呢"? 这"在很大程度上与天下观念的兼容性,以及实践中的'弹性'密切相关,这是一套独特的中国经验"。[2] 需要强调的是,"分不等于'分裂',广义的'分'应该包括分治、自治、分权和各种形式的分化,从这个意义上说,合中有分,分中有合"。由于"一国多制"的影响,再加上中国古代中原王朝的疆域是逐渐扩大且时有赢缩的;因此,在中国的范围之内,长期存在着自主政权或者自治地区。例如,"在元朝之前,青藏高原一直是由吐蕃及其先人建立自主政权或自治的;在清朝以前,大陆上的政权还没有有效管辖过台湾,该岛由土著民族自治,或由大陆移民及外来侵略者控制。这些当然不能称为分裂,只能看作是自治或分治"。[3]

(二) 汉代的集权措施

1. 西汉维护中央集权的法令

汉初,"功臣集团成员的后代长期和皇帝分享着政治权力,但到了距离开国已至少有两代人时间的汉武帝时期,他们控制权力的时代结

---

① 王家范:《中国历史通论》,生活·读书·新知三联书店 2012 年版,第 11 页。

② 韦兵:《完整的天下经验:宋辽夏金元之间的互动》,北京师范大学出版社 2019 年版,第 1 页。

③ 参见葛剑雄:《统一与分裂——中国历史的启示》,商务印书馆 2013 年版,第 218、280 页。

束了"。"汉帝国的体制逻辑,使得其必须追求对各个臣民的直接控制,政府不能容忍有任何其他的社会力量介入到统治者与被统治者之间。也正因为如此,到了汉武帝当朝的最后两年(公元前88—前87),几乎所有因功封侯的人都被剥夺了领地和封号。对他们的贬谪常常只是一些极其琐屑的指控。"①

汉代法律规定了很多危害中央集权的犯罪,对此予以严惩:其一,"左官"罪。汉武帝时规定不准诸侯私自选任官吏,凡官吏违犯法令私自到诸侯国任官的,就构成"左官"罪,并依《左官律》给予刑事处罚。其二,"阿党附益"罪。②汉律规定诸侯官吏与诸侯王结成一党,知罪不向中央举告,就构成"阿党"罪。官吏与诸侯王交好,图谋不轨的,则构成"附益"罪。凡有阿党附益行为者,都要根据《阿党附益法》给予严厉惩罚。其三,"出界"罪。汉律规定诸侯王擅自越出封国疆界的,构成"出界"罪,按照《出界律》,轻者耐为司寇,重者诛杀。

除了以刑罚手段打击地方诸侯危害中央集权的行为之外,在诸侯王的继承制度上,汉代由嫡长子继承制改为"推恩令"(诸子均分),以分化瓦解地方势力。同时,天子常以"酎金"罪为借口,将诸侯削地甚至免爵灭国。(诸侯王在参与祭祠宗庙时,必须贡献上等醇酒与成色上乘的黄金,若以次充好,就构成"酎金"罪,要按《酎金律》给以削地免除封国的处罚。)

---

① 许倬云:《汉代农业:早期中国农业经济的形成》,程农等译,江苏人民出版社2012年版,第44—45页。
② "党"在古文里不是一个好词。

2. 中央与地方势力之博弈[1]

(1) 政治上列侯集团对君权之制约

在汉武帝之前,汉朝由功臣(列侯)集团垄断丞相之位,丞相大权在握,代表列侯集团,对天子中央集权形成一定的制约。汉高祖在削平汉、彭、黥、陈等功臣后,其领袖地位已确定无疑;但功臣集团仍分享高祖的权力,丞相必自功臣中选任,到功臣逐渐年老凋零之后,申屠嘉则以当年队率之微擢登相位。除分封列侯外,高祖功臣还有不少出任郡守。"在这种狭窄的小集团观念下,首都区域的关中并不把关东视为可以信赖的部分。文景以前的诸侯王始终是中央猜疑见外的对象。入关出关须用符传,关防严紧,宛如外国。"中央在制服关东诸侯之前,能直接控制的地区只有畿辅一代,当时中央畿辅对于地方诸侯国的人民有特殊的歧视政策:"王国人"不得宿卫,不得在京师选吏;武帝禁止官吏交通诸侯王,李广因受过梁王之将军印,尽管梁王支持中央抗击吴楚之乱,李广终生不被中央封侯。

"从结构上说,西汉初中央政府能施之于诸侯王的制衡工具只是与王国犬牙相错的诸郡及亲子弟所封的王国。"郡守的首要任务在于钳制诸侯,因此汉初郡守以军人出身者为多。而郡县守令尽管由中央任命,不像诸侯王一般世卿世禄,但郡守仍沿袭了封建王侯独揽一方之大权,当时在法律体系上也有中央汉家法令与地方郡守"条教"(法规)之冲突。

(2) 社会上"齐中之不齐":集权国家与地方豪强、门第的紧张关系

帝国时代虽曰"编户齐民",但地方上仍有豪强大户,他们作为地方领袖对于当地社会秩序有重大影响,其影响力甚至超过中央委任的地

---

① 参见许倬云:"西汉政权与社会势力的交互作用",载王健文主编:《政治与权力》,中国大百科全书出版社 2005 年版。

方官。为彻底贯彻中央集权,汉武帝采用各种手段打击地方势力:

其一,徙郡国豪杰及赀三百贯以上者于茂陵,用迁徙的办法"调虎离山"。

其二,用皇权人格化之酷吏,以非常手段打击、铲除未迁徙之地方豪强(豪侠)。

其三,设皇权制度化之部刺史,监督地方郡守及其子弟,并防止其与地方势力勾结。

其四,在经济上,用盐铁专卖、均输平准、算缗(告缗)制度打击富商。

其五,汉初仍承袭秦之"分异令",要求民家有二男者必须分家,客观上限制了家族力量。

(3)地方势力的复兴

其一,昭、宣之后地方长吏行回避制度,但所用掾吏则多为地方豪强,汉武以来中央厉行集权的局势发生变化。

其二,地方士大夫与察举到中央的人士、地方掾吏形成三位一体。

其三,地方世族大姓崛起,逐渐形成"士大夫与统治者共天下"的局面。

其四,元帝、成帝、哀帝均无法徙动地方豪强。

3. 从刺史到州牧:由集权到割据

秦于各郡设监御史;汉初改由"丞相史"(由丞相派出)监察数郡。武帝时期,为了加强对地方的控制,于元封五年(公元前106)废除丞相史,将全国分为十三州部,每个州部派刺史一人负责监察(京师所在州长官为司隶校尉),刺史遂成为固定的监察机关,"位卑而权重"。除此之外,郡府属吏督邮也承担着地方上的监察任务。刺史"掌诏条察州",以诏书六条问事。这六条是指:其一,强宗豪右田宅逾制,以强凌弱;其二,二千石官不奉诏遵承典制,背公向私,鱼肉百姓;其三,二千石官不恤疑狱,以个人喜怒判案,烦扰苛暴,为百姓所疾;其四,二千石官选官不平,蔽贤宠顽;其五,二千石官子弟有恃无恐,为害地方;其六,二千石官阿附豪强,通行货贿。六条均是针对地方最高长官(及其子弟)与地方豪强。部刺史"选第大吏,所荐位高于九卿,所恶立退,任职重大"。以六百石之刺史监察地方大员,其背后的原理在于"方伯权重则易专,大夫位卑则不敢肆,此大小相维,内外相统之微意也"。这样设计的地方监察制度"得有察举之勤,未生陵犯之衅"。

可到了汉成帝时,丞相翟方进、大司空何武上奏:"春秋之意,用贵临贱,不以卑临尊,刺史位下大夫,而临二千石,轻重不相准,失位次之序。臣请罢刺史,更置州牧,以应古制。"成帝由此改制。因改制后的州牧但求"自守",无法发挥监督职能,汉哀帝时罢州牧而恢复汉武帝时的刺史制度。可是,刺史在地方因为权重,其地位也随之上升,进而长驻地方。光武帝时刺史品秩升为二千石,在地方有固定治所。到东汉末年灵帝时,刺史改称州牧("牧民"),"州任之重,自此而始",由"大夫"演变成为"方伯",逐渐尾大不掉,独立为一方诸侯。[1] 西汉成帝之时虽改刺史为牧,但仅是提高其级别(秩禄),州牧仍然仅是监察官而非行政官;到灵帝改刺史为牧,又和成帝不同,"州牧外领兵马,内亲民事,完全是个行政官。于是秦汉以来的郡县二级制度,由于这种改制,到了董卓作乱,就改变为州郡县三级制度。州地广民众,州牧有所凭借,起而反抗中央,中央难以应付。外重内轻,干弱枝强,所以刺史改牧乃是中央集权分解为地方割据的一种过程"。[2]

---

①   参见吕思勉:《中国制度史》,上海教育出版社 2002 年版,第 527—528 页。
②   参见萨孟武:《中国社会政治史》(一),(台北)三民书局 1975 年版,第 468 页。

（三）隋以后的集权与分权[①]

隋承五胡十六国与南北朝分裂之后，建立大一统，国势因过分集中而颓，蹈秦之覆辙。隋承北齐之制，中央政府之吏部已夺取地方州郡令之自辟僚属之权。唐承隋制，中央以巡察使监临各道，以分郡县之势力。安史之乱后，诸道设镇府，节度使遍置于各地，以武臣兼理民政，不听中央号令，唐祚遂亡于地方割据。

方镇之祸至五代愈演愈烈，宋太祖黄袍加身后，以此为戒，致力于削弱地方势力，实现中央集权，力求达到"皇帝一纸令下，如身使臂，如臂使指，无有留难"。其措施有三：其一，将地方各路事务分为四司，以分地方之权，四司包括漕（转运使）、宪（提点刑狱金事，后更名为提刑按察使）、仓（提举常平司）、帅（安抚使/经略安抚使）。其二，采"杯酒释兵权"，并留地方节度使、刺史于京遥领各州（府）；州府长官牧尹不常设，以文臣代之，权知其事，称为（权）知府事或（权）知州事；于州府另置通判1—2员，由朝廷委派，通判与知事均礼，凡兵民财刑诸政事，皆须通判签署方得行之。其三，收地方精兵而为禁军，移置于京师。宋制，有"官"，有"职"，有"差遣"，"差遣"方为该官员之职掌。宋初强干弱枝之策，导致地方事权分散，国势积弱，外患渐兴。南渡后，漕、宪、仓、帅四司为府州之长，而帅司地位特重，凌驾于其他三司之上，而为一路之长官；又合数路为一道，置宣抚、制置二使以统之，地方权力渐重。在立法与司法层面上，为实现中央集权，宋代早期还以大量通过（皇帝）敕令解决地方问题而著称，而这类大量颁布的"处理繁琐小事的敕令"与"明法"之君主针对个案裁判事例的泛滥，造成了司法适用的混乱，"但它们

---

① 参见林咏荣：《中国法制史》，（台北）1976 年自刊，第 175—176 页。

同时也反映和象征了皇帝的权威地位"。[①]

　　元厉行中央集权,于地方设行中书省[②],为中书省的派出机关,其后行中书省权重,中央政策不能贯彻。元于路、府、州、县设达鲁花赤,为掌印官(正印官),大都由蒙古人担任;路、府总管与州尹/知州、县尹为地方政府之二把手,由汉人任之。因汉人有行政经验,故可由其管理地方;但又不信任汉人,故而令达鲁花赤为盖印之官,负监督之责。凡地方政令,须由达鲁花赤盖印,方能发布,以此来钳制汉族地方官。[③]

　　明太祖于洪武九年(1376)废除"事权太重"之行中书省,改在地方分设"三司"以分地方政府之事权:其一,承宣布政使司,掌一省之政事财赋;其二,提刑按察使司,理一省之刑狱审断;其三,都指挥使司,领一省之军事。"嗣后因地方用兵,尚书奉旨出使假以总督之名,侍郎或御史出使假以巡抚之名。总督原系总督军事,巡抚亦因事而设,其职责不外督促、纠察所属官吏,终明之世,未成定制。"

　　清沿明旧,但总督、巡抚成为常设之官。太平天国乱后,曾国藩、左宗棠、李鸿章等汉族士人,以督抚统兵中兴清室,逐渐坐大。庚子之变,督抚李鸿章、张之洞、刘坤一、袁世凯等相约"东南互保",不奉诏与列强决裂,清室亦莫奈何。

二、地方建制——地方行政区划与设置

(一)制度之演变

　　秦为郡、县二级。汉初承秦二级制。景帝时改郡守为太守,并使列

<hr>

　　① 参见马伯良:"从律到例:宋代法律及其演变简论",载高道蕴、高鸿钧、贺卫方编:《美国学者论中国法律传统》,清华大学出版社 2004 年版,第 332 页。
　　② "省"(行省)成为地方一级行政官厅之名,便肇始于此;在元以前,"省"为中央机关之名,如中书省、门下省、尚书省。
　　③ 参见萨孟武:《中国社会政治史》(四),(台北)三民书局 1975 年版,第 300—301 页。

侯不就国,国之政交与中央任命之国相与尉。武帝又分天下为十三部 (州),作为监察区。至东汉末,刺史改称州牧,总领地方民政与军事,俨然为地方第一级行政长官。遂变郡、县二级为州、郡、县三级。

晋地方建制为州郡县三级。晋惩汉末州牧之专横,分州牧之职权为刺史(民政)与都督(军政),"都督知军事,刺史理人"(《通典》),以实现军民分治。但刺史仍多以都督兼任,凡刺史加将军衔者,"当方面,总兵权,有州将之称"。论其实,则为都督兼领刺史,其本职为"都督本州诸军事",称为"将军开府"。而刺史不加将军衔、专司民政者,则称之为"单车刺史",为纯粹地方行政长官。至于东晋则"单车刺史"为例外,刺史内亲民事,外领兵马,身兼文武两职,造成政局不稳。[1]

隋文帝时,因州数渐多,与郡无异,遂废郡以州统县;炀帝时又更州名为郡,并仿汉武帝旧制,置司隶刺史分部巡查。地方为郡县两级。唐初复改郡为州,州依户口多寡分上中下三等,置刺史;并于重要之州置都督府,以都督府所在州刺史兼都督,统辖数州。太宗贞观时,分天下为十道,以御史台臣充任巡察使,巡按诸州;后增为十五道,各道置采访(处置)使;其后又改置观察使,兼所驻州之刺史,并总领全道兵民刑财诸政;其有戎旅之地即置节度使。安史乱后,天下分为四十余道,各道节度使行地方割据,"方镇相望于内地,大者十余州,小二三州";但其名义上仍为中央委派之使。宋因唐之道制,分设于诸路,唯诸路分置帅、宪、漕、仓四司。四司之中经略安抚使(帅)权特重,掌一路置兵民之事。中央为监视经略安抚使,军事方面置走马承受,每岁入朝奏事。走马承受承唐代宦官监军之制,虽通常以士人任之,亦有任用宦官者;原则上每路一员,也有两路合置一员或一路置两员者。故唐宋实际上为道/

路、州(府)、县三级政府,唯道/路一级为中央划分的监察区,兼理军政、民政,不纯为地方一级政府。唐府之长官唐称为牧,尹为其贰;宋则牧尹不常设,只置知府事,至道以后,知府必带"权"字,为临时任命、暂代之意。[①]

元之地方行政组织可谓复杂,其地方行政区划,除府(州)、县之外,另有路,或以路领府(州),或路与府(州)平级,并无定制。另设行中书省,虽名义上为中央中书省的派出机构,实为地方行政之第一级机关。合为省、府(州)、县三级;其以路领府(州)者则为四级。此外,中央之中书省亦直接统辖山西、河北所谓"腹里之地"。又合数省为一道,有所谓行枢密院以督军事,行御史台以司监察。每一省又有宣慰使、安抚司、招讨使、巡查军事;又有肃正廉访司巡查狱讼,儒学提举司管教育,盐课提举司管盐政。

明承元之行省制度,每省设"三司",分掌民财、军事、司法。其行政区划为三级制与四级制并用,四级制是以省—府—州—县,三级制则不设府这一级。其州分直隶州、属州两种,前者地位与府同,后者与县同。另于各府(州)县置卫所统军;边疆则不置府(州)县,仅置卫所兼理民事,为变相之行政区划。明中叶后有督、抚之设;巡抚由中央派出之监察使而渐趋地方化,每省皆置一员,变为驻省三司之长官。明代四级或三级的地方建制的安排与财政有关:

> 县构成基本的征税单位,府构成基本的计税单位,省构成解税单位。州或是把大府分成若干行政上可以管理的单位,或是覆盖有中间层税收但位于僻远和交通不便的地方。州是为了调整这种

---

① 参见林咏荣:《中国法制史》,(台北)1976 年自刊,第 178 页。

不平衡状态而设置的,它没有自身的行政管理特点。当州隶属于府时,它作为府的分属发挥作用;当它隶属于省时,它作为一个次要的府发挥作用。当某层政府在指挥系统中变得没有必要时,它就被淘汰。由于两个京师区的府靠近北、南两京的行政官署,省级组织就被认为没有必要了。①

(二) 概念之变迁

1. 县官之名的变化

秦之大县设令,小县设长。两汉、魏晋南北朝承之,分设令、长以治县。隋唐一律称县令,而无县长之名。知县("知某县事")之名,始于宋建隆三年。元代于县置达鲁花赤,县尹贰之。明清承宋制,每县置知县一人。

2. 州地位之升降

汉初州为监察区,刺史品级较郡守为低。成帝时改刺史为州牧,位在郡守之上。东汉灵帝以重臣出任州牧,州始成为最高行政区。隋初,因州数渐多,与郡无异,遂废郡以州统县。州之地位渐失其重要性。唐宋之州,有辅、雄、望、紧、上、中、下七等级之分,但无种类之别,其在地方为道/路与县的中间一级的地方政府。元代之州,既有上、中、下等级之差,又有省属州、路属州、府属州、州属州四种类之分。到明清时,州不再有等级之差,只有种类之别,州分直隶州、属州(散州)两种,前者地位与府同,后者与县同。(散)州遂成为与县并立之最低一级之地方

① 〔英〕崔瑞德、〔美〕牟复礼编:《剑桥中国明代史》下卷,杨品泉等译,中国社会科学出版社 2006 年版,第 105 页。

政府。[1]

3. 府地位之下降[2]

府在秦汉本为中央政府办事机构的名称,如丞相府、御史府、少府、太府。唐以后,府为州之别名,"元以前,府比于州;明以后,府代替州"。"府之由官署之称谓演变成为地域称谓,正与省(行省)同。"

府之成为地方区域的称谓始于唐代,当时为首都及陪都所在之州的名称。宋代,府已扩大到其他比较重要的州,如北京大名府等;宋代府有京府与次府两个等级,京府有开封府、临安府、应天府。元府不分等级,但有种类之别:一类为"散府"直属于省,另一类为"属府"经路而间接隶于府。明之后府数大为增加,府成为省级之下、县级之上的一级政府(州)的通称,失却其早先的重要地位。明府的种类有三:军民府,设于四川、广西、云南、贵州,共14个;御夷府,仅于云南设2个;普通府。至于等级,明代160府,除顺天、应天二府为两京所在,体制特优,其长官为正三品外,其他158府一律均等,长官为正四品。明洪武六年(1373)曾尝试根据出粮多少将府分为上中下三等,旋即废除此种分别。明代"大多数府有很少的属州和县,通常不超过10个。但也有特殊的例子,例如,河南开封府辖4个州、30个县,山东济南府有4个州、26个县"[3]。清承明制,"只是府已成为地方行政系统中极普遍的区域,既无种别,又不分等"。

---

①　参见杨鸿年、欧阳鑫:《中国政制史》,武汉大学出版社 2005 年版,第 345—353 页。

②　参见杨鸿年、欧阳鑫:《中国政制史》,武汉大学出版社 2005 年版,第 361—366 页。

③　黄仁宇:《十六世纪明代中国之财政与税收》,生活·读书·新知三联书店 2001 年版,第 31 页。

三、清代地方政府

（一）地方建制与地方机关

据《大清会典》，"总督，巡抚分其治于布政司，于按察司，于分守分巡道、司道。分其治于府、于直隶厅、于直隶州。府分其治于厅、州、县。直隶厅、直隶州复分其治于县"。各省通常设巡抚为一省最高长官；又合二三省为一大区划，置总督一人统辖之；布政司为一省民政长官，专司钱谷；按察司（臬司）为一省刑名总汇，专司刑名。道分守道（布政使之次官，掌钱谷），分巡道（按察使之次官，掌刑名）。府、直隶厅、直隶州则设知府、知州、同知、通判。州、县、厅则设知州、知县、同知、通判。依清制，于各省旗人驻防之地，设理事同知与理事通判，均为府之佐贰官，负责审理旗人案件。地方建制为三级（四级）[①]地方政府：省→（道）→府/直隶厅/直隶州→厅/州/县。

清代地方机关，除上述督、抚、司、道外，还有学政、河道、漕运、盐务、税关等衙门。其中学政是督查一省儒学事务的，其长官称"提督学政"；负责治理河道的长官是河道总督；负责漕运的则是漕运总督，其下属官员有督粮道；盐政是管理盐务的最高长官，其下属有盐运使与盐法道；税关的长官为监督，或者是海关道。[②]

（二）特色

1. 地方专门设立管理民族事务的衙门

"清朝为统治蒙、回、藏各族人民，除在京都设立理藩院综汇管理外，并在内外蒙古、青海、新疆、西藏各地区，派将军、都统、副都统、大臣

---

①　三级或四级取决于是否将派出机关"道"作为一个层级。

②　参见张德泽：《清代国家机关考略》，学苑出版社 2008 年版，第 225 页。

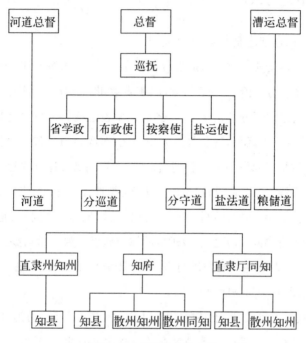

图2-4　清代地方政府①

分别驻扎,就近管理,这是清王朝统治这些地区军政的大员。另外,以各族王、公、贝勒等为各旗(将各族人民编为若干旗)旗长,名为'札萨克',管理本族所属地方事务,但须受清王朝驻防大臣监督。此外,并在一切少数民族聚居区设置文武土官(以本地人管本地事),管理各民族事务。这些土官,分属吏部与兵部,而由所在省区之督、抚或将军、大臣等直接管辖。"②

---

① 引自瞿同祖:《清代地方政府》,范忠信等译,法律出版社2003年版,第16页。

② 张德泽:《清代国家机关考略》,学苑出版社2008年版,第247页。

2. 清代官制（地方建制）中的个别化现象

清代官制最值得我们注意的，是在其一致性之外，充分地容忍个别化，重视地方性特点。具体如下：[①]

（1）中央设六部，东三省奉天则不设吏部，只设五部；中央各部长官为尚书，奉天五部仅设侍郎。其原因在于奉天作为清廷旧都，在政务上形式的意义大于实质。

（2）就总督而言，有辖一省者（直隶），有辖两省者（两广、闽浙），有辖三省者（两江）。各省有总督巡抚并置者，有使总督兼任巡抚者（直隶、四川、福建、甘肃），还有只设巡抚不设总督者（山东、山西、河南、新疆）。督抚同城（督抚并设）的原因在于该地为重要区域，"恐巡抚一人不能尽其任也"。

（3）各省皆设布政使一员，而江苏地广物阜，一布政使不足以管理之，故而分设两员于江宁（两江省城）、苏州（江苏省城）。

（4）各省皆设按察使掌刑狱，而新疆则以分巡道兼按察使之衔。

（5）同为道员，有管辖全省者（督粮道、盐法道），有限于一区者（分守道）。各类道署之设置，依据当地情形，繁简不一。

（6）各州县，有设佐贰官者，又有不设者。

（7）首都所在之地方政府——顺天府，其体制与一般的府有所差异。其长官称"府尹"，与寻常知府在品级上和职权上均有所差别。府尹在职务上之事件有时与直隶总督连衔上奏；有时则可径直专断，不受总督节制。顺天府下辖四路厅，由其指挥监督州县事务。

3. 督抚与省级政府的衙门重叠问题

清承明制，设省为地方最高层级政府，分全国为十八省，光绪年间

---

① 参见〔日〕织田万：《清国行政法》，中国政法大学出版社 2003 年版，第 223—229 页。

增为二十二省。省以巡抚统布政使、按察使两司。又另置总督,所辖由一省至三省不等。所辖一省者照例由总督兼巡抚,又有不兼者。总督原掌军事,而有节制巡抚之权;巡抚原掌民政,而亦常兼提督军务。"督、抚的职责无大区别,亦无统属关系,均直接向皇帝负责。此一重叠峙立的制度,自有制衡作用。编制上,督、抚均为独任,辅佐人员为六房与幕友。六房分职有如六部,以书吏任之。幕友由督、抚延聘,经办刑、名、钱、谷、章奏,参与机要,有如督抚的顾问或秘书。"①

"督抚同城"时,两者职权重叠,常发生冲突,其后遂以总督专制地方,但督、抚均兼(副)都御史衔,有单独上奏与弹劾对方之权。自巡抚成为地方行政长官后,布政使司失权;自督抚专制地方后,巡抚又失权,"徒使公文呈转多一层机关"。光绪末年,凡督抚同城者,裁撤巡抚;督抚分省者,总督仍照旧兼辖,"不过行文关白而已"。且明定督抚为一省长官,下辖三司(布政使司、提学使司、提法使司)二道(劝业道、巡警道),诸司道皆其僚属。司道皆置公所,分科办事,现行之省制,实肇始于此。②

(三) 州县与地方行政

1. 州县官(正印官)的"一人政府"

州县官在帝国正式官僚体系中,是极少数与百姓直接打交道的,故被称作"亲民官"(管民之官、"治事之官"),他们是真正在处理地方行政事务的官员;而州县官的各级上司自然都是"管官之官"("治官之官"),或者说是监督州地方行政事务的"监督官"。这决定了州县官虽然品级很低,但在地方行政中却扮演着重要角色:"兴利除弊,不特藩臬道府能说不能行,即督抚亦仅托空言,惟州县则实见诸行事,故造福莫如州

---

① 郭廷以:《近代中国史纲》,格致出版社、上海人民出版社 2012 年版,第 5 页。
② 参见林咏荣:《中国法制史》,(台北)1976 年自刊,第 179 页。

县。"帝国的地方行政实际委托在千余个州县官之手,"没有他们,地方行政就会停滞"。"州县政府的所有职能都由州县官一人负责,州县官就是'一人政府'。"州县官虽然有僚属与属员辅助其行政,但州县官本人才是"地方一切事务的唯一受托人和责任人,税收、司法、治安、教育、福利、公共工程等等,归根结底由他一人承担,一人负责"。①

2. 州县属官("僚属")与学官②

(1)助理知事("佐贰"):如州之"州同"(一级助理官)、"州判"(二级助理官),县之"县丞"(二尹)、"主簿"(三尹)。佐贰官在州县并非普遍设置,即使有也常被称为"闲曹""冗官",其往往并非科甲出身,在地方政府中人微言轻。

(2)书吏首领:州称"吏目",县称"典史"。是典狱官(也称"右堂"),同时负有警察职责,其办公处称为"捕厅"("督捕厅")。

(3)杂务官("杂职"):如分区守官(巡检)、邮政官(驿丞)、税收官(课税司大使)、粮仓监守官(仓大使)等。

(4)学官:学官分教学指导官(学正、教谕)、教学助理官(训导),他们受省学政领导,并非州县官的僚属,但他们有时也会参与州县事务和行政、司法事务。学官在惩戒生员的案件中与州县官一起庭审,因州县官无权对生员施以答责;有责任督促没有纳税的生员交纳赋税;有时被委以行政职责,如开拆纳税人交来的银两封包。

3. 州县属员

在州县的四种属员中,书吏与衙役一文一武,是州县政府的属员,往往都是当地人;而幕友与长随则是州县官个人的属员。在任职籍贯回

---

① 参见瞿同祖:《清代地方政府》,范忠信等译,法律出版社2003年版,"代译序"第7—8页,正文第29、64页。

② 瞿同祖:《清代地方政府》,范忠信等译,法律出版社2003年版,第17—28页。

避的规定下,州县官往往被派往一个人生地不熟甚至语言不通的地方任职,他在很大程度上要依赖其个人聘任的幕友与长随来指挥、监督作为"地头蛇"的书吏与衙役。

(1) 书吏(胥吏)

如本书"士大夫政治与文官制度"一章所述,两汉以来,在政府之中逐渐形成了士大夫与胥吏两个截然分开的阶层。士大夫是政治与文化精英,但他们往往并不熟悉也不偏好纷繁复杂的日常行政管理事务,而裁判必须的刑律、成案与惯例通常也并非通过科举的必要知识,钱谷等财政事务更是"重义轻利"的读书人所疏远的。由此,大量的案牍与簿记工作则仰赖胥吏承担,他们世代相传,对于律典与行政惯例"无不精熟"。根据公务的划分,各级官衙书吏通常也被编为吏、户、礼、兵、刑、工六房。

书吏被认为在道德上是有欠缺的,他们习惯于滥权与敛财,是士大夫政治下不得不依赖的"恶"。胥吏之害发展到极致,甚至造成胥吏上下其手、欺瞒长官、把持衙门政务,而官员则因为"外行"而无所作为。康熙元年(1662),由于对不法胥吏的痛恨,中央政府基于奇怪的逻辑发布命令完全取消了书吏的薪资,但仍有人趋之若鹜地充当书吏。政府为避免书吏长期把持政务,规定书吏有固定的任期,不得连任,但很多书吏在任满后改名换姓,钻政府管理体制的漏洞,继续充任书吏。书吏的职位("缺")通过"顶首"继承,它是如此有利可图,书吏甚至习惯于向接替其职位的人收费,称为"缺底"。而朝廷通过立法严厉打击也不能禁止此种陋习。

(2) 衙役(差役)[①]

差役顾名思义,乃"供役"于衙门之人。其贪鄙有两大原因:其一,

---

① 参见那思陆:《清代州县衙门审判制度》,中国政法大学出版社 2006 年版,第 34—37 页。

差役身份低贱,多由当地市井无赖投充,甚至不得与良民婚配,子孙三代不得应试做官;其二,差役虽有薪资,但其法定收入"仰不足事父母,俯不足蓄妻子"。而投充差役的目的有二:其一,可免徭役,因此甚至有人花钱买缺而充当挂名差役;其二,可通过职务索取好处,于是有人在役册没有编制却充当"白役",跟随正役奔走牟利。

(3) 幕友(师爷)①

"幕友佐治"之传统由来已久,但其风清代尤盛,上至督抚、下至州县,无不礼聘幕友,"此非基于法律之规定,而是由于事实之需要",当时有"无幕不成衙"之说。幕友师徒相传,有见习"学幕"的传统,逐渐形成了一个职业群体。上级长官的幕友常向下级官员推荐幕友,而上下级衙门的幕友常常熟识,甚至有血缘、业缘或者地缘等亲密关系,以地域论又以"绍兴师爷"最负盛名。

幕友为政务之专家,作为官员的私人顾问,是官员的客卿而非下属,受到官员的礼聘与倚重。幕友的工资称为"束修"(学费的代称)。幕友的主要职责一为"佐官",一为"检吏"。民谚有云:"清官难逃猾吏手。"书吏是地方官的重点提防对象,而约束书吏是幕友的第一要务。地方官依据地方政务的繁简不一可聘任不同种类的幕友多名,"剧者需才十余人,简者或以二三人兼之",而"刑名"与"钱谷"师爷是其中不可或缺的,地方官审理案件与处理财税事务必须仰赖二者。"如果幕友有守有为,才识兼优,则州县官自可无为而治。"但是,"幕中流品最杂",各衙门的幕友常利用其职业群体的关系"引类胡朋,与上下衙门交结,因之盘踞把持,勾结串合","甚至与衙官、吏胥上下关通,结成一片,蒙蔽长官,欺压良民"。

---

① 参见那思陆:《清代州县衙门审判制度》,中国政法大学出版社 2006 年版,第 18—22 页。

（4）长随①

长随由州县官私人雇佣，并依附于州县官，他们与州县官关系密切，是州县官的"家人"（家仆）、"亲信"与"耳目"。长随的主要工作是负责监督、协调衙门内不同部门与人员的工作，特别是督察为州县官所猜疑的书吏（"奸胥"）与衙役，故而其职务与书吏、衙役常常竞合。长随的社会地位很低，甚至被归为"贱类"。对于贪污腐败的州县官来说，长随是不可或缺的，他们通常充当帮凶与贿赂的中间人。尽管被视为州县官的"心腹"，长随也常常会欺瞒其主人，利用其职权索取陋规与贿赂，甚至与书吏、衙役等勾结以谋取私利。

4. 州县政府的职责

（1）司法。司法为州县官的重要乃至首要职掌，我们今人对于古代地方官的第一印象便是在"明镜高悬"下坐堂问案的"青天大老爷"。故而有人反过来说，中国古代与其说是行政官兼理司法，不如说是司法官兼理行政。

（2）征税。税赋是各级政府运作的基本财源，而州县则是基本的征税单位，州县官由此承担着重要的财政压力。因征税不力而无法完成财政任务，州县官自然要受到处罚，而不择手段的苛征可能会造成大规模的逃税，甚至民怨与民变。

（3）治安。州县官必须对地方的治安负责，地方盗贼横行或缉捕盗贼不力都会给地方官的仕途带来灾难性的后果。而地方政府的治安是与保甲制度紧密结合在一起的。

（4）其他。户口编查、邮驿服务、公共工程与福利、教育与教化、祭

---

① 参见瞿同祖：《清代地方政府》，范忠信等译，法律出版社 2003 年版，第 124—153 页。

祀等。

5. 地方政府的"规费"问题:陋规与乱收费

在帝制中国的太平年景,政府法定的税额并不高,财税收入非常有限,支撑庞大的中央政府日常开销已无太多盈余,若有边疆战事或大规模工程建设,则难免捉襟见肘。明清两朝在制度上,国家一切的财税收入都属于中央,地方政府没有独立的支配权。在国家赋税的征收与解运过程中,中央政府并没有为地方政府提留合理的办公经费,而指望地方政府自筹经费。地方官本人年薪很低却要自掏腰包支付幕友与长随的薪资,还要应付上级衙门的摊派(以解决上级衙门的亏空),接待到访或过境的官员,甚至衙门的文具与属员的工资都无处开销……帝国官员的工资普遍较低,常常入不敷出,这使得上级官衙的官员(包括京官)也指望着地方官能在逢年过节时赠送礼金,通过这一陋规(如"冰敬""炭敬")来补贴个人亏空。在这样的背景下,即使清廉的地方官也不得不通过一些名目的收费,来解决经费问题;至于书吏和衙役等政府属员,更是将"陋规"视作正常的工资收入,并进一步巧立名目来敛财。

(1)法定的规费:"火耗"

"火耗"是以地方政府收税所得散银熔铸成银锭时的损耗为由,向人民定额加收的税赋,它是所谓陋规收取的,由州县官留作办公经费与个人花销。1724 年,经皇帝批准,该项陋规以"火耗归公"的名义制度化为合法的税种,其收入被纳入"耗羡"名下。但这笔税银不上缴中央户部,而是归各省布政使司掌握,作为本省官员的津贴(养廉银)以及衙门的办公费用。而依照惯例,州县官从"耗羡"提留其养廉银与衙役的薪水后,再将余下的部分解送给布政使司。[①]

---

① 参见瞿同祖:《清代地方政府》,范忠信等译,法律出版社 2003 年版,第 219—210 页。

（2）法外的"陋规"

民谚有所谓"衙门口朝南开，有理无钱莫进来"，且不说衙门内大小管事索贿与受贿枉法的问题，由于衙门在各个环节收取处于灰色地带的陋规，老百姓要想获得地方政府的服务（如裁判）这一公共产品，必须支付很多费用来"购买"，至于被告与证人则是被动地支付陋规。就书吏而言，代书盖戳有戳记费，传呈有传呈费，呈词数日不批以索取买批费，案件数日不审以索取升堂费，审讯时有坐堂费，结案时有衙门费；就差役而言，刑案之现场勘验有检验费，财产纠纷之土地勘丈有踏勘费，传唤案件当事人与证人有草鞋钱（鞋袜钱）、车马费（舟车费）、酒食钱，拘提时有解锁（绳）费，审讯时有到案费，关押时有班房费，案件调解息讼还要收取和息费。① 在现实的财政需求与属员的生活所需的压力下，即使清廉的地方官也只能限制而无法取消陋规。例如，一个善良而有经验的地方官在派遣差役送达传票或拘提被告时，会在传票上详细注明派遣衙役的姓名与所办理的事务，并明言不准其他人随同前往，以最大限度减少索取陋规的机会与人数，减轻百姓的负担。

"从两宋的'折薄''脚钱'到明清的'火耗'等名目，均可视作是如今'乱收费'的祖宗。那时的理由竟然与今天的借口惊人地相似，据说都是为了弥补'财政经费的不足'。而在其时的百姓心目中，也有惊人相似的评价——均不过是中饱私囊。"②

---

① 参见那思陆：《清代州县衙门审判制度》，中国政法大学出版社 2006 年版，第 28、35 页。

② 赵晓耕：《宋代官商及其法律调整》，中国人民大学出版社 2001 年版，第 216 页。

第三节　政府上下的沟通

一、题本与奏折

古代官员写给皇帝的报告和请示(章奏)有不同的形式。以题本和奏本最为重要。题本用于公事,以部门的名义上奏;奏本则含有私人的意味,以官员个人的名义上奏;题本用印,奏本不用印。清初沿袭明制,并用题本与奏本。康熙时起,开始授权极少数亲信官员密折奏事。雍正时,密折作为机密文书被普遍使用,改成奏折或折子,并成为定制,这或许与军机处的设置相关。乾隆十三年(1748)停止奏本的使用,专用奏折,使奏折与题本并重。[1]

事实上,绝大多数圣旨(上谕)都是直接批写在题本、奏折上的,非常简略,而非正式的"奉天承运,皇帝制曰……"之模式。

(一)题本

题本上传的程序如下:地方大臣拟具题本,通过驿站上传到通政使司;汉文题本在通政使司需由"笔贴式"译为"清字",以"满汉合璧"的形式上奏给内阁;再由大学士、学士审阅题本,并附注"票签"意见供天子圣裁;天子过目;发交都察院,由御史、给事中审查;发交内阁;再(由都察院御史)发交相关部院议奏。题本上所批红字为内阁学士依皇帝谕

---

[1]　参见张群:《上奏与召对:中国古代决策规则和程序研究》,上海人民出版社 2011 年版,第 10—11 页。

旨所书,称"红笔"。题本在光绪年间被废除,因其无效率、易泄密、形式化(况且当时已有电报)。御史参劾不一定用奏折"密参",更多用题本"题参",以公开而非秘密的方式在朝堂形成舆论压力。

(二) 奏折

明朝外朝(内阁)发展出来的题本制度除了效率与保密的问题外,尤其不利于君主专制统治。"承袭明朝的本章制度所带来的首先难题,在于它有利于外朝官僚对中央政府决策的控制,减少了皇帝决策的机会。大部分中央政府政策是由一些在外朝各部院办事的专家处理题本时形成的。向皇帝提交他们所给出的意见,即票拟(拟票或票签),其用意不在于要得到内廷的建议和意见,而在于要得到皇帝的认可(以朱笔在票拟上画圈的形式),以便将他们自己的建议正式颁布。""绝大多数情况下,外朝的建议会原封不动地得到通过","一旦将外朝已通过的一项意见驳回,则必会招致中央和地方整个议事上的蓄意阻挠"。"理论上内廷制约着外朝,但事实上,本章制度使得内廷在决策和执行上的作用微不足道。"[①]为了通过内廷紧密地控制外朝,同时在关键的行政事务上避开外朝的干预,与军机处相配合的奏折制度就应运而生了。奏折原则上限于督抚等高级官员,由其亲笔书写,以个人信函的方式奏报给皇帝。奏折呈递换马不用驿站,而用各省沿途之办事处。奏折直接呈递给皇帝,皇帝亲自批折(称"朱笔")。皇帝批折后,交由原送信人送还上奏督抚。奏折及朱批制度成为有清一代特殊的制度。

---

① 〔美〕白彬菊:《君主与大臣:清中期的军机处(1723—1820)》,董建中译,中国人民大学出版社2017年版,第19—21页。

二、清代之提塘官与"政府公报"①

清代中央政府设有提塘官,定员 16 人,驻在北京,由兵部督之,因为当时邮政(驿马)属于兵部。提塘官职掌为:(1)中央政府与地方官厅所有往复公文、书之递送无误;(2)解付敕印于地方官;(3)一切事件之公布者,乃付诸印行。

提塘官必设报房,以发行京报,其所载谕旨、上奏,均亲赴都察院之六科抄录。印刷之后,转致地方官厅。中央官厅之上奏,勿论其蒙裁可者,或附复审者,若欲发行之,则当该官厅,作为誊本,交付直季之提塘官。直季即轮流也,提塘官乃日日印刷之,又日日颁布之,而官厅文书不准公布者,提塘官勿得印刷发行之。文书中若有机密,六科誊本到各部后,经过十日,提塘官始当作稿本,以发行之。文书未到各部,而京报先行登载,或誊写无足轻重之事,或泄密,提塘官都会被纠弹。"中国之官报,远始于唐",清代有京报、京抄、邸报、邸抄等。

京报材料之供给:内阁有一吏,日日出入宫廷,接奉军机处评议可决之谕旨,随手记录,送呈内阁;内阁乃转送相关官厅,这是正式的程序。现实中的操作往往如下:各部及中央官厅吏员,直接到内阁誊写谕旨,以节省中间环节与时间。

京报格式及内容:用木板活字印刷,每册 10—12 页,册用黄色,左隅印"京报"二字;其内容首载"宫门抄"(宫门录事),次为谕旨,再次为中央地方各官厅奏折。(京报发行收入归提塘官)

京报之外,公文之公布,尚有两个"媒体":(1)抄本,官文书手写,半公半私之事业,通报快捷,信息早于京报数日,其价格亦高;(2)长本,提塘官发行,其文较长,故称长本,文笔与印刷粗糙,提供给欲详悉官文

---

① 参见〔日〕织田万:《清国行政法》,中国政法大学出版社 2003 年版,第 71—73 页。

书者。

京报在地方的公布:地方官厅令其下辖报房翻刻,颁布于其所属各处。该报房亦随时留意督抚处之动静,将这些内容印刷发行,称为"辕门报"。

三、里甲制度:政府对基层社会的管理①

所谓乡里制度,或称乡里制度、保甲制度、什伍制度,指的是中国古代县以下的基层行政管理体制,它一方面是政府触角的延伸,另一方面又有社区自治组织的因子。而国家一方面要通过什伍保甲制度把民众划分成小单位予以管控,另一方面又通过三老、老人、乡约等社会力量对人民施行教化。

> 五家为比,使之相保;五比为闾,使之相爱;四闾为族,使之相葬;五族为党,使之相救;五党为州,使之相赒;五州为乡,使之相宾。五家为邻,五邻为里,四里为酇,五酇为鄙,五鄙为县,五县为遂。
>
> ——《周礼·地官·大司徒》

(一) 先秦形形色色的乡官

《周礼·地官·司徒》记国中设"乡大夫,每乡卿一人;州长,每州中大夫一人;党正,每党下大夫一;族师,每族上士一人;闾胥,每闾中士一人;比长,五家下士一人";野中设"遂大夫,每遂中大夫一人;县正,每县下大夫一人;鄙师,每鄙上士一人;长,每中士一人;里宰,每里下士一

---

① 参见赵秀玲:《中国乡里制度》,社会科学文献出版社 1998 年版。

人；邻长，五家则一人"。《国语·齐语》记管仲改革时所涉及的乡官，国中有轨长、里有司、连长、乡良人；野中有邑有司、卒帅、县帅。《左传》中的乡官，宋国有司里、隧正、乡良人，鲁国有隧正，晋国有县大夫、县师、舆尉。《墨子》中乡官有乡长、里长、三老。《管子》中涉及乡官名称最多：《小匡》国中有轨长、里有司、连长、乡良人、乡长，野中有轨长、邑有司、卒长、乡良人；《度地》有三老、里有司、伍长；《权修》有乡师；《君臣上》有啬夫。《韩非子·外储说》有里正、伍老。《荀子·王制》有乡师。《睡虎地秦简》中有里典、三老。

（二）帝制时期里甲组织层级之变迁

秦：乡、亭、里。秦商鞅创什伍连坐之制，令民为什伍而相司连坐。不告奸者腰斩，告奸者与斩敌者同赏，匿奸者与降敌者同罚。

汉：乡、亭、里。什主十家，伍主五家。百家为一里，十里一亭，十亭一乡。

三国魏晋南北朝：三国、晋、宋取法秦汉，设乡、亭、里。北魏、东魏、北齐、北周，仿《周礼》，行邻、里、族党三级制。其中北魏称邻、里、党，北齐称党、闾、邻里，北周称党、闾、里。

隋：初无乡级，为族、闾、保三级；后改为乡、里两级。

唐：乡、里、村三级。百户为里，五里为乡，两京及州县之郭内，分为坊，郊外为村。四家为邻，五邻为保。保有长，以相禁约。

宋：牌、甲、保。保甲制始于王安石变法，以五户为一保，五小保为一大保，十大保为一都保。户有二丁以上者，举一人为保丁；每一大保轮值五人，负捕盗之责。相邻户三二十家排比成甲，迭为甲头，督输税赋苗役。

元：行乡、里制和社制。五十家立一社，择高年晓事者一人为之长。

明：乡、都、图或乡、都、里三级，有的是乡、保、村、里或乡、保、区、图四级,有的地方有社、甲等层级。

清:多沿明代之旧,乡、都、图(乡、都、里,或乡、都、村),有的地方是二级制,或叫保、里,或叫里、甲,或叫镇、保。清初,令各州县所属之乡村,十家设一甲长,百家设一总甲。若有盗贼、逃犯、奸宄等事,自邻佑报知甲长,甲长报知总甲,总甲申告于州县衙门。一家犯罪,其他九家及甲长、总甲如不申告,俱以罪论。乾隆以后,改十家为牌,设牌头;十牌为甲,设甲长;十甲为保,有保正;各省并设保甲总分局以统辖之。凡矿场、寺观、店埠、海船等皆予以编列之。

(三) 里甲职能之变化

从先秦时起,基层乡官的主要职责有四:组织生产;登记户口,分派徭役;受理诉讼,调解纠纷,负责乡里治安;监视教化。《汉书·百官公卿表》记载:“大率十里一亭,亭有长。十亭一乡,乡有三老、有秩、啬夫、游徼。三老掌教化。啬夫职听讼,收赋税。游徼禁贼盗。”从唐中叶起,乡职开始职役化,由选任变为轮差。而里甲制度的重心也发生变化:“重相监相察而轻相爱相恤;重征收赋役而轻利民惠民。”明太祖朱元璋起于草根,他在一定程度上中兴了里甲制度。洪武二十七年(1394)四月,朱元璋设立老人制:“命有司择民间高年老人,公正可任事者,理其乡之词讼,……若不由里老处分而径诉州县者,即谓之越诉。”里老人的职责有五:教化(劝民为善)、议政、荐举与监督、劝农、理讼。

清代皇帝特别重视“乡约”制度,“乡约一词,在宋明两代都是指一种社团组织。在这种组织中,人民通过适当的教育与物质帮助,以促进社会和谐。……清代前期与中期统治者赋予‘乡约’一词以新的意义,即作为一种宣扬官方见解的大众宣讲机构”。“18世纪统治者控制下的乡村宣讲制度,也是一种专门从事道德灌输的垂直结合的机构。”除此之外,清政府也投入了相当努力以实施保甲制度,"这种制度使人民互相监视,也给予他们安全"。"通过这些机构,一个中央集权化的国家能够组织地方社会秩序"。[①]

[①]　参见〔美〕王国斌:《转变的中国:历史变迁与欧洲经验的局限》,李伯重等译,江苏人民出版社 2010 年版,第 118—119 页。

第三章 士大夫政治与文官制度

第一节 士大夫政治

一、士大夫的"一身二任"（官僚与文人）①

士大夫这个词在外文中有如下说法：scholar-official, scholar-bureaucrat, literati and officialdom。其含义无非是说中国的士大夫身兼官僚与学者（文人）。有人说士大夫乃是"最高文化价值与最高社会权力的辉煌象征性结合"。帝制中国在逐渐消除了贵族政治的影响后，逐渐进入了以士大夫为主体的官僚政治（精英政治）；尽管历代统治者都特别重视民心、民意，但其与现代民主政治有着根本的区别，用宋代文彦博的话说，君王乃是与士大夫治天下，非与百姓治天下。

韦伯（Max Weber）引用"君子不器"来说明传统"中国缺少专家政治"。有学者用外行或业余选手（amateur）来概括士大夫的"二任"："在政务之中他们是 amateur，因为他们所修习的是艺术；而其对艺术本身

---

① 参见阎步克：《士大夫政治演生史稿》，北京大学出版社 1996 年版，第一章第一节。

的爱好也是 amateur 式的,因为他们的职务是政务。"但是,专门化的行政并不一定就能构成一个理想的、具有良好社会适应性的政治系统,这还取决于政治文化传统与政治社会背景。中国的士大夫政治尽管缺乏"专门化",但仍不失为一个精致微妙的运作机制,并在两千多年中长盛不衰。

除了行政事务与文化活动之外,中国传统士大夫还承担了儒家正统意识形态。儒家思想对天、地、人之间的众多事象加以系统的解释安排,以此来处理人生、家庭、教育、文化、治国平天下等问题,直到宇宙问题;并力图以这种无所不包的体系支配帝国政治。儒家意识形态无所不包的特性,与士大夫角色的功能混溶性质互为表里,并使其"文人"与"官僚"的两面充分一体化。

传统中国科举制度与士大夫政治充分结合,彼此互相维系:其一,科举以诗赋八股取士,适合知识群体的文化兴趣与知识结构;其二,考试内容兼有策论,同时可以考察士人对于国务的理解(能);其三,经典的阐发构成维系儒术正统地位的重要手段(德),而考试的美文要求赋予体制以文化感召力(charisma)。

二、礼法之辨

"礼制"是一种把政治秩序、亲缘秩序、文化秩序等融为一体的更具弥散性的理想文化秩序。它是君、亲、师三位一体,亲亲、尊尊、贤贤相维相济,君(吏)道、父道、师道互渗互补。"法"不只是"刑",它可以理解为专制官僚政治的理性行政原则和规范。而"法制"则是一种纯粹的政治秩序,是由国家来宰制社会及其传统礼俗,它只强调吏道(君道)。在法家的阐释中,"法制"是立足于以科层形式分配权威、职能和资源的中央集权体制,以非人格化、程序化、具有可计算性并服从于功利目的的成文法规作为行政依据。在此,它与"礼制"划清了界限。[1] 也有人说,法家与别家的根本区别便在于"法家专替君主打算"。[2]

法家"中断"的原因在于:其一,汉兴之后,认为秦亡于用法之弊,到了武帝更极力表彰六经、罢黜百家,故而民间不敢也不再有人推崇法家理论;其二,秦汉以后,中国长期保持大一统的局面,少有争强夺霸之诸侯,读书人纵有战国法家的雄心,却无游说诸侯的机会,也不敢做法家的论调;其三,汉室推崇儒家的伦理哲学,一方面固然是因为其符合皇室的胃口(利益),另一方面也是因为其适合于自然经济之下的中国农业社会,所以能深入人心;其四,法家的法律理论,把法律看得至高无上,偏于形式主义的法律论,在论理上说不过儒家更侧重"天理人情"的礼教法律论。尽管如此,法家精神也一直持续不断地影响着后世,如三国之曹操、诸葛亮,北宋之王安石,明朝之张居正,都是"如假包换的法家"。但因为儒家传统的熏染与压力,法家的名声不好,所以他们都不肯自承为法家。[3]

三、孟子与荀子[4]

(一) 单向度追求"礼治"的(孔)孟

(孔子)孟子之言"礼"与其所追求的"礼治",多半是从"礼乐""礼教"的角度发挥。其在文化传统上传承了"乐师"之业。"乐为天地之和",而"和"之经义在于:其一,主爱珍重并维系和谐的人际关系;其二,强调异质因素之间的和谐调适。"仁"者爱人,"大同"之境成了孔孟之

---

① 参见阎步克:《士大夫政治演生史稿》,北京大学出版社 1996 年版,第 470 页。
② 参见张荫麟:《中国史纲》,商务印书馆 2003 年版,第 147 页。
③ 参见徐道邻:《中国法制史论略》,(台北)正中书局 1976 年版,第 9—10 页。
④ 参见阎步克:《士大夫政治演生史稿》,北京大学出版社 1996 年版,第 180—211 页。

道最高之理想。儒者专在道统（师道）一方，不在政统之内。孟子"长于诗书"，但"疏于礼""疏于王政"；而荀子则"长于制度"，"隆礼义而杀诗书"。（章太炎语）

（二）"兼综礼法"的荀子

对于专制官僚政治，孟子每取超然的批判立场，而荀子则索设身处地的具体规划；他们同尊"礼治"，但孟子特崇师道，而荀子不弃"吏道"。二者对礼的着眼点不全一致。荀子的贡献在于：

其一，在"传经"上，荀子是战国末期儒家学说的集大成者，为秦汉之后"大一统"的帝制政治准备了理论基础。《礼记》除《中庸》一篇外，基本是荀子思想的继承和发展。所以有人说帝制中国的政治思想传统是"儒法兼综"，"儒表法里"，"二千年之学，荀学也"。

其二，春秋战国时期，周的礼治政治文化传统为诸子分别向不同方向加以发挥，"道术将为天下裂"。荀子在其中少偏执而多综合，对于三统相维之礼治，做了创造性的转化，从而为中国古代士大夫政治的传承和发展奠定了理论基础。

其三，他所规划的"士君子—官人百吏"模式，上承封建时代的士大夫政治，下开帝国时代"士大夫—胥吏"模式之先声。

四、乐师与史官，学士与文吏

乐师和太史（史官）是古文化的集中保有者。乐师司礼司教之责衍生了"师道"，史官主书主法之责则推进了"吏道"。史官之发展演化为周之史官与后世文吏群体的源流关系。史官"主书主法之责，在行政的规范化、程序化、文档化、法制化，无疑发挥了催生关系"。乐师所教者为学士,司礼司教,而较少涉身"兵刑钱谷"之具体行政。[①] 与士大夫相较,文吏的特征有三:其一,专门的行政技能培训;其二,严格遵循法律规章和充分利用文书簿计进行工作;其三,依照能力、功绩和年劳任职升迁。"一身二任"的士大夫政治,并非自古已然,而是自汉以后,学士与文吏的关系在此之前经历了分立、对立、结合、分途多个阶段。

(一) 分立与对立:"士"与"吏"的分化与秦的文吏政治[②]

1. 分立

春秋后期和战国时期,"士阶层"的活跃,具体包括:学士(专门家)、策士(纵横家)、方士或术士、食客。战国时期的大规模变法运动,可视为专制官僚化的社会转型,秦帝国则是其中典型的官僚帝国,"文吏"在其中构成了典型的职业官僚群体,与"学士"分立。

2. 对立

秦奉行法家的"以吏为师,以法为教""非学说",视学士为"蠹","焚书坑儒",蔑视文化,采文化专制政策。在法家的"秩序崇拜和权力哲学之中,道德完善和道义价值、文化发展和学术研讨,几无意义可言。吏员不过是官僚机器的齿轮与螺钉,民众不过是人格化的力役和赋税;他们仅仅在数量和功能上具有意义"[③]。我们可以说,在一定意义上,正是法家的理论与文吏政治限度导致秦帝国的灭亡。

(二) 结合:汉代儒生与文吏的并用与融合

学士与文吏在经历了分立、对立的阶段之后,在汉代融合为一身二任的士大夫阶级。汉代从郡县吏选官,儒生亦往往要借"吏"以进身,

---

①　参见阎步克:《乐师与史官——传统政治文化与政治制度论集》,生活·读书·新知三联书店 2001 年版。

②　参见阎步克:《士大夫政治演生史稿》,北京大学出版社 1996 年版,第六章。

③　阎步克:《士大夫政治演生史稿》,北京大学出版社 1996 年版,第 175 页。

"儒生的充分官僚化","泛言则百官皆吏"(如"吏部"其实是管百官的)。汉以德行、经书、法律、政事分科取士,"以儒进"和"以吏进"为选官之二途,一取其"轨德立化",一取其"优事理乱"。察举制以"孝廉"选官,是基于"以德取人"的"礼治"精神。东汉矫正王莽"新政"之弊,课"孝廉"以"吏能功次","以能取人之法"大大推动了儒生与文吏的融合。①

(三) 分途

但是,在时人内心,儒生与文吏明明有别:"文吏以事胜,以忠负;儒生以节优,以职劣。二者长短各有所宜……取儒生者,必轨德立化者也;取文吏者,必优事理乱者也。……儒生所学者,道也;文吏所学者,事也。……儒生治本,文吏理末,道本与事末比,定尊卑之高下,可得程矣!"(《论衡·程材》)东汉顺帝时孝廉察举程序的重点转移到"以文取人"上来,经魏晋南北朝而积累到隋唐,就演变成为科举制度。士大夫阶层负责维系政治文化模式,胥吏则承担具体技术性行政事务。②

"唐代的吏和官,已经分得远了,然而两者间还没有判然的划分。"官与吏流品的泾渭分明始于明代,弊病肇始于元代蒙古人做长官,汉人管书记与文案的先例。明成祖时即规定胥吏不能当御史,后来又规定胥吏不得考进士;因为限制了胥吏的出身,只能由考生或秀才中无出路的来当胥吏。"只要你在胥吏流品中,无论如何有才有德,也仍走不出胥吏之本流,仍还是一胥吏。所以胥吏不再要自爱,不再要向上。而一切文书簿籍,例案掌故,却全经他们手。他们便操纵这些来束缚他们的长官。"③

---

① 参见阎步克:《士大夫政治演生史稿》,北京大学出版社 1996 年版,第 13—15 页。
② 参见阎步克:《士大夫政治演生史稿》,北京大学出版社 1996 年版,第 15—16 页。
③ 钱穆:《中国历代政治得失》,生活·读书·新知三联书店 2005 年版,第 111—114 页。

五、汉儒与循吏①

> 先进于礼乐,野人也;后进于礼乐,君子也。如用之,则吾从
> 先进。
>
> ——孔子
>
> 余观世之小人,未有不好唱歌看戏者,此性天中之诗与乐也;
> 未有不看小说听说书者,此性天中之书与春秋也;未有不心占卜祀
> 鬼神者,此性天中之易与礼也。圣人六经之教,本于人情。
>
> ——《广阳杂记》
>
> 学于众人,斯为圣人。
>
> ——章学诚

从 20 世纪中期以来,许多人类学家和历史学家都不再把文化看成一个笼统的研究对象,而倾向于二分法,把文化分为大传统(great tradi-tion)与小传统(little tradition),或者精英文化(elite culture)与大众文化(popular culture),雅文学与俗文学。与欧洲相对封闭的两个系统相较,帝制中国下大、小传统的交流更为通畅,而在帝制早期两个传统的混杂与沟通之中,担当"循吏"的汉儒起着不可替代的作用。

从纯哲学的角度,汉儒"无甚高论",但的确发挥了"移风易俗"的作用,使孝悌观念深入人心。汉儒用阴阳五行的通俗观念取代了先秦儒家精微的哲学论证,通俗文化中的信仰为儒家所接受,而儒家的基本教义也由此突破了精英文化的藩篱,为一般民众所接受。正如孔子所说:"我欲载之空言,不如见之行事之深切著明。"儒教在汉代的功用主要表

---

① 参见余英时:"汉代循吏与文化传播",载王健文主编:《政治与权力》,中国大百科全书出版社 2005 年版。

现在人伦日用方面,属于今天所谓文化、社会的范畴。汉代政治并未定于儒家一尊,儒家化是一个潜移默化的过程,民间重于朝廷,风俗多于制度。作为"亲民官"的循吏在其中扮演的角色比卿相、经师都要重要。

循吏(代表人物有文翁、儿宽、韩延寿等)三方面成就如下:

1. 富之:兴修农田水利、促进商业贸易。

2. 教之:办学校、移风俗。文翁在蜀地兴办学校(学官)为中国地方学校之始;汉初,民间常有遗弃老人之事,而在边疆地区民间男女关系也十分不稳定,汉儒循吏则通过简化与当地化的礼法仪式移风易俗。"议定嫁娶丧祭仪品,略依古法,不得过法……令文学校官诸生,皮弁执俎豆,为吏民行丧嫁娶礼,百姓遵用其教。"

3. 理讼与息讼("无讼"):史载韩延寿"躬自厚而薄责于人",其治下有兄弟为田产争讼,韩延寿自责"为郡表率,不能宣明教化",乃闭门思过,其下属均惶恐在家"自系待罪"。直到这两兄弟悔过息讼之后,韩延寿才重新恢复工作。

六、"魏晋风骨"与门阀政治[①]

所谓门阀政治,指的是世族与皇帝分享政治权力,典型即所谓"王与(司)马共天下"。东晋一朝,皇帝垂拱,士族当权,流民出力,门阀政治才能维持。门阀政治为"皇权政治之变态",其形成的特殊条件有三:其一,成熟而有影响的社会阶层(士族);其二,丧失权威但尚余一定号召力的王室;其三,民族矛盾尖锐。但门阀政治同时具有暂时性与过渡性:其一,侨姓士族在江左立足不易,生根更难;其二,士族只掌握军队指挥权,却不亲自驰骋疆场,不能"专兵",日渐积弱;其三,士族人才日

---

① 参见田余庆:《东晋门阀政治》,北京大学出版社 2005 年版。

渐凋零,可能与狭窄通婚范围导致的人种退化有关。南朝皇帝恢复了权威,但士族仍然保有了社会、政治与"人物风流"之优势,故而皇帝选官离不开士族,甚至还向士族攀结姻亲。

魏晋风流的多姿多彩[1],究其缘由有三:其一,大乱之后读书人经历精神上的磨炼,尚玄学与清谈,是对两汉道统的反动。其二,南朝君主势弱,士大夫在当时的政治生态下可以衣食无忧、相对自由地生存,"不为五斗米折腰","采菊东篱下,悠然见南山"。其三,以儒学著称的司马氏是政治上的胜利者,而非思想上的胜利者。两晋时期,儒学家族如果不入玄风,就产生不了为世人所知的名士,从而也不能继续维持尊显的士族地位。当然,儒学自有其社会效用,在玄学阵容中,很少有人完全站在儒学的对立面。事实上,"由儒入玄"乃是形成士族的必要条件,"士族的形成竟与一种哲学思潮相关,其原因就在于,魏晋士族由文士构成,是文化贵族"[2]。当时能够运转门阀政治的人,是"遵儒者之教,履道家之言"的出入玄儒的名士,如王导、庾亮、谢安、桓温。"戎问曰:'圣人贵名教,老庄明自然,其旨同异?'瞻曰:'将无同。'"在当时参与实际政治的名士看来,老庄自然与周孔名教是相同相通的,因为"名教原是取法自然而设",应"自然为体,名教为用"。[3] 其实,魏晋清谈可分为前后两期:魏末西晋为前期,此时清谈为政治上的实际问题,与当时士大夫的出处进退关系密切,士大夫借以表示本人态度及辩护自身立场;后期为东晋一朝,清谈失去了政治内涵,仅仅是名士口中笔下的玄言,是其身份的装饰品。

---

① 思想文化的活跃,往往发生在旧体制解体的时期,而非大一统时期。

② 阎步克:《从爵本位到官本位:秦汉官僚品位结构研究》,生活·读书·新知三联书店 2017 年版,第 22 页。

③ 参见陈寅恪:《魏晋南北朝史讲演录》,万绳楠整理,贵州人民出版社 2012 年版,第 45、50 页。

七、儒士地位的变化

儒士地位的确立始于西汉武帝,汉儒由儒学之变通,进而影响政治,教化百姓。自东汉末至唐,儒士地位大不如前。思想上,佛、道日盛;政治上,门阀控制了政权。儒士的地位真正奠定于两宋。[①] 中国本位文化的三要素(民族意识、儒家思想、科举制度)都在宋代"发展至极致"。思想上,儒学日益包罗万象,与"学问"成为可以互换的名词;政治上,宋代君主抑武扬文;经济上,新兴的地主及都市中产之家,成为士大夫的经济保障与温床。南宋朱熹更"私立道统",用来限制以皇权为代表的"治统"。

汉儒与宋儒之别如下:汉儒近荀子,重《春秋》大义,重治国平天下,重华夷之辨,对于人主私生活不甚苛求;宋儒自韩愈推崇孟子,朱熹重四书,重个人修养,强调"格君心之非"。严复评价说,《春秋》未尝令乱臣贼子惧;而宋道学兴,乱臣贼子真惧,自此中国之亡也,多亡于外国。但时人叶适已经意识到宋儒的弱点:"高谈者远述性命,而以功业为可略。精论者妄推天意,而以华夷为无辨。"朱熹有言:"何必恁地论,只天下为一,诸侯朝觐,狱讼皆归,便是得正统。"宋亡后,仕元的多为道学家。

通常认为元代儒士地位非常低下,有所谓"八娼九儒十丐"之说,读书人"臭老九"之名便缘于此,其实此乃语出过激。元代将读圣贤书之人划为专门之"儒户",对儒生在经济上有一定的优待,只是儒家从唯一的"道"降为"(宗)教"之一种,与道士、和尚等宗教人士并列而已。[②]

---

① 参见付乐成:"唐型文化与宋型文化",载康乐、彭明辉主编:《史学方法与历史解释》,中国大百科全书出版社 2005 年版。

② 参见萧启庆:"元代的儒户——儒士地位演进史上的一章",载邢义田、林丽月主编:《社会变迁》,中国大百科全书出版社 2005 年版。

八、治统与道统[①]

（一）治统、道统分立与道统的优越地位

道统不是王统（治统）。孔子推崇的是尧、舜、禹、周公，不是启、汤、文、武；孟子推崇的是尧、舜、禹、孔子，不是春秋五霸、战国七雄；韩愈推崇的是尧、舜、孔、孟，不是秦皇汉武。尊道不是忠君。《孟子·尽心下》："尧、舜，性者也。汤、武，反之也。"有道则留，无道则去。道统之说，肇始于韩愈《原道》，正式确立于朱熹。道一脉相传，犹政治上所谓正统。三代治统与道统合一（君师合一），典型如周公。礼崩乐坏之后，二者分离，南宋更"私立道统"。"明道之圣"远胜于"行道之圣"，后者行于一时，前者为"万世师表"。在士大夫的理念与实践上，孔子为代表的"道统"优越于历代君王之"治统"：其一，汉章帝谒孔庙，孔子后人孔僖对皇帝说，孔门并不因圣驾光临而添光，反倒章帝须借莅临孔门以增辉圣德；其二，明太祖欲压制孔庙之地位，并贬低孟子，遭到反弹，儒者殉道，"虽死犹荣"，明王室最终作罢。

（二）治统、道统合一与圣君（"哲学王"）的吊诡

治统与道统的再次合一，始于清康熙，雍正、乾隆承之，政治权威与文化权威合一。清代出明君，康熙尤为"圣君"，他强调："学问为百事根本"，"治天下之道莫详于经，治天下之事莫详于史"。面对治统与道统的紧张关系，清朝一改明太祖之对抗政策，追求二者的合一，由君主掌握了道统，君师一体。清王朝赋予孔子、孔庙、孔家以超越前代的殊荣，康熙对孔子像行三拜九叩之大礼，乾隆嫁女于孔门。其原因在于孔教为传统社会的凝聚力，"在君上尤受其益"（雍正语）。但清廷对孔庙既

---

① 参见黄进兴："清初政权意识形态之探究——政治化的'道统观'"，载陈弱水、王汎森主编：《思想与学术》，中国大百科全书出版社 2005 年版。

"贵之",亦保留"贱之"与整肃的的权力。面对康熙拜谒孔庙,孔尚任已无前辈孔僖的志气。雍正驳斥曾静,孔孟虽为圣贤,却"无做皇帝之理",君臣关系绝对化;清朝不设宰相,这一儒生的最高抱负既无实权,也无政治担当,甚至没有名分。清代大学问家章学诚创"周公胜于孔子之说",这源于当时"理"与"势"合一的大背景。

这反映出儒者内心的矛盾:期待"圣君",圣君的来临却使儒士付出昂贵的代价,儒者得以批判政治权威的立足点——道统——烟消云散。

九、士绅与地方行政——"皇权与绅权"①

(一)士绅(绅衿、缙绅,local elite)

士绅是与地方政府共同管理当地事务的地方精英,他们是唯一能合法代表当地社群与地方官员共商地方事务、参与政治过程的集团。地方官员对于士绅总是以礼相待。

士绅的权力直接源于传统政治秩序。士绅与官吏隶属于同一个集团,都是官僚集团的实际成员或候补成员,这个权力集团在公共领域表现为官吏,在私人领域表现为士绅。用钱穆的话说,"做官"对士人而言类似于宗教,只有做官"最可造福人类",可以施展读书人的理想与抱负,"不得已退居教授,或著书立说,依然希望他的学徒或读者,将来依他的信仰或抱负,实际在政治上展布"②。士绅的身份取得首先不在于财富,而是以官宦身份或者仕宦资格的取得(通过科举,有功名者)为前提或基础。在向政府购买官爵或者功名/学衔时,财富才与士绅的身份发生直接关系,但所能买到的官爵和功名只是低级的,且不被视为"正途"。

---

① 参见瞿同祖:《清代地方政府》,范忠信等译,法律出版社 2003 年版,第十章。

② 钱穆:《中国文化史导论》,商务印书馆 2002 年版,第 127 页。

　　士绅又分为官绅和学绅,统称为"居乡士大夫"。官绅(官员、"绅")包括现职、退休、罢黜官员,也包括捐买官衔和官阶的。根据禁止官员在故里任职的规定,在职官员有双重身份,其在任职地为官员,在家乡为"缺席士绅"。学绅(有功名/学衔者、"士")包括:文武进士、文武举人、贡生(地方官学学生选贡入国子监者,包括捐买此衔者)、监生(国子监学生,包括捐买监生资格者)、文武生员("秀才")。

　　与作为"外乡人"的地方官不同,士绅们天然有捍卫和促进社区福利的责任感。

(二) 士绅的特权与不同士绅的差别待遇

　　1. 与地方官交往过程的礼遇(具体取决于其身份等级)。

　　2. 社会(衣冠、居所、礼仪等)与经济(税赋)特权。

　　3. 法律上的优待与特殊保护:官绅不在当地司法管辖之下,学绅在公堂上也享有与百姓不同的待遇;士绅可以免除较轻微的刑罚(例如可以用赎金折抵笞杖);士绅与普通百姓之间发生户婚田土纠纷,可不亲自参加诉讼,而指派一名家属或仆人作为代表到堂;庶民若打伤(现职/退休)官员,将被加重处罚。

(三) 士绅发挥影响力的渠道

　　1. 在普通百姓圈子中作为社群的首领。

　　2. 在地方官圈子中施加影响:士绅的影响力取决于其个人的显赫程度与当地的实际情况。(例如,在拥有功名人数众多的江浙,举人的影响力不大;在相反的地区,即使拥有低级的功名也可能有较大影响。)具有超常身份的"官绅"甚至可以直接向皇帝奏请。

　　3. 士绅与正式权力的联系与科举制度产生的社会关系,包括老师(座师、房师)、学生(门生)、同科及第者(同年),是其发挥影响力的重要渠道。

生员在权力集团之外,他们是士绅中影响力最低的,作为个体,其影响力微乎其微,其权力或力量主要来源于团结与集体行动(如联名请愿或集体罢考、哄闹衙署)。生员在集体行动前常常在孔庙(文庙,也是学校的所在地)集会,进行"哭庙"仪式。[①] 完整的仪式包括祭告孔子、焚儒服裂青衿(代表无意仕进)、作卷堂文(代表主动退学)、击鼓鸣钟(聚众声讨,扩大社会影响)。清顺治十八年(1661)在苏州发生千余名生员哭庙抗粮,即有名的"哭庙之变"。康熙二十六年(1687)因江南乡试科场案,在苏州又发生哭庙事件。除哭庙外,生员还有另一种形式的抗议仪式,就是抱孔子木主牌位到抗争对象门前,置对方于窘境。雍正以后甚至有生员将孔子像作为斗殴的护身符,"抬孔圣木主及诸贤牌位,与人打架"。[②]

(四) 士绅家庭

1. 士绅的声望与特权可以与家人分享

官员身份可以通过"封(生)赠(死)"(给官祖封赠官衔)、"封诰"(给妻子)、"荫袭"(给子孙)制度合法地扩展到其家庭成员。从技术上来讲,法律对于有荣誉官衔者与正式官员同等对待,甚至扩展到官员未获得荣誉官爵的家庭成员。士绅的父亲和其他近亲属不仅比庶民影响力更大,而且其影响力几乎等同于士绅本人。身居要职的"官绅"的家人的影响力,可能比一般低级官绅、学绅还大。

2. 家族是中国社会的基本单位,士绅的言行要受到家族亲党的强烈支配与限制

一个人保护自己和家族的能力大小,取决于其在官僚等级体系中

---

① 参见陈国栋:"哭庙与焚儒服——明末清初生员层的社会动作",载邢义田、林丽月主编:《社会变迁》,中国大百科全书出版社 2005 年版。

② 参见巫仁恕:"明清城市'民变'的集体行动模式及其影响",载邢义田、林丽月主编:《社会变迁》,中国大百科全书出版社 2005 年版。

的地位。随之而来的是,每个家族都将本族中的士绅视为全族的保护人,而该士绅也必须接受这一义务。

(五) 士绅在地方行政中的地位、作用

1. 士绅参与地方行政的原动力在于追求地方社会安定有序。一方面,正所谓"铁打的衙门流水的官",与在回避制度下异地任职的"流官"相比,士绅与当地有着长期的利害关系;另一方面,与当地普通百姓相较,士绅因为拥有一定特权利益,所以既有的社会秩序的维系对其更为重要。

2. 在百姓与官吏之间,士绅常担当调停人的角色。理想的士绅是官民沟通的重要渠道,士绅一方面可以将地方政府的法令有效传达给百姓;另一方面也可以保护当地百姓免受地方官的过分侵扰,并汇集百姓的意见,转呈地方官斟酌。

3. 为地方官提供咨询建议。帝国境内各地差异很大,但中央的法规却十分刚性,缺乏地方适应性。与地方政府属员(差役、胥吏)相较,士绅被认为更有见识(知识与文化),也更有道德,士绅对于本地情况较为熟悉,可以向地方官提出与当地实际情况相结合的建议。"官绅"的行政经验在公共工程与地方防务等重大复杂问题上可资借鉴。除州县官自动咨询士绅外,其上司也常作如此建议或要求。

4. 参与地方行政。包括公共工程与公共福利、教育活动、保甲管理、地方民团(团练)等。比较有名的例子是曾国藩以朝廷大臣丁忧在湖南家乡筹办"湘军"的故事。

(六) 官、绅之间的合作与冲突

一般来说,州县官和士绅的利益冲突,更多的是州县官与个别士绅,而非士绅整体的冲突。因为他们同属于一个特权阶级,要相互依赖以固守共同利益,维持现状。州县官的前途与名声很大程度上依赖于

士绅；士绅也要仰仗州县官来维持自己在本地区的影响力与特权。一旦双方利益发生冲突，例如在州县官坚持执行士绅们一贯规避的法律，或在州县官阻碍士绅谋求不法利益时，官、绅的合作会暂时瓦解，彼此将发生直接冲突。地方官经常处在士绅的批评、恫吓、毁谤和控告的威胁之下；士绅也同样处在地方官的压力和束缚之下，"学绅"的利益尤其容易受到侵害。

第二节　选举与科举

一、选举

（一）荐举①

两汉用人之法，以察举、征辟为主，而辅以考试和荫袭。

察举，始于汉高祖十一年（公元前 196）之求贤诏；惠帝、文帝亦先后下诏求"孝悌力田""贤良方正""直言极谏"。武帝初，令郡国岁举"孝廉"各一人。（古代君王讲究"以孝治天下"，皇帝的谥号通常有"孝"字。）其后又令诸郡县察吏民有秀才异等，可为将相及使绝国者，岁举一人。东汉避光武帝刘秀讳，改称"秀才"为"茂才"。两汉士人进身以贤良方正与孝廉为正途，秀才次之。以上均为"乡举里选"，又辅以考试，如射策、对策。如贾谊、公孙弘、董仲舒均以应选贤良方正后，又临轩对策，而为皇帝赏识。当时选举有三种方式，或由郡国"贡举"，或派大臣"察举"，或令公卿"荐举"。

---

① 参见阎步克：《察举制度变迁史稿》，辽宁大学出版社 1997 年版。

　　征辟之法,始于西汉,而盛行于东汉。乡举里选,需循序而进,而征召辟士则可不拘资格,超擢而升。"征"(特征)乃是对于高才重名之人,皇帝径召之,唯应征者未见得皆被任用。"辟"(辟举)乃是公府对其掾属、(州)郡县对其曹僚,皆由公府、(州)郡县自行辟举而试用,考行查能,以次迁补,或至二千石高官。①

　　魏晋南北朝采"九品中正"之法。汉代举荐的责任逐渐由地方官转到了退休回地方的士大夫手中,为其把持,渐有"举秀才,不知书;举孝廉,父别居"的弊端。魏晋荐举,惩两汉察举之弊,采九品中正之法。汉末丧乱,曹操秉政,军中权立九品,以论人才之高劣。魏文帝立,用"九品官人"之法,于州郡置大小中正之官,择州郡之贤者,区别高下为九品,谓之"九品中正"。初由郡县之小中正将当地人才以九品区别高下,呈报于州之大中正,大中正核而报于中央之司徒,司徒核而交尚书以录用之。九品官人之法,本以救察举、征辟之弊,可降至南朝,自滋流弊,其请托更甚于乡里"沽誉";且九等之差,无一定标准,当时又值门阀势力大兴,计人定品转为计门第定品,于是有"上品无寒门,下品无士族"之讥。至隋文帝,"罢州郡之辟,废乡里之举,内外一命,悉归吏部"。察举制度遂废。

　　(二) 后世之制举②

　　隋唐后科举大行,但仍有与之并行之制举,乃天子自诏征人才。

　　隋炀帝初年,诏五品以上官举孝悌有闻、德行敦厚、执宪不挠、学业优美、文采美秀、才堪将略等士子。是故隋虽废古代之荐举制度,又开后世之制举制度。

　　唐承隋旧,取士之法兼用制举,列于科者有:贤良方正直言极谏,博

---

　　① 参见萨孟武:《中国社会政治史》(一),(台北)三民书局1975年版,第306—307页。

　　② 参见陈顾远:《中国法制史概要》,(台北)三民书局1977年版,第147—150页。

通坟典达于教化,军谋宏远堪称将率等。

宋于进士之外,设有直言极谏、博学宏词等科,又有所谓"大科",乃天子亲临策问,擢举才异。

元初未设科举,笼络汉族士人,专赖荐举。其事则集贤院掌之,其名则廉访司送之。

明取金陵后,辟征耆儒,设礼贤馆,又设有聪明正直、贤良方正、孝悌力田等科,皆礼送京师,不次擢用。其后科举日重。

清之制科,如康熙十七年(1678)、乾隆元年(1736)之"博学鸿词科",光绪二十二年(1896)之"经济特科"。

(三) 保举①

保举乃是大吏对于其属僚有才及有劳绩者,举以上闻而提拔之。其乃佐铨法之不及,而分吏部之权。汉代称其为辟举,是公府对其掾属,郡县对其曹僚,皆自荐举而自试用之,考行查能,以次迁补,或至二千石,入为公卿。大吏自辟僚属之权,至北齐便为吏部所侵夺。

保举于后世又盛于明清。明之保举,始于洪武十七年(1384)命天下朝觐官举廉能属吏,至永乐年间定举主连坐之法。行之逾久,弊端丛生,有乡里亲旧门下私相授受者,又有因无官保举而多年不迁者。清之保举始于中叶之内忧外患,至清末不衰。当时"丧乱有望勘定","科举不能得贤豪","属僚幕友往往得大吏一言,即跻身显要"。如曾国藩进剿太平天国,其幕府人才盛极一时,经其保举而大用者,如左宗棠、李鸿章、彭玉麟等。

---

① 参见陈顾远:《中国法制史概要》,(台北)三民书局1977年版,第150—151页。

二、科举(考试)

严格说来,中国的科举制度应分为文举(文科)和武举(武科)制度。武举是专门为选拔武官而设置的科目。武举制度是唐武则天长安二年(702)始置,清光绪二十七年(1901)废除,历时1200年。其考试程序与文举基本一样,只是内容与时间不同。在中国科举史上,自唐以后,历来是文武两科,殊途并进。但是,中国的科举制度历来重视文科,文科一直占据科举的统治地位。实因武举作用有限,影响不大,资料不多。

(一)历代科举制度概要

1. 隋唐

隋文帝建"秀才科",令诸州每岁选送三人参加考试,得高第者称"秀才",终文帝之世,天下举秀才者不过十人。隋炀帝建"进士科",试以诗赋,此为后世科举之所宗。唐因隋制而加以完善,唐太宗有"天下英雄入吾彀中矣"的说法。其学馆(京师之广文馆、弘文馆)之生徒与州县之乡贡,按岁一体试以科目而取之。乡贡者,由士子怀牒自列于州县,州县试其可者,长吏举行"乡饮酒礼",贡之于京师。士子由地方贡于京后,参加尚书省礼部举行的考试,故称之为"省试"。其考试科目见于史者有五十余科,较著者有秀才、明经、进士、明法、明算等等,以明经、进士二科最贵。"明经"先试帖文,再口试经问大义十条,后答时务策三道;"进士"先试诗赋,取者再试时务策,帖一"大经"。其弊端,"明经者但记帖,进士不通经史"。天宝末选士益重艺文,才与职乖,徒尚浮华。牛李以考试舞弊而肇党争,黄巢以进士不第而乱天下,其弊可见。[①]

---

① 参见陈顾远:《中国法制史概要》,(台北)三民书局1977年版,第155—156页。

2. 宋金元

宋仿唐制，但于制度多有发挥，并为后世所沿袭。宋太祖由省试之复试，发展出了殿试制度。而在太祖与太宗之时，已有进士分三甲发榜的做法；到太平兴国八年（983），正式确立了三甲取士的制度。科举于英宗后改为三岁一行，亦为后世沿用。宋设弥封、誊录制度，考试制度日趋严密。"但制度逐步严密化，有时反而失却本义，专从防弊上着想。……如是则考试防制严了，有时反得不到真才。"①诸科之中，独重进士，故以此科最盛。王安石变法，罢诗赋明经诸科，以经义论策试士，又颁三经新义于学官；司马光当政，罢三经新义，而沿用经义论策。宋又有"明法科"，试以律令、刑统大义，断案中格即取。②

金世宗依宋制，将科举分乡试、府试、会试、御试四级，唐宋之"省试"至此改称"会试"。

元代，仁宗始定科举之制，凡乡试中式者参加会试，会试中式者参加御试。将蒙古、色目、北人、南人分为两榜，其考试科目不同，均罢去诗赋，重视经学，并参以试策及应用文各一道。

3. 明

明代试士科目沿唐宋之旧，唯专以四书五经为命题范围，其文略仿宋经义，然后须以古人语气为之，体用俳偶，谓之八股文，通称"制义"。三年大比，以诸生试于省者曰乡试，中式者为举人，次为会试、殿试（廷试）。殿试结果分三甲。乡试以八月，会试以二月，皆以九日为第一场，又三日为第二场，再三日为第三场。试卷用墨，谓之墨卷，誊录用朱，谓之朱卷。试士之所称贡院；诸生席舍谓之号房；考场由军士监守，谓之

---

① 钱穆：《中国历代政治得失》，生活·读书·新知三联书店 2005 年版，第 79 页。
② 参见付乐成："唐型文化与宋型文化"，载康乐、彭明辉主编：《史学方法与历史解释》，中国大百科全书出版社 2005 年版。

号军。试官入院，则封锁内外门户，在外提调监事者谓之外帘官，在内主考者谓之内帘官。殿试用翰林及朝臣文学之优者为读卷官，拟定名次候天子临轩圣裁，或如所拟，或有所更定。[①]

(二) 清代科举制度[②]

1. 岁考与科考

各省学政，在各府及直隶州设置考场("分棚考试")，每三年之中，分别举行一次岁考和一次科考，考试各府州县学生。岁考的目的，在于考取"童生""进学"，并考察已进学生员之勤惰。凡参加岁考之童生，须在当地有籍贯，三代清白，非倡隶皂及贱役之家，并不居父母丧者。由同考五人互结，并同县禀生一人任保。如有冒籍、冒名及出身卑贱者，禀保同罪。先经一次初试("县考")，再经复试("府考")，然后才参加"院试"(岁考或科考)。每试三场，逐场淘汰。各州县每次岁考所取名额，依人口多寡，为 20—40 人不等。童生在岁考被录取者，称为"附生"(附学生员)，谓之"进学"。已进学之附生，除非已进学 30 年，或年满 70 岁，每逢岁考，必须参加。考试优异者，升为"增生"、"禀生"(禀膳生)；不好者，则由禀降增或降附，甚至"扑责"或"黜为百姓"。禀生每年有"禀饩银"四两，禀生、增生各州县皆有定额。应"补禀"而无缺者称"候禀"，应补增而无缺者仍居"附生"。

科考的作用，则是次年"乡试"的预考，在每次乡试的前一年举行。考取列一、二等者，由学政册送乡试；其因故未经科考之生员，得于乡试时，临时补考，谓之"录遗"。禀生、增生、附生同为生员，即俗称之"秀才"。他们比一般平民有高一等的身份，戴九品的顶戴，例免差徭；他们在公堂上不用下跪，地方官未经学官允许，不得打他们板子。其违犯法

---

① 参见林咏荣：《中国法制史》，(台北)1976 年自刊，第 195—196 页。

② 参见徐道邻：《中国法制史论略》，(台北)正中书局 1976 年版，第 111—116 页。

律禁令,情节轻者,由地方官行文当地学官/教官(教授、学政、教谕)责罚;情节重者,申请学政黜革其功名之后,方能治罪。贡生名义上是"贡"于国子监的学生,分为恩、拔、副、岁、优"五贡",由此出身者称为"正途";又有出资捐纳之"例贡"。经过中央的考试,可被授以"七品小京官"、知县、州判、学官。监生名义上是国子监("太学")的学生,分为恩、荫、优、例四类。其身份与贡生相近而略逊,其考职授官之法亦近似。清后期例监为捐纳入官必由之路,"监生"即表示捐官出身,为士林所不齿。

2. 乡试

乡试每三年一次,每次考三场,每场三日。乡试由皇帝选派主考至各省主持,因在八月举行,故称"秋闱"。遇有国家庆典,例外举行者,谓之"恩科"。乡试考取正榜者,谓之"举人",称"科甲出身",名列第一者称为"解元";考取副榜者,谓之"副贡"。凡中举者,得应次年之会试。应会试三次不中者,得具履历,加六品以上同乡京官之保证,申详吏部,听候"大挑"。大挑每六年举行一次,一等准用知县,二等准用学正、教谕,到吏部注册候选。

乡试所在考场(称"贡院")布局独特,考场内有数十排紧密相连的小屋,名曰"号房"。屋高约四尺,长约三尺,应试的考生独居一间,一连九日考试吃住都其中。所有考生要在考前一天的凌晨在贡院门前集合,被依次点名、搜身之后进考场。八月初八日点名进场,八月十五日考试结束,发榜在九月初九日前后。[①] 蒲松龄在《聊斋志异》里对乡试士子所受的煎熬有如下生动的描述:入场提篮像乞丐,点名受呵责像囚犯,进入号房像秋后的冷蜂,出场后像出笼的病鸟,盼望报子时坐立不

---

① 参见赵晓耕:《大衙门》,法律出版社 2007 年版,第 144 页。

安像被捆住的猴子,得报没中像中了毒的苍蝇。

3. 会试

会试于乡试后之次年三月,在京由礼部举行。录取名额不定,每年依乡试"中式"人数,由皇帝临时定之。大概为三百又数十名,最高者为雍正八年(1730)之 406 名,最少者为乾隆五十四年(1789)之 96 名。取中者,参加殿试,由皇帝亲定最优者之名次。其在会试考取第一名者,俗称"会元"。

4. 殿试

殿试于会试发榜(四月十五日)后十一日(四月二十六日)举行,五月初一日发榜,谓之"传胪"。全部参试人员分为三甲,一甲三名,二甲、三甲无定数。一甲称"赐进士及第",依次为状元、榜眼、探花;二甲称"赐进士出身",其第一名亦称"传胪";三甲称"赐同进士出身"。三甲皆进士也,俗亦统称"翰林"。

乡试、会试、殿试,"连中三元"者,有清一代,二人而已。

殿试之后,状元授"翰林院修撰"(从六品),榜眼、探花授"翰林院编修"(正七品)。二甲、三甲者,经"朝考"后,成绩优异者入翰林院"庶常馆"继续学习,为"庶吉士"(食七品俸)。进士之中非庶吉士者,为六部之"额外主事",亦有任国子监学正、学录,或府州县教职者。庶吉士在学三年后,举行"散馆"考试,并钦定等次。原殿试二甲者授"编修",三甲者授"检讨"(从七品);其余不入翰林者,则为六部主事(正六品),或"即用知县"(正七品)。

(三) 科举名额的地方分配与区域平衡

汉代察举孝廉在名额分配时就已注意到了地区平等与民族平等的问题。东汉时已根据各郡人口的多少分配不同数额的孝廉指标:"时大郡五六十万,举孝廉二人,小郡二十万并有蛮夷者亦举二人。帝以为不均,下公卿会议。"经过朝臣讨论,改为:"郡国率二十万口岁举孝廉一人,四十万二人,六十万三人,八十万四人,百万五人,百二十万六人;不满二十万,二岁一人;不满十万,三岁一人。"(《后汉书·丁鸿传》)同时,对于人口稀少且汉族与少数民族杂处的边疆地区予以特别的照顾:"幽、并、凉州,户口率少,边役众剧,束修良吏,进仕路狭。抚接夷狄,以人为本。其令缘边郡口十万以上岁举孝廉一人;不满十万,二岁举一人;五万以下,三岁举一人。"(《后汉书·和帝纪》)

宋代对于各省举人名额(解额)的分配采用区域配额制度;但在进士取士中则没有配额制度,而是实行"区域间的自由分配"。元代首开科举时,会试开始实行配额制,进士录取名额平均分配给蒙古、色目、汉人、南人。南人所在地域包括原来南宋治下的江浙、江西、湖广、河南。占人口大多数的汉人、南人分配名额相对很少,对于南人的歧视意味尤其明显。与宋代不同,元代的区域配额制主要是基于地缘政治,特别注重政治势力的均衡分配,"与其说是区域配额,不如说是阶级配额或种族配额"。[1]

明初,进士取士没有关于地域分配的规定,如此造成"代表帝国最富裕和最有文化的地区的南方人和东南方人"在科举中占有绝对优势,在1391年他们甚至囊括了所有的进士名额。明太祖对地域分配如此不平衡的取士结果大为震怒,下令处死主考官,并再举行一次考试,增补了全为北方人的进士名单。1425年,明政府订立制度,把40%的进士名额划给北方,60%的名额划给其他地方,即所谓的"南北卷"制度。此后,明政府又改进分配方案,把10%的进士名额留给欠发达的四川、云南、贵州、广西四省与南直隶的三府三州(中卷),35%的名额给北方

① 参见林丽月:"科场竞争与天下为公:明代科举区域配额问题的一些考察",载邢义田、林丽月主编:《社会变迁》,中国大百科全书出版社2005年版。

（北卷），55％的名额给南方和东南方（南卷）。这样的分配方案基本反映了人口的分布状况。① 到了清代康熙五十一年（1712），进士名额的地域分配更为细密化，改为按省分配（分省取进士）。

科举按区域分配不仅涉及进士名额的分配，也涉及乡试解额（举人名额）的分配，宋、明、清皆如是。例如清代考取名额各省不一，最少为40名（贵州），最多为96名（江西）。另有副榜，名额为正榜五分之一。参加乡试者，由学政通过"科考"考送。其参考名额有限制，每一正榜名额，大省准送80人，中省60人，小省50人；副榜名额一名准送20人。

科举名额的区域分配是一种"矫正正义"，不时也有人质疑其公平性与合理性。与此同时，还产生了两个问题。其一，是"冒籍应试"的问题，冒籍的目的主要与今天所谓"高考移民"类似，通常是"避难就易"，以图侥幸；另一种情况，是因为受处罚被剥夺功名，不许应试的生儒到别省冒籍参加考试，"以图功名路上起死回生"。其二，南、北两京国子监的学生在两京学习，不便回本籍就考，他们获准在应天府、顺天府参加乡试，这挤占了当地的解额，因此两京对于国子监学生的录取名额有严格的限制。为国子监学生单独规定最高录取配额，主要是为了保障两京当地学生的名额不被国子监学生挤占。但数据调查显示，考试竞争激烈的南部省份（如江苏、浙江、江西）的士子在两监录取士子中占据了大多数，而就学两监的北方学生并未因此受惠。这样的制度引起了很大争议，明政府尝试进行改革，居然引起了监生的抗议风波，只能随即作罢。②

---

① 参见〔英〕崔瑞德、〔美〕牟复礼编：《剑桥中国明代史》下卷，杨品泉等译，中国社会科学出版社2006年版，第36页。

② 参见林丽月："科场竞争与天下为公：明代科举区域配额问题的一些考察"，载邢义田、林丽月主编：《社会变迁》，中国大百科全书出版社2005年版。

（四）科举制之优点[①]

1. 公平的竞选

清代科举,其最大缺点在于限于七百字之"八股文"与五言八韵之"试帖诗",形式僵化,内容空虚。"诗赋只尚浮华,而全无实用;明经徒事记诵,而文义不通;习非所用,用非所习。"但科举出发点未必"用意刻毒",尽管"耗费一代又一代读书人的心智",但也选拔了不少人才。况其优点也十分明显,首先便在于追求公平竞选的制度设计,其所防微杜渐,可以说实在尽了人间的能事。考生入场,先要收检夹带,后用"号军"看守。考生写完试卷后,由"受卷所"剔除不合式者;合式者由"弥封所"粘纸遮盖考生姓名及考号;再由"誊录所"把原来墨笔写的卷子(墨卷),用朱笔誊抄为朱卷;最后由"对误所"校对清楚。考官分内外:外帘官(提调、监试),内帘官(主考、同考)。所有参加试政的,上自主考,下至门房及洒扫夫役,均系临时委任。考官作弊,要被论斩、充军。

2. 将考试与任官相连接

三甲之中,庶吉士三年后经散馆考试可授编修、检讨;庶吉士翰林院散馆出来,在吏部优先录用,谓之"老虎班"。未入翰林者,若肯屈就知县,在吏部候选,两三年之内大都能够分发。举人经大挑,如知县、州同、州判、县丞、学正、教谕,出路也较宽。尤其是翰林这一级,有一个好出身,"国家养你在那里,担保你有大官做",而且事情清闲,可以从容地一边读书,一边获得许多政治知识。即使放到外省做主考,"还是没有许多事,旅行各地,多识民间风俗,多认识朋友","如是多少年,才正式当官任事"。"明清两代,许多大学问家、大政治家,多半从进士翰林出身"。[②]

---

① 参见徐道邻:《中国法制史论略》,(台北)正中书局1976年版,第117—119页。
② 参见钱穆:《中国历代政治得失》,生活·读书·新知三联书店2005年版,第116—117页。

3. 国家控制了考试,便无须再控制教育

中国古制,虽有学校,但后来考试制度发达,学校渐趋有名无实,而教育成了相对民间自治的事情。但国家掌握了考试,考试要求什么,民间就准备什么,国家由此间接控制教育,是所谓"执简驭繁"之办法。

第三节　官阶、铨叙与考课

一、官阶[①]

官僚组织实行科层制,分科分层是其最基本的特征,"其等级结构既包括职位的分科分层,也包括人员的分类分等","'职能'与'等级'是官僚体制的两大方面,'一个都不能少'"。中国古代的官阶制度大致有如下特点:"它达到了较高的合理化程度与法制化程度;在结构上呈现为一个'一元多序列的复式品味结构';实行功绩制,依功进阶,保障了人员的制度化流动;除了职位管理,它还通过各种品位来实施复杂的身份管理;作为一种重要的政治调节和社会调控手段,它塑造了一个'官本位社会'。"[②]在现代法治国家,品秩(文官等级)的要素通常包括权责、资格、薪俸三项,在传统中国则还要加上特权与礼遇两项,其中特权又包括了经济特权、法律特权、选官特权等,它们构成了品秩的含金量,并且具有浓厚的身份意义。[③]

---

① 历代职官品位表可参见吕宗力主编:《中国历代官制大辞典》,商务印书馆 2015 年版,第 943—991 页。

② 阎步克:《中国古代官阶制度引论》,北京大学出版社 2010 年版,第 2—6 页。

③ 参见阎步克:《从爵本位到官本位:秦汉官僚品位结构研究》,生活·读书·新知三联书店 2017 年版,第 12 页。

中国历代官阶制度的发展,大体上经历了五个阶段。(1)先秦的"爵本位"和"爵—食"体制:在该体制下士吏有别,贵贱有分。(2)战国至秦汉的军爵与禄秩支撑的"爵—秩"体制:与西周不同,爵级与秩级都不再区分贵贱,都是开放性的,平民阶层也可能拾级而上,升到官僚机构的顶端。(3)魏晋南北朝的官品体制与门品秩序:"秦汉禄秩具有浓厚的'职位分等性质',而魏晋南北朝的等级秩序则发生了重大变动,向'品位分等'大幅度偏转了";究其原因,乃是因为皇权的低落与士族门阀政治的充分发展,士族官僚因此为自己争取到了足够的品位利益。(4)唐宋的阶官与资格:隋唐已走出中古的士族门阀政治,回归专制官僚统治;"唐朝的九品18等30阶框架,把职事官、文散阶、武散阶、勋官与爵级熔铸一炉,井然不紊"。(5)明清的品级、职位与学历"三脚架":"明清品位结构的重心向'职位'偏转了,'职位分等'的分量加重了,位阶的复杂程度则大为下降";与此同时,"科举的繁荣,使学历成为最优越的'出身',成为主干性位阶","由此强化了'士—吏'分途、'文—武'分途"。① 由于历史的惯性,传统官品体制的很多特点一直延续到现代,例如1956年国务院颁布的公务人员30级"职务等级工资制"就是典型的"品位分类"制度;这个制度一直到1985年实行结构工资改革后才终结,"改革的方向是向'职位分类'转型,因此工资也大幅度向职位倾斜了"②。

---

① 参见阎步克:《中国古代官阶制度引论》,北京大学出版社2010年版,第469—483页。

② 阎步克:《从爵本位到官本位:秦汉官僚品位结构研究》,生活·读书·新知三联书店2017年版,第239页。

表 3－1　东汉—清的官阶分级①

	流内	流外	大约总级数
东汉	禄秩 16 级(不计比秩,只 9 级)	斗食、佐史	18(11)
魏晋	禄秩 16 级,官员 9 级		
梁	十八班,九品正从上下 30 级	流外七班	37
梁	天监军号 125 号、24 班 中大通军号 240 号、34 班	流外八班	34
北魏 孝文帝	初次析分:九品正从上中下 54 级		54
北魏 孝文帝	再次析分:九品正从上下 30 级	流外七品 7 级	37
北齐	九品正从上下 30 级	流外九品 9 级	39
北周	戎秩 8 级,九命 18 级,散官 36 阶,共 40 级	流外九秩 9 级	49
隋唐	九品正从上下 30 级	流外九品 9 级	39
宋	京朝官 30 阶,八九品选人 7 阶	流外;吏、役各 10 阶	47 以上
宋	武选官 56—60 阶		56—60
明	九品正从 18 级	流外	19
清	九品正从 18 级	流外	19

二、铨叙(任用)②

汉经乡里选而为孝廉或贤良方正者,朝廷也可加试"策问"而除官,经"对策"入选郎官者,谓之"郎选";亦有经射策、荫袭与纳币而为郎者。

---

① 引自阎步克:《中国古代官阶制度引论》,北京大学出版社 2010 年版,第 231 页。

② 参见林咏荣:《中国法制史》,(台北)1976 年自刊,第 196—198 页。

汉光禄勋(承秦郎中令)为九卿之一,其所属之郎官有数十人,为储才候补之所。初任官先"试守",犹今之"试署",届一岁乃"真除"。汉任官期限无限制,且重久任。任官资格方面,汉初商人不得为官,汉武帝时废除这一身份限制。汉初任地方官无回避制度,至汉桓帝时有"三互法",即婚姻之家与两州之人不得交互为官。汉初重视基层政治经验,晋将其列为中央官员的任用条件,明令"不经县宰,不得入为台郎"。

北魏武官退役皆入仕,官位少而候选人多;崔亮为吏部尚书,创"停年格",以年资深浅而定选用之顺序。

至隋代,以科举代汉之辟举,六品以下官,皆归吏部铨选,中央政府之吏部夺取地方州郡令之自辟僚属之权;且行"革选"之法,令县佐回避本郡,尽用他乡人为地方官。是为中央集权的重要步骤:"往者州唯置纲纪,郡置守丞,县唯令而已,其所具僚则长官自辟,受诏赴任,每周不过数十,今则不然,大小之官悉由吏部,纤介之迹皆属考功。"依汉制,丞尉诸曹掾"多以本郡人为之,三辅则兼用他郡,及隋氏革选,尽用他郡人"。如此制度乃创始自北魏末年及北齐,隋沿袭之而加以普遍化。①

唐承隋制,唯文武分途,吏部掌文官之铨叙,武官归兵部。唐制,举士举官判为两途。岁举及第者,不过得出身(资格);尚须试于吏部,方可得官。其择人标准有四:身(体貌)、言(言辞)、书(书法)、判(判词),四事皆可取,则德均以才,才均以劳。六品以下,计资量劳而拟其官;五品以上,不试,列名于中书门下,听候圣裁。例如"韩愈三试于吏部无成,十年犹布衣也"。

宋优待士人,其科举为任官考试,进士及第即授官,异于唐制。

明代取士严而任官宽,进士为第一途,举贡为第二途,吏员又为一

---

① 参见陈寅恪:《隋唐制度渊源略论稿·唐代政治史述论稿》,生活·读书·新知三联书店 2001 年版,第 94—96 页。

途,三途并用。任官亦依文、武分属吏部、兵部管辖。当时新取的进士往往不能立即得到正式的任命,而是被派至各机构任观政。而首次任命往往是为期一年的见习或代理职务,之后再根据其表现决定是否可以改任实职。得到实职的官员一任为三年,通常可以再连任两期。九年之后满三任,官员则回到吏部报到,吏部则根据其考课情况决定其之后的职位安排。①

清代任官,除皇帝遴选之人不限资格外,凡大员出缺,由吏部(后改为军机处)开列合格任用,奏请圣裁。各地方官员不归吏部铨叙者,皆由督抚选拔,报准行之。清制,凡正印官、京官、监察御史,须正途出身;翰林院、詹事府、吏部、礼部官员,限科甲出身。布政使限于曾任按察使者。并沿明代南北互选之法,往往选人于千里之外,地方官往往不晓当地风土,甚至不通当地语言。

三、考课(考绩)

(一) 秦汉②

每年一小考,三年一大考,考课记录称计簿。主管长官对其僚属有考课之权,郡国守相、公府考课掾吏,县令考课县吏,九卿、守令由丞相考课。天下一切"上计"归丞相、御史两府。由丞相府根据计簿"课其殿最,奉行赏罚",而御史大夫则"察计簿之虚实,而判其真伪"。考课之后有赏罚:赏则升官、赐金、增秩;罚则责问、降级、免官。考课优秀甚至可以越级升迁;考课居殿,则应罢黜。

---

① 参见〔英〕崔瑞德、〔美〕牟复礼编:《剑桥中国明代史》下卷,杨品泉等译,中国社会科学出版社 2006 年版,第 39 页。
② 参见萨孟武:《中国社会政治史》(一),(台北)三民书局 1975 年版,第 324—328 页。

（二）隋唐①

考课每年一小考,累计各年考绩后行一大考("考满"),以大考决定官员升降。至于几年行一大考("考数"),规定屡有变更。基本上越往后,考数越长。考课官与考课对象,根据官阶高低,有的由皇帝亲考,有的则由吏部考功司主管其考核。一般来说,四品以下官由吏部(考功司郎中、员外郎、都事、主事)考核;州刺史则除外,由皇帝派专使或亲考。对于全国各机构上报的考绩,有繁复的监校程序。地方官的考簿由刺史或"朝集使"解送到京,期限为年底。同时,因为要适应官僚组织的膨胀,解决人多官少的问题,官僚的升迁除了看考绩,还要辅以年资。其考查标准,以德义、清慎、公平、恪勤各为一"善"。采取积分制度考核官吏,分为"上上……下下"九等,而"中中"是奖惩的分水岭。负责考课的有四名监校官:监京官考使与监外官考使由门下省给事中与中书省舍人担任;校京官考使与校外官考使由刑部、吏部的尚书、侍郎和御史台御史大夫担任。

（三）宋元明清②

考核三年一察,在内者称"京察",在外者称"大计"。宋设审官院与考课院,以清望官任之。前者考京朝官,后者考幕职及州县官。考绩等第分上中下三等。元循资考绩,以任职时间长短定先后。明考课分为考满与考察。在明代,考满论其所历之俸,分为三等:称职、平常、不称。三年一考,九年三考,予以黜陟。如官员有贪、酷、浮躁、不及、老、病、疲、不谨"八法",则处以致仕、降调、闲住、为民"四罚"。京察,四品以上官,自陈以候上裁;外官,州县以月计上之府,府上下其考以岁上之布政

①　参见黄清连:"唐代的文官考课制度",载黄清连主编:《制度与国家》,中国大百科全书出版社 2005 年版。
②　参见林咏荣:《中国法制史》,(台北)1976 年自刊,第 99—101 页。

使司,满三年则由巡抚批注,册报吏部,以定等级去留。清承明制,而稍有不同。

第四节　学校[①]

一、京师之学("太学""国学")

三代之学,夏曰校,殷曰序,周曰庠,均为存疑。

汉武帝始设学,两汉国学隶于太常,以经术研究为主。汉承秦制,太常设有博士官,武帝置五经博士,并用公孙弘议,为置弟子五十人,令郡国县官荐举好文学、敬长上、肃政教、顺乡里老者于郡守,郡守察可者,贡于太常,受业如弟子。因其隶于太常,故称太学。昭帝时,增博士弟子员满百人;宣帝又倍之;成帝末,达三千余人。五经博士数亦增加,凡经今文家十四派皆列于学官。东汉,以五经博士中聪慧而最有威信一人为祭酒。除修太学外,并建明堂辟雍。日后游学者日增,至桓帝达三万人。[②] 但东汉太学虽盛,教育却日益移于私家。观古文经学虽不列入学官,而在东汉特占势力;马融、郑玄诸儒皆门徒甚众可知。

魏晋太学均虚有其名:魏黄初五年(224)立太学,置十九博士;晋因之,并设国子学,置祭酒、博士各一人,助教十五人,隶于太学,教授内容以国子学为主;江左减其数,不复分掌五经,谓之太学博士。江左尚老庄,经学一蹶不振,国子学徒有其名。

---

① 参见陈顾远:《中国法制史概要》,(台北)三民书局1977年版,第137—145页。
② 参见萨孟武:《中国社会政治史》(一),(台北)三民书局1975年版,第301—302页。

南朝国学承晋颓风,国子学时废时置,太学亦极空虚。

北朝国学则远宗汉旧。魏道武帝首设太学,置五经博士,生员三千人;孝文帝益重之,置国子太学、四门小学、明堂辟雍。

隋代国学不隶太常,另置国子监以领之。隋初设国子寺,祭酒主之,统国子、太学、四门书、算学,各置博士、助教、学生(古代学生亦往往列入官品)。炀帝时,置国子监,有祭酒、司业等官,国子学、太学并置,各有博士、助教。唯国子学学生无定员,太学则为五百人。

唐代国学最盛,不因贵族化而减色。国子监设祭酒一人,司业二人,掌邦国儒学训导之政令,并统七学。国子学系三品以上子孙所学,额三百人;太学系五品以上子孙所学,额五百人。此两学以经术为主,不限于今文;以隶书、国语、说文、字林、三仓、尔雅为副科,暇则习之。四门学以七品以上子孙就读,额三千人,其教法一如太学,而位较卑。书学以石经、说文、字林为主科,兼习他书,额三十人;律学以律令为主科,兼习格式法例,额五十人;算学分为二班习业,额三十人。此三学系八品以下子孙及庶人子为生者习之,乃专门之学也。另一学为天宝九年所置之广文馆,掌国子学生业进士者,至德后则废。凡教学,除博士、助教外,国子、四门两学于其下又设直讲以佐之。另于门下省设弘文馆,学生三十人;东宫设崇文馆,学生二十人。均系宗室及功臣子孙,由学士教之。其他学如玄学、医学亦盛。

宋代国学已趋衰微,而"三舍法"独具特色。宋初仅有国子学,至神宗学制始备。国子学以京官七品以上子孙属之,太学生以八品以下子弟及庶人之俊异者属之。其他如四门学、律学、算学、书学等,则废置不常,且不必隶国子监。此外学之设于京师者,有宗正大小学以教授宗室,有武学、画学,然亦时兴时废。王安石行"三舍法",始入学者居外舍,依次升内舍、上舍,上舍生得免礼部试,授官。

元代无太学,只有国子学,国子学属于集贤院。延佑年,用赵孟頫策,行阶斋之法,分上中下三阶,每阶左右二斋。每季考所习经书课业,不违规矩者依次升阶,类王安石之三舍法。国子学之外,又设蒙古国子学及回回国子学,以蒙古、回回语言文字教授。

明代初则重视国学,后仅储才以待科举。明初设国子学,后更名为国子监,入学者统称监生,分六堂,从其积分依次升阶。其优异者则超擢为显宦。一再传后,科举日重,监生遂轻。且自开纳捐例,庶民亦得授生员例入监,流品复杂,国子监遂轻。京师国子监外,又有南京国子监,故明太学有南北监之分。

清代国学更成虚设。国子监虽设生徒,且分六堂,但有名无实,徒养冗官而已。国子监之外,又有宗学以教宗室子弟,旗学以教八旗之子弟。

清末,门户开放,译学需才,上海广方言馆外,同治时于京师设同文馆,光绪时又设俄文馆。戊戌变法后,更有京师大学堂之设。

二、地方之学

汉有郡国学,设科射策,劝士人以利禄。之后地方公学日衰,虽备其制,有同虚设。宋以后则私学日兴,讲学莫盛于书院;清之社学、义学并有起色。然地方公学虽不足以言教育,其分官设职,统辖士子,自成一系,亦中国特有之制度。

汉初中央、地方均未有学。景帝时,文翁为蜀郡守,修起学官,招下县子弟,以为学官弟子,地方始有学。武帝时,乃令天下郡国皆立学校。平帝更立学官如太常例:郡国曰学,县、道、邑、侯国曰校,乡曰庠,聚曰序;学及校各置经师一人,序及庠各置孝经师一人;汉代学校制度始备。依汉制,乡、郡、京师均有学校,"每级学校似无联系","乡里学校人不升入太学"。①

魏晋南朝,地方大乱,地方学不著;然北魏道武帝并重乡学,每郡置有博士、助教,教授生徒。

隋初全废州县诸学,学生被遣散者成千上万;炀帝时恢复之,但并无起色。

唐宋至元,地方学徒有其名,故宋元则有书院制度以代之。

唐于府、州、县皆置有学,然成绩并不显著。

宋庆历四年(1044)后,州郡无不立学;生徒达二百人以上,许更置县学。熙宁时更置五路学。元丰时并置诸路府学官五十三员,而太学之三舍法,亦行之于地方。宋之地方学,已渐为科举之预备,而非留心于治乱、学术,其时稍可称道者,士须在学三百日,方可参加秋赋。而书院虽非始于宋,却盛于宋,最著者有白鹿洞等四大书院,其声誉远在地方官学之上。凡书院之掌教者称山长,朝廷或赐匾额,或赐学田以表彰。

元世祖颇重学校,凡路、府、州、县皆有学;地方书院亦很盛。故元以异族入中国,而汉家固有文化未堕者,教育大半操于汉人之手使然。凡师儒命于朝廷者称教授,路府上中州置之;命于礼部及行省及宣慰司者曰学正、学录、教谕、山长,路州县及书院置之。各行省有儒学提举司,统辖诸路府州县学校考核祭祀钱粮之事。

明清地方学制更密,但益与科举相混,唯书院社学乃真学校。明府州县卫所均建官学,府设教授、州设学正、县设教谕各一人,皆置训导数人以辅之;卫所学制如府,系教武臣子弟者。生员府学 40 人,州县依次减,宣德中增加其员额("增广之")。于是初设食廪者谓之廪膳生员;增

---

① 参见萨孟武:《中国社会政治史》(一),(台北)三民书局 1975 年版,第 303 页。

广者谓之增广生员;久后又额外增取于诸生之末,谓之附学生员。凡初入学者谓之附学,而廪膳、增广以岁、科两试成绩优异者补之。清因其制,无大改革。故明清地方官学("乡党小学")完全是士子取得入仕资格之始(科举之始)。未能入学者称童生,而"入学"并非真有学校可入,实则能入乡试之门而已。明初由巡抚及布、按两司及府州县官兼管学政;正统后设提学官主之;清称提督学政,专司全省学政,不隶督抚,其权特重。凡在学生员,月有课、岁有考,所坐细微事故,地方有司具详学政,会教官戒饬,不得随意扑责。生员并免本身徭役,而优者并食饩于官,故其养士虽无教学,却颇有"养"之可言。[①]

明之书院分公立、私立;清代因政府文化高压政策,书院亦衰,高才或不屑而入。

---

① 参见萨孟武:《中国社会政治史》(四),(台北)三民书局1975年版,第452—457页。

第四章　古代财政制度

第一节　赋税

一、丁役("力役之征")

在中国古代,农民除了要耕作农田、向国家上缴田租之外,必须为国家负担"公作"("当差")。而劳动人手是农业最重要的资源之一,政府常常会在法外过量或超时地役使小民,过度的力役与兵役对农民生计会造成很大破坏。秦亡于役。汉代有"更赋",一月一更;富者可出钱雇人代更,谓之"践更"。汉制,任何人每年须"戍边"3 日,虽丞相子亦不能免,不行者出钱三百入官,给予戍卒,一年一更,谓之"过更"。汉制,年 23(20)出役,年 56 而免,单丁或老疾者免之。东晋男丁每岁役不过 20 日;南朝丁役至多每年 45 日。北魏年 20—60 出役;民年 80 以上,听一子不从役。隋初轻徭役;炀帝反之,遂亡。唐承隋开皇制,用人之力岁 20 日,闰加 2 日;不役者日为绢三尺,布加五分之一,乃役之代价,谓之"庸"。国家有事而加役过旬有 5 日者,免调;三旬,租调俱免;总共不得过 50 日。六朝至隋唐,丁役虽轻,然贵族及平民仍希图免役。于是贵族私度其亲族及奴婢出家,实则为保存生产上之劳力,而为徭役上之规避。唐时创度牒制度,禁止私度,有度牒方可免税役。

宋承晚唐之弊,行差役之制。分户为九等,著于户籍上,四等量其轻重给役,余免之,后有贫富随时升降。王安石变法,创"募役法",使农民可以专心稼穑。当役之户,依等第分夏秋两季出钱免役,谓之"免役钱";有产业物力而之前无役者,如官户、寺观等,则出"助役钱"。其数目由政府根据雇佣所需费用平摊给个人,后来又额外增加两分,谓之"免役宽剩钱",用以备水旱歉收。其法虽被滥用伤民,但"若量入为出,不至多取,则自足以利民"(苏东坡语)。司马光当政后一度废除募役法,但后来又将其与差役法并行。南渡后,又有所谓"义役",众充田谷,助役户轮充。该法本便于募役法而优于差役法,但因其名为人民自发组织,实为豪右所把持,故无实效。

明初有力役,有募役。中叶行一条鞭法,总括一切州县之赋役,量地计丁,丁粮毕输入官;一岁之役官为金募,力差则计其工食之费,量为增减;银差则计其交纳之费,加以增耗。丁税丁役有赖于户籍之编查,其事甚难。清雍正毅然改革,摊丁入亩,只维持康熙五十年(1711)之登记丁数,丁随地起,丁银并入地粮中征收。

有学者考查汉代赋税,得出了"出自人身的重,出自土地的轻"的结论;尽管田租可能仅三十税一,但无论汉唐,农民赋税(包括力役)总额折成实物或货币后占了其劳动总收入的约一半,负担不可谓不重,其中又以力役及其变种(人头税、布调)比重最大。[①] 当人民不堪忍受力役的负担时,逃亡(投献)便是主要的出路,由此我们可以理解为什么历史上会不时发生自耕农逃离国家管辖而"依托于豪强"的怪现象,这是因为

---

① 参见王家范:《中国历史通论》,生活·读书·新知三联书店2012年版,第121—123页。

"豪强总有许多法内外'隐占'的特权,托庇其下即可逃役"。从唐后期开始,政府鉴于以上弊端,将赋税制度由"税人"为主转为"税地"为主,其间经过了唐"两税法"、明"一条鞭法"到清"摊丁入亩"的长期过程。但王朝每变赋税之法,都做的是"加法"而非"减法"。"终至清亡,改革之难,只要看改革补救,即会出现税外有税、鞭外加鞭的复旧,摊牌横征何其多,力役又何曾取消,就知道个中奥秘了"。[①]

"役不能简单被看作是徭役。"典型的徭役是基于特定目的(如修路与开凿运河)征用劳动力;而除劳务之外,役还有财政方面的责任,它包括"大范围的物资和劳动力的征用"。徭役以因时因事征发为特色,"从未被制度化";而役则是"在永久性的或半永久性的基础上被固定下来"。与遵循同一税率的田赋也不同,"役是根据累进税制的观念征用的",富户往往要承担更大的责任。[②]

二、田租与口赋("粟米之征""布缕之征")[③]

田租与口赋(户口税),唐以前视为正税。田租为粟米之征,口赋类布缕之征,至清则合田租、口赋、力役为地丁。

汉高祖十五而税一,景帝半之;后汉初尝行十一之税,建武后改令三十税一。汉之田租取民甚薄,唯在土地兼并之下,受惠者乃地主而非贫民,佃农"阙名三十,实什税五也"。汉制,有算赋,类后世之口赋,令民年15—56岁,出钱120,是为一算,商人奴婢倍之,以治库兵车马。文帝时,因人口增殖,令丁男三年而算,自23岁始征之,并仅赋40钱,平均

① 参见王家范:《中国历史通论》,生活·读书·新知三联书店2012年版,第123、168页。
② 参见〔英〕崔瑞德、〔美〕牟复礼编:《剑桥中国明代史》下卷,杨品泉等译,中国社会科学出版社2006年版,第118页。
③ 参见陈顾远:《中国法制史概要》,(台北)三民书局1977年版,第319—325页。

下来每年不过 13 钱有奇。昭帝、宣帝以后,有时也进行减免。汉惠帝时,令民女年 15 以上至 30 不嫁者五算(倍),乃社会政策。又有"口赋",年未及算赋者赋之。武帝时财政紧张,民生满 3 岁,出口赋钱 23,民困顿,至于生子辄杀。宣帝元帝之后,改为自 7 岁始征收。

汉末曹操主政,令田租每亩粟四升,户绢二匹,面二斤。是计亩而税,计户而征。晋武帝初,借授田之法招流亡归,故不征田租,只按户依人口征收绢、棉,称"户调"。成帝始度百姓田,取十分之一,大概每亩税米三升,而为粟米之征。南朝无田可授,因侨民无田,改计户征税。唯南朝民多荫附士族大户,往往合数十家为一户以逃税。北魏行均田制,采户调之法。一对夫妇年纳租粟二石,调帛一匹。其未成家之丁男(15 岁以上),四人出一对夫妇之调;奴婢为耕织者,八口当未娶者四;耕牛十头当奴婢八。北齐、北周及隋均行户调之法。

唐初,丁男(21—60 岁)每年输粟二石,谓之租。根据当地的出产,纳绫、绢、绝各二丈,布加五分之一;输绫、绢、绝者兼调棉三两,输布者麻三斤,谓之调。凡遇水旱霜蝗之灾,收成损失十分之四者,免租;十分之六者免租、调;仅损失桑麻者免调。其孝顺节义、京师学生、宗室及五品以上之祖父兄弟统免。唐中叶,土地买卖频繁,均田制废弃;加之安史乱后,丁口转死,版籍丧失,无法计丁征税,"两税法"应运而生:并租庸调为一,令以输钱,分两期取之。夏税无过六月,秋税无过十一月,置两税使以总之。两税之法,每岁计州县之费,与其上供之赋,量出制入,以定为赋;户不问主客,以见居为薄;人不计中丁,以贫富为差;其不居处而行商者,以所在州县税三十之一。两税法作为一种增加朝廷收入的手段,从短时间看可能是有效的,但是其弊端也非常明显。其一,两税法改变以往量入为出的财政原则,变为"量出以制入",根据政府的财政需要来制定赋税的数额,"其制简洁明白,可以止吏奸;而未必能惠民生"。其二,北朝隋唐之租庸调法之精神在于均田,两税法则以税收为鹄,"以此制与租庸调制比,租庸调制税目分明,此则并归一项";"授田征租之制,遂变为仅征租不授田";"'为民制产'之精意全失,而社会贫富兼并,更因此而不可遏",其后兼并逾烈,均田法永不复兴。其三,"以货币纳税,亦为妨农利商",各地物价高低涨跌,将原来调之棉绢换算为钱,官吏可上下其手;另外,两税法依田产定赋,而官吏所报田数,未尽属实,多者少之,少者多之,富人往往更占便宜。①

宋初税额较唐轻,为二十/三十取一。因外患渐起,国用不足,王安石有"方田""均税"之法。王安石变法因规模巨大而需要庞大的财政支持,由此变法倒因为果,以"理财"为中心,变理财为聚敛,由利民而扰民,牺牲了人民的利益。② 王安石变法之所以失败,还在于他操之过急,忽视了吏治本身的问题,"只知认定一个目标,而没有注意到实际政治上连带的几许重要事件","仅看重死的法制,而忽视了活的人事"。③ 变法失败后,政府唯以苛征为务。

明初依户籍册(黄册、白册),以田从户、按户征税,因户口常有变动,户口编查不易,赋役之法遂坏。万历九年(1581),张居正推行嘉靖时数行数止之"一条鞭法",为赋税史上又一大变革。④ 以前税法,田赋丁役土贡方物,名目繁多,民不堪征;一条鞭法则合其为一,征收银两,民稍称便。(唐两税法本已将丁役并入,但后来又税与役并行,一条鞭

① 参见钱穆:《国史大纲》上册,商务印书馆 1996 年版,第 417—421 页。
② 参见萨孟武:《中国社会政治史》(四),(台北)三民书局 1975 年版,第 44—45 页。
③ 钱穆:《国史大纲》下册,商务印书馆 1996 年版,第 574、578 页。
④ 黄仁宇则认为张居正其实对可能会引起争议的一条鞭法持比较谨慎的态度,并未将其在全国强行推广。"尽管《明史》声称 1581 年第一次下令全面推行一条鞭法,当时是张居正掌权期间。可是这种表述显然是错误的。一直到 1588 年,山西巡抚才在该省推行一条鞭法,那时张居正已经去世六年了。"参见黄仁宇:《十六世纪明代中国之财政与税收》,生活·读书·新知三联书店 2001 年版,第 428 页。

法实际上是再次加税而免役。)明崇祯时,因用兵而在一条鞭法基础上又对田赋增加"三饷",数倍正供。

清初,并征地、丁两税,丁册五年一编,按户稽查。康熙时,人口增殖,诏以康熙五十年(1711)之丁额为准,永不加赋,于是丁税始轻。雍正时,行摊丁入亩,将丁银摊入田地,计亩征收,地、丁税合一。(因康熙时已将纳税丁数、丁税固定,故比较容易操作)。此改革,使无田土者无税赋,税赋悉出于有产者。光绪时,漕粮议折银两;地税之外,又加亩捐,乃庚子赔款所致。

清初的赋税分别摊在土地和可役人丁身上,称为地丁银。土地根据土地的肥瘠程度以现金征收;丁银或称丁赋,以"丁"即年16至60岁的成年男子为征收对象,"是明后期一条鞭法改革赋役合并不彻底的遗留,在内容上兼有人头税和代役银的性质",故又称"丁徭银""徭里银"。不同经济状况的人丁的征收税率不同,可分为三等九级;同一类人丁的征收税率轻重也因省份、地区不同而各异,差别很大。"其科则最轻者每丁科一分五厘,重者至一两三四钱不等,有至八九两者。""北方地区因丁银较重,通常按人丁贫富分等则征收;南方丁银较轻,以不分等则一条鞭征者居多。"清初的丁银征收极其混乱。主要问题是吏胥上下其手,地主转嫁负担,致使丁银征派贫富倒置。穷苦之丁不堪苛征、大量逃亡漏籍;而地方政府为保证征收额数,便以现丁包赔逃亡者之税赋,从而进一步激化了矛盾,并引发更大规模的逃税。在社会矛盾激化与大规模逃税造成的财政压力双重背景下,方有康熙、雍正的改革。与地丁银相伴的还有加收的"火耗"(熔铸银两时的损耗)。人民理论上应用银两纳税,但实际上政府则往往以铜钱征收,其规定的折算率总是高于市场兑换率。清后期因白银流失,银贵钱轻而伤民问题特别严重。[①]

三、漕运与漕粮

在中华帝国时期,庞大的帝国造就了庞大的中央政府,围绕中央政府形成一个大都市。中国历史上的古都,如西安、北京,都并非鱼米之乡,要直接供养人数众多的中央政府公务员,间接供养京师的数十百万市民,需要从各地调集粮食。隋唐时,关中之地农产虽号称富饶,其实不能充分供给帝王宫室、百官俸食之需,而其地水路交通不便,运输粮食十分困难。故关中之地若值天灾,农产品不济时,帝王多移幸水运方便之洛阳;待到关中丰收,才回銮长安,故有"逐粮天子"之讥。直至明、清,漕粮的征收与漕运的维持,对于首都的粮食安全仍然十分重要。元朝的运河是海运的辅助性交通,而明清的大运河则是京城和江南之间最重要的交通运输线,几乎所有供应都要经过它,可以说是朝廷的经济命脉。"在供应名单中,除了谷物占有首要地位外,其他物品包括新鲜蔬菜和水果、家禽、纺织品、木料、文具、瓷器、漆——几乎所有中国所产的物品都要通过大运河进行输送。"[②]

清初沿袭了明朝旧制,除地丁银外,还在部分省份(山东、河南、湖南、湖北、江西、江苏、安徽、浙江八省)另征"漕粮",它是以精米形式征收的一种实物税。在海运出现以前,每年经由运河解送京、通各仓,供京师王公百官俸米及八旗兵丁口粮等项之需,是一项特殊的田赋。"在各地,任何税收都同时包含'起运'和'存留'两个部分。存留收入用于地方官员的俸给、生员廪米以及宗藩禄廪,同样也用于皇帝许可的地方

---

① 参见史志宏:"清前期财政概述",http://www.historychina.net/jj/355556.shtml,2019年11月6日。

② 黄仁宇:《明代的漕运》,张皓等译,鹭江出版社2015年版,第16页。

社会赈恤开支。任何剩余都有地方官员为皇帝保管，没有皇帝的允许，他们无权处理。"①

漕粮与地丁银一样，按亩征收，在不同省份或同一省份不同地区，其税额不等。并非所有漕粮都是以实物形式征收，有一部分漕粮是以银子代替大米征收的，叫"永折"（永久性折兑现银）。还有将原定本色改收他种实物的，称"改征"。有的地方则允许花户缴现钱给州县政府，由其买米上缴。漕粮征收还有一系列附加费。为了弥补储运过程中的损耗，在每石粮食以固定比例加增的，称为"耗米"。此外，花户还需承担粮食运输、官仓修缮等附加费用。例征的漕项以及不断加增的种种额外漕费和陋规使国家每征正漕一石，税户往往要上缴 3—4 石才能完纳，这成为农民的一种苛重负担。而部分地方要求花户将漕粮折算成现钱缴纳，这给农民带来更大的负担。漕运也是运河沿线地方政府的重大负担，大运河沿线的地方官必须保证运粮船只不因河道堵塞而受阻；保证漕粮不被盗窃、私售；监督船夫，确保其不骚扰当地百姓，不夹带私盐或其他私货。②

漕运是一项耗费巨大的工程，不但要长年维持一支庞大的专业运输队伍即卫所运军，供养一大批经理漕运的漕务官员和整治疏浚河道的河务官员，而且要经常修造保养相应的工具、设备，特别是多达数千余只的漕船。有学者以明代为例研究中国古代漕运，发现"漕运体系的运作，很难认为是获利性的。比如就漕粮来说，尽管为了运输而付出了高昂的费用，仍然不时以低于初始的价格在北京市面上出售。劳力的

---

① 黄仁宇：《十六世纪明代中国之财政与税收》，生活·读书·新知三联书店 2001年版，第 27 页。

② 参见瞿同祖：《清代地方政府》，范忠信等译，法律出版社 2003 年版，第 233—240 页。

消耗,尤其是维持漕运河道的劳力消耗,常常不在漕运当局的考虑之列。在全国竭尽全力把粮食运到北方的同时,商人却在淮河地区把粮食运到南方。但是,如果从一个更广阔的视角加以思考,这样的滥用和错误的做法只不过是一整套错误管理的一部分;而这错误管理,正是那个时代政府行政的特点"①。

四、赋税之"轻重折变"与虚假的农产品市场交易

从《管子·轻重篇》来看,战国时期的统治者已经懂得在粮食、布帛等实物赋税之间通过"轻重折变"来谋取财政利益,迫使小民不得不以布易米或者以米易布,"诱导出畸形的市场行为",并产生了通过差价取利的投机商人(包括官商)。唐代自开国以来,人民所缴纳之租金本应为粟,开元二十五年(737)则定令"其江南诸州租并迴造纳布",这种以布代租乃是南朝旧制,从武则天时开始推广,至开元年间则成为定制,这被认为是"国家财政制度上之一大变革"。政府再通过"和籴"这一带有强迫性质的收买方法,用(麻)布(作为一般等价物)向关中农民以较低的价格购买粮食。唐玄宗在国库宽裕、人民富足的盛世之时,政府尚能平价向人民购买粮食;待到安史之乱后国家财政吃紧,政府自然倾向于以低于市场的价格向人民强买粮食,而此时人民困窘、自顾不暇,"和籴"遂演变为"病民""厉民"之政。到德宗、宪宗之时,"和籴"变为"严加征催"之"强迫收取农民农产品之方法"。②

农民的赋税有一部分必须以货币或者其他一般等价物的形式上缴给国家,农民因此必须到市场上用农产品换取货币方能"完纳国课"。

---

① 黄仁宇:《明代的漕运》,张皓等译,鹭江出版社2015年版,第248页。
② 参见陈寅恪:《隋唐制度渊源略论稿·唐代政治史述论稿》,生活·读书·新知三联书店2001年版,第164—174页。

因此农民卖出农产品，在很大程度上不是因为其有多余的粮食来换取货币进行消费，而常常只是为了交纳货币形式的赋税。"中国货币的出现与使用之早，与统治者寻找最小交易成本的财政征收方略不无关联。"而政府出于自私的考虑，不断玩弄"折变"的手法，结果使得赋税率变相提高了。"于是二律背反的事实就摆在我们面前：一方面农民与市场的'虚假'交易日渐增多，另一方面农民向市场购买的正常消费能力却日趋下降。中国古代市场的扩张能力受到这层限制，就不能指望有多大的发展前景。"事实上，"多收了三五斗"造成的"谷贱伤农"，在很大程度上可归咎于政府在赋税上所玩弄之"轻重折变"手段。[①]

五、杂税

1. 富人税。汉代商人富比王侯，高祖重税以辱之，故算赋每人百二十钱为一算，贾人奴隶则倍，重及奴隶者，以蓄奴者皆富人也。汉武帝置算缗钱，算舟车等，令商人自报税，偷漏税者戍边一年，财产没官。举报偷漏税者，奖励没收财产之一半。北齐末政府财政危机，于是科境内六等富人，令其出钱。隋炀帝亦屡课富人，量其资产而出；唐中叶自租庸调之法坏，中央与方镇均课富人。宋、金以富户定力役之等。而金凡田园屋舍车马牛羊等等，均征物力钱，不限于富人，类今之资本税、物业税、所得税。清末令盐商捐输报销，多至数百万。

2. 地方进贡（"土贡方物"）。至明代行一条鞭法，始将田赋、丁税、土贡方物合而为一，计田征银，折办于官。然内史往往借宫中采办之名，行强买之实。

3. 鬻爵、卖官、卖功名（监），赎刑。清末，袁世凯始奏除捐官与捐监

[①]　参见王家范：《中国历史通论》，生活·读书·新知三联书店2012年版，第185—187页。

之恶例。

4. 其他，如营业税、契税等。依晋制，凡买卖奴婢、牛马、田宅，有文券，钱一万税四百，其中卖者三百，买者一百；无文券者，亦征税 4%，名为散估。南朝承之，为契税之始，唯并课买卖双方。唐中叶后，有间架税，算及宅居；有除陌钱，算及缗钱；至于青苗钱、地头钱，则加之于田亩。宋有经制钱等杂税；元之其他杂税统称"额外课"。明有鱼课、商税、矿税等。清有销售税(棉花、烟草、酒类)、契税(田宅买卖)、铺税、牙税(行纪税)、典商税(当铺税)、牛马税(牲口买卖税)、茶税、渔课等。州县官须将从"花户"征收悉数上缴布政使司。

5. 关税。由"关税委员"或在通商口岸设立的海关道台征收。

6. 厘金。对货物流通的地方税，是 1853 年为镇压太平天国筹款而征收，1862 年之后，变为一个地方税种。

第二节　筦榷与均平:以盐政为中心

一、均平

中国历来有"不患寡而患不均"之思想。虽历代所用之方法有异，其目的均在于:"通货贿而饶国用，救灾荒而裕民食，制物价之低昂，抑豪富而垄断。"周礼有司市，以陈肆物而平市，以政令禁物靡而均市。魏李悝始创平粜制度，岁熟则敛粟而粜之，岁饥则发粟而粜之。《史记》所谓"平粜齐物，关市不乏"。汉武帝用大司农桑弘羊策，采均输、平准之法。于郡国置均输官，令各地择该地生产过剩的货物进贡于中央，以抬高该物于当地的价格;再由政府将其运至该商品匮乏之处予以抛售。于京师置平准官,"尽笼天下货物,贵则粜之,贱则买之,使万物不得腾踊,于是商人大贾,无所牟其大利"。晋武帝拟行平粜法未果,北魏行之。从汉宣帝之后,直至明清,均设有常平仓,其主要目的在于备荒救农,其主要方法仍为贱籴贵粜,含有均平之意,但并非以抑商为目的。宋神宗时有均输(籴买税敛上贡之物)、市易法。历代均平之法不尽一致,但其目的皆为调节市场物价和增加政府财政收入。

"均平"的理念虽好,可政府基于现实的财政需要,常常以"均平"为名,取利其实,不肖官员与奸商又上下其手,"均平"常常有演变为"厉民"之政的危险,而所谓"常平仓"的设置,也颇值得怀疑。例如,前述唐玄宗创设的"和籴"政策,本为解决政府的财政困难,号称"米贱则少府加估而入,贵则贱价而粜",却逐渐由平价"和"买变为低价"强"征。再如,隋开皇时以积谷备荒为目的,由政府劝导、民间自筹自理的"社仓",因管理不善,逐渐变为由政府强迫征收的"义仓";唐沿袭隋之"义仓"制度,但"已令率户出粟,变为一种赋税,中唐以后遂为两税之一重要收入"。[1]

二、筦榷与盐铁[2]问题

古人"筦"(管制)"榷"(专卖)并提,非简单只言"榷"。"取利"之外,"管制"在中国古代政治经济思想中也十分重要。"我国各事皆后于人,独于盐法,则颇可称一日之长,盖于欧西各国不知盐法为何物之时,而我国盐法则早已灿然大备矣。"[3]

---

　　① 参见陈寅恪:《隋唐制度渊源略论稿·唐代政治史述论稿》,生活·读书·新知三联书店 2001 年版,第 164、167 页。
　　② 盐铁官之设与盐铁之辩始于汉,《盐铁论》亦成书于汉。汉代以后,虽然仍盐铁并提,但后世铁禁之限与盐禁相较极宽,故而本书论及汉以后盐铁之政则仅及盐政。
　　③ 欧宗祐编:《中国盐政小史》,商务印书馆 1935 年版,第 2 页。

（一）《盐铁论》的由来

西汉初年中央政府提倡无为而治，务求节俭（"约法省禁"），财权并不集中于中央，对地方的煮盐、冶铁、铸钱等民生事务采取放任主义。汉武帝时，因为对匈奴用兵的关系，中央财政吃紧，所以为增加财政收入实行盐铁管制（官营），用商人为吏，管理盐铁。[①] 中国历史上盐铁管制（官营）的制度化始于汉武帝时的孔仅、东郭咸阳，桑弘羊进一步发展了这一制度，他将盐铁作为垄断全国商业活动（均输平准法）的骨干，将应付战时的财经措施推进为一个由朝廷一统的财经体制。[②] 孔仅、咸阳时，主管盐铁专卖的官府分属于各郡县，桑弘羊则将管理权收归中央，使其直属于大司农，这样全国财经方能一统。所谓均输、平准之法，简单说均输就是调剂运输，平准即平衡物价。汉武帝接受桑弘羊的意见，由大司农统一在郡国设均输官，负责管理、调度、征发从郡国征收来的赋税物资，并向京师和各地输送；大司农又置平准官于京师，总管全国均输官运到京师的财货，除官需外，作为官家资本经营官营商业，贵则卖之，贱则买之。

盐铁管制（官营）后出现弊病（"县官作铁器苦恶，价贵，或强令民卖买之，而船有算，商者少，物贵"），影响了百姓的生计。首先反对盐铁专卖（官营）的是卜式。

汉昭帝始元六年（公元前 81），经杜延年提议，大将军霍光以昭帝的名义，令丞相田千秋、御史大夫桑弘羊召集郡国所举的贤良文学商讨时政。贤良文学都说应当废除盐铁和酒类官营，以及均输平准法，政府不

---

① 杜佑：《通典·食货》卷 10，中华书局 1988 年版，第 227 页。
② 参见徐复观："《盐铁论》中的政治社会文化问题"，载徐复观：《两汉思想史》第 3 卷，华东师范大学出版社 2001 年版，第 84 页。《管子》《商君书》里都有盐铁的内容，《管子》主张盐铁官营，所以不少学者以齐国管仲为盐政之始，但其史实不可考，而《管子》成书年代本身即存在疑问。

要与百姓争利。御史大夫桑弘羊反驳贤良文学说：盐铁和酒类官营和均输平准法都是国家的大计，它们可以充实国库，是国家"制四夷、安边足用之本"。而且盐铁之利在民间很容易被豪强富商垄断，不仅危害中央统治，也造成百姓的贫困。① 盐铁管制（官营）之利，可以补贴国家军费，赈济百姓，不可废除。贤良文学认为君子应该重义轻利，盐铁民营无害朝廷。御史大夫桑弘羊认为：均输平准法保证了市场的公平交易，如果废除，将导致豪强富商垄断市场。总之，贤良文学认为盐铁管制（官营）等是与民争利，刻薄寡恩；桑弘羊则认为这关系到国家的富强和市场的稳定。双方还就德治与法治等问题进行了辩论。最后，朝廷部分采纳了贤良文学的意见，废除了酒类专卖和关内地区的铁器专卖（"罢郡国榷酤，关内铁官"）。②

汉昭帝时的盐铁之争，从现代观点看是一个宪法案例，它关系到国家的财经大计，它很像一场国会辩论（听证），恒宽所著《盐铁论》则是这场辩论（听证）的记录。③

盐铁是国家的重要资源，也是人们生活的必需品，从经济学角度看，其"需求弹性"很小，煮盐铸铁所能获得的丰厚利润显而易见。汉初，国家对盐铁之利并无法律规范，文帝时甚至"纵民得铸钱、冶铁、煮盐"。武帝时，为了解决国家财政困难，将盐铁的开发权、经营权收归国有已成为当务之急。在洛阳商人之子御史大夫桑弘羊等人的推动下，

---

① 《史记·平准书》有如下记载："于是县官大空，而富商大贾，或蹛财役贫，转毂百数，废居居邑，封君皆低首仰给。冶铸煮盐，财或累万金，而不佐国家之急，黎民重困。"（司马迁：《史记》，中华书局 1982 年第 2 版，第 1425 页。）

② 本段文字为《通典》所记盐铁会议的大意，详参杜佑：《通典·食货》卷 10，中华书局 1988 年版，第 227—229 页。

③ 汉昭帝始元六年的盐铁会议当时留下了会议记录，到汉宣帝初年时，恒宽根据所留下的会议记录，进行整理、编辑，成书《盐铁论》。该书采对话的形式，共分 60 篇，前 59 篇是记录当时辩论双方的意见，最后一篇"杂论"则是介绍编书的起源及作者自己的见解。参见恒宽：《盐铁论》，上海古籍出版社 1990 年版。

武帝颁布盐铁管制（官营）法，汉政府掌握了当时社会的两大支柱产业——煮盐与铸铁。据《汉书·地理志》载，当时全国设铁官 48 处，盐官 38 处，这些盐铁机构在中央统筹下，为国家输送了无尽的财源。但是盐铁管制（官营）政策遭到了"重义轻利"的儒生（"贤良文学"）的坚决反对，认为这是"与民争利"。这里隐含着儒家"藏富于民"与法家"藏富于国"之争。在昭帝始元六年（公元前 81）中央召开的盐铁会议上，盐铁管制（官营）法受到贤良文学的猛烈批判。以御史大夫桑弘羊为代表的崇尚法制、务实求功的公卿（法家）面对六十余名"不明县官事"的贤良文学（儒家）不得不妥协，于是废除了酒类官营与关内铁官。但是引文中丞相上奏时所谓"贤良文学不明县官事"颇耐人寻味，是说书生们不了解地方上的实际情况，不懂牧民之术，空谈政治吗？那怎么又接受贤良文学的意见废除了酒类官营与关内铁官呢？欧宗祐先生的解释是公卿大夫认为："诸生莫能安集国中，怀藏以来远方，使边境无寇虏之灾，租税尽为诸生除之，何况盐铁乎？"（《盐铁论·国病篇》）所以公卿大夫罢以止词，不更与之辩论，而姑且奏罢郡国酒沽以敷衍贤良文学，昭帝从丞相言，罢榷沽而盐专卖制度仍旧继续实行。[①] 但《通典》中记载除罢"郡国榷沽"外还有"关内铁官"。废铁官而不罢盐专卖，一方面可能是铁官伤民更甚，引起民愤更大；另一方面，如果欧宗祐先生"敷衍之说"（丢车保帅）成立的话，我们便可推知，从汉代起盐在政府财政上的重要性便大大胜于铁，这也说明日后为什么铁禁渐弛而盐禁屡废而终不得废。[②] 徐复观先生研究两汉思想史，认为盐铁之争背后还隐含着内朝

---

① 参见欧宗祐编：《中国盐政小史》，商务印书馆 1935 年版，第 14—21 页。

② 事实上，《通典·食货志》盐铁一章的记载中，汉昭帝之后虽有时仍盐铁并提，但单独提及盐政的次数更多，未有一处单独提及铁政，可见盐铁虽然并提，在财政上铁却远不及盐重要。

(霍光)与外朝(桑弘羊)之争和边疆政策的歧见等种种政治社会文化背景。此处不再赘述。

(二)《盐铁论》之后之盐铁辩(以盐为中心)

《盐铁论》之后,盐铁管制(官营)与否的问题又反复多次:

> 孝元时,尝罢盐铁官,三年而复之。
>
> 后汉章帝时,尚书张林上言:"盐,食之急者,虽贵,人不得须,官可自鬻。"
>
> ……
>
> 陈文帝天嘉二年,太子中庶子虞荔、御史中丞孔奂以国用不足,奏立煮海盐税,从之。
>
> 后魏宣武时,河东郡有盐池,旧立官司以收税利。先是罢之,而人有富强者专擅其用,贫弱者不得资益。延兴末,复立监司,量其贵贱,节其赋入,公私兼利。……其后更罢更立,至于永熙。自迁邺后,于沧、瀛、幽、青四州之境,傍海煮盐。……军国所资,得以周赡矣。
>
> ……
>
> 大唐开元元年十一月,……玄宗令宰臣议其可否,咸以盐铁之利,甚益国用……自兵兴,上元以后,天下出盐,各置盐司,节级权利,每岁所入九百余万贯文。[1]

汉武之后至唐代这一阶段的史料记载似乎有利于盐铁管制(官营)。盐铁管制(官营)除了可以增加中央财政收入,弥补国用不足以

---

[1] 杜佑:《通典·食货》卷 10,中华书局 1988 年版,第 229—232 页。

外,居然也"公私兼利"。增加的中央财政不仅用于军国大政,还可用以赞助民生,招募流民。"以其直益市犁牛,百姓归者以供给之。劝耕积粟,以丰殖关中。"[①]到了唐代开元年间,左拾遗刘彤上书论及盐铁时更着重强调了盐铁管制(官营)重农抑商之功效,而且高度赞扬了汉武帝时的盐铁管制(官营)政策,认为其"一则专农,一则饶国",是善政和王道,将其奉为当代楷模。"夫煮海为盐,采山铸钱,伐木为室,农余之辈也。寒而无衣,饥而无食,佣赁自资者,穷苦之流也。若能收山海厚利,夺农余之人,调敛重徭,免穷苦之子,所谓损有余而益不足,帝王之道,可不谓然乎?"[②]尽管儒家在理论上反对盐铁官营,但却无法阻碍"国家专盐铁之利"在事实上的发达[③];尽管盐铁官屡设屡罢,但是越到后来,可以看出政府在财政上对盐铁之利的依赖越大。似乎盐(铁)管制(官营)已是欲罢不能了。陈顾远先生论及此事有如下结论:

> 齐筦山海之利,秦有盐铁之榷;汉置盐铁官以筦(管制)其事,又禁人民酿酒,由官家榷(专卖)之;后世相承,至清未改,惟其范围则有广狭也。王莽六筦,金代十榷,皆最广者;清则仅榷盐茶,为最

---

① 参见杜佑:《通典·食货》卷10,中华书局1988年版,第229—230页。
② 杜佑:《通典·食货》卷10,中华书局1988年版,第231页。
③ 吕思勉先生在论及盐政收入时说:"租税宜多其途以取之,然后国用抒而民不至于困。然中国政治家于此不甚明了。自隋唐以前,迄认田租口赋为正税。唐中叶后,藩镇擅土,王赋所入无几,不得已,取给于盐铁等杂税。宋以后遂不复能免。至于今日,而关盐等税且为国家收入之大宗焉。然此乃事实上之发达,在理论上则古人未尝认此为良好税源也。"(吕思勉:《中国制度史》,上海教育出版社2002年版,第479页。)古代中国政府在理论上一直坚持"重农业轻工商"的思想,以田租口赋为"正税",但其在事实上却越来越依赖于盐铁等杂项收入。对于吕思勉先生所谓"盐税",笔者以为可以将其扩大为盐政收入(包括盐税和盐专卖的收入)来理解,吕思勉先生将盐铁问题纳入"征榷"一章(该章不仅论及盐税,也论及盐专卖,而笔者引文为该章之首段),故而笼统地将盐政收入都称为"盐税"。这正如"榷"在古汉语中既可做政府"征税"解,也可做"专卖"解。(《汉书·车千秋传》:"自以为国家兴榷筦之利。"注:"榷,谓专其利使入官也。""榷筦"并提时所谓"专其利入官"之"榷"非"征税"可解。)

狭者。筦榷之设,其对特定物品之设官专营,古者或以其与民争利为病,尝亦罢其禁,以示与民共之;顾其结果,豪贵之家乘势占夺,强梁之徒肆其兼并,民既不裕,国亦不富,于是屡废而终不得废者此故耳。[①]

(三) 盐铁辩之吊诡

欧宗祐先生将桑弘羊主张盐铁官营的理由归纳为四个方面:[②]

1. 法律上的理由:"普天之下,莫非王土",盐在法律上为君主所有,将其收归官营为理所当然。

2. 财政上的理由:当局欲征外安内、富国强兵,须有巨额之费用,若此种费用求之于盐利,则绰绰有余,人民不感痛苦,上下俱足,此外别无其他偌大财源。

3. 政治上之理由:权利(权利利源之意)下移,大足以危害国权,养成大奸。(可参吴王于汉文帝时煮盐铸钱逐渐坐大,于景帝时作乱的故事。)

4. 社会(经济)上之理由:制盐非有大资本不可,拥有大量资本者往往囤积居奇、操纵市价,其结果将加大社会上的贫富差距,造成贫富悬殊。

表面上看桑弘羊这四个理由在理论上似乎都站得住脚,其实不然。理由1与儒家不与民争利的思想相左,且过于霸道,依此理由可完全否定私有财产与私营工商业的正当性。由盐、铁、酒三者专卖所崛起的以

---

① 陈顾远:《中国法制史概要》,(台北)三民书局 1977 年版,第 332—333 页。
② 参见欧宗祐编:《中国盐政小史》,商务印书馆 1935 年版,第 14—21 页。

桑弘羊为首的一批经济官僚及其家族的豪富骄横奢侈[1](或可称之为官僚资本的垄断)部分否定了理由4,同理也可部分否定理由3。人们甚至怀疑桑弘羊之流的整套理论只是借口,进而完全否定了政府参与、干预社会商业(经济)活动的合法性:"盐铁、均输、酒沽、算缗等政,皆借口于摧抑豪强,然其结果皆成为厉民之政,则以自始本无诚意,徒以是为借口也。"[2]仅余对政府来说最重要最现实的理由2——财政方面的理由,但理由2也并非无懈可击,至少其所谓"人民不感痛苦,上下俱足"可能为官僚资本垄断导致的盐价上涨所否定,"县官作铁器苦恶,价贵,或强令民卖买之"也是反例。这些理由中唯一确实的仅余两点。其一,盐(铁)之利可以满足政府的财政需要,这一点无须解释;其二,盐铁管制与官营可以收国家管制经济之功效,其目的同理由3、4:管制经济,一则可以巩固中央集权,一则可以抑商。古人"筦"(管制)"榷"(专卖)并提,而非简单地只言"榷"。"取利"之外,"管制"在中国古代政治经济思想中也十分重要。

贤良文学奉行儒家"重义轻利""藏富于民"的思想,反对国家介入社会经济生活,反对以盐铁专卖为骨干的均输平准法。但这其实在结果上鼓励了民间商人的致富、垄断与囤积居奇,这又与儒家重农抑商的思想矛盾。所以贤良文学用重农抑商这一儒家思想的重要原则检讨其实是自相矛盾的。用现代经济学观点来看,我们可以带一点夸张地说贤良文学的做法至少在结果上抑止了国有化,捍卫了自由放任的市场经济/商品经济。当然我们可以否认重农抑商是儒家专有的思想,事实上它或许是儒、法、道共有的基于农业社会这一基本社会经济条件的共

---

　　[1]　参见徐复观:"《盐铁论》中的政治社会文化问题",载徐复观:《两汉思想史》第3卷,华东师范大学出版社2001年版,第93页。

　　[2]　杜佑:《通典·食货》卷10,中华书局1988年版,第483页。

通思想。"在经济政策的形成上,儒法有汇合之点。在政策的目的上, 儒家与道家有会同之处。"①但它毕竟是荀子以后儒家的重要思想。汉 初用税收杠杆调节市场,以重税的方式抑止盐商,结果却"今法律贱商 人,商人已富贵矣;尊农夫,农夫已贫贱矣。故俗之所贵,主之所贱也; 吏之所卑,法之所尊也。上下相反,好恶乖迕,而欲国富法立,不可得 也"(《汉书·食货志上》)。汉武时则采国家直接介入经济生活,将关系 国民经济命脉的产业(盐、铁、酒等)国有化的方式推行均输平准法,操 控市场。

就现实的民生而言,双方都是输家。理想主义的贤良文学(儒家) 实现不了爱民富民的理想,在客观上鼓励了富商豪强的兼并、剥削与囤 积,在结果上也贯彻不了自己的原则(重农抑商);现实主义的桑弘羊 (法家)败给了官僚体制(吏治),也输了民心。盐铁的困境也预示了后 世(北宋)王安石改革的吊诡(王荆公好言利而终不能利国利民,反王者 可解变法之弊却不能兴政府与百姓之利)。

桑弘羊(法家)以国有化的方式管制经济,在理论上不能说服贤良 文学(儒家),在现实上不能造福民生。但"笼榷"之制越到后来越变得 不可或缺、无可置疑,统治者现实的财政需要与管制的政治哲学是其根 本原因,现实政治理由压倒了儒家的教条与民生的理想,这其中又以现 实的财政需要为首要原因。

盐由政府专卖并非古代中国所独有,②但像古代中国政府在财政上 这么依赖盐政收入(所谓"天下利居其半",直至民国初年,中央政府还

---

① 徐复观:"《盐铁论》中的政治社会文化问题",载徐复观:《两汉思想史》第3卷,华 东师范大学出版社2001年版,第86页。

② 世界各国盐政沿革和现状(到作者写作的时代为止)比较,可参见林振瀚编:《中 国盐政纪要》上册,商务印书馆1930年版,第7—18页。

以盐税收入作为抵押向列强借款)的国家则很少见,这大约与中国资本主义(民间工商业)的不发达有关。与之相较,英国历史上虽然向无专卖制度,但盐税制度也屡设屡废,也曾经"私盐充斥、税入大减,于是设法防私,严为禁止,究则徒累人民,终归无效。其后渔业发达,工业勃兴,⋯⋯至 1825 年,将盐税毅然废止"[①]。终及晚清,偌大的帝国始终国不富(强)民亦不富(足),这或许是古代中国盐政问题(进而可能也是财政问题)的死结。

(四) 古代中国盐政制度变迁检讨

1. 古代中国的盐政制度概要(兼与世界各国比较)

"我国各事皆后于人,独于盐法,则颇可称一日之长,盖于欧西各国不知盐法为何物之时,而我国盐法则早已灿然大备矣。"[②]中国古代盐政制度,每朝每代皆有变化,即使在同一朝代,也常常因时因地有所不同。概括而言,其制度主要分为三种:[③]

(1) 无税制[④]。其实行理由是盐为人生日用所必需,所以既不应专卖,也不应征税,应听由民间自取自给。(实行该制的,只有三代以前及隋代唐初。)

(2) 征税制。其实行理由是盐虽为人人不可缺,但每个人的需求量并不大,所以百姓的税务负担并不大,征税又比较容易。盐税乃国家财政收入之大宗,可以辅军国制用。其征税方式为在产地征收,国家征税以后,听任民间自由贩运买卖,不加限制。(实行该制的,为夏商周三代、秦及汉初、东汉、六朝。)

---

① 林振瀚编:《中国盐政纪要》上册,商务印书馆 1930 年版,第 9 页。
② 欧宗祐:《中国盐政小史》,商务印书馆 1935 年版,第 2 页
③ 参见曾仰丰:《中国盐政史》,商务印书馆 1936 年版,第 1—2 页。
④ 笔者以为,或可称为自由制或无禁制,比无税制更为恰当。

(3) 专卖制。其实行理由是盐业为重大产业,不应由商人垄断,应该改由国营,这样既可以防止资本家盘剥、囤积取利(抑商),又可减轻百姓的负担,同时又增加了国库收入。其具体又可分为五种:① 一部分专卖/狭义专卖:民制为主,官制为辅,运销归官(《管子》中记载的盐制)。② 全部专卖/广义专卖:制造和运销皆归政府,完全国营(汉武帝时的专卖制度)。③ 就场专卖/间接专卖:产制归民,由政府收买,专卖于商,归其运销(唐代刘晏、宋朝中叶及金元与明万历以前之制)。④ 官商并卖/混合专卖:将行盐地方划分为二,一由官运官销,一由商运商销,彼此都不越界(五代、宋及辽金元的部分时期之法)。⑤ 商专卖/两重专卖:政府将收买运销之权授予专商,而居间课其税(明末及清代之制)。③和④在同一朝代的不同地方可能是并用的。

综观世界各国盐政,大致可分为三种,即自由制、租税制、专卖制:[①]

(1) 自由制。即无税制(例如英国、比利时)。

(2) 征税制。分为两种:① 就场征税制,即在产地征收(例如德国、法国和意大利);② 关税制,即对本国出产之盐不征收租税,而对于外国输入者则征税(例如美国、丹麦、挪威、西班牙、葡萄牙以及革命前之俄国)。

(3) 专卖制。可分为三种:① 全部专卖制,即制造运销都由政府办理(如"一战"前之奥匈帝国、瑞士、突尼斯);② 一部专卖制,其法或制造归民,或官民共制,运销归国,贩卖归民(如意大利、希腊、土耳其);③ 就场专卖制,即制造归民,收买归国,运销归商(如日本、印度)。

通过对比,我们可以发现,中外盐政制度大同小异。外国有中国无的为关税制度,这是因为我国古代一直闭关锁国,不存在进口盐的问

---

① 参见欧宗祐编:《中国盐政小史》,商务印书馆1935年版,第1—2页;林振瀚编:《中国盐政纪要》上册,第8页列表。所述各国情况限于作者写作的年代。

题。中国特色的一为官商并卖,一为商专卖。也就是说,中国到唐代已发展出了除关税外的各种世界通行的盐政制度,五代以后中国独辟蹊径,发展了独具特色的专商制度。引票也为中国古代所独有,其实引票制度是与商人参与专卖共生的,不管是官商并卖还是更进一步的政府退到幕后的商专卖,引票(或其雏形)仅仅是方式,其本质是政府通过引票的颁发与引地之分管制盐业(并获利),商人通过引票制度参与盐的运销。商专卖的实质是"政府管制+盐商运销+政府征税",商专卖之所以为专卖制而非征税制,便在于其是在政府管制("筦")之下的商人专卖,所以它又称"双重专卖"。通过引票制度,管制、专卖、征税得以结合,"筦"(管制)"榷"(专卖和征税)完全结合在一起,也就不再有征税或专卖的争论。

2. 中国盐政史分期与中国盐政制度变迁的历史轨迹

> 我国盐法滥觞于管子,推衍于弘羊,孳行于刘晏,其间自汉迄隋,由专卖而收税,由收税而无税,洎乎李唐由无税而变为收税,复由收税而进于专卖。自是以后,盐法浸繁。引地之分,始于五代,续于宋而成于元。专商之兴源于宋沿于元而极于明清。[1]

田斌著《中国盐税与盐政》,将古代中国盐政的变迁分为三个时期:[2]

(1) 赋税专卖循环时期(先秦—汉—南北朝—隋—唐);

(2) 引票制度胚胎时期(五代—宋);

(3) 引票制度形成时期(金—元—明—清)。

---

① 林振瀚编:《中国盐政纪要》上册,商务印书馆 1930 年版,第 7 页。
② 参见田斌:《中国盐税与盐政》,江苏省政府印刷局 1929 年版,第 1—7 页。

曾仰丰著《中国盐政史》,则将古代中国盐政分为三种:①

(1) 无税制。(三代以前。后世隋文帝曾复无税制:"隋,开皇三年,通盐池盐井,并与百姓共之。")

(2) 征税制。("榷盐之制,始于有夏。")

(3) 专卖制。具体又分为五种:一部分专卖;全部专卖(始于西汉武帝);就场专卖(始于唐代);官商并卖(始于五代);商专卖②(始于明万历四十五年)。

前引曾仰丰《中国盐政史》虽然是划分盐政制度,而非将盐政史分期,但其基本是以时间为序的(隋至唐初回归无税制例外),所以本章也将其作为分期的一种方案。

欧宗祐编《中国盐政小史》将古代中国盐政史按朝代分为:先秦之盐政、汉晋六朝之盐政、隋唐五代之盐政、宋元明清之盐政。笔者认为,这主要是以时间进程为序,以制度变化分期:盐政制度化之前(《管子》《商君书》中相关论述或可作为古代中国盐政思想的胚胎时期)→以汉武帝时盐政制度化为始的官卖存废反复时期→从隋文帝废盐禁的自由时期起始,直至五代引票制度胚胎的盐政制度发展时期→引票制度形成、成熟时期,也即古代中国盐政史的最后一个时期。

田氏的分类特别突出了引票制度在中国盐政史上的重要地位,但作为同一问题的另一面,他也过于重视了引票制度;另外,将唐以前概

---

① 参见曾仰丰:《中国盐政史》,商务印书馆1936年版,第2—29页。
② 根据陈顾远的解释:"实皆政府关于盐之专卖权,招商缴价承包之办法而已。"陈顾远:《中国法制史概要》,(台北)三民书局1977年版,第335页。引票制度所谓商专卖,无非是由商人分包政府的专卖权而已。

括为赋税专卖循环时期似乎不够精确。① 而曾氏对盐政的分类没有关注盐政制度在历史上的反复问题，而且分类过细，故以其来对中国盐政史进行分期也有不足。欧宗祐《中国盐政小史》分期方法或许是最佳的方案，它充分照顾、协调了历史进程（朝代更替、由古及今）与制度变迁这两大要素。

通过检讨中国盐政史分期的问题，我们可以勾勒出中国盐政制度变迁的历史轨迹：盐政制度化之前→汉武帝始的盐（铁）专卖制度之存废反复→隋唐至五代盐政制度的探索（无税、征税、专卖之更替，引票之萌芽）→宋元明清盐政制度之最后发展与定型（以管制取利为鹄，以专商为体，以引票为用）。

3. 古代中国盐政制度变迁的困境与反思

隋唐之盐政为三代以后首善。隋代唐初之盐政能采无税主义，可谓历史的奇迹。唐中叶盐铁使刘晏除采就场专卖制外，还实行平准法抑止盐价，堪称善政。但刘晏之后，盐法渐繁渐乱，其间之大要如下：

> 自开皇三年废除盐禁，无税主义，盖自始于此，唐初沿隋旧制，亦免除盐税，计自隋开皇三年至唐景云末年，其间共一百二十八年，概无盐税，此为我国盐政史上一大纪念时期也。自开元初，始议收盐税，旋为议者所阻，不克实行。及开元十年，始行征税制度，但当时征收之权，分隶地方，禁令既阔，未有盐法。天宝末，安禄山反，颜真卿为河北招抚使，时军费困竭，为权宜计，遂收景城盐，输

---

① 根据吕思勉所著《中国制度史》，至少在唐代以前，中国古代并不把盐税作为政府的重要税源。我们也知道，汉武帝以前盐税之设，更多的是为了抑制盐商（尽管没有达到目的）。所以，笔者以为，唐以前尽管从现象上说有赋税专卖之循环，但其本质在于专卖的存废，而非赋税之有无，隋代唐初128年实行无税制也是一证。

销诸郡，用度遂足。至德乾元年，第五琦①领诸道盐铁使，仿真卿法，略加变通，复行专卖制度。……综观第五琦盐法，与管子盐法颇相仿佛，所谓制造归民，运输归官而已。宝应时，又有刘晏之法。……综其大要，实不外民制、官收、商运，与所谓就场专卖制，正复相同。管子之后，盐法之善，殆无逾于晏法者。……刘晏既罢，盐法渐紊……②

　　宋以后是古代中国盐政发展定型的最后阶段，它上承五代，发展出以引票为特色的专商制度。引票萌芽自五代，至宋称"钞"，至元始称为"引"，至清则"引""票"③并行。所谓引票，就是商人用一定代价（或"输粟"，或"入钱"）向政府换取盐的运销权之凭证，每一引换取一定数量的盐。政府对盐商运销的路线与地域有严格的规定，称"引界"。宋初在不同地域有"官般官卖"（盐业运销归官）和"通商"（官府在其直接控制下有限制地将盐批发给商人在指定的区域销售）两种形式的盐业运销制度，通称"官商并卖"。宋徽宗崇宁、政和年间，废止了官般官销，改用商运商销。后世逐渐发展出由商专卖的制度，盐业商人受到政府严格管制并世代相袭，也称专商。宋元明清盐政之概要如下：

　　　　宋以盐铁使属三司使，政和以后，各路置提举茶盐司，掌摘山海之利。其为法也，天下盐利皆归县官鬻，……而尤重私贩之禁。……仁宗时，范祥始为钞法，令商人就边郡入钱四贯八百，售

---

①　第五琦，人名，曾任盐铁、铸钱使，后任诸州榷盐铁使。
②　欧宗祐编：《中国盐政小史》，商务印书馆1935年版，第25—26页。
③　售给盐商的凭证为"正引"，"或引多而盐少，则设票而售之于民，听其专售，不问所之，是为票引"。参见吕思勉：《中国制度史》，上海教育出版社2002年版，第508页。

一钞,至解地,请盐二百斤,任其私卖,得钱以实塞下;是为宋代盐钞之始,而又后世盐引之所承也。金之榷货有十,而盐居首,鬻盐以引,行引为界,……元盐行引法,……凡伪造盐引者斩,……犯私者徒二年,……行盐各有郡邑,犯界者减私盐罪一等。其设官则以置都转运盐使司于两淮两浙等处者,明清皆因之。明,诸产盐地皆设盐转运使,或盐课提举;盐仍以引行焉。并有所谓中盐者,则招商输粟于边,按引支盐之谓也。清,盐务所榷有三……一曰灶课,为盐灶盐铁之地税灶丁所纳者。一曰引课,招商就灶买盐,梱包与售,按引抽其正课加课,故又为之商课。一曰杂课,如盐厂房租赃罚帑息之类是。其后又有盐厘者……凡盐以二百四十斤至五百六十斤为一引,盐商须领引券,始可纳税向盐户购盐,故盐称引盐,商称引商,课称引课;而销盐之地则称引地。引商既承认特定地域之引税,在其地界内,则在专卖之榷;其已纳引税之盐,曰官盐,未纳者曰私盐。甲引地之盐关入乙引地销售者谓之占销,或在自己引地而销售逾额者,皆做私盐论。山东浙江两淮等处,则盐引盐票并行,由部印颁者为引,由盐政填给为票,实皆政府关于盐之专卖权,招商缴价承包之办法而已![1]

盐政制度无非无税、征税、专卖(筦榷)三种,无税除不可考的三代以前外,仅行于隋代唐初 128 年。大约以隋唐之强盛,特别是在贞观之治、开元盛世的盛唐,政府在财政上方可不依赖于盐。[2] 除这 128 年外,综观古代中国盐政,汉武至隋无非在征税与官营之间摇摆,唐中叶以后

---

[1] 陈顾远:《中国法制史概要》,(台北)三民书局 1977 年版,第 333—335 页。

[2] 杜甫诗云:"忆昔开元全盛日,小邑犹藏万家室。稻米流脂粟米白,公私仓廪俱丰实。"

及清则是在政府管制取利的基础上尝试各类产、运、销的方式而已,终归是前门拒虎,后门进狼。制度创设主要源于财政目的,制度废止则主要由于时弊,制度再创设又是因为财政。制度创设与革除弊制遂成为循环,却终不能无弊。

安史之乱后,为应付纳税人口的锐减与军事开支大幅度增加的矛盾,"系统地寻找大规模的财源",唐肃宗重用财政官员第五琦,实行货币贬值,建立国有企业,这"破坏了唐代初期宽松的经济氛围,回归到汉武帝的传统"。[①] 在唐代,中国已经发展出后世各国通行的各种盐政制度(关税制度除外),中国盐政制度已渐趋成熟:"管子之后,盐法之善,殆无逾于晏法者。"刘晏的盐法主要有二。政策一是放松管制,政府部分退出市场:改"官制、官收、官运、官销"(全部专卖)为"民制、官收、商运、商销"的通商法(就场专卖),将私商的活力注入盐的运销中,借此除去官商的腐败和低效。政策二是用经济杠杆调节市场价格,使盐价维持在百姓可以接受的水平("民无淡食之苦"):设立"常平盐仓",国家储备食盐,用经济手段打击商人的囤积行为,调节盐价,这样既可控制盐价,保证盐税,又可节制商人,缓解社会矛盾。在以上政策的基础上刘晏也严厉打击走私。刘晏盐法收效很大,到唐大历末,盐业收入占国家财政收入的一半。刘晏盐法的优点在于区分政府取利与政府管制,理性地求得二者的平衡。政策一的目的是取利,政策二的目的是管制市场(通过设立国家盐仓造福民生),二者的目的都能得到实现。由于政治斗争的关系,在当时宰相杨炎的排挤下,刘晏被贬,"刘晏既罢,盐法渐紊"。盐法紊乱的第一个标志便是盐价暴涨,其原因是刘晏的后继者自作聪明,企图简单地通过提高盐价来增加盐业收

① 参见郭建龙:《中央帝国的财政密码》,鹭江出版社 2017 年版,第 168 页。

入,显示政绩。盐法紊乱的第二个标志是(盐价暴涨导致的)私盐屡禁不止:官盐价格居高不下,私盐有暴利的刺激,自然屡禁不止;私盐不止,官方控制更严、惩罚更重,形成恶性循环。[1] 晚唐以后"盐法浸繁",又发展出了中国独有的引票制度,与之相关的还有官商并卖与专商(商专卖)制度。

唐初能实行无税制(自由制),唐中又能创设善政。参照唐律在中国法律史上的地位(尽管有人认为《大清律例》才是古代中国律典的集大成者,但《大清律例》始终无法企及唐律在中国法律史乃至世界法律史上的地位[2]),我们或者也可以得出结论说,尽管五代之后发展出了中国独有的引票制度,但有唐一代(不包括混乱的晚唐)的盐政堪称中国历史上之首善。

西汉在未改专卖之前实行征税制度,盐税之重,不亚于秦,百姓受苦而盐商专利。用重税的方式抑止盐商,其结果是盐商将重税转嫁给普通民众,百姓受苦,盐商却无所损。汉武帝时因为政府财政的需要,将盐铁收归官营,同时将盐铁管制制度化。[3] 之后盐业国营屡废屡设,汉武帝之全部专卖不可行,之后又有就场专卖与官商并卖,最终演变为专卖与征税结合——政府将收买运销之权承包给专商,而居间课其税。其实,这与其说是专卖与征税的结合,倒不如说是管制("筦")与征税的结合。政府依然依赖盐税(税种颇多,除灶课、引课、杂课外,还征收关厘),盐的运销受到政府的严格管制,但从汉武以来,官商之弊

① 唐代盐政之变,可参见张中秋:《唐代经济民事法律述论》,法律出版社2002年版,第79—83页。

② 《大清律例》本于《大明律》。《大明律》虽改唐律面目、条文,其主要制度和基本思想却不出唐律的范围;另一方面,《大明律》自作聪明、率意更张,常常不免弄巧成拙。参见徐道邻:《中国法制史论略》,(台北)正中书局1976年版,第95—99页。

③ 至少在隋唐以前古人未尝认为盐税为重要税种,大约在此之前的征盐税除了增加财政收入以外,更有抑止盐商的目的。

始终未除，①盐商依然富甲天下（可参明清扬州盐商之故事）。"本来食盐是工业革命之前的利薮，也为其他国家如法国采用。只是因为明朝全部以官僚主义的精神把持，害多利少。有时弄得产盐之处食盐堆积，原来已付费的商人筹不出额外需索的费用，各处待配盐的地方又缺货，资金冻结，食盐损耗，只有最少数的投机商人和不肖官僚发了一批横财，政府与正当商人一齐与老百姓受罪。这种情况终明季未止。"②政府本身的目的在于管教（管制）而非服务，盐政之变由古及今，无税—有税—专卖循环，专卖制度又生出许多花样，最后在政府的管制下专卖与征税结合（筦榷③结合），依然是除时弊而不能兴长利。晚唐以降，管制主义的政治经济哲学始终占据上风，千年之盐政，管制取利之制也！

管制的目的在于抑止盐商、造福民生，专卖与征税的目的在于政府取利。正确处理政府财政收入（富国）与民间利益（富民）的矛盾，取得二者平衡，达致双赢，科学地管理盐业，是盐政问题的关键。唐代的刘晏艺术性地处理了富国与富民的关系，真正达到公私兼利。可隋代唐初颇具儒家理想主义色彩的无税（无禁）制如昙花一现，中唐刘晏"公私兼利"的善政人亡政息。刘晏的善政何以能行于一时却终不能长行，这大约也构

---

① 宋代盐政主要之弊仍为官商问题。宰执政大臣（如贾似道、史嵩之）、主管榷盐的官吏、盐产地行销地的官员等纷纷参与贩私盐，还有不少官员借因公外出的机会贩卖私盐，而官贩私盐有时甚至达到垄断的地步。具体可参见赵晓耕：《宋代官商及其法律调整》，中国人民大学出版社 2001 年版，第 137—143 页。

② 明代盐政之弊，参见黄仁宇："中国近代史的出路"，载黄仁宇：《大历史不会萎缩》，广西师范大学出版社 2004 年版，第 67—70 页。清代盐政之弊与明接近：在落后的官僚主义体制下，官商勾结与走私盛行。参见吕思勉：《中国制度史》，上海教育出版社 2002 年版，第 508 页。

③ 此处"榷"是征税、专卖两种意思并用。

成中国盐政史上的"刘晏之谜"。① 晚唐以降,我们看到的情况是政府不能理性地面对盐利、创设盐政,国与民无法实现双赢,官与商却打成一片结合而为官商共同发财。笔者在这里大胆断言:宋元以来的引票-专商制度尽管与世界各国相较独辟蹊径,但基本上是失败的制度。

回顾中国古代盐政制度变迁的历程,我们很难认为制度在进步,为"救时"(获利或除弊)而急就章的盐政制度与落后的以管制而非服务为宗旨的官僚体制共结连理,其结果便是从汉武帝以来此起彼伏、永无休止的盐政之弊,到后来除了不法的官商外,其余都是输家。贤良文学及其后学("重义轻利""不知县官事"者)败给政府现实的财政需要,桑弘羊及其"后羊"(好"言利""务实"者)败给盐政制度运作的现实(败给吏治),盐铁论终成空论。中国古代盐政问题的困境,资本主义(工商业)的不发达并不是其根本原因,制度本身,包括缺乏计划、难称"进步"的制度变迁与落后的奉行管制主义的官僚体制方是罪魁所在。"管制主义以政治权力宰制社会发展,近代资本主义又怎能在中国出现。"②

第三节　社会政策:以荒政为例

一、社会政策思想与立法

在传统中国的财政思想中,社会(福利)政策一直占有一席之地;尽

---

　　① 笔者猜测,刘晏能够推行善政大约是因为上承隋代唐初的无税制传统,政府求利更为克制,管制也比较宽松。刘晏人亡政息,不仅是源于其后继者自作聪明这一偶然事实,更大程度上可能是因为中唐以后藩镇割据的现实。这里还有一个疑问就是,隋炀帝时期横征暴敛,可以说是无所不用其极,为何却没有染指盐利?

　　② 许倬云:《历史分光镜》,上海文艺出版社1998年版,第328页。

管历代政府实施社会政策的效果有所不同,但社会政策本身已成为传统国家治理理念的基本组成部分,有的还被明确规定于政府的法令之中。孔子把消除贫困、实现社会公平作为国家安定的前提条件:"有国有家者,不患寡而患不均,不患贫而患不安。盖均无贫,和无寡,安无倾。"(《论语·季民第十六》)儒家经典《礼运·大同篇》更进一步提出"大同"的理想:"老有所终,壮有所用,幼有所长,矜、寡、孤、独、废疾者,皆有所养。"[1]就儒家意识形态来看,"学校与粮仓是互相补充的","促进教育与经济福利是地方官的两大任务,因为'教养'人民被认为是治国的基本特征之一"。[2] 儒家具体的社会政策理念与实践如下:[3]

1. 井田制(公田制)。"井田制与社会主义,二者的目标均旨在均等财富,以及旨在让生产者获得他们全部的产品。"

2. 反对垄断。首先,孔子不赞成政府为了纯粹的财政动机而垄断商品,"国家应该控制价格,但不能垄断整个市场";其次,为了限制私人的商业垄断,可以由政府控制需求与供应。

3. 调剂供求。以实现"国家获利,民众一直享受合理的价格,分配接近公平"。

4. 谷政。对统治者来说,"民以食为天",战国的李悝即实行平籴政策,汉宣帝时政府便开始设立后来一直延续至清代的"常平仓",以调节市场、平均粮价。始于隋朝,政府在地方设立"义仓",平时以收入累进税的方式向农户征收粮食,在饥馑之年则免费分配给饥民;其理念是"从富者中获取更多的税收,并给予穷者更多的利益"。另外还有"社

---

① 《礼记正义》,北京大学出版社 1999 年版,第 658 页。

② 〔美〕王国斌:《转变的中国:历史变迁与欧洲经验的局限》,李伯重等译,江苏人民出版社 2010 年版,第 115 页。

③ 参见陈焕章:《孔门理财学》,韩华译,中华书局 2010 年版,第 315—381 页。

仓"制度，"义仓"是免费分配粮食，"社仓"则是借贷粮食。

5. 政府救济。除了本节重点讲述的作为救灾措施的荒政外，汉文帝时期已将对于矜寡孤独幼等人群的关爱与救济原则付诸实践。宋代政府还专门设立了居养院、安济坊，对被收容者"全都提供食物、衣服以及床，雇工、厨师以及护士也一并供给"。"明太祖数次颁布供养鳏寡孤独及笃疾之人的政令。"清朝在各州县也设有养济院，根据《大清律例》，"凡鳏寡孤独及笃疾之人，贫穷无亲属依倚，不能自存，所在官司应收养而不收养者，杖六十"。

二、荒政

"社会救济事业在我国常称为慈善事业，渊源甚早，唯多偏于临时救济或救荒等工作，在政府方面则列为荒政，载于历代史册"；考查救济事业的动机，不外以下三点："（1）'仁'，此为孔子之中心思想……仁乃是孔子一贯之道，为一种伦理思想，吾国人深受其影响。（2）'义'，此亦为儒家思想之一部分……孟子见梁惠王时曾曰：'亦有仁义而已矣，何必曰利'，此为一种社会道德观……（3）'善'，此为过去一般人的主要动机，这全是出于宗教道德观念，他们相信'与人为善同登善域''人有善念天必佑之''救人一命胜造七级浮屠'，他们以为此生积善，来世可得幸福。"[①]为实现社会安定、争取民心、巩固江山社稷，中国历朝历代统治者对以"荒政"为核心的社会救济都特别重视，将其视为维系王朝统治合法性的重要手段；其在理念上，则有"仁政""民本""重义轻利""善有善报"等儒家教义与民间信仰作为支持。"救荒活民"作为中国古代一项重要且紧急的行政目标及行政任务，虽然并不排除"私部门"（社会团

---

① 柯象峰："我国社会救济事业之检讨"，《学思》1942 年第 1 卷第 12 期，第 306、308 页。

体)作为协力执行者之可能,但其执行主体仍以国家公权力机关(政府)为主。而传统中国完备的官僚体系(或者说早熟的官僚国家),为国家社会福利政策的高效率、制度化与标准化提供了可能。

一般认为,《周礼·大司徒》之"荒政十二"乃是中国荒政制度的源头。汉代的政府最初采用将皇家土地或地方政府的土地分授给穷人作为救济的方式,可是政府控制的土地有减无增,这种扶贫行动无法长期持续;之后政府便转而采用分发食品等方式来救济穷人。[①] 到了清代,"荒政"制度已经非常完备,具体程序分为报灾、勘灾、赈济三个阶段。赈济是一种直接将粮食、银钱发给灾民的救济措施,可分为紧急程序(先赈)与一般程序;一般程序又包括正赈、加赈(补赈)、折赈、以工代赈、借贷等救济方式。通常正赈粮钱是按月发放的,由官府在城里设立发放点,灾民凭赈票来领取;领取一次在赈票上打上戳记,赈票仍然还给灾民,以避免灾民重复领取;灾民领取完最后一次赈济粮钱,赈票就会被官府收回。[②] 以工代赈即组织灾民参与国家基础设施建设(如兴修水利)或运送军需,政府将赈济物资以报酬的形式发给灾民。以工代赈一方面救济了灾民,另一方面国家也得到了劳役服务;这与凯恩斯主义所提倡的,在罗斯福新政中被广为推行的通过公共工程建设为失业人员提供工作机会的社会政策大致相仿。由于公私两利,宋朝以来以工代赈便是政府常用的救济方法,嘉庆皇帝有言:"救荒之策,莫善于以工代赈。"[③]乾隆一朝特别重视以工代赈之法,中央对地方的代赈工程有非常明确的统筹规划:"年岁丰歉,难以悬定,而工程之应修理者,必先有

---

① 参见许倬云:《汉代农业:早期中国农业经济的形成》,程农等译,江苏人民出版社2012年版,第31页。

② 参见刘信言:"清代荒政的法源",清华大学硕士学位论文,2016年,第二章。

③ 杨景仁辑:《兴工》,载贺长龄、魏源等编:《清朝经世文编》卷41,(台北)文海出版社1972年影印本,第1499页。

成局,然后可以随时兴举。一省之中,工程之大者,莫如城郭,而地方何处为最要,要地又以何处为最先,应令各省督抚一一确查,分别缓急,预为估计,造册报部。将来如遇水旱不齐之时,欲以工代赈,即可按籍而稽,速为办理,不致迟滞。"①清代关于赈济的立法已经比较完备,除了唐明清律一脉相承的"检踏灾伤田粮"律文外,在《大清会典事例》与《户部则例》中有大量的相关制度,详细规定了应当采取抚恤措施的灾种、前提条件、抚恤的程序、具体施赈的时间、免除赋税的比例、借贷的利息及减免等。

　　中国社会经济的一个显著特点是它的"成熟老练、中央集权,以及官僚制度的稳定,这一点更能够解释那些周详且制度化的抗灾程序的存在。……备荒和救灾的确是官僚制度的头等任务之一,这是中国传统的家长式权力统治的一部分,它体现了儒家的教义:'养民'才能更好地'教民'"②。政府的赈济除了简单的"养民"外也有社会政策的考量,国家希望通过救济小土地所有者,使其保持经济独立性,以避免贫民不得已出卖土地或受困于高利贷,沦为有产者的附庸。除了赈济之外,政府还与社会协力设立"常平仓",通过地方仓储进行平粜与借贷,以调控市场价格;政府还可以通过控制主要码头、关闸与贸易路线,来实现对于区际贸易的有效监管。学者通过研究发现,荒政制度在 1750 年以前"已经相当完善了",灾害勘察与赈灾物资分配的制度化与标准化的水平相当高;国家精心制定的规则得到了比较好的运用,"用于缓解如此大范围和如此长时间的农业危机的必要实力和手段显然已经具备了";清代官僚政府的"效率性、灵活性和创新性,远超过官方法规的内容和

---

① 《钦定大清会典事例》(光绪朝)卷 288,"户部一百三十七·蠲恤·兴土功"。
② 〔法〕魏丕信:《18 世纪中国的官僚制度与荒政》,徐建青译,江苏人民出版社 2006 年版,第 4 页。

19世纪的作者对于中国官僚所做的论断"。[1]

　　"中国的财政体制很适合在前工业化的经济条件之下,提升民众政体的福祉。轻徭薄赋和高水平的公共产品投资,通常能够带来正面的经济效应。中国的财政制度可以承受得住各种各样的天灾人祸,尽管这些灾祸足以影响到整个社会的经济安全和普通民众的物质福利。税收和国家开支之间基本上维持在平衡的状态。"[2]但是随着清朝逐渐走向衰败,嘉庆朝以后的官方赈灾活动日益举步维艰。特别是19世纪中叶的国内战争与外国入侵严重削弱了国家干预的能力,"国家财政日益紧张","相当多的地方政府陷入混乱",造成"救灾活动越来越依赖地方慈善事业,以及商业力量"。[3]

---

　　① 参见〔法〕魏丕信:《18世纪中国的官僚制度与荒政》,徐建青译,江苏人民出版社2006年版,第221—226页。

　　② 〔美〕王国斌、罗森塔尔:《大分流之外:中国和欧洲经济变迁的政治》,周琳译,江苏人民出版社2019年版,第215页。

　　③ 〔法〕魏丕信:《18世纪中国的官僚制度与荒政》,徐建青译,江苏人民出版社2006年版,"前言",第4—5页。

第五章 公私之间的土地产权制度

第一节 土地公有前提下的土地产权分立

一、分封与井田制

土地被认为是国有资产最初、最原始的形态,当原始社会的人们集体在土地上耕作并平均分配时,便朴素地将土地作为集体财产,这便是井田制的起源;国家产生后,继承了土地公有的观念,并将其转化为土地国有的制度,国王被认为是国家的代表与象征,故而土地国有也即土地王有,二者合二为一。[①] 一般认为,在魏李悝"尽地力",秦商鞅"废井田,开阡陌"之前,为实行土地公有制的时代。[②] 当时的"井田制"名为公有/王有/国有,其实质上则是天子将土地于形式上、实质上分封于诸侯,诸侯又分封于卿大夫,形成采地食邑;庶人并无田可分,仅受井田而

---

① 参见陶一桃:"产权虚置的历史追踪",《学术月刊》2000 年第 3 期。
② 从新近出土的史料来看,秦实行的土地改革是"严格的国家授地制",而非土地自由买卖。参见秦晖:"公社之谜——农业集体化的再认识",载秦晖:《传统十论——本土社会的制度、文化及其变革》,复旦大学出版社 2003 年版,第 315 页。

耕之,形同农奴。① 此时虽云"普天之下,莫非王土",但王(天子)并不实际占有分封给诸侯的土地,而是由诸侯及其卿大夫依次占有,交由庶人耕种(使用),并沿着"士—卿大夫—诸侯—王"的次序依次上贡,以分享土地的产出收益。我们可以说,从国家产生伊始,中国的土地产权便分立为国家与其他所有者分享土地所有权。

二、对土地兼并问题的补救与对井田制的追思

从春秋中晚期鲁国"初税亩"到秦国商鞅变法"废井田,开阡陌",国家逐渐承认土地私有制。并非偶然地,几乎在土地私有化同时,从郑国子产率先"铸刑书"到魏国李悝编纂第一部比较系统的成文法典《法经》,春秋战国时期各国还发生了公布成文法运动。虽然我们无法确知"刑书"与《法经》的具体内容,但这些成文法无疑为平民提供了"权利保障书",在下者可以据此对抗在上者的恣意妄为。据学者研究,最早的成文法"刑书"的主要内容便有关于财产方面的规定。② 井田制一经废除,"土地可归个人私有之后,分割既成原则,集中又随之而起,兼以货殖兴家,战国已然,强梁兼并之风,遂不可遏制"。秦汉以后,为谋求补救,"关于土地问题之立法设策","均以原始的井田制为最理想之制度焉";纵使井田制只是后人子虚乌有的想象,但孟子"井田制"的观念已深入后人之心,"无论主张模仿与反对者,要皆视为黄金时代之圣制"。③

孟子曰:"夫仁政必自经界始,经界不正,井地不均,谷禄不平;是故暴君污吏必慢其经界。"(《孟子·滕文公上》)汉代"富者田连阡陌,贫者

---

① 参见陈顾远:《中国法制史概要》,(台北)三民书局1977年版,第307页。
② 参见黄东海、范忠信:"春秋铸刑书刑鼎究竟昭示了什么巨变",《法学》2008年第2期。
③ 参见陈顾远:《中国法制史概要》,(台北)三民书局1977年版。

无立锥之地"，其酷烈有甚于秦。武帝时董仲舒首倡"限民名田"之说，对于百姓豪强占有田地的数额作出限制，他认为"古井田法虽难卒行，宜少近古，限民名田"，他的建议没有得到采纳。[①] 汉哀帝时，大臣师丹、孔光等建议"限民名田"，"诸侯王以至吏民名田不过三十顷"，由于权臣的反对，未能实行。[②]

汉王朝解决人地冲突的方法有二：其一，移民，允许或鼓励过剩人口从人口稠密地区迁移到拥有较多可耕地的地区；其二，授地，将公地（包括皇家所有的林苑等土地和地方政府所有的土地）"假"（出借/出租）给贫民[③]，《汉书》中一共记载了 11 次授地活动。但政府的土地资源是有限的，当政府耗尽了自己的土地资源后，不得不要求皇亲国戚和高官显贵交出部分土地以便安置无地的贫民，这意味着汉朝土地政策的根本转变，"即从创造更多的可耕地转向更合理地分配现有土地"。[④]

到了王莽篡汉之后，他在"胜利的乐观、信古和自信之余"，缺乏董仲舒、师丹的审慎，认为孟子提倡的井田制"可卒行"，"他要依照先圣的启示，理性的唤召，为大众的福利和社会的正义，去推行一种新经济的制度"。他下诏：田地国有，不得买卖；男丁八口以下之家占田不得过一井，即九百亩；占田过限的人，要将其余田分给宗族乡邻；无田的人，由

---

① 董仲舒上书内容如下："古者税民不过什一，其求易共；使民不过三日，其力易足。……至秦则不然，用商鞅之法，改帝王之制，除井田，民得卖买，富者田连阡陌，贫者无立锥之地。又颛川泽之利，管山林之饶，荒淫越制，逾侈以相高；邑有人君之尊，里有公侯之富，小民安得不困？又加月为更卒……三十倍于古；田租口赋，盐铁之利，二十倍于古。……汉兴，循而未改。古井田法虽难卒行，宜少近古，限民名田，以赡不足，塞并兼之路。盐铁皆归于民。去奴婢，除专杀之威。薄赋敛，省徭役，以宽民力。然后可善治也。"（《汉书·食货志上》）董仲舒全文的意思主要是重农抑商、抑止兼并、轻徭薄赋、与民休息。

② 董仲舒、师丹等人的建议，参见吕思勉：《中国制度史》，上海教育出版社 2002 年版，第 437 页。

③ 在少数情况下是将土地送给农民。

④ 参见许倬云：《汉代农业：早期中国农业经济的形成》，张鸣等译，江苏人民出版社 2012 年版，第 25—30 页。

政府授田。王莽的这一新政实行未久，便遭遇障碍，才三年，便在欧博的进谏之下被废除了，欧博的谏言如下："井田虽王法，其废久矣。……今欲违民心，追复千载绝迹，虽尧、舜复起，而无百年之渐，弗能行也。"①

王莽改制失败之后，后世虽仍不乏将井田制作为理想的，但在现实操作上仅退而求其次，追求"耕者有其田"的均田制。东汉末的荀悦第一次提出"耕而勿有"，即土地占有使用权与所有权分立的主张："诸侯不专封，夫人名田逾限，富过公侯，是自封也。大夫不专地，卖买由己，是专地也。或曰：复井田欤？曰，否。专地，非古也；井田，非今也。然则如之何？曰，耕而勿有，以俟制度可也。"②关于"限民名田"，荀悦论证说："且夫井田制，不宜于人众之时，田广人寡，苟为可也。然欲废之于寡，苟为于众，土地布列在豪强，卒而革之，并有怨心，则生纷乱，制度难行。……既未系备井田之法，宜以口数占田为之立限。人得耕种，不得卖买，以赡贫弱，以防兼并，且为制度张本，不亦宜乎！"③

东汉政府的农业扶贫政策逐渐萎缩，从授人以渔（土地）到授人以鱼（食品）："最初，是将皇家直接掌管的土地授给穷人。然后，皇帝不得不转向地方官吏，要他们将地方官府控制的土地分授出去。再后，皇帝的恩典仅限于允许人民在皇家林苑中采集食物和其他物品。最后，政府只能靠分发食品来救济穷人了。"究其原因，首先是东汉朝廷不像西汉朝廷那样拥有大量未开垦的荒地；更重要的是，东汉政府通常是将土地分给而不像西汉政府那样只是借给贫民耕作，而授给贫民的土地常常又遭遇私人兼并，政府控制的土地有减无增，扶贫行动不可持续。④

---

① 王莽改制参见张荫麟：《中国史纲》，商务印书馆 2003 年版，第 223—225 页。

② 转引自赵俪生：《中国土地制度史》，齐鲁书社 1984 年版，第 261 页。

③ 杜佑：《通典》，中华书局 1988 年版，第 13 页。

④ 参见许倬云：《汉代农业：早期中国农业经济的形成》，张鸣等译，江苏人民出版社 2012 年版，第 31 页。

三、均田制的兴衰

西晋时,政府总结前人的理论与实践经验,颁布了《品官占田荫客令》和《占田令》,规定了官员和百姓占田的数额限制,以抑制土地兼并,其官第一品 50 顷,每品减 5 顷,依次递减至九品官,占田限额为 10 顷;百姓则男子限占田 70 亩,女子 10 亩。[①] 是为北魏均田制之先声。

北魏孝文帝于太和九年(485)首颁均田制,之后北齐、北周、隋、唐前后相承,均田制延续了约 300 年。北魏因长期战乱,人口逃亡,土地荒芜,留居农民亦不堪沉重赋役,多荫附士族豪门。针对这一状况,政府颁布《均田令》:15 岁以上男子受露田(植谷物)40 亩,女子受露田 20 亩;男子受桑田(植树)20 亩,女子受桑田 5 亩;产麻区则男受麻田 10 亩,女子五亩。奴婢与良人一样授田;四岁以上耕牛("丁牛")每头受露田 30 亩,以 4 头牛为限。露田所有权归官府,人到法定纳税年龄则由政府授给耕作,必须用来种植谷物粮食,不得改种其他经济作物,更不得买卖或抛荒,待其年老免役或死亡时则归还政府;因拥有奴婢、耕牛而分得之田则随其奴婢与耕牛之有无以还受。桑田则"皆为代业,终身不还"。又土地的还受时间为正月(农闲时),以避免影响庄稼正常的耕作与收获。"诸人有新居者,三口给田一亩,以为居室;奴婢五口给一亩",类似今天的宅基地。至于各级地方官,则由政府在其任职处附近依官等高低拨付一定数额的公田,但严禁买卖,此为后世"职分田"之始。[②]

均田制在"均田"与国家控制土地所有权(处分权)的大原则之下,也充分照顾了民间的实际情况。例如,对于"桑田",由于树是多年生植物,由栽培到收获须经过多年时间,等到开始收获的时候,一旦需还给

---

① 参见杜佑:《通典》,中华书局 1988 年版,第 15 页。
② 北魏均田制详参杜佑:《通典》,中华书局 1988 年版,第 17—19 页。

政府,由其转授他人,必然会造成栽培者的损失,故而《均田令》规定桑田不必退还政府,而可以传给后代,北齐则称其为"永业田"。① 因桑田可以传给子孙,经过数代之后,在一家之中桑田便会越积越多,对此,《均田令》又明确规定:"有盈者无受无还,不足者受种如法。盈者得卖其盈,不足者得买不足。"② 但是卖者不得卖过其分,买者不得买过所足。同时,由于各地人口密度不一,人田之多寡不能相符,田多人少("宽乡"),若不增加授田量,则造成多余田地的荒芜;田少人多("狭乡"),若不减授,则供不应求。北魏《均田令》也充分考虑到以上情况,政府在授露田时,常常加倍授予,一丁男往往可受露田 80 亩,女子可受 40 亩,称为"倍田制";唯地狭人众时不倍授。③

北魏均田制比较好地实现了荀悦"耕而勿有"的精神,通过土地还受的制度将大量土地(露田)的所有权收归政府,农民只有占有、使用权(占耕之权),而无自由处分土地(如买卖)之权。通过土地所有权与占有使用权的分立限制了土地的买卖与过分集中,在一定程度上实现了"耕者有其田"的理想。但是我们必须看到其局限,一方面,北魏实行均田制的物质基础是长期战乱之后农民流亡、大量土地抛荒的现实让政府有田可授,随着人口的增殖造成的人多地少的矛盾必将再度出现。另一方面,均田制在使百姓均田的同时却赋予官员更多的职分公田,进而在北魏宣帝时又改职分公田为永赐,"得听买卖"。国家放弃了对于职分田处分权的控制,这严重破坏了均田制下产权分立的格局,使职分田主拥有了完全产权,造成了土地的兼并与集中。更严重的是,很多官僚打着"买卖职分公田"的旗号,大量买入或强占百姓的土地,农民便无

---

① 参见萨孟武:《中国社会政治史》(二),(台北)三民书局 2007 年版,第 302 页。

② 杜佑:《通典》,中华书局 1988 年版,第 18 页。

③ 参见萨孟武:《中国社会政治史》(二),(台北)三民书局 2007 年版,第 303 页。

法维持小土地的占有。"北齐政权在事实上允许了土地的卖买,而出卖者当然是贫民,收买者则是大土地所有者。这就造成'强弱相凌,恃势侵夺,富有连畛亘陌,贫无立锥之地'的现象,均田制度,不易维持了。""自北魏末到隋末八九十年中,均田制上所存在的问题,主要是农民对小土地的占有能否稳定的问题。……他们的问题,不是增加耕地的问题,而是保持不住耕地的问题;在土地买卖中,他们是出卖者而不是买入者。"[①]这其中的根本在于国家是否有田可授,而授田之后又是否控制得住土地的处分权。

唐初继续实行"均田制"(租庸调制),但对于土地自由处分(买卖)的限制更宽,其授予百姓的土地分为口分田、永业田两部分,另有私田作为宅地。口分田,少壮受田,老死后要还给官府;永业田可以继承。二者理论上都不可自由买卖,《唐律·户婚律》规定有"卖口分田"之罪。但依成书于永徽年间的《唐律疏议》,永业田在家贫无以供葬时可以出卖;口分田在自狭乡迁往宽乡时可以卖,还可以卖充宅及碾硙、邸店;所赐之田与五品以上勋官永业地均可自由买卖。[②] 土地得以自由买卖导致了土地兼并的盛行,均田制便日趋破坏。另外,由于土地有限,而人口却日渐增殖;加之各地人口密度差异很大,纸面上的土地数据与实际的人口分布难以协调,常常会发生"受田不足,均田不均"的问题。唐开元年间,"农民受田不足的问题已经十分突出,在京畿地区,'民户殷繁,计丁给田,尚犹不足'"[③]。加之"天下户籍久不更造,丁口转死,田亩久易",再经历安史战乱,"祖宗的善政至此已扫荡无余。加以节度使割据

---

① 徐德嶙:"均田制的产生和破坏",载"历史研究"编辑部编:《中国历代土地制度问题讨论集》,生活·读书·新知三联书店1957年版,第445、447、450页。
② 唐律及疏议条文参见《故唐律疏议》卷12第十五,商务印书馆1936年影印本。
③ 陈豪:"古代农村土地制度思想的考察",复旦大学硕士学位论文,2008年,第14页。

地盘,政权不能统一,国家就想维持整顿,也怎样整顿得来"。①

宋代土地更见集中,北宋仁宗曾下诏"限田",可"任事者终以限田不便,未几即废"②。当时的大地主占有全国绝大多数的耕地,小自耕农的数量大大萎缩。③ 更有甚者,政府强迫收购、刮取民田而为官田,放给农民佃种以获利,这样的官田,其实是一种官庄园。④ 这样的"官田"乃是统治集团私有、服务于该集团私利的土地,而非真正公有之土地("公田"),"平均地权"的均田制也从此不再复兴。

第二节　土地私有前提下的土地产权分立

由五代至宋,是中国历史上的一个重要转折时期,学术思想由"汉学"变为"宋学";在土地所有制的形式与实质方面也发生了巨大的变化,这被学者总结为"官田的私田化与官租的私租化"。在此之前,"在东方(亚细亚)特征起作用的时期里,问题是沿着与此恰好倒置的倾向发展的,即私田的官田化和私租的官租化,也就是说,在那段时间里,国家兼有地主的身份,私田在法令上作为'永业'而以国家的名义授予,而国家赋税中则兼备着地租的性质。现在,从五代和北宋开始,事情又来了一个倒置,国家把土地更大限度地下放给普通的地主了,……从而地

---

① 徐士圭:《中国田制史略》,商务印书馆 1935 年版,第 63 页。
② 《宋史》卷 173《食货志上一:农田》,转引自萨孟武:《中国社会政治史》(四),(台北)三民书局 1975 年版,第 119 页。
③ 当时土地兼并的数据,可参见杨志玖:"北宋的土地兼并问题",载"历史研究"编辑部编:《中国历代土地制度问题讨论集》,生活·读书·新知三联书店 1957 年版,第 476—478 页。
④ 参见程溯洛:"南宋的官田制度与农民",载"历史研究"编辑部编:《中国历代土地制度问题讨论集》,生活·读书·新知三联书店 1957 年版,第 489 页。

主手里的土地所有权不知不觉就深化了很多。即便封建国家手里还留有一批土地的话,他们也完全按照普通地主的样子来进行经营,执行剥削"①。在一定意义上我们可以总结说,唐以前国家土地政策的核心在于"均田",宋之后国家土地政策的核心在于"聚敛"。但由宋至清,土地私有权的深化并不意味着所有的土地产权完全由分立走向合一,在土地私有的前提之下,仍然存在着共同所有权与分割所有权等土地产权分立的现象。

一、共同所有权(集体所有制)

在传统中国,"个人不能由团体而独立,个人依赖于团体而存在。而这些团体中,最紧密坚固且对人影响最大者,乃乡庄与宗族。……宗族常有其公产,如宗祠、祭田、义庄、族产等;而乡村亦有其公产,如公共樵牧地、公地、义地、乡村公庙及庙产等。这些公产的主体系具有综合人的性质的宗族、乡村。公产系总有,乃组成所有权内容的各种机能,分属于团体及团体成员的所有权"②。族产与乡村的公产,均以土地为主,其所有权也存在产权分立的现象。在五代及宋土地私有化的背景下,政府不再积极地实现为小农平均地权的理想,但人民却不得不谋私力救济,他们以宗族和乡党为集体,以谋求互助与赈济贫寒。相应地,宗族组织于宋代复兴③,祭田、义庄等也创始于北宋。从数据上看,在 20 世纪初、中叶,中国北方地区的族庙公产不超过全部耕地的 1%,为纯粹

---

①　赵俪生:《中国土地制度史》,齐鲁书社 1984 年版,第 387—388 页。

②　戴炎辉:《中国法制史》,(台北)三民书局 1966 年版,第 304 页。

③　祠堂古已有之;但已分家的宗族,共同营建宗祠,全体参加一宗一族的祖先祭祀,始于宋代。族谱因门阀而盛行于六朝(谱牒),唐中叶以后渐衰;至宋以降,修谱之风复兴,但已无政治作用,其目的在于纠合宗族,以谋求自卫自立。参见戴炎辉:《中国法制史》,(台北)三民书局 1966 年版,第 192—193 页。

私有化地区;长江流域如湖南、湖北,族产占全部耕地的 15% 左右;而在广东、浙江、江苏这些传统中国民间小共同体(宗族组织)最为活跃的省份,其全部耕地的 30%—80% 为公田,"与其说这三省许多地方的传统农民是'小私有者',不如说是宗族公社成员"。① 可见农村土地集体所有制度在中国相当范围的地区也是由来已久。即便为一家所私有的土地,在家长的家产管理权与教令权之下,其产权构成也呈现出与西方个人私有产权不同的样态。

(一) 族产

族产之典型者为祭田和义庄。设立祭田的主要目的在是祭祀祖先,但也有兼具周济族人与育才等目的者。"祭田不仅为族人个人利益的存在,乃具有超越个人利益的共同目的。"祭田设有管理人,但重大决策需由族人大会以集体决议作出。义庄据说始于北宋范仲淹所创设之范氏义庄,其设立目的在于以义庄土地的收益,赈济族中贫寒孤寡,亦有兼及祭祖、育才目的者。与祭田相较,义庄更加独立于族人,以其自身名义拥有财产,为法律行为,以管理人为其代表,其主要管理工作为出租义田、收租米、分配义米等。除族人共同出资设立者外,族人虽可由义庄受益,但其根据为义庄章程,不得仅以族人之身份主张权利。②

(二) 乡村之公产

乡村公产乃是乡村与乡村民的总有财产。其所有权的处分及管理权,属于乡村;牧养、采取材薪等使用收益权,属于乡村民。就乡村(村会、村庙)的债务,乡村民负连带责任。村民因居住于乡村,而取得相应

---

① 参见秦晖:"公社之谜——农业集体化的再认识",载秦晖:《传统十论——本土社会的制度、文化及其变革》,复旦大学出版社 2003 年版,第 312—313 页。

② 参见戴炎辉:《中国法制史》,(台北)三民书局 1966 年版,第 195—198 页。

的权利,负相应的义务;因迁徙他乡而终止其权利义务。[①]

(三) 家产

传统中国的家庭与现代西方的所谓核心家庭不同,往往至少三世同堂,祖孙、叔侄、妯娌同财共居一处。在分家析产之前,家产为家族成员共有的财产,所有家人均在一定范围内享有家产的收益权,在分家或继承时同一世代的男子拥有均分财产的权利;但家产的管理权与处分权却统摄于家长(特别是直系尊亲家长)。这里也明显存在产权分立的特征。

二、土地使用权的长期化与分割所有权:从"永佃权"到"一田两主"

永佃权是中国传统社会后期的一种租佃形式,它盛行于明中叶以后。采用永佃形式租佃地主土地的佃农,在不欠租的情况下,有永远耕种的权利,但不得自行将土地转佃他人。从制度经济学角度看,永佃权使得地主获得长期稳定的租金收入,减少监督管理费用与签订契约的成本;它也使得佃农拥有长期投资回报的稳定预期,使得其愿意增加土地投入成本,提高土地肥力。"地主仅仅收取地租,地主的变动不影响佃户的地位,即土地所有者的变化不影响土地使用权。这一制度不仅反映了使用权的相对独立,也体现了土地使用权的长期化思想。"[②]

所谓分割(土地)所有权即一田(地)两主,宋元已有记载,盛行于明以后的江南等地区。一地两主指将土地分为两层,称上层为田面(田皮),下层为田底(田骨)。通常以原地主为田底(骨)主,以原佃户或受

---

① 参见戴炎辉:《中国法制史》,(台北)三民书局 1966 年版,第 305 页。
② 陈豪:"古代农村土地制度思想的考察",复旦大学硕士学位论文,2008 年,第 22 页。

业人为田面(皮)主,但有些地方称谓正好相反,台湾地区的称法则是大小租。产生土地所有权分割的原因有三:其一,为开垦改良,即地主以永佃的方式将土地出租给佃户,由其开垦或改良,而永佃户以实力占耕;日久之后,永佃户自认为业主,一般人亦予以承认,于是一地的所有权分为两层,原地主为田底主,原佃户为田面主。其与一般"永佃权"的区别在于,田面主(原永佃户)可以自行将土地转佃以收取超额地租,甚至可以设定新的永佃权给转租佃户;即使田面主欠租,田底主(原地主)也不得将土地收回。其二,为地主将其土地的部分所有权,也即收租权(大租),或耕作权与转佃收租权(小租)卖给他人。其三,为地主基于布施寺庙、投献豪族等目的而无偿地将收租权给予他人。① 这其中又以第一种,也即由永佃权转变为一田两主为典型。另外,清代在垦荒时,为了刺激佃户的生产积极性,有时地主在设定租佃关系之始便授予佃户田面权,在新开发地区如台湾、热河,这种情况尤其普遍。②

第三节　传统中国土地产权制度的特色

一、土地制度在中国的特殊性

与英美财产法及欧陆物权法上的土地制度不同,土地制度是中国历代首要的政治问题之一,也是重要的社会政策;它兼具公私法双重性质,且以产权分立为特色,其传统延续至今而未斩,相关的制度争议时

① 参见戴炎辉:《中国法制史》,(台北)三民书局1966年版,301—303页。
② 参见杨国桢:"论中国永佃权的基本特征",《中国社会经济史研究》1988年第2期。

至今日依然未有定论。传统中国是一个典型的农业国家,也是人口大国,人与地的紧张关系在上千年前便十分突出。《通典》正文第一句话便是:"谷者,人之司命也;地者,谷之所生也;人者,君之所治也。有其谷则国用足,辨其地则人食足,察其人则徭役均。治此三者,谓之治政。"[①]"辨其地",即土地的产权问题,也成为数千年中华帝国的首要问题之一。基于马克思所谓的"亚细亚生产方式",以及儒家倡导的家族主义传统,传统中国逐渐形成了独特的土地所有权观念与制度,并影响深远。其最典型的特征便是产权分立,也即在同一土地上不同阶层的所有权并立,它们用不同的方式分享土地的占有、使用、收益、处分权。在经历了一百多年翻天覆地的法制现代化之后,直至今日,我们仍能轻易辨识出我们土地产权制度的"中国特色",例如,农村土地国家(集体)所有权与个人使用、收益权的分立,城市住宅用地国家所有权与个人使用权的分立,等等。

有的学者将土地所有权作为绝对无限制的物权,在其看来,所谓土地产权制度的"中国特色"只意味着产权不清的落后状态,他们认为彻底的土地私有化才是最佳的选择;但也有人认为土地所有权并非确定不动的逻辑概念,乃因历史的、具体的事实变动而变化。事实上,在比较法制史上,关于土地(不动产)所有权,历来有两种对立的法律传统:罗马法传统与日耳曼法传统。从法律传统上来说,古代中国的土地所有权(包括整个不动产物权)制度与西欧经典的罗马法传统不同,更接近于团体主义的日耳曼法传统:其一,罗马法传统奉行个人主义,日耳曼法与中国古代法则奉行团体主义,其土地所有权含有身份法的色彩;其二,罗马法上的土地所有权系"绝对排他性权利",而日耳曼法与中国

---

① 杜佑:《通典》,中华书局1988年版,第2页。

古代法上的土地所有权是可与其他种类物权相容的物上权；其三，前者系恒有一定内容的单一且抽象的权利，后者则可因经济上的需要分立为两个以上阶层的异类所有权，系具体的权利；其四，罗马法上的土地所有权纯属私法的领域，日耳曼法与中国古代法上的土地所有权则与公法上的土地支配权相混淆。①

尽管传统中国成文法制出现很早，其土地私有制的确立也远远早于西欧封建国家，但基于特殊的政治与社会文化背景，古代中国在财产权（特别是土地财产权）绝对化的问题上却始终犹豫不决。土地制度史的权威学者赵俪生先生用私有制的"浅化""深化"来描述传统中国土地产权制度的变迁。从土地私有制的"浅化"来说，土地"私有制从一开始就遭遇障碍"，"古老共同体（公社残余）是私有制深化途程上的第一重障碍；国家权力对私有财产（包括土地私有权）的干预，是第二重障碍"。② 从理念上来说，"言必称三代""扬公抑私"的中国古人，往往将代表古老共同体传统的公田制（井田制）作为土地产权制度的最高理想，尽管因现实局限无法彻底贯彻土地公有理想，土地制度也要向理想一面靠拢，限制私人土地产权；从社会经济的角度来说，中国自古人多地少的矛盾就比较突出，抑制土地兼并，扶助无地少地的农民成为古代中国政府的重要社会政策。古代政府常常试图限制私人土地产权，如晋之限田制、北魏延续到唐之均田制。顽强的古老共同体基因与发达的国家权力相结合，使得在私有财产权尚未"深化"之际，中国的社会本位立法就已相当早熟；与西方古典自由主义的理念不同，传统中国国家对人民土地产权的干预不是一种天然的"恶"，反倒自始便是一种必要的"善"。可公田制的理想终究敌不过有产者私有化土地的经济动力，均

---

① 参见戴炎辉：《中国法制史》，（台北）三民书局1966年版，第287—284页。
② 参见赵俪生：《中国土地制度史》，武汉大学出版社2013年版，第9—10页。

田制对土地私有与买卖的限制,逐渐为"贵者""富者"所冲破。宋代以后中国的土地产权已经高度私有化,尽管国家依然拥有大量土地,但此时国家已经"纯乎与私家地主相同的身份"来经营土地,"与私人地主已无大差异",是为土地私有制的"深化"。[①]

但是,即使在宋以后土地私有制深化(国家放弃土地社会政策)的背景下,古老共同体的传统依然会对私人土地财产权的绝对化形成重大障碍。传统中国"个人不能由团体而独立,个人依赖于团体而存在"[②],在家族、宗族与乡村范围之内,小共同体的公产仍然与个人的私产并存。另外,从政府的角度来说,处理民间财产争讼案件的最高原则是和谐共存,而非财产权的绝对保障;当财产权的实现威胁到他人的生存权时,传统法律则不支持甚至否定财产权绝对化的正当性,"无视邻人生存权主张而试图彻底贯彻自己权利的做法经常会得不偿失"。[③]例如,地主夺佃(合法收回其土地)如造成佃农一家走投无路,佃农作为弱者一方可以自杀作为最后的对抗手段,这时根据刑律"威逼人致死"条,地主甚至要承担刑事责任;尽管从现代法角度看,地主财产权的行使与佃农自杀并非直接因果关系。

二、团体主义之下的制度传统与民间习惯

传统中国,在意识形态上奉行团体主义(家族主义),强调国家、集体利益高于个人利益;在政治上,坚持土地国有(土地王有),《诗经·小雅》上便有"普天之下,莫非王土"的观念,土地所有权附属、受制于国家

---

① 参见赵俪生:《中国土地制度史》,武汉大学出版社 2013 年版,第 327—329 页。
② 戴炎辉:《中国法制史》,(台北)三民书局 1966 年版,第 304 页。
③ 参见〔日〕寺田浩明:《权利与冤抑:寺田浩明中国法史论集》,王亚新等译,清华大学出版社 2012 年版,第 223—225 页。

权力;在日常经济生活中,土地所有权也并非绝对排他的权利,它可为集体所共同所有,也可与其他的物权并存,它自身还可分立为不同阶层的所有权。通过研究中国土地产权制度的历史,笔者总结了如下三个特色,而这三者在实际运作中都与土地产权分立制度密不可分,这在今天仍有一定现实意义。

(一) 政治上土地公有的理念与实践

在中国历史上,公田制是最高的理想,所以尽管不合时宜,却总不断地有人提倡。井田制在理论上是纯粹的公田制,均田制是在国家拥有大量可授土地前提下兼容土地私有制的公田制。在传统中国,"任何看似私有的产权都会受到国家的限制,历经挣扎,也仍然逃不脱私有产权不完全的困境";"国有乃是人人皆有的虚拟化","在中国古代社会,没有西欧中世纪那种国王与各级贵族、商人、市民的'协议'关系,所有的关系都必须由各种形态的'家长'来作为唯一的'法人代表'。各级家长之间又构成纵向往上'统一'的从属关系——最后其顶端就是'产权'的最后家长——国王或皇帝"。[1] 土地公有(国有/天子所有)也是抑制土地兼并,实现"耕者有其田"理想的根本路径。在西周,土地与人民理论上归国王所有,实际上经过逐级分封、层层占有的封建体制,造成土地产权的分割(分立),形成西周时期对于土地特殊的所有权形式。北魏至唐的均田制,则是小农的土地长期占有使用收益权与国家所有权分立,土地处分权(自由买卖)受到国家的限制;国家作为地主用赋税的方式向小农收取地租("租税合一")。论其实质,土地公有的理想在井田制与均田制中,乃是通过不同的土地产权分立方式变为现实。而当国家对于土地处分权的控制越来越弱时,产权分立模式被打破,随之而

---

[1] 王家范:"中国传统社会农业产权辨析",《史林》1999 年第 4 期,第 2、5 页。

来的是土地兼并的横行与土地公有制的破坏,小农随之遭殃。

近年来,"土地私有化"成为不少法学与经济学研究者津津乐道的选项,认为其是财产权保障的核心问题。但是,在我们这样一个人多地少、三农问题突出的国度,土地的私有化与自由流转是否真正有利于普通民众的长远利益? 历史的经验与教训不可忽视。而对于"国家不肯放弃土地国有乃是纯粹基于现实利益考量"之类的说法,我们比照宋代以后的历史,也可发现:国家放弃土地公有的模式并不等于国家放弃聚敛,它仍可通过增加税赋的方式获得比均田制下更多的财政收入,在这种情况之下,升斗小民可能面临大土地所有者与政府的双重剥削。

(二)土地集体所有的民间传统

在宋以后的中国南方地区,宗族乡村等团体(集体)所有的土地在全部耕地中占有相当大的比重;在家族之中,家产又为家族成员这个"小集体"所共有。这些集体共同所有的"公田"的产权状态是一种复杂的"总有"模式,土地的管理处分权、使用权、受益权等作为整体为团体与个人分享。

研究这一民间传统,对于我们理解当下的农村土地集体所有制度的由来及其变迁有重要意义。对于集体所有这样一种土地产权模式,我们不能简单地给它贴上"产权界定模糊"的标签,应当认识到这一"长期现实存在"的合理性与积极意义。

(三)社会经济生活中土地产权分立的习惯

土地是传统中国人民的基本生产资料与生活依靠,再加上人多地少的现实,人民对于土地产权极其重视,不到万不得已绝不肯完全放弃土地。于是在土地使用权与所有权分离(分立)的模式之外,一田两主的现象发生了,地主在出让部分土地所有权的同时仍保留了剩余的土地所有权。此外,为了在获得地价的同时保有土地所有权,古代中国人设计了"出典"的方式与"典权"这一传统中国独有的不动产物权,使之与土地所有权并立;即使在不得已整个出卖土地时,也尽量采用"活典"而非"绝卖"的方式,这都是中国特有的土地产权处分方式。土地产权分立甚至所有权分割的模式,尽管不符合"西方法理"①,但却为传统习惯所普遍接受,乃是法律生活之中"经验重于逻辑"活生生的例证。

---

① 这里所谓西方法理,可能只是欧陆法律传统下严格的所有权概念;在英美法系则有所变通,产权并不被认为是单一的权利,而是若干不同权利的集束(bundle),其中部分权利的出让并不导致所有权的转移。

第六章　古代司法制度

第一节　司法组织

一、秦的司法机关

秦王朝实行的是高度中央集权的政治体制,国家的最高司法审判权也掌握在皇帝手中。在皇帝之下,中央和地方都有专职或兼职的司法官吏,处理各种具体的法律事务。

1. 廷尉。廷尉既是官名,又是官署的名称。廷尉是中央"九卿"之一,是皇帝之下的最高司法官员,负责全国法律与司法事务。另外,秦之御史在纠举官员违法失职的同时也兼理司法。

2. 郡、县。在地方,郡、县各级行政机关都设有相应的专职或兼职司法官员,处理本地区的司法事务。

二、汉代司法机关

(一) 中央司法机关

汉承秦制,皇帝掌握最高司法权。凡重大疑难案件须奏请皇帝作出最终裁决,汉代皇帝常直接审理案件。

　　1. 廷尉。为中央司法长官,审理皇帝交办的刑事案件("诏狱"),并审判各地上报的重大疑难案件。廷尉属下有左右正、左右监、左右平等官佐,负责案件的具体审理工作。另外,发生重大案件时,实行丞相、御史大夫、廷尉等高级官吏共同审理制度,时称"杂治"。

　　2. 御史大夫。御史台下设属官有治书侍御史,执掌律文解释;到东汉以后御史中丞权力进一步加强,除负责察举不法官吏、举劾公卿违失外,还参与法律修订与重大疑难案件审理,成为皇帝的"耳目之司",发挥司法审判与法律监督的双重职能。

　　3. 司隶校尉。凡京师与中央机关有滞狱、冤狱,以及司法官执法违法等事,司隶校尉都有权加以监督,轻者具有处罚权,重大案件直报皇帝裁决,而不经过丞相。

　　4. 尚书。汉成帝年间首开先例,在尚书台中又置"三公曹",主断狱,始掌握部分司法权。东汉时期提高尚书台地位,使"事归台阁"。尚书台正副长官以下分设六曹,其二千石曹"主辞讼事",为隋唐创建刑部打下了基础。

(二) 地方司法机关

　　汉代地方分为郡、县两级。郡守为一郡行政长官,又是本郡司法长官,下设"决曹掾",协助郡守审理具体案件。县令为一县行政长官,也是一县司法长官,下设"曹",协助县令审理具体案件。汉代地方司法机关权力较大,郡守与县令不但掌握本地案件的批准权与上报权,而且有死刑案件审判权。但重大疑难案件须报奏中央与皇帝裁决。

　　汉初各封国具有审判权,由内史辅佐诸侯王审理案件。景帝后封国地位降同郡县,各封国改为丞相执掌司法权。

　　东汉灵帝时起,原为刺史监察范围的州,渐演变为地方最高一级行政机构,统辖郡县。其长官州牧掌握本州司法审判大权,并负责审理郡县上报的重大案件。

三、魏晋南北朝司法机构的变化

(一)大理寺的设置

北齐时期正式设置大理寺,以大理寺卿和少卿为正副长官。大理寺的建立增强了中央司法机关的审判职能,也为后世王朝健全这一机构奠定了重要基础。(曹魏改"平"为"评"。隋炀帝增设"评事"48人,为后世"评事"由来。)

(二)御史监督职能的加强

三国两晋南北朝为抑制割据势力,御史监督职能有明显加强。晋以御史中丞为御史台长官,权能极广,受命于皇帝,有权纠举一切不法案件。又设治书侍御史,纠举审判官吏的不法行为。

(三)尚书执掌司法

三国两晋南北朝时期尚书台的地位进一步提高,曹魏时改由"都官尚书"执掌司法审判,同时掌管囚帐,这为隋唐时期刑部尚书执掌审判复核提供了前提。

四、唐代司法机关

(一)中央司法机关

1. 大理寺

大理寺以正卿和少卿为正副长官,行使中央司法审判权,审理中央百官与京师徒刑以上案件。凡属流徒案件的判决,须送刑部复核;死刑案件必须奏请皇帝批准。同时大理寺对刑部移送的死刑与疑难案件有重审权。

2. 刑部

刑部以尚书、侍郎为正副长官，下设刑部、都官、比部和司门四司。刑部有权参与重大案件的审理，对中央、地方上报的案件具有复核权，并有权受理在押犯申诉案件。

3. 御史台

御史台以御史大夫和御史中丞为正副长官，下设台、殿、察三院。作为中央监察机构，御史台有权监督大理寺、刑部的审判工作，同时参与疑难案件的审判，并受理行政诉讼案件。

4. "三司推事"

唐代中央或地方发生重大案件时，由刑部侍郎、御史中丞、大理寺卿组成临时最高法庭审理，称为"三司推事"。有时地方发生重案，不便解往中央，则派大理寺评事、刑部员外郎、监察御史为"三司使"，前往审理。此外，唐代还设立都堂集议制，每逢重大死刑案件，皇帝下令"中书、门下四品以上及尚书九卿议之"，以示慎刑。

（二）地方司法机关

唐代地方司法机关仍由行政长官兼理。州县长官在进行司法审判时，均设佐史协助处理。州一级设法曹参军或司法参军，县一级设司法佐、史等。县以下乡官、里正对犯罪案件具有纠举责任，对轻微犯罪与民事案件具有调解处理的权力，结果须呈报上级。

五、宋代司法机构的变化

（一）审刑院的设置与废弃

宋代君主由明法而干预司法，太宗时，在三法司之外，于宫中增设审刑院，院内置"知院事"若干人，凡狱讼经大理院审断后，送审刑院审议，并报中书省呈皇帝批准。神宗元丰改制又裁撤审刑院，恢复大理寺、刑部旧制。

(二) 三法司职权的变化[1]

宋初,刑部职权为审刑院所侵夺,故而甚小。元丰改制后则职权大增,"掌天下之刑狱",凡"刑法、狱讼、奏谳、赦宥、叙复之事"均为其管辖范围,"审复京都辟囚,在外已论决者,摘案检察,凡大理、开封、殿前马步司狱,纠正其当否,有辩诉,以情法予夺、赦宥、降放、叙雪"(《宋史·职官志》之"刑部")。

大理寺在元丰改制前"谳天下奏案而不治狱",即不审理人犯,只做书面审理,也不置监狱,京师案件多由开封府和御史台审理。宋神宗元丰改制后,大理寺得审理京师案件,并置监狱。

至于宋之御史台,不仅其人员与唐代相较大为减少,其有关司法审判之权亦较小。

(三) "提点刑狱司"的设立

从太宗时起加强地方司法监督,在州县之上,设立提点刑狱司,作为中央在地方各路的司法派出机构。提点刑狱司定期巡视州县,监督审判,详录囚徒。凡地方官吏审判违法,轻者,提点刑狱司可以立即处断;重者,上报皇帝裁决。

(四) 鞫谳分司[2]

鞫谳分司就是将"审"与"判"分开,由鞫司负责审(推勘),谳司负责判(检法断刑),以避免法官一人独断。宋代中央、路(提点刑狱司)、州(府)均实行鞫谳分司,唯县不分司。大理寺少卿增为两员,右治狱、左断刑;州府由司法参军掌推勘,司理参军掌议法断刑。

---

① 参见那思陆:《中国审判制度史》,(台北)正典出版文化有限公司 2004 年版,第170—174 页。

② 参见徐道邻:《中国法制史论集》,(台北)志文出版社 1975 年版,第 97—98 页。

六、元代司法机关

(一) 中央司法机关

元代废大理寺,由刑部主持审判,审判权与司法行政权遂合二为一。但刑部不能审理蒙古贵族王公案件。大宗正府专理蒙古贵族王公案件,与刑部没有相互监督的关系。御史台虽然地位较高,但无权监督大宗正府的司法审判。另外,元代设枢密院,兼掌军法审判,设宣政院专理宗教审判,设道教所主理道教案件,设中政院兼理宫内案件的审判。元代中央宗教、军事、行政机关同时行使审判权,造成审判不一与法律适用的混乱,严重影响了元代的统治。

(二) 地方司法机关

元代地方司法机构分为省、路、府、州、县,仍实行司法行政合一的体制。

七、明代司法机关

(一) 中央司法机关

刑部主审判,大理寺负责复核,都察院负责法律监督,也参与审判。上述三者,合称为"三法司"。刑部因主审判,故由原来的四个司扩充为十三清吏司,分别受理地方上诉案件和中央百官与京师地区的案件。审判结束,应将案卷连罪犯移送大理寺复核,流刑以下案件,大理寺认为判决得当,刑部则具奏行刑,否则,驳回更审。死刑案件,刑部审理,大理寺复核后,须报请皇帝批准才能执行。

明代把御史台改称都察院,扩大监察组织和职权,设立左右都御史及监察御史等官,负责纠举弹劾全国上下官吏的违法犯罪,并且参与重大疑难案件的审判工作,监督法律的执行。都察院附设监狱,关押皇帝直接交办的重要案犯。从宣德十年(1435)起,明代按省把全国划分为十三道,共设监察御史 110 人,直属都察院,分掌地方监察工作。监察御史定期巡按地方,对地方司法审判进行监督。发现官吏违法犯罪,可以"大事奏裁,小事立断"。

(二) 地方司法机关

明代地方司法机关分为省、府(州)、县三级。省设提刑按察司,有权判处徒刑及以下案件,徒刑以上案件须报送中央刑部批准执行。府、县两级实行行政司法合一体制,由知府、知县掌管狱讼事务。明代还在各州县及乡设立"申明亭",张贴榜文,申明教化,由民间德高望重的耆老受理当地民间纠纷,进行调处解决,以维护传统社会秩序。

(三) 厂卫干预司法

明代于普通审判机关之外,还建立了特务审判机构,如锦衣卫与东厂、西厂、内行厂等机构,用以维护专制皇权,监视臣民。厂卫干预司法始于太祖洪武十五年(1382),太祖始令锦衣卫负责刑狱与缉察逮捕。锦衣卫下设南、北镇抚司,其北镇抚司"专理诏狱",按旨行事,并设法庭监狱,管辖"不轨、妖言、人命、强盗重事",使"天下重囚多收系锦衣卫断治"。太祖后期曾加禁止,但成祖很快恢复,又在锦衣卫之外建立宦官特务机构——东厂,专司"缉访谋逆,大奸恶",其权超过锦衣卫。明宪宗、武宗时又分别建立西厂、内行厂。内行厂权力又在东、西厂之上。厂卫特务到处活动,严重干扰司法,其具体表现如下:

其一,厂卫以"奉旨行事"之名作出裁决,三法司无权更改,有时还得执行。

其二,非法逮捕行刑,不受法律约束。厂卫不需要事实根据,仅凭街谈巷议,片纸投入,可随意逮捕人犯执行刑罚,使得"天下皆重足屏息,嚣然丧其乐生之心",加剧政治社会矛盾,导致明代统治加速灭亡。

八、清代司法机关

(一) 中央司法机关①

清承明制,中央以三法司(刑部、大理寺、都察院)为审判机关。此外,议政衙门、内阁、军机处、吏部、户部、礼部、兵部、工部、理藩院、通政使司、八旗都统衙门、步兵统领衙门、五城察院、宗人府、内务府等都得兼理司法审判,为广义之司法审判机关。清朝承袭明制,设刑部(审判)、都察院(监察)和大理寺(复核)三法司。"持天下之平者(刑)部也,执法纠正者(都察)院也,办理冤枉者大理(寺)也。"(《大清会典》)

1. 刑部

刑部为"刑名总汇",其执掌兼有司法审判及司法行政。"掌天下刑罚之政令,以赞上正万民。凡律例轻重之适,听断出入之孚。体宥缓速之宜,赃罚追贷之数,各司以达于部,尚书、侍郎率其属以定议,大事上之,小事则行,以肃邦纪。"(《大清会典》)关于刑部的实际权限,归结为六个方面:(1) 复核各省徒罪以上案件;(2) 审理京师徒罪以上案件;(3) 会同复核各省秋审案件;(4) 会同复核京师朝审案件;(5) 司法行政职权,如司法统计、狱政管理、赃款罚没、本部法司官员考核等;(6) 主持律例修订,平时积累例案,开馆时纂修定拟。三法司中,其职权最重,《清史稿》曰:"外省刑案,统由刑部核复。不会法者,寺院无权过问,应会法者,亦由刑部主稿。在京诉讼,无论奏咨,俱由刑部审理,而部权特重。"

2. 都察院

都察院职"掌司风纪,察中外百司之职,辨其治之得失与其人之邪正"。"凡重辟则会刑部、大理寺以定谳,与秋审、朝审。"(《大清会典》)都察院职司风宪,号风宪衙门,主要负责监察、考核、谏议,司法只是其

---

① 参见那思陆:《清代中央司法审判制度》,北京大学出版社 2004 年版。

职能的一个方面。都察院下分十五道和六科。十五道御史分别监察各省及办理各省司法刑名案件;六科给事中分别监察吏、户、礼、兵、刑、工六部等机关。雍正元年(1723)六科并入都察院,科道合一。

都察院参加司法审判事务,有两方面的职责。第一,会谳,即复核拟议全国死刑案件。《清朝通典》记载:"凡刑部重辟囚,先以御史、大理寺左右寺官会刑曹,察其辟,辨其死刑之罪,而要之曰'会小三法司'。及致辞于长官都御史、大理卿,乃诣刑部与尚书、侍郎会听之,各丽其法以议狱,曰'会大三法司'。"第二,都察院参加秋审和朝审,执行复奏的职责。

3. 大理寺

大理寺职司平决,为"慎刑"机关,其执掌亦有司法审判及司法行政。《大清会典》曰:"掌平天下刑名,凡重辟则率其属而会勘。大政事九卿议者则与焉,与秋审、朝审。"大理寺司法审判上之职权主要有四:会同复核各省死刑案件;会同审理京师死罪案件;会同复核各省秋审案件;会同复核京师朝审案件。大理寺的司法活动与都察院类似,主要是会谳,即京师死刑案件的会审和外省死刑案件的会复,在形式上是传阅刑部拟好的定拟意见、会签会题。大理寺在会谳中主要应掌握"平反",即注意查核有无冤枉。

(二) 地方司法机关

1. 州/县/厅

州县官必须亲自审理其辖区内的所有案件。故有语云:"万事胚胎,皆由州县。"州县作为第一审级有权决定笞杖刑,徒以上案件须上报。在其审理的众多案件中,州县官对于应判徒以上的重大刑事案件没有终审权,须上报逐级审转。凡应拟判徒刑的案件,由州县初审,依次经府、按察司、督抚逐级审核,最后由督抚作出判决。而命盗重案,州县初审后,应将人犯和案卷一并解赴上级机关审理。

另一类案件是有关田土、户婚、斗殴诸般"细故",州县官有权作出终审判决,称为"自理词讼",包括两类:其一,民事案件;其二,笞杖或枷号的轻微刑事案件。具体指由户籍、继承、婚姻、土地、水利、债务等问题引起的民事案件以及因斗殴、轻伤、偷盗等行为处刑不过笞杖或枷号的轻微刑事案件。《清史稿·刑法志》云:"户婚、田土及笞杖轻罪由州县官完结,例称自理。"清律对州县官的这类审判权有明确的规定:"州县自行审理一切户婚、田土等项。"(《大清律例·刑律·诉讼·告状不受理》)

2. 府/直隶厅/直隶州

府负责复审州县上报的刑事案件,提出拟罪意见,上报省按察司。"府属之州县厅,由府审转。……直隶厅直隶州属县由该厅州审转。"(《大清会典》)府审转所属州厅县之案件时,为二审,直隶厅、直隶州审转所属州县之案件时,亦为二审。唯有府、直隶厅、直隶州需审理本管案件时,为一审。

3. 道

道并非审转必经之程序,依《大清会典》:"直隶厅直隶州本管者,由道审转。……知府有亲辖地方者,其本管亦由道审转。"直隶厅、直隶州无属县时,道为二审。直隶厅、直隶州有属县时,道为三审。

4. 省按察司

省按察司为一省刑名总汇,负责复审府或道审转之徒刑以上案件,①并审理军流、死刑案的人犯。对于"审供无异"者,上报督抚,如发现有疑漏,则可驳回重审,或改发本省其他州(县)、府更审。

———————————

① 由府审转者,按察使为三审;由道审转时,按察使为三审或四审。

5. 总督(巡抚)

依照《大清律例》,无关人命的徒罪案件,督抚即可批结。

第二节　司法程序

一、秦的司法程序

依据秦墓竹简《封诊式》中的大量案例分析,秦朝审理案件已经形成了一套比较系统和相对完善的制度。

1. 现场勘察和检验。《封诊式》中"穴盗""经死""贼死"和"出子"等案例详细记述了官府对入户盗窃、自缢死亡、他杀死亡、女子流产死亡等案件进行现场勘验的经过。从中可以清楚地看出,秦朝在诉讼过程中注重收集证据、询问证人,并认真进行现场勘察和检验。

2. 拷讯。在"有罪推定"原则下,为审结案件而对犯罪人实施拷讯是合乎法律程序的。按照秦朝法律的规定,讯问人犯应先以言辞为主,反复讯问。若不用拷讯而能审得实情,则是"上策"。若再三审讯而仍不得实情,才可以动用刑讯取得口供。

3. 爰书。记录司法活动的文书称为"爰书",包括案情、犯人供词、证人证词以及拷讯等文字记载。秦朝法律规定各种审判案件都应该有这种爰书。

4. 乞鞫。要求重审案件称为"乞鞫"。"乞鞫"可由被告自己提出,也可由他人代为提出。

二、汉代录囚制度

所谓录囚,是指上级司法机关通过对囚徒的复核审录,对下级司法机关审判的案件进行监督和检查,以平反冤案、疏理滞狱的制度。自西汉中期开始,即常有政府官员到监狱审录囚徒的记录;东汉以后,有时皇帝、太后等也亲自录囚,以示恤刑。录囚对于长期滞案提前审理,对于冤假错案平反昭雪,因而从汉代开始一直受到后世王朝的重视。

三、唐代复审与上诉制度

唐律规定审结案件后,应向犯人及亲属宣读判决。如案犯不服提出上诉,由原审机关审理,违者笞五十。如死刑犯上诉不予复审,则杖一百。另据《唐六典》规定:申请上诉后,原审机关维持原判,可以逐级上诉,直至直诉皇帝。但禁止越诉。

四、宋代司法程序

(一)皇帝亲自行使审判权与录囚

宋代皇帝为强化司法监督,亲自行使审判权,当然客观上宋代也多明法之君。宋太宗"常躬听断,在京狱有多疑者,多临决之";徽宗则常以"御笔手诏,变乱旧章"。皇帝亲自审理案件称为"指挥",其亲理案件,不许申诉和拖延执行,违者有罪。此外,宋代还规定审理法无明文规定的案件,必须奏报皇帝裁决,违者有罪,以此保证皇帝审判权的不可侵犯性。宋太祖沿袭前制,实行皇帝亲录囚徒。乾德四年(966),太祖"亲录开封府系囚,会赦者数十人"。太宗以后各代皇帝多有仿效。

（二）翻异别勘制度与证据勘验制度

因为犯人翻供，就得把案子从头审问（"重推"），这是唐代以来就有的规定。宋代从太祖时起，则开始实行翻异别勘制度，即在诉讼中，人犯否认口供（称"翻异"），事关重大案情的，由另一法官或别一司法机关重审，称"别勘"。又分为别推（原审衙门换人重审）与别移（两次发生翻案之后，移交其他衙门审理）。①

两宋注重证据，原被告均有举证责任。重视现场勘验，南宋地方司法机构制有专门的"检验格目"，并产生了《洗冤集录》等世界上最早的法医类著作。

五、明清司法程序（以清代为中心）②

（一）九卿圆审

九卿圆审在清代又称九卿会审，是明清两代重要的复审制度，凡是地方上报的重大疑难案件，罪犯经过二审后仍不服判决者，则由六部尚书、大理寺卿、左都御史、通政使九卿联合审判，最后报奏皇帝裁决。

（二）热审

热审本系明代审录制度之一，是京师对狱中轻罪案件进行重审的制度。明弘治元年（1488），热审成为定制。在每年夏天，由大理寺官员会同各道御史及刑部承办司③共同进行，快速决放在监笞杖"轻刑"案犯，以体现所谓"恤刑"。

---

① 参见徐道邻：《中国法制史论集》，（台北）志文出版社1975年版，第153—162页。
② 参见那思陆：《中国审判制度史》，（台北）正典出版文化有限公司2004年版；那思陆：《明代中央司法审判制度》，北京大学出版社2004年版；那思陆：《清代中央司法审判制度》，北京大学出版社2004年版；那思陆：《清代州县衙门审判制度》，中国政法大学出版社2006年版。
③ 明代锦衣卫也参加热审。

（三）"三八放告"与诉讼时间的限制

为抑制民间"健讼"，实现息讼，保障农业生产，唐宋元法律均规定每年四月至九月的半年时间不受理（审理）户婚田土案件，《宋刑统·户律》还为此专设了"婚田入务"门。明朝法律取消了类似的规定，但通常州县衙门均规定放告日期，除重大案件外，一般民间细故不得在放告日之外呈控。清代前期多以每月三、六、九日（初三、初六、初九、十三、十六、十九、二十三、二十六、二十九日）放告；19世纪以后则多以每月三、八日（初三、初八、十三、十八、二十三、二十八日）放告，故通常为"三八放告"。清朝在康熙年间还恢复了唐宋元"农忙停讼"的制度，规定每年四月初一至七月三十日的农忙时期完全不放告，官府在此期间不受理户婚田土等"细事"，地方官在农忙时如受理民间细故，督抚据律要对其"指名题参"。[①]

（四）逐级审转复核

清代司法程序，从地方到中央包括：（1）州县厅初审程序；（2）府、直隶州、直隶厅复审程序；（3）道复审程序；（4）按察使司复审程序；（5）督抚复审程序；（6）咨部、具题、具奏；（7）中央法司复核（徒流军案件由刑部复核，死罪案件由法司复核）；（8）死刑案件之票拟、拟办及裁决。笞杖案件由州县官审结；寻常徒罪案件，督抚复核后，即可批结寻常徒罪案件，由按察使司按季汇齐，每季造册详报督抚，督抚出咨报部；有关人命徒罪案件及军流案件，督抚复审后，咨部复核；死罪案件，督抚复审后，寻常死罪案件，须专本具题，奏闻皇上；情节重大死罪案件，须专折具奏，奏闻皇上。

---

① 参见杨一凡主编：《新编中国法制史》，社会科学文献出版社2005年版，第427页。

1. 徒流军案件之刑部复核

刑部对各省咨部案件有权查核或复核。按季咨部之徒罪案件有权查核；专案之徒流军案件有权复核。或为依议之判决，或为径行改正之判决，或为驳令重审之判决，唯均需获得皇帝裁决之认可，始能生效。

(1) 依议之判决。事实认定合乎情理，适用律例亦无不当，以题本奏闻于皇上，奉旨依议。

(2) 径行改正之判决。适用律例不当，以题本奏闻于皇上，奉旨依议。

(3) 驳令重审之判决。事实认定不合乎情理或适用律例不当，亦得驳令再审，以题本奏闻于皇上，奉旨依议后，咨复该督抚。

2. 死罪案件之法司复核（定拟判决、会核、会题）

各省专本具题之案件，多奉旨由"三法司核拟具奏"；各省专折具奏之死罪案件，多奉旨由"刑部议奏"或"刑部核拟具奏"。而专折具奏的重大死罪案件，因须要尽快处理，故无须三法司会审，只需刑部审理，专折具奏即可。关于会核与会题，据《大清会典事例》："凡奉旨三法司核拟事件，刑部审明，成招定罪，注定谳语，送都察院参核。都察院参核既定，送大理寺平反。会稿具题，三衙门议同者，合具谳语，不同者各出谳语具奏。"

经中央法司复核，结果通常包括：依议之判决；径行改正之判决；驳令重审之判决；夹签声明请旨（主要是情节实可矜悯的情况）；三法司两议（三法司意见不同，且难以协商解决）。《大清会典》规定："三法司核拟重案，如迹涉两是，有一二人不能尽画一者，许各抒所见，候旨酌夺。但不得一衙门立一意见，判然与刑部立异。其有两议者，刑部进本时，亦不得夹片申明前议之是，指驳后议之非，惟当两议并陈，静候上裁。"

3. 死刑案件之票拟、拟办及裁决

（1）内阁票拟或军机大臣会商拟办。各省死罪案件题本,经三法司复核后具题,奏闻于皇帝。此时,内阁应票拟意见。

（2）皇帝裁决包括:其一,监候,包括案情较轻的命盗案件以及其他死刑案件。监候是缓决(不立即执行死刑),在第二年秋审时定其生死。其二,立决,主要用于强盗首犯的枭首,谋反、大逆等严重犯罪的凌迟,都是一经皇帝裁决,即"决不待时"。一般的人命、强盗两大类死刑案件,其案情较严重的也为立决。

（五）京师案件审理程序

清代京师案件审理程序与地方案件不同,审级较为简化。

1. 第一审:五城察院(巡城御史)与步军统领衙门[①]

清初,旗人居住在内城,其治安及司法由步军统领负责;民人居住在外城,其治安及司法由五城察院负责。康熙中期以后,旗、民居住混杂,以上区分渐趋泯灭,两衙门地域管辖竞合,于内、外城,旗人、民人均有管辖权。民事案件(户婚田土)由五城察院自理,巡城御史即可审结。刑事案件,笞杖由五城察院与步军统领自理、审结,徒罪以上案件或其他特殊案件,须送刑部审办。

2. 第二审:刑部

京师徒罪以上案件,须送刑部现审(实审,亲为审理之意)。遣军流案件,刑部即可审结;寻常死罪案件须由三法司会审,唯仍由刑部主稿;专折具奏之重大死罪案件则仅由刑部处理。

3. 第三审:三法司

三法司会审后具题,奏闻于皇帝。斩、绞立决案件,下旨依议后即

---

① 其全称为"提督九门步军巡捕五营统领"。

确定；监候案件则须经朝审复核。

（六）秋审与朝审

死刑复核的秋朝审制度始于明代，明代称之为"朝审"，范围仅限于京师死罪人犯。到了清代，范围则扩大到全国，其中京师死刑案件的复核称为"朝审"，京师之外全国上报死刑案件的复核称为"秋审"。

秋审号称"秋审大典"，审理全国上报的斩、绞监候案件，于每年八月在天安门金水桥西举行。由九卿、詹事、科道以及军机大臣、内阁大学士等重要官员会同审理。清朝专门立有《秋审条款》，作为进行秋审的基本规范。朝审，在清代是指对刑部判决的重案及京师附近绞、斩监候案件进行的复审，其审判的组织方式与秋审大体相同。

案件经过秋审或朝审复审程序后，分四种情况处理：（1）情实，指罪情属实，罪名恰当者，奏请执行死刑；（2）缓决，案情虽属实，但危害性不大者，可减为流3000里，或减为发烟瘴极边充军，或再押监候留，待来年秋审再审；（3）可矜，指案情属实，但有可矜或可疑之处，可免于死刑，一般减为徒、流刑罚；（4）留养承祀，指案情属实，罪名恰当，但有"亲老丁单"情形（所谓"亲老丁单"就是犯人的父母老病，又无其他子孙扶养者），可以申请"存留（免死）奉亲（赡养父母）"，是否可以留养要奏请皇帝裁决。

（七）宗室觉罗与旗人案件之审理

1. 宗室觉罗案件

在京师，由宗人府会同户（户婚田土）、刑（人命斗殴）两部审理；在盛京，则由盛京刑部与盛京将军等审理。宗室觉罗犯罪，原则上应奏闻皇帝；清后期轻罪则否。

2. 旗人案件

（1）京师旗人

户婚田土案件由其所属牛录之佐领（及其上司）审理，若该佐领不为审理,旗人得赴户部呈控,由户部直接审理。刑事案件由八旗都统管辖,康熙五十五年(1716)定例,命案由该旗大臣(都统)会同刑部审理。雍正十三年(1735)后,八旗徒罪以上案件均由刑部审理,八旗都统不再有管辖权。

(2) 驻防旗人

清代于旗人驻防之地设理事同知或理事通判,民事案件两造均为旗人,由其审理;一方为民人的由州县官审理。刑事案件则由理事同知(理事通判)自行审理、核转,或与旗员会同审理。各省理事厅员审理完结后,须报送将军、都统或副都统复核。

(八) 职官案件之审理

1. 范围

所有中央、地方九品以上之文武官员(宗室觉罗与旗人则另有规定)。

2. 管辖

各省职官案件除中央提审案件之外,原则上由各省督、抚管辖。通常系由道员或知府初审,按察使复审,督抚再审。京师职官案件由刑部或三法司管辖,文职案件常须会同吏部审理,而武职案件常须会同兵部审理。中央各部院所属职官犯罪时,刑部或三法司常会同该部院审理。

3. 题参

清代职官犯罪,无论京师或各省,均应奏闻皇帝。所谓题参,在各省由督、抚、提督、总兵为之;在中央,多由都察院科道为之,唯各部院堂官于所属官员违法失职亦可题参。各省重要职官犯罪,督抚审讯前须先题参,奉准之后,始得拘提审讯;各省一般职官犯罪,题参之日,督抚即可将人犯拘齐审究。职官受题参后,如情节可疑须送刑部审判者,吏部或兵部得将其先行解任或革职。

职官案件审讯完结后,须依律议拟,奏闻皇帝。

(九) 京控[①]

1. 接受京控之衙门

刑部、都察院、步军统领衙门、通政使司(登闻鼓厅)。清代京控案件以向都察院呈控者居多。

2. 京控之方式

以递送呈词为多。但向通政使司呈控时,不管有无呈词,均得击鼓为之,即俗称"击鼓喊冤"。

3. 法司处理

情节较重者,可具折奏闻;情节较轻者,咨回本省督抚审办;或暂交刑部散禁,提取案卷,查核酌办。都察院、步军统领衙门遇有各省呈控,不准径行驳斥;除即行具奏之情节较重者;其应咨回本省之案,亦须视案情之多寡,于1—2月汇奏一次。其中以咨交各省督抚审办者居多;少数具折奏闻的,其中亦以奉旨发交督抚审办者居多。后者为钦命案件,督抚须亲提审讯。发交刑部核对原案的,刑部分别情形处理,或毋庸再为审理,或提取案卷来京核对,或交该督抚审办,或请钦差大臣前往。

4. 禁止越诉

《大清律》第332条附例明确规定:"如未经在本籍地方及该上司先行具控,或现在审办未经结案,遽行来京控告者,交刑部讯明,先治以越诉之罪。"并将该犯解回本省,令督抚等秉公审拟题报。

(十) 叩阍

1. 方式

(1) 赴宫门叫诉冤枉。得予准理,但叩阍人应科以刑罚。

---

① 参见欧中坦:"千方百计上京城:清朝的京控",载高道蕴、高鸿钧、贺卫方编:《美国学者论中国法律传统》,清华大学出版社2004年版。

（2）迎车驾申诉。于皇帝出巡时，于其车驾行处申诉。如未冲突仪仗，则得准理；否则不予立案。乾隆以前，以此种方式叩阍者居多。在康熙巡幸杭州西湖时，居然"有人颈系诉状，朝御舟游来，高呼其受天下第一等恶人欺压"。[①]

（3）呈递封章。依清制，仅大臣（内而九卿台谏，外而督抚司道）方得封章奏事。妄以呈递封章叩阍者，原封进呈，呈递者锁交刑部治罪。

2. 处理

叩阍案件，皇帝多发交刑部或各部院审办，亦有发交各省督抚审办者。发交各省者为钦命案件；发交刑部者，其司法审判程序依刑部现审程序处理；皇帝出巡时，叩阍案件则多发交行在之刑部审办。发交刑部等部院审办者，刑部等衙门审理完结后，定拟判决，奏闻皇帝裁决，皇帝可依议，或令其复审，或令大臣集议，或特派大臣察审，或直接另行处置。

第三节　从春秋决狱到父母官式的个别主义裁判

一、春秋决狱

（一）春秋决狱与法律儒家化

所谓春秋决狱，是依据《春秋》经义与事例来辅助、补充制定法，比附定罪，解决疑难的刑事案件。春秋决狱又称春秋折狱、春秋决事、春

---

① 参见〔美〕史景迁：《康熙：重构一位皇帝的内心世界》，温洽溢译，广西师范大学出版社 2011 年版，第 52 页。

秋断狱、经义决狱、引经决狱。《春秋》是孔子所著的一部鲁国编年史，它集中反映了儒家政治思想观念与是非标准。自西汉武帝确立"罢黜百家，独尊儒术"方针后，传统法律开始儒家化，反映到司法领域，便出现了春秋决狱。其特点是依据《春秋》等儒家经典著作中提倡的精神、原则审判案件，而不是仅依据汉律审案。

春秋决狱被认为是中国法律儒家化的重要步骤，"汉承秦制"，汉朝从制定法来说沿袭的是法家的法律；但是儒家通过司法审判实践，用儒家思想来改造严苛的法律制度。有人说："中华法系之躯体，法家之所创造；中华法系之生命，儒家之所赋予。"引《春秋》以折狱，准确地说是引《公羊》的义例以决狱。"春秋三传"，《左传》精于史实，《公羊》精于义例，《谷梁》重于解经。后儒阐述《春秋》大义微言的，又以董仲舒为著。所谓春秋决狱，乃是依据《春秋》经典的事例，以为判决的标准，尤其是遇到特别疑难的刑事案件，以《春秋》经义来比附定罪。观其本意，是"论心定罪"，也就是"略迹诛心"。"迹"是行为，"心"是犯意，也就是以犯意来决定其罪责，这也就是所谓的"春秋诛心"。如犯罪人主观动机符合儒家"忠""孝"精神的，即使其行为构成社会危害，也可以减免刑事处罚；相反，犯罪人主观动机严重违背儒家倡导的精神，即使没有造成严重危害后果的，也要给予严惩。

（二）春秋决狱的核心思想

在中国古代，由儒生发展了一种在经与权、情与法之间寻找平衡的审判技术——春秋决狱。

1. 经与权

当制度设计因为种种原因不能达致"善"的结果，有伤人情时怎么办？儒家经典的经与权的学说为我们提供了变通的办法。"男女授受不亲，礼也；嫂溺援之以手，权也。"（《孟子·离娄上》）依据传统礼教，

"男女授受不亲",叔嫂之间尤其要注重男女大防以避瓜田李下之嫌,可当嫂嫂落水时,为叔者就不能一味墨守教条,而应出手相救。人命关天,亲情至贵,这些远比教条更重要。所以赵岐为此作注:"权者,反经而善者也。"只要是善的,一时违反制度也在所不辞。在一定范围内的"反经"其实拯救了"经"本身,因为如果制度僵化到常常违背人性,导致不善的后果,整个制度必将被规避,被漠视,最终被推翻。

2. 原情定罪

历来研究春秋折狱的人大都强调其原心定罪、儒家教义入律的一面,这里更关注其注重人情、化重为轻的一面,其原心定罪常常是原情定罪以求宽免。正所谓"礼由人起","缘人情而制礼,依人性而作仪"。[①]儒家融礼入法,其实也包含了融情入法,它为冰冷严苛的法律注入了温情的人本主义因子。儒者,柔也;法者,刚也。春秋决狱,以柔济刚。经可以视为柔性的不成文法,律则是刚性的成文法。以柔济刚,使硬性的成文法(律)与柔性的不成文法(经)互相配合,也使得法律的稳定性与变化性得以调和。[②]

我们也可以把春秋决狱比照西方《圣经》中类似的例子,在犹太律法中关于安息日的规定因过于严格变得死板,而基督却教导人们说安息日是为人设定的,以人性来恢复安息日的正确精神:

在一个安息日,基督遇到一位手干枯的人,想立刻为他治疗。当时法利赛人提出法学上的异议而问道:"在安息日治病合乎法律吗?"基督回答:"你们中有人有一头羊,而在安息日那头羊跌落坑

---

① 《史记·礼书》,中华书局 1974 年版,第 1161、1157 页。
② 参见黄源盛:"汉代春秋折狱之研究",台湾中兴大学硕士学位论文,1982 年,第 201 页。

里,谁不把它捉住拉出来呢? 一个人的价值比一头羊的价值重要得多! 所以在安息日行善是合乎法律的。"①

(三)春秋决狱案例

案例1

甲父乙与丙争言相斗,丙以佩刀刺乙,甲即以杖击丙,误伤乙,甲当何论? 或曰:殴父也,当枭首。(董仲舒)论曰:臣愚一谓父子至亲也,闻其斗,莫不有怵惕之心,扶杖而救之,非所以欲诟父也。春秋之义,许止父病,进药与父而卒,君子愿心,赦而不诛。甲非律所谓殴父,不当坐。②

依儒家教条,殴父乃大逆,汉律亦作殴父当枭首的规定,此处变经为权,比附许止进药,认为甲非律所谓殴父。③ 与其牵强说是法律儒家化,倒不如说是依据人情对儒家经义教条化的修正。

案例2

甲有子乙,以乞丙,乙后长大,而丙所成育。甲因酒色,谓乙曰:"汝是吾子",乙怒杖甲二十。甲以乙本是其子,不胜其忿,自告县官。仲舒断之曰:甲生乙,不能长育,以乞丙,于义已绝矣。虽杖

---

① 详见《圣经·新约》,《马太福音》12:8,《马可福音》2:27—28,《路加福音》13:10—16,14:1—6,《约翰福音》5:16—18。
② 《太平御览》卷640。
③ 许止进药,其目的是为了治愈父亲的病,但是许悼公的死亡却是因为饮药而致。《春秋》用"弑"字,表示确实是许止过失致父死亡,但其所用的"葬"却同时暗示了孔子的态度:许止本意无弑父之心,其行为应当得到宽宥。

甲,不应坐。①

　　这又是子殴父的案子,甲虽未曾养育乙,但毕竟为生父,董仲舒断甲不坐,表面原因是甲乙义绝,实则主要是因甲无赖。董仲舒在这里引用了《春秋》中申生被杀的例子,申生并非晋献公亲自所杀,但是《春秋》却用了杀这个字,意在暗示晋献公丧失亲亲之道,作为父亲不慈爱子女,父子间已毫无骨肉亲情可言。在本案中,甲虽然是乙的生父,却没有尽到抚养义务,既然没有履行父亲的职责,就失去了父子间的亲亲之义。因此,既然为父者已经失去亲亲之义,为子者也不再需要承担为人子的责任。乙在不知其为生父的情况下殴甲,并不成立殴父罪。

案例 3

　　时有疑狱曰:甲无子,拾道旁弃儿乙养之以为子。及乙长,有罪杀人,以状语甲,甲藏匿乙,甲当何论?仲舒断曰:“甲无子,振活养乙,虽非所生,谁与易之?《诗》云:‘螟蛉有子,蜾蠃负之。’《春秋》之义,父为子隐,甲宜匿乙。”诏不当坐。②

　　在这里,董仲舒引用《诗经》与《春秋》为容隐制度辩护,他强调,如果养子杀人而养父不为之隐的话,则养父将失去父亲的亲亲之义。

案例 4

　　甲夫乙将船,会海盛风,船没,溺流死亡,不得葬。四月,甲母

---

① 杜佑:《通典》卷 69,中华书局 1988 年版,第 1911 页。
② 杜佑:《通典》卷 69,中华书局 1988 年版,第 1911 页。

丙即嫁甲。欲当何论？或曰："甲夫死未葬，法无许嫁，以私为人妻当弃市。"议曰：臣愚认为，《春秋》之义，言"妇人归于齐"，言夫死无男，有更嫁之道也。妇人无专制擅恣之行，听从为顺；嫁之者，归也，甲又尊者所嫁，无淫行之心，非私为人妻也。明于决事，皆无罪名，不当坐。①

就本案而言，如果引律，则甲当死；如果引经，则甲不当死。董仲舒在这里运用经义，顾及古时妇女身不由己的苦衷（"妇人无专制擅恣之行"），体现出对社会现实的细腻体察。其所引的《春秋》故事如下：姜氏是鲁文公夫人，文公生前宠爱的次妃敬嬴为让其子倭登上帝位，与襄仲密谋杀死了姜氏与文公所生的两个嫡子，将庶子倭立为太子，在文公之后即位为鲁宣公。姜氏在鲁国无处安身，只好回到娘家齐国，类似于"出"。但是"出"是丈夫弃妻所用的词，当时文公已死，用"出"并不恰当，因此春秋写了"归"于齐。虽然从表面上看，姜氏回齐国与"出"类似，但原因却是其不被敬嬴和鲁宣公所容。类比适用于本案，甲之再嫁与姜氏归齐一样，并非自己本意，不应当承担罪责。

案例 5

（昭帝）始元五年，有一男子……诣北阙，自称卫太子。公车以闻，诏使公卿将军中二千石杂识视。长安之吏民聚观者数万人。……京兆尹（儁）不疑后到，叱从吏收缚。或曰："是非未可知，且安之。"不疑曰："诸侯何患于卫太子！昔蒯聩违命出奔，辄据而不纳，《春秋》是之。卫太子得罪先帝，亡不即死，今来自诣，此罪人

---

① 《太平御览》卷 640。

也。"遂送诏狱。[1]

卫太子刘据原为汉武帝太子,因"巫蛊之狱"而自尽身亡,但民间谣传他并未死,到了汉昭帝时,有人自称是卫太子,诣长安北门,造成混乱,群臣束手无策。而卫太子如若果真未死而归来,因为其为武帝长子,将可能危及汉昭帝皇位的合法性。这时京兆尹隽不疑赶到现场,将其逮捕下狱。其依据是《春秋》蒯聩的故事:定公十四年,卫灵公之世子蒯聩违抗父命,出奔宋,后来又奔晋;灵公立其孙蒯辄,是为出公;后来,蒯聩欲回国,遭蒯辄拒绝;而《春秋》以灵公无杀子之意,蒯聩不应出奔,故以蒯辄为是。隽不疑认为,在本案中卫太子与蒯聩情况相似,即使诣北门者真是卫太子,也仍应论罪。在本案中,春秋决狱已经成为解决政治疑难的司法手段。

(四)春秋决狱之流弊[2]

春秋决狱的最大弊端,在于其缺乏普遍性与确定性。在具体适用时,裁判者可能主观判断有误;甚至故意以《春秋》掩饰其政治目的,"使一事而进退于二律",造成"以理杀人"。

1. 引经偏差

例如,汉代范延寿为廷尉,民间有三男娶一妇、生四子,范延寿杀三男,四子归妇,取"禽兽认母不认父"之义。对此,沈家本批评说:"三男并无死法,乃遽骈首就戮,且以禽兽处之,何其轻视人格哉。况此等事乃风俗之敝者,不思革其敝俗,而但以刑从事。尚谓当于理而厌人心,此真大惑不解者。汉人断狱好自作聪明,而准诸法理,实未必尽当,而

---

[1]　《汉书》卷71《隽不疑传》。
[2]　参见黄源盛:"汉代春秋折狱之研究",台湾中兴大学硕士学位论文,1982年,第173—175页。

美其名者辄曰依经造狱,但不知此等经义果属何条也。"①

2. 借名专断

例如,吕布舒为董仲舒弟子,官至长吏,但他并未习得其师的儒家精神,而是"以儒术缘饰吏事"。②《史记·儒林列传》说他"持节决淮南狱于诸侯,擅专断不报,以春秋之义正之,天下皆以为是"。实际上,其治淮南狱,标榜《春秋》高义,陷大狱死者达数万人,以苛刻为能,大失其师原旨。至于当时酷吏如张汤与杜周,也以《春秋》相标榜。

(五)春秋决狱之申辩

我们可以把春秋决狱视为一种司法的技术,它可能在实践中只是手段而非目的,法律儒家化并非其必然的结果。儒者循吏能本着宽厚之心,原心依情地推行仁政;而酷吏也能攀附经义,使一事进退于"二律"与"二经"之间,使春秋决狱成为打击异己、徇私枉法的工具。对春秋决狱本身我们不必过于苛责,"今人站在近代法实证的立场,而批判春秋折狱之漫无目标,这种说法对于'不通经'之陋儒酷吏的曲经附会而言则可;如系对于'通经'之贤者徇吏'以经辅律'或'以经补律'而言,似嫌过苛"。"法家最大缺点,在立法权不能正本清源",只要"法自君出",就不可能有司法的独立存在;司法无独立性,我们就不必指摘儒吏之引经以断狱,因为君主专制之下并没有真实之法治可言。儒者在君主专制之下,若站在正义立场引经决狱,一以防君主之暴,一以制文法吏之酷,自有其不得已的苦衷,我们无须苛责古人。③

---

① 沈家本:《历代刑法考》,中华书局1985年版,第1523页。
② 一个例子:高庙失火,董仲舒私下著文引申为朝政问题,有人将文章举报给汉武帝;天子召诸生示其师之书,而吕布舒竟"不知其师书,以为下愚"。在其判断的影响下,董仲舒被汉武帝下狱。
③ 参见黄源盛:"董仲舒春秋折狱",载黄源盛:《中国传统法制与思想》,(台北)五南图书出版有限公司1998年版,第177页。

二、情/理与父母官式的司法——个别主义的审判

汉代之后,春秋决狱的传统并未完全消亡。由儒生而入仕的官员,在审理案件时,往往不会完全拘泥于制定法,其裁判常常在经与权、国法与情理之间游走。

(一)寻求和谐与无讼的理想

中国乡土社会从来不是西方个人主义"原子化"的社会,在"社会连带"(social solidarity)的背景下,个人很难独立于他人而强调绝对的权利。熟人社会的是非逻辑往往并不是那么简单的非黑即白。欧美研究传统中国法的学者戏言中国人有着 long memory 的习惯,相应案件的审理不能拘泥于一时一事,也不能截然以直接因果关系为断。例如,当甲因乙欠债不还将乙告到官府时,乙的抗辩理由不是具体债务本身,而是乙父二十年前对甲父有恩,因此甲家欠了乙家的人情(债),故而甲不能忘恩负义地要求乙欠债还钱。

另外,查明案件事实往往非常困难,而士大夫担任的法官并没有受过专业法律教育,他所依赖的幕友、书吏与衙役在道德上也不值得信赖。在这样的司法现实下,与其鲁莽地去裁判,不如教化民众和谐与"息讼",例如有地方官在衙门口就写着如下对联:"尔小民有闲暇各勤尔业,众百姓无事莫进此门。"

就老百姓而言,去衙门告状要承担不菲的交易成本,旷日持久的诉讼会耽误农业生产,当事人要面对书吏、衙役的敲诈勒索(陋规)与上下其手,而案件的判决结果又是那么不确定。"厌讼"是趋利避害的必然结果。

尽管政府"息讼",百姓"厌讼"(惧讼),可古代中国在一定程度上又是一个"好讼"的社会。究其原因,除了中国政治、经济地位的相对高度

流动性带来的大量纠纷以外,在社会心理上,"爱面子""不争馒头争口气"的文化也造成了"健讼"与"缠讼"的问题。我们也绝不能把传统社会的讼师等同于现代律师,因为讼师缺乏基本的法律职业伦理,煽风点火,挑起争讼与夸大、捏造事实("小事闹大、大事化小")是其牟利的基本手段,蔑称其为"讼棍"是十分妥当的。[1]

(二) 多元的决讼标准与个别化裁判

对于地方官而言,在裁判之中,他需要礼法兼顾,综合考虑天理、国法、人情,还要考查乡野之俗、少数民族习惯与宗法族规,制定法绝非其裁判的唯一准绳。

案例:遗产继承纠纷案[2]

台湾地区一个清代州县衙门所遗留的政府文书《淡新档案》中有一个亲属遗产纠纷的案例,争讼持续了约一年半,最后在官府的促成下以和解结案。案情如下:郑如冈有四个儿子(赡南、维叶、维岳、云梯);维叶与维岳早夭且无子,赡南有子邦超,云梯亦早逝,其生前与其妻(郑林氏)生子二人(邦涂与邦试);邦超以赡南之子兼祧维叶,云梯之子邦涂过继给维岳承嗣,另一子邦试则为云梯自己的继承人。(其关系见图 6-1)

郑如冈死后,郑氏家族在郑如冈唯一在世的儿子赡南领导下同财共居。赡南逝世后,郑林氏一方要求分家。分家时郑家财产一分为四,郑如冈每个儿子一份,由其后人代位继承。这看似公平,可由于赡南的儿子邦超兼祧赡南与维叶,所以他得到了两份财产;而邦涂与邦试各得

---

① 参见〔日〕山本内史:"健讼的认识和实态——以清初江西吉安府为例",载中国政法大学法律史学研究院编:《日本学者中国法论著选译》,中国政法大学出版社 2012 年版。
② 参见〔日〕寺田浩明:《权利与冤抑:寺田浩明中国法史论集》,王亚新等译,清华大学出版社 2012 年版,第 273—297 页。

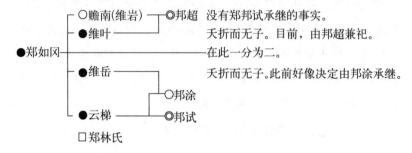

图 6-1 郑如冈亲属关系图①

一份财产。未亡人郑林氏的儿子邦试对这样的遗产分配结果不满,他扣押了已分配给邦超的土地之地租,当邦超为此向郑林氏告状后,邦试逃跑了。未亡人郑林氏却反咬一口,向官府起诉,无中生有地说其生子邦试已过继给赡南,理应分得赡南的财产,可是赡南亲子邦超却侵夺邦试对于赡南的继承权,并且打伤邦试。官府在查明真相后,并未追究郑林氏诬告之罪,反而要求族长们反复调解,最终邦超在族长与地方官的压力下,不得不出让部分其已继承的财产给郑林氏一方,达成双方的妥协。"当初以原则论为背景应该处于压倒优势地位的郑邦超,也无法抗拒周围的人们一致进行的平衡判断,逐渐被逼得走投无路,而且最后接受新的分配方案。"②

(三) 父母官的包办裁判与包青天式的实质司法

传统中国的州县官被称作"父母官",作为民之父母,子女犯了错,父母固然要责罚,但也可能会和稀泥,求得家庭与社会的和谐。与"法

---

① 引自〔日〕寺田浩明:《权利与冤抑:寺田浩明中国法史论集》,王亚新等译,清华大学出版社 2012 年版,第 280 页。

② 〔日〕寺田浩明:《权利与冤抑:寺田浩明中国法史论集》,王亚新等译,清华大学出版社 2012 年版,第 288 页。

不容情"相比照,大团圆的结局才是最好的。

案例:乔太守乱点鸳鸯谱[①]

传说在宋仁宗年间,杭州刘家有子刘璞病重,想将早已定有婚约的孙家之女珠姨过门"冲喜"。孙家则将计就计,令珠姨的弟弟玉郎男扮女装代姐过门(而玉郎早已与徐家之女徐文哥订婚)。成婚之夜,刘璞病重无法成礼,刘家命女儿慧娘伴"嫂"(玉郎)而眠(而慧娘已与裴家之子裴政为妻)。不料玉郎、慧娘情投意合,竟成好事。刘璞病愈后,事情败露,几家人扭打到官。杭州府乔太守受理案件后,传孙、刘、裴、徐四家到堂,当堂作出如下判词,化解了纠纷:

> 弟代姊嫁,姑伴嫂眠,爱子爱女,情在理中。一雌一雄,变出意外。慧娘既已失身玉郎,许为夫妇;孙玉郎夺人妇,人亦夺其妇,(故)将(徐)文哥改配裴政。人虽兑换,十六两本是一斤。官府为月老,各赴良期。

在中国古代,像玉郎、慧娘这般私定终身,严格讲是不为礼教与制定法所容的,但乔太守并未固执于此,他"将错就错",自命为"月老","乱点鸳鸯谱",造成一个大团圆的结局,遂成就一段佳话。

传统中国民间的司法文学,有乔太守式的文人浪漫主义,也有包公式的个人英雄主义。对于戏曲里包公审案的故事,有现代法律人归纳为如下笑话:"中科院院士、开封市市长兼市公安局局长、检察院检察长、中级人民法院院长,被中央授权可直接判处罪犯死刑。包公同志本着坦白从严、抗拒更严的原则,剥夺了所有罪犯的辩护权和上诉权,将

---

① 参见范忠信等:《情理法与中国人》,北京大学出版社 2011 年版,第 271—272 页。

一大批罪大恶极的罪犯用特制的刑具（铡刀）铡掉了脑袋。"且不论包公所谓龙图阁大学士与开封府知府之类职务在历史上的真假,中国古代的司法权是适度分权而非高度集权的,宋代尤其强调司法权的分权;而死刑的核准权一直属于中央政府与皇帝,铡刀也绝非法定的刑具。尽管一一对应不上史实,包公与三口铡刀的故事却传唱至今,这或多或少也反映了一般民间传统的司法观与正义观。

(四)"情法之平":裁判者的"拘泥"与"僭越"

明清律例规定的内容非常细致,但"律例有定,情伪无穷",具体案件的"情"与律例规定不同的时候,就发生"再立法"的问题。在帝制集权大一统的背景下,律令必须被"原封不动"地援引,审判官在理论上没有解释操作的余地。但在"情"有所不同的情况下,审判官又必须考虑到具体案件中情法之平的问题。如果官员过于小心翼翼,避免在制定法(律)之外做任何判断,难免会受到上级(乃至皇帝)"拘泥"的指责,"而且只有细心地注意到情的差异才不负士大夫的美名"。但如果官员在裁判中自由发挥过头的话,又有被指责为"僭越"的风险。如何实现"情法之平",这对于审判官是很大的挑战。①

帝制中国的司法之所以有强烈的情理取向,源于中央集权体制下皇帝本人对于司法有介入权,而各级官员乃是作为皇权代理人来裁判个案:"由于皇帝本人往往并不充分具备法律方面的专门知识"("司法理性"),"所以直接诉诸情理,在功能上既能防止司法官僚们以专业知识作为抵制皇权的借口,又可使皇权的施展有所依托"。"对于皇权而言,止于至善的实质正义既是其权力所当为,也才能为皇权赢得民众支

---

① 参见〔日〕寺田浩明:《权利与冤抑:寺田浩明中国法史论集》,王亚新等译,清华大学出版社 2012 年版,第 343 页。

持和道德正当性。"①

(五) 效力不确定的司法先例:成案制度

传统中国在成文法典之外,也有所谓"司法先例"作为制定法的补充,例如秦之"廷行事"、汉魏晋之"比"和"故事"、唐宋元的"例",以及清代的"成案"。尽管与英美法系的判例法有着明显的区别,但中国古代的司法官员也同样通过情节类比、轻重相权和归纳原则等方式,来进行司法推理。尽管成案在某些情况下甚至可以挑战制定法,但有清一代"成案始终未获得中央制定法的正式认可",皇帝本人对于成案的态度"模糊不清","司法官员们对成案的态度也没有形成共识"。但是,"无论各方的态度如何,成案在实践中依然具有相当大的影响力。成案是理解律例和增广经验的必要手段"。不准引用成案的初衷乃是为了保护中央的立法权不受侵蚀,可在现实的司法实践中"客观上要求类似案件得到类似处理";"不仅皇帝认定的情法之平可以通过援引成案来实现,部门长官的直觉判断也可通过成案的论证加以合理化"。"当然,成案制度的实际运行,最便于上级操控之处就在于它的不确定性。一旦根据成案的论证结果并非上峰所喜,则只要祭出'成案未经通行、著为定例,不得援引'这一宝器,则无往而不利,下属立即无言以对。""利用其效力上的缺陷,当其不合己意时随时行使对成案的否定权,而在能够为我所用时,则常常有目的性地择一而从,这是一种极为鲜明的实用主义态度。"②

(六) 人命关天与民间"细故"(户婚田土钱债)的区分

在中国传统司法中,针对案情的不同,有刑事重案与民间"细故"之

---

① 参见王志强:《清代国家法:多元差异与集权统一》,社会科学文献出版社 2017 年版,第 135 页。

② 参见王志强:《清代国家法:多元差异与集权统一》,社会科学文献出版社 2017 年版,第 137—172 页。

分。刑事重案官府随时受理；民间"细故"则每月只有放告的数日可以呈控，而春夏农忙的四个月官府就完全拒绝受理此类案件。刑事重案在州县官一审之后必须逐级审转，甚至交由中央法司与皇帝作最后裁决；而户婚田土钱债之类的民事纠纷与一般处以笞杖的轻微违法案件，则为州县官"自理词讼"的范围，由州县官审理完结即可结案。有的当事人为了"把事闹大"，引发上级官衙的关注，往往因轻微民事纠纷而自尽，这样就把案子变成了"命案"，依法必须逐级审转到中央作最后的裁判。在"人命关天""一命抵一命"的传统文化与"争气""争面子"的社会心理影响下，又有刑律"威逼人致死"条的法律支持，社会上常常会发生类似的悲剧。清末，在外国人眼里，中国人比较习惯于轻率地用自杀的方式来泄愤和报复：

> 　　一个苦力，他给别人搬行李，人家少给了 10 文钱，……他就要当场自杀进行报复，因为他知道这样会给对方带来相当的麻烦。还有一次，一个人跳到运河里自尽，但被人拉了上来。他却坐在河边，不吃不喝，最后死去，原来他要以此来报复某个欺骗了他的人。……有一天，冯夫人的母猪碰巧将王夫人的前门撞倒了，这扇门受到了轻微的破坏，王夫人马上要求冯夫人赔偿，冯夫人拒绝了。随后两人发生激烈的争吵，直至王夫人以自杀相威胁。冯夫人在听到王夫人这样的威胁之后，抓住时机，比王夫人先行结果自己的性命。这样一来，王夫人反而处于被动地位，王夫人随后也投河自尽。①

---

　　① 〔英〕吉伯特·威尔士、亨利·诺曼：《龙旗下的臣民：近代中国社会与礼俗》，邓海平、刘一君译，光明日报出版社 2000 年版，第 313 页。

法律对引发他人自杀者不分情节过错地追究责任，这鼓励了以泄愤和报复为目的的自杀行为的发生，从而在社会上形成了不健康的甚至"可笑"的风气。以上故事并非外国人的恶意虚构，沈家本在论及晚清修律应修正"威逼人致死"条时，也谈到了类似的问题：

> 至若口角微嫌，逞强殴打，不过寻常争闹，初无凶恶可言。及或失物，些微行迹有可疑之处，不过空言查问，亦乡里之恒情。又或钱债无偿，再三逼索，不过危言相怵，冀宿负之能归。凡此多端，事所常有，本无可死之道。乃或以被殴为辱，或以诬窃不甘，或以负逋难措，一时短见，不愿为人，正所谓自经沟渎者也。被殴可以诉讼，诬窃可以理论，负逋可以情求，在胁迫之初，心岂曾料其轻死？此乃死者之愚，胁迫者不全任其咎也。[①]

如果自杀者自杀是因为"被殴为辱""诬窃不甘""钱债无偿"之类的原因，那真可谓是"自寻短见"，这是"死者之愚"。但死者选择自杀，往往是因为其缺乏其他的法律救济途径，就此而言，传统的刑律与司法制度也难辞其咎。

---

① 沈家本："论威逼人致死"，载氏著：《历代刑法考》，中华书局 1985 年版，第2091 页。

第七章　西法东渐与清末新政

第一节　数千年未有之大变局

一、从"天下"到"国家"——从朝贡体制到条约体制

在鸦片战争之前,中国一直自诩为天下的中心,中国之外的地方是所谓的藩邦。天朝不承认世界上有其他与其对等的文明,其与周围藩属交往的模式是所谓的朝贡体制。乾隆年间,英国试图与中国建立平等邦交,但被清王朝高傲地拒绝了。到鸦片战争爆发,大清国与英国订立城下之盟(《南京条约》),朝贡体制逐渐瓦解了。经过条约的缔结,中国的自我认知从独一无二、至高的"天下"(天朝)变为国际社会的一员——"国家"。

鸦片战争前,中国的对外贸易由广东地方当局处理;五口通商后,中外商务由两江、两广总督负责。清廷的中央政府不愿与列强发生直接的外交关系,列强则希望与中央政府而不是地方政府对等外交,这也是引发第二次鸦片战争的原因之一。《北京条约》签订后,英、俄、法、美四国公使正式驻京,而清政府设立了现代意义上的外交机构——"总理

各国事务衙门",简称"总理衙门"或"总署",接管之前礼部与理藩院所掌涉外事务(包括办理洋务和外交),位列六部之前。

19世纪,正是第一次法律全球化的浪潮席卷欧美之外的世界之时,此次法律全球化的重心是国际法(国际公法)。通过翻译、出版国际法著作,中国人也开始学习国际法,以之作为国际交往的准则。但是,国际法知识的引入在中国并未很快引发一场废除不平等条约的运动。"因为其独特的历史、文化和制度,19世纪中叶的中国人似乎并未将关税限制、领事裁判权及最惠国待遇视作对国家权益的严重侵犯。相反,他们将诸如不经叩头的外交认证和觐见等礼节性问题视作奇耻大辱。""清朝官员并无主权概念,他们似乎并未将这些让步看作是国家权力的严重消减,而是将之视作中国对于外国人的宽宏大量。""即使在19世纪80年代,当中国的西学知识已经有了极大提升后,朝廷仍无废除不平等条约的具体计划,但日本的情形却迥异于中国。满大人们仅竭力主张运用国际法去制服那些无法无天的外国领事,但从未试图去消解那个使得领事能够无法无天的基础理由。"①

二、太平天国的冲击

有关太平天国的是非功过,学界有很多争论。但无论如何,太平天国的领袖们在儒家思想系统之外,借用了西方基督教的思想资源,进行本土化的改造,这对绵延上千年的帝制中国传统形成了重大的挑战。太平天国政府的一些文件,如《天朝田亩制度》《资政新篇》等都包含了大胆的制度变革;尽管这些文件并未真正落实,有的甚至只是所谓"内

---

① 〔美〕徐中约:《中国进入国际大家庭:1858—1880年间的外交》,屈文生译,商务印书馆2018年版,第215、217、219页。

部文件",而非正式颁行的法律文件。① 以洪仁玕起草的《资政新篇》为例,"那是中国历史上第一份真正从全球视野提出的改革建议":洪仁玕不再把中华帝国视作世界文明的中心,而是世界诸国中的一国,提出摒弃传统的朝贡体制,实行新的平等外交;"《资政新篇》首度以中国为背景,提出跻身现代工业强国的发展愿景","他甚至主张设立西式保险公司,向人民出售保单保障其身家、财产与生计"。②

三、洋务运动、甲午战败与戊戌变法

从 1840 年鸦片战争到 1860 年北京议和,中国历经与西方 20 年的隔膜与纷争,终于直面与西方的外交关系,在中央设立总理各国事务衙门,并开始向西方学习以求自强。总理衙门最初名为"总理各国通商事务衙门",恭亲王以中外事务不限于"通商",故而删去这两个字。总理衙门以王大臣领之,并派军机大臣监管,衙门司员则分别于内阁、部院、军机处各司员、章京中挑选,轮班入值。论其性质,总理衙门与军机处有颇多类似之处。其一,"两者均为临时组织,并非正式官署"。其二,"两者的组织均为委员制,各有首领一人,大臣均为兼任,司员由他处调用",有多名军机大臣兼任总理衙门大臣,总理衙门与军机处"几成一体"。其三,"两者的名实均不相符,军机处原司用兵机密,后成为一切政令之地。总署原司中外通商交涉,后成为洋务的总汇,商务、教务同归办理;海关、轮船、火器、学堂以及铁路、电线、矿务、海军等,凡与西洋

---

① "《天朝田亩制度》几乎可以说是一份'内部文件',它虽然是'旨准颁行'的天国官书之一,而且至少印过 3 次,但似乎每次印数都极少,当时就没几个人见过,汗牛充栋的太平天国相关史料中也极少提到它。"秦晖:《走出帝制:从晚清到民国的历史回望》,群言出版社 2015 年版,第 121 页。
② 参见〔美〕裴士锋:《天国之秋》,黄中宪译,社会科学文献出版社 2014 年版,第 64—68 页。

有关的新政,亦无不由其筹划主持。简言之,同、光年间的自强事业,俱属于总署,成败亦系于总署"。①

清末所谓"同光中兴",正是以洋务运动为中心的。洋务运动在引进西方军工技术的同时也打造了中国的现代工商业,编练了新式的军队;为解决人才问题,当时还开办了新式的学堂(如翻译学校与军事学校),并派学员出国留学。启蒙翻译家严复就毕业于海军学校,民国第一任总理唐绍仪、著名工程师詹天佑均是当时派遣出国留学的。这一切都为中国的进一步现代化奠定了基础。因为甲午战败,"师夷长技"的洋务运动遭遇重大挫折。

甲午战败刺激了中国人,而近代宪法观念也随着列强的炮舰政策一起被传入中国。康、梁是较早提出"立宪"的人,他们把宪法视为治国的良药和中兴大清的良策;但他们同时认为"立宪政体,必民智稍开而后能行"。清廷应当"普告臣民,定中国为君主立宪帝国",至于实行宪法,则"期诸二十年而后始"。总的来说,在日俄战争以前,立宪思想尽管已经萌芽,但只是部分忧国忧民的士大夫的一种希望,还没有成为普遍的社会舆论,这也是戊戌变法失败的原因之一。

四、中央对于司法的失控

(一) 传教与教案

列强们打开中国的大门之后,最兴高采烈的可能还不是外国商人,而是传教士,对他们来说,中国有四万万的异教徒等待他们传递上帝的福音。在"中华归主"(Christian Occupation of China)的感召下,大量的传教士深入偏僻的中国内地,开办教堂,发展信徒。可是教徒中有不少

---

① 参见郭廷以:《近代中国史纲》,上海人民出版社 2012 年版,第 133—134 页。

并非良善之辈,他们"吃教"(rice Christian)而不信教(conscience Christian),只是希望从教会获得好处,并且把教会作为靠山。"不少基督教信徒抱有这样一个目的,认为信仰了耶稣,就不必再臣服于当地政府,而改向洋人效忠。""在'教堂'的眼里,没有归化的中国人便是可以践踏的中国人",而入教的中国人不是在精神上与上帝更近,而是与教会代表的外国人(的权势)更近,于是不肖教民"作恶于乡里而有恃无恐,说是'身已入教,告官亦不怕'"。[①]

由于外国传教士与一般中国民众之间的文化冲突,再加上"吃教"无赖为非作歹,从中挑衅,社会上经常发生民众与教会的严重对立,群体性暴力事件与流血冲突并不罕见,这就是所谓"教案"。教案的处理非常棘手,地方官一方面要保护"洋大人",对教会、教民一味姑息,以防惹出外交事端;另一方面要安抚民众,避免激化矛盾酿成更大的事端。晚清政府有多次与列强的冲突都是肇始于教案。

(二)领事裁判权与会审公廨制度

领事裁判权,近代中国又误称其为治外法权。海禁初开之时,因国人国际公法知识的欠缺,故将二者混用。西方列强在中国行使的领事裁判权制度,不是源于习惯,而是根据条约。通过一系列的条约,清政府丧失了对于中国境内外国侨民的司法管辖权。外国侨民利用这一特权肆意欺压中国人民,而清政府却无法给予制裁,清末教案迭起也与领事裁判权的滥用密切相关。

会审公廨又称会审公堂,是1864年清政府与英、美、法三国驻上海领事协议在租界内设立的特殊审判机关。按1868年《上海洋泾浜设官会审章程》的规定,凡涉及外国人的案件,必须有领事官员参加会审;凡

---

① 参见杨国强:《衰世与西法:晚清中国的旧邦新命和社会脱榫》,中华书局2014年版,第217—218页。

中国人与外国人之间的诉讼案,若被告系有约国人,由其本国领事裁判,若被告为无约国人,也须由其国领事陪审。从形式上看,中国会审官在会审公堂中居于主要地位,会审领事,不过陪审而已。但在实际上,所谓"会审",只是空有其名,甚至租界内纯中国人之间的诉讼,也须外国领事"观审"并影响判决。会审公廨制度的确立,也是外国在华领事裁判权的扩充和延伸。它进一步损害了中国的司法主权。在公共租界内还有工部局作为管理机构,工部局由外国驻上海领事团每年选举三人组成一个领事法庭,管理特定案件。

1903 年著名的"苏报案",即是在会审公廨审判。"苏报案"对于清廷刺激很大。因为在清廷看来,《苏报》刊载邹容与章炳麟的文章煽动革命,诋毁光绪皇帝,依《大清律例》"造妖书妖言"条乃重罪,应处斩刑,但租界不肯将章、邹二人引渡给清廷单独审办。经过近半年交涉,清政府与英国方面达成妥协,共同组织一个特别法庭(时称"额外公堂"),在位于上海公共租界的会审公廨审理此案。此案的审理并未依据会审公廨的惯例,而是基于欧美法院的法律程序与法律理念。由工部局指定的外籍被告律师坚持无罪推定原则,要求原告(清政府)负举证责任,并用言论自由原则进行辩护。庭审最后,参与审判的中方官员抢先宣判邹容、章炳麟应处终身监禁,却引来负责"观审"的英国副领事的当庭抗议。因为邹、章羁押在公共租界的工部局监狱,判决的执行权也在外人手中,中国审判官的单方面判决无法执行。经过中英的交涉,最终将邹容减刑为监禁二年,章炳麟减刑为监禁三年,送往提篮桥西狱服刑。事实上,清末有很多革命党都是以租界为掩护从事推翻清廷的活动,清廷尝够了司法主权沦丧的苦果。①

---

① "苏报案"与会审公廨,参见赵晓耕:《大衙门》,法律出版社 2007 年版,第 27 章。

　　甚至清朝灭亡后,列强仍然固守租界与其之前取得的特权。直至
1927年,汉口和九江被北伐军占领,英国才被迫放弃在两地的租界。列
强与南京国民政府达成妥协,保留了部分的租界,特别是重要租界如上
海租界。但即使在上海,外国人也不得不将会审公廨制度废除,代之以
1930年特设的地方法院(上海特区地方法院)与一个省级上诉法院(江
苏高等法院第二分院),在新设的法院中,外国人的干预均被排除。①

(三) 地方督抚"就地正法"之权

　　帝制中国在很早的时候就把死刑的最终决定权收归中央,死刑的
核准需要经过刑部等法司的复核与皇帝的圣裁。但太平天国乱起后,
中央地方交通不畅,为方便镇压起义,清廷不得不承认了地方督抚对于
死刑便宜行事(就地正法)的权力。但督抚就地正法之权并没有随着战
乱的平息而交回中央,甚至中央法司三令五申收回死刑核准权,地方督
抚依然借故搪塞。清廷的司法主权不仅被外国侵夺,也被地方督抚
瓜分。

五、庚子之变与晚期新政的启动

　　庚子之变,慈禧对列强宣战而仓皇落败;而在清中央政府与列强处
于交战状态之时,多名实力派地方督抚却相约"东南互保",在其辖区与
列强相安无事。1901年1月,为表示对列强的友好与改革的诚意,清廷
发布了变法上谕,宣布实行新政。上谕称三纲五常虽为"万世不易"之
理,但政府的统治方法应顺应时势改革,并将中国根深蒂固的弊病概括
为:"我国之弱,在于习气太深,文法太密。庸俗之吏多,豪杰之士少。
文法者庸人借为藏身之固,而胥吏倚为牟利之符。公事以文牍相往来,

---

　　① 参见〔美〕费正清编:《剑桥中华民国史》上卷,杨品泉等译,中国社会科学出版社
1994年版,第798—799页。

而毫无实际。人才以资格相限制,而日见消磨。误国家者在一私字,困国家者在一例字。至近之学西法者,语言文学,制造机械而已,此西艺之皮毛,而非西政之本源也。"[1]张之洞、刘坤一等地方督抚随之上了《江楚会奏变法三折》,率先提出修律建议。1902 年 3 月 11 日,清朝下谕修律:

> 中国律例,自汉唐以来,代有增改。我朝《大清律例》一书,折衷至当,备极精详。唯是为治之道,尤贵因时制宜,今昔情势不同,非参酌适中,不能推行尽善。况近来地利日兴,商务日广,如矿律、路律、商律等类,皆应妥议专条。著各出使大臣,查取各国通行律例,咨送外务部。并著责成袁世凯、刘坤一、张之洞,慎选熟悉中西律例者,保送数员来京,听候简派,开馆纂修,请旨审定颁行。总期切实平允,中外通行,用示通变宜民之至意。[2]

六、现代化与寻求富强

梁启超先生把中国的现代化进程分作三个层次,分别是器物、制度、思想文化。鸦片战争之后,中国人开始学习西方的坚船利炮,开办洋务运动,是为器物之现代化;洋务运动的成果在中日甲午海战中损失惨重,而日本变法效果昭然,一败清朝,再败帝俄,中国开始学习西方的制度,包括宪政;民国草创,器物与制度现代化短期内未见明显成效,与列强竞争仍居下风,中国人又开始检讨自己的传统文化,以求振作。

晚清以前的中国社会,由于特殊的地形、气候以及丰富的自然资

---

① 《光绪朝东华录》,中华书局 1958 年版,第 4601—4602 页。
② 《德宗景皇帝实录》卷 495,中华书局 1987 年影印本,第 537 页。

源,很早便步入文明社会,一直享有所谓"光荣的孤立"。帝国官僚对皇帝的忠诚不可动摇,普通百姓对国家的管理不当极为容忍。故而王朝能以最低的军事和经济力量存活下来。有限的收入造就了"头重脚轻"的政府结构,贸然的增税只会引起更多的欠税。"公元 1800 年以前清代中国的历史,基本上达到了以轻徭薄赋、大量提供公共产品为特征的'仁政均衡'。但是之后的情形却急转直下。"①而东西方文化的第一次大规模会面,竟出于"兵戎相向"的形式;老大帝国面对欧风美雨的冲击毫无还手之力,几番挣扎后不得不改弦更张,学习西方,建构现代国家体制,以实现国家富强。"从'夷务'到'洋务'再到'时务',由贬义的'夷'到平等的'西'再到尊崇的'泰西',西方在中国人思想中的地位步步上升";"西潮入侵后,国人由重理转向重力",将传统法家"富强"的思想与西方的进化论结合起来,"过去被压抑的法家耕战思想被重新'发现',进而引发出商战以至学战思想"。②

　　"1842 年以后,不平等的条约体系造成了'有限主权'(constrained sovereignty)的状况,但中国还是免于正式沦为殖民地。""19 世纪中期的安全危机使近代中国的公共财政发生了转变。在 60 余年中,内战和中外冲突改变了税收、资源分配以及政府开支的主要形式。国家在备战的同时,汲取能力持续提升,1842—1911 年,去除通货膨胀因素,国家整体税收增加了 3 倍。"除了财政、外交与军事领域外,从 19 世纪晚期到 20 世纪早期,随着晚清新政的实施,整个近代中国官僚体制(包括地方政府)也有了很大的发展。现代军事-财政国家的建构虽然"没能使中

---

　　① 〔美〕王国斌、罗森塔尔:《大分流之外:中国和欧洲经济变迁的政治》,周琳译,江苏人民出版社 2019 年版,第 214 页。
　　② 参见罗志田:《权势转移:近代中国的思想与社会》(修订版),北京师范大学出版社 2014 年版,第 22—23 页。

国在短时间内强大起来,但增强了中国的战略能力,使中国保有一定程度的独立,并幸存下来"。①

"中国最早的机器工业是由国家权力造出来的","若以欧西的样式为版本,这当然是一种明显的异态";"西方世界里本属于经济的东西,那个时候的中国却不得不用政治急迫地催生出来"。对于因"落后挨打"而"奋起直追"的中国而言,这是别无选择的选择,"沿用过去已有的官办手工业的成法,由国家权力营造机器工业变成了那代人办洋务的当然取径和历史惯性"。② 在"商战"思想的影响下,"官府慢慢发展出一套重商主义的执政哲学,抛弃了早先所承担的维持全国农业秩序稳定的责任";19世纪晚期的轮船招商局便是"作为重商主义治国之道的一个有效工具而存在的",其创办目的是满足中国"战略上的迫切需要";李鸿章等官员将招商局与保护国家主权(利权)联系起来,这种将私有资本和官方赞助相结合的企业模式也脱离了典型的西方企业范式。③

清末洋务运动以来所致力的"争胜"和"富强",也不是没有负面的影响。"传统儒家最反对与民争利,而新政之下的'修铁路、开矿务、加征加税',无一不是与民争利,其结果是'民心离散'。""凡举一政,必费巨款,而其款即从民间科派';不但不安民,实是扰民,'虽云自强,其实自弱也'。""国家的'富强'还只是个影子,而越来越多的税捐却是实实

---

① 参见〔美〕斯蒂芬·哈尔西:《追寻富强:中国现代国家的建构,1850—1949》,赵莹译,中信出版社2018年版,第234—236页。

② 参见杨国强:《衰世与西法:晚清中国的旧邦新命和社会脱榫》,中华书局2014年版,第227—228页。

③ 参见〔美〕斯蒂芬·哈尔西:《追寻富强:中国现代国家的建构,1850—1949》,赵莹译,中信出版社2018年版,第234—236页。

在在地落在周围乡民的身上。"①上述保守派的观点虽不无偏颇,但辛亥革命的导火索"保路运动",与清末新政的确是有莫大的关系。

第二节　预备立宪与政体变革

一、预备立宪的发动

日俄战争之后,立宪问题成为国人瞩目的焦点,不但社会舆论众口一词,即使清廷的驻外使节、朝臣疆吏,亦纷纷然以立宪为请,于是立宪运动风行全国。② 当时朝野把日俄之战视作立宪与专制的政体之战,日本以立宪之小国战胜专制之大国(俄国),这给人以无尽的联想与启发。1904 年,梁启超于日本组织政闻社,倡导立宪;同年 9 月,华侨联名向清廷请愿,要求立宪。

在各方面压力下,1905 年清廷不得已接受"仿行立宪";作为配合,清廷于该年 10 月成立"考察政治馆",12 月派大臣出洋考察列强国宪政,派遣留学生分赴各国学习。1907 年 8 月"考察政治馆"更名为"宪政编查馆",作为专门负责宪政改革的机构。"宪政编查馆"的职掌主要是编制法规和统计政要。以编制法规为例,又包括如下工作:(1)"议复奉旨交议有关宪政折件及承拟军机大臣交付调查各件";(2)"调查各国宪法,编订宪法草案";(3)"考核法律馆所订法典草案";(4) 考核"各部

---

① 罗志田:《权势转移:近代中国的思想与社会》(修订版),北京师范大学出版社 2014 年版,第 73—74 页。

② 参见荆知仁:《中国立宪史》,(台北)联经出版事业公司 1984 年版,第 84—87 页。

院、各省所订各项单行法";(5) 考核"行政法规(如改订官制及任用章程之类)"。[1]

按统治者自己的意图,立宪有三大利:一曰皇位永固;二曰外患渐轻;三曰内乱可弥。次年9月颁预备立宪上谕,以"大权统于朝廷,庶政公诸舆论"为立宪根本原则。随着国内局势日趋动荡,资产阶级立宪运动的发展及国际民主宪政运动的扩大,加之统治阶层内部君主立宪派势力的活动,清政府被迫在内外诸多因素的促使下,于1906年9月1日宣布"预备立宪",1908年8月27日公布了"预备立宪"计划,即《钦定逐年筹备事宜清单》。

除预备立宪外,晚清新政的一大举措是废除科举。"1905年9月2日,清廷改变初衷,毅然变更一年多前所作减额缓停的成议,由十年三科缓停改为立停科举,以此为标志,中国历史上延续一千三百余年的科举制度宣告终结。""以立停科举为肇端,新政很快进入政体变革和筹备立宪阶段,内外官制改革全面启动,其他各项制度的变革也相应展开。就此而言,科举立停可视为清末新政全面深入的标志。"[2]

二、官制改革

改革官制是清廷推行预备立宪的第一步,清廷预备立宪上谕曾提出:"廓清积弊,明定责成,必从官制入手。"[3]接着便发布了改革官制的上谕,设立了编制馆,指派载泽等14人为编纂大臣,命令各总督选派司道人员到京随同参议,谕派庆亲王奕劻、文渊阁大学士孙家鼐、军机大

---

① 参见彭剑:《清季宪政编查馆研究》,北京大学出版社2011年版,第18页。
② 关晓红:《清末新政制度变革研究》,中华书局2019年版,第92、121页。
③ 故宫博物院明清档案部编:《清末筹备立宪档案史料》上册,中华书局1979年版,第44页。

臣翟鸿机总司核定。清廷的官制改革的一个目的企图借官制改革的机会,削弱地方汉人督抚的权力。

(一)中央官制改革

在预备立宪之前,清廷在举办"新政"之初,就对政府组织机构进行了一些改革。1901年3月,清廷设立督办政务处,作为总办改革政治的特设机关,这个机构最初与军机处有密切的关系,继则隶属于内阁。其政务大臣除由军机大臣兼任外,也有由内阁大学士兼任者。直至1911年设立责任内阁,政务处才撤销。1901年6月,清廷改总理各国事务衙门为外务部;1903年7月,上谕设立商部;1905年9月,设置巡警部,建立警察机构和宪兵机构;1905年,增设学部。除此之外,清廷还于1903年3月设财政处,以通盘筹划全国财政;1903年5月设练兵大臣与练兵处,后并入陆军部;1906年4月设税务处,直接管理关税的总税务司和各关税务司,都由税务处管辖。[①]

1906年8月,戴鸿慈等上《奏请改定全国官制以为预备立宪折》,指出日本立宪的经验在于立宪之前首先进行官制改革,以保证宪法的有效推行。中国的立宪情形与当时的日本相同,故应借鉴日本的经验。进而提出八项具体的官制改革措施,包括宜略仿责任内阁制,以求中央行政之统一;定中央、地方之间的权限;内外各重要衙门皆宜设辅佐官,中央各部主任官之事权尤当归一;中央各官宜酌量增置、裁撤、归并;宜变通地方行政制度;裁判与收税事务,不宜与地方官合为一职;内外衙署,宜皆以书记官代吏胥;宜更定任用、升转、惩戒、俸给、恩赏诸法及官吏体制。[②] 之后清朝将中央官制改革作为预备立宪之首。

---

① 参见张德泽:《清代国家机关考略》,学苑出版社2008年版,第282—290页。
② 参见故宫博物院明清档案部编:《清末筹备立宪档案史料》上册,中华书局1979年版,第367—383页。

1906 年 9 月,清朝成立编纂官制馆,编纂大臣拟定五条基本原则:
(1)"参仿君主立宪国官制厘定",此次只改行政、司法,其余一律照旧;
(2)改革要做到"官无尸位,事有专司,以期各副责成,尽心职守";
(3)实行三权分立,议院一时难以成立,先从行政、司法厘定;(4)钦差
官、阁部院大臣、京卿以上各官作为特简官,部院所属三四品作为请简
官,五至七品为奏补官,八九品为委用官;(5)另设集贤院、资政院安置
改革后的多余人员。[①] 1906 年 11 月 2 日,奕劻、孙家鼐等奏进《厘定中
央各衙门官制缮单进呈折》,指出此次官制改革是预备立宪的基础,所
以本着与宪政相近的原则制定改革方案。该方案以西方三权分立原则
为标准指出目前官制的弊端及相应的改革措施。清廷随即发布《裁定
奕劻等覆拟中央各衙门官制谕》[②],具体内容是:内阁、军机处照旧;各部
尚书均充参预政务大臣;外务部、吏部仍旧;巡警部改为民政部;户部改
为度支部,以财政处并入;礼部著以太常、光禄、鸿胪三寺并入;学部仍
旧;兵部改为陆军部,以练兵处、太仆寺并入;应行设立海军部及军咨
府,未设之前,暂归陆军部办理;刑部改为法部,专任司法;大理寺改为
大理院,专掌审判;工部并入商部,改为农工商部;轮船、铁路、电线、邮
政应设专司,著名为邮传部;理藩院改为理藩部;除外务部堂官员缺照
旧外,各部堂官均设尚书一员,侍郎二员,不分满汉;都察院改设都御史
一员,副都御史二员;六科给事中改为给事中,与御史各员缺均暂如旧;
资政院、审计院均著设立;其余衙门毋庸更改。

此次改革中央官制,御前会议确定按照"五不议"的原则进行。所

---

①　"编纂官制大臣奏厘定官制宗旨折",载上海商务印书馆编译所编:《大清新法令》
(点校本)第 1 卷,商务印书馆 2010 年版,第 673—674 页。
②　参见故宫博物院明清档案部编:《清末筹备立宪档案史料》上册,中华书局 1979
年版,第 367—383 页。

谓"五不议"即"军机处事不议""内务府事不议""旗事不议""翰林院事不议""太监事不议"。在"五不议"原则指导下进行的所谓官制改革,结果只不过是某些部院的调整、合并和某些机构名称及官职称号的改变而已。1906年11月清政府公布中央官制,确定共设置十一部。内阁和军机处照旧未变。此后在宣统年间又增设了海军部,改礼部为典礼院。清廷满族贵族还利用改革官制的机会,来排斥汉族官僚,加强中央集权。

(二) 地方官制改革

中央官制改革方案确定后,清朝着手进行地方官制改革。由于厘定官制大臣在改革方案上存有争议,故电告地方督抚征求意见:[①]

厘定官制为立宪之预备,各省官制自应参仿中央各级官制。今拟分地方为府、州、县三等,现设知府不管所属州县,专治附廓县事,仍称知府,从四品,原设首县裁撤。直隶州知州、直隶厅抚民同知均不管属县,与散州知州统称知州,正五品。直隶厅抚民通判及知县统称知县,从五品。府州县各设六至九品官,分掌财赋、巡警、教育、监狱、农工商及庶务,同集一署办公。另设地方审判厅,受理诉讼。府州县各设议事会,由人民选举议员,公议应办之事。以后再加推广,设立下级自治机关。适当增减巡道,并置曹佐。

省城院司各官,现拟两层办法。设行省衙门,督抚总理政务,略如各部尚书。蕃臬两司,略如部丞。下设各司,设官略如参议。督抚与属官共同办公,一稿同画,不必彼此移送申详。府州县公牍直达于省,由省径行府州县。各省设高等审判厅,受理上控案

---

① "各省督抚请厘定官制电稿",转引自侯宜杰:《二十世纪初中国政治改革风潮》,人民出版社1993年版,第82—83页。

件。行政、司法各有专职，文牍简壹，机关灵通，与立宪国官制最为相近。此为第一层办法。第二层办法，以督抚直接管理外务、军政，并监督行政、司法。布政司专管民政和农工商。按察司专管司法行政，监督高等审判厅。另设财政司，专管财政，兼管交通。均设属官佐理一切。学、盐、粮、关、河各司道仍旧制。各司道事务均秉承督抚意旨办理。此系照现行官制量为变通，以专责成而清权限。

御前官制会议确定的"立宪政治"四大方针之一，就是"废现制之督抚，各省新设之督抚其权限仅与日本府县知事相当，财政、军事权悉收回于中央政府"。因遭到各省督抚反对而被迫搁置。1907年，清廷开始地方官制改革，具体内如下：陆军部直接委派督练公所军事参议官，以收回各督抚的军权；度支部派清理财政监督官，以收回各省督抚的财权；将各省督抚的军权、财权分别收归陆军部和度支部；令改各省按察使为提法使，增设巡警、劝业两道，裁撤分守分巡各道，酌留兵备道；分设审判厅，增易佐治员等。

因地方官制改革事关地方督抚权力，各省督抚对此态度不一，遂以东三省为试点，再行推广。由东三省先行开办，直隶、江苏两省试行，其他各省则限15年一律办齐。自1907年4月起，东三省开始改革地方体制。主要改革措施有：设总督为东三省最高长官，总督下在三省各设巡抚与行省公署；行省公署设承宣厅和咨议厅；各省分设交涉、旗务、民政、提学、度支、劝业、蒙务七司，专职相应事务；设东三省督练处，主持三省军事；各省设提法使主理司法行政；省以下设府、州、县三级，各府不设属县。其后其他省先后进行体制改革，进展程度不一。清廷采用明升暗降的手段，将最有权势的汉人督抚直隶总督兼北洋大臣袁世凯和湖广总督张之洞调入中央,令其担任有名无实的军机大臣,以减少地方实力派的阻力。事实上,"清末的地方官制,惟增设提学、提法、交涉三司及巡警、劝业二道,东三省改为行省,其余无大变动"①。

三、从《钦定宪法大纲》到《宪法重大信条十九条》

(一)《钦定宪法大纲》

清廷历经几次派员到东西洋考察,最终决定以君权传统更为强大的日德为师。1908 年,清廷颁布了由宪政编查馆制定的《钦定宪法大纲》,成为中国法制史上首部具有近代宪法意义的法律文件。《大纲》仿照 1889 年《大日本帝国宪法》,为二元君主立宪体制,共 23 条,由正文"君上大权"和附录"臣民权利义务"两部分组成。对此,宪政编查馆和资政院关于《大纲》的奏折作了明确说明:"首列(君上)大权事项,以明君为臣纲之义。次列臣民权利义务事项,以示民为邦本之义,虽君民上下同处于法律范围之内,而大权仍统于朝廷。"

"君上大权"共 14 条,开宗明义规定:"大清皇帝统治大清帝国,万世一系,永永尊戴。""君上神圣尊严,不可侵犯。"本着这一精神,赋予了皇帝颁行法律、发交议案、召集或解散议会、设官制禄、黜陟百司、统率陆海军队、宣战媾和、订立条约、派遣使臣、宣布紧急戒严、以诏令限制臣民自由,以及总揽司法审判等大权。与日本宪法所赋予天皇的权力相比,有过之而无不及。"臣民权利义务"共 9 条,重心是纳税、当兵及遵守法律等项义务。至于权利和自由,非常简单,只规定在法律范围内,所有言论、著作、出版、集会、结社等事,准其自由,臣民非依法规定,不受逮捕监禁处罚;以及进行诉讼,专受司法机关审

---

① 张德泽:《清代国家机关考略》,学苑出版社 2008 年版,第 300 页。

判等项。

(二) 咨议局和资政院的设立

1. 咨议局

"咨议局"是清末"预备立宪"过程中清政府设立的地方咨询机构,于 1909 年开始在各省设立。咨议局的筹建,始于 1907 年。1908 年,宪政编查馆拟定的《咨议局章程》获准颁行,并限各地督抚于一年内办妥。根据《咨议局章程》,咨议局设立的宗旨是"钦尊谕旨为各省采取舆论之地,以指陈通省利病,筹计地方治安"。"咨议局兼有议会及参事会之性质,非'省议会'所能概括。""咨议"二字,"一则根本于光绪二十九年(1903)九月十三日谕旨,一则示其为议决机关及咨问机关耳"。[①]

充选咨议局议员须具备相应条件,其条件非常苛刻。据当时有关资料统计,各省具备咨议局议员资格的均未超过人口的百分之一。咨议局议员任期为三年。咨议局的职权有:议决本省应兴应革事件;议决本省之预算决算、税法、公债及担任义务之增加,权利之存废事件;议决本省单行章程规则之增删修改;选举资政院议员;申复资政院及督抚咨询事件;收受本省自治会或人民陈请建议事件;公断和解本省自治会之争议事件。咨议局会议也分常年会与临时会两种,但均由督抚召集。咨议局所议定事项,可决权全在本省督抚。本省督抚对于咨议局,不仅有监督、裁夺的权力,而且有令其停会及奏请解散之权。

各省咨议局集结了地方开明士绅,使得他们可以合法地集会议政,这为"立宪党"组织"咨请速开国会运动",以及辛亥革命后各省的独立奠定了基础。至 1909 年,各省咨议局议员的选举几近完成,同年 10 月 14 日开始,各省召开咨议局会议,讨论本省咨议局权力范围的事宜以及

---

① 孟森等:《各省咨议局章程笺释》,商务印书馆 2015 年版,第 4—5 页。

各省咨议局联合发起速开国会、建立责任内阁等的请愿活动。各省咨议局在行使职权的过程中与地方督抚发生了不少冲突。

2. 资政院

清廷 1906 年下诏宣布预备立宪,同时为"仿行立宪"定调:"大权统于朝廷,庶政公诸舆论。"①同年,清廷决定参考日本设立集议院的做法,在立宪前设立资政院作为预备立宪时期的准国会机关("预备机关")。②资政院之名的确不够隆重,在 1906 年的官制改革中,设立集贤院、资政院的最初目的是收容官制改革后裁撤的多余人员。③ 资政院只是清政府在清末"预备立宪"过程中设立的中央"咨询机关";同"咨议局"一样,资政院的筹备工作也始于 1907 年。宣统元年七月初八日(1909 年 8 月23 日),清政府公布《资政院院章》。《资政院院章》第 1 条云:"资政院钦尊谕旨,以取决公论,预立上下议院基础为宗旨。"所以,该《院章》规定资政院可以"议决"国家的预决算、税法及公债,议定宪法以外的新法典和法律修改事件及其他"奉特旨交议事件"。但是,资政院的一切决议,须会同军机大臣或各部行政大臣具奏,"请旨裁夺"。而且,皇帝可以以特旨谕令的形式令资政院停会,乃至解散。

资政院的议员分"钦选"与"民选"两部分。所谓"钦选"者包括以下七类人:宗室王公世爵;满汉世爵;外藩(蒙藏回)王公世爵;宗室觉罗;各部、院衙门官四品以下、七品以上者,但审判官、检察官及巡警官不在其列;硕学通儒;纳税多额者。很显然,"钦选"议员大部分是宗室王公、

---

① "宣示预备立宪先行厘定官制谕",载故宫博物院明清档案部编:《清末筹备立宪档案史料》上册,中华书局 1979 年版,第 43—44 页。

② 参见"资政院官制草案",载上海商务印书馆编译所编:《大清新法令》(点校本)第1 卷,商务印书馆 2010 年版,第 692 页。

③ 参见"编纂官制大臣奏厘定官制宗旨折",载上海商务印书馆编译所编:《大清新法令》(点校本)第 1 卷,商务印书馆 2010 年版,第 673 页。

高官显贵。"民选"议员则是由各省咨议局议员"互选"产生,但最后要由各省督抚"圈定"。[①]《资政院院章》规定资政院议院分为钦选和民选各100人,隐约有上下两院制国会的影子,但仍是一院制,钦选、民选议员共同集议,而非如两院制那样分别集会。与日本立宪前设立的公议所(集议院)相对照,资政院在体制上更接近于近代立宪国之国会,清廷的步骤与日本相较明显更为急进。[②] 立宪派从此得以在各省的咨议局与中央的资政院合法集会议政,并进一步控制了议场。[③]

1910年9月23日,资政院召集议员,举行成立会议。10月3日,资政院举行开院大典与第一次常年会。在这次长达3个多月的常年会中,资政院通过了速开国会案、弹劾军机大臣案、赦免国事犯案等,在当时引起强烈反响。武昌起义后,资政院于1911年10月22日召开第二次常年会,通过速开党禁等一系列重大议案。

与英、美、法的国会不同,"资政院"并无约束政府行为的实质权力,还很难说是近现代意义上的国会,资政院的设立目的是将"庶政公诸舆论",以"为他日设议院之权舆"。但是,从当时的资料来看,清廷设资政

---

① 参见上海商务印书馆编译所编:《大清新法令》(点校本)第6卷,商务印书馆2010年版,第89—98页。

② 明治二年(1869),日本在中央设立公议所作为中央的议事机关,由各藩选出的公议人约270人组成;公议所提出的议案多被政府否决;很快,大久保利通等指出公议所无用的议论过多,在其设立4个月后将其改组为集议院,主要接受太政官下达的议案咨询,而不是提出议案,"尊重公议的倾向淡漠了",中央集权强化了;明治八年(1875),日本政府发出了建立立宪政体的诏书,以元老院(由议官13人组成,并非完整的立法机关)为上院,地方官会议为下院;直至明治二十二年(1889)帝国宪法颁布后,始设立真正意义上的国会。参见〔日〕安冈昭男:《日本近代史》,林和生、李新纯译,中国社会科学出版社1996年版,第147、149—150、239—240、291页。

③ 清廷将等额的钦选与民选议员放在一个议场议事,本有往议会里"掺沙子"之意,企图通过钦选议员节制民选议员之意(重大议案需要2/3多数通过)。可是,由于民选议员在议场表现更积极,裹挟了很多消极的钦选议员,再加上部分钦选议员又同情立宪派的主张,2/3的投票门槛几乎无法阻挡立宪派的行动。这是清廷的一大失误,如果当时将钦选与民选议员分别组成上下两院,或许可收两院互相制衡之效果。

院或许只是"假戏",议员们在议场里可是"真做"。资政院开院后,议场内一波未平,一波又起,各种议案、质问、说帖不断被提出,与清廷相对立的事件,时有发生,清末著名的弹劾军机案(详见本章第三节)与礼法之争都是在资政院议场上演的。[①] 当然,资政院议政效果不显著。资政院的议决案,政府"几无不弁髦视之"。但是,议员参与议政的主要意义并不在于议政活动取得了怎样的成绩,而在于他们的民主实践本身。议员通过议政实践,也经受了锻炼,积累了经验,提高了声望,不少人成为民初政坛的风云人物。[②]

(三)速开国会请愿运动

依与《钦定宪法大纲》同时颁布的《议院未开以前逐年筹备事宜清单》(《九年筹备立宪清单》):1908 年开始筹办各省咨议局;1909 年咨议局成立,并举行资政院议院选举;1910 年资政院开院;1916 年宣布宪法、议院法、上下议院选举法(三法均由宪政编查馆负责),举行议员选举,随之召集国会。[③] 对于《钦定宪法大纲》,一部分立宪派认为清廷能主动由独裁政体变为立宪政体乃"旷古未有之盛典";但也有不少立宪派人士不满足于此,而是进而要求改采英国虚君共和式的君主立宪。[④] 平心而论,就推行宪政的实际步骤而言,参照日本之例,九年预备立宪都不能算长,可从当时的政治形势发展与民心来说却容不得如此从容筹备。1908 年便有立宪派请愿要求缩短年限,速开国会。1909 年各省咨议局成立后,立宪派有了合法的身份议政、串联。到 1910 年,以各省

---

① 参见《资政院议场会议速记录——晚清预备国会论辩实录》,李启成点校,上海三联书店 2011 年版。

② 参见尚小明:"清末资政院议政活动一瞥",《北京社会科学》1998 年第 2 期。

③ 参见故宫博物院明清档案部编:《清末筹备立宪档案史料》上册,中华书局 1979 年版,第 61—67 页。

④ 参见侯宜杰:《二十世纪初中国政治改革风潮——清末立宪运动史》,中国人民大学出版社 2011 年版,第 151 页。

咨议局为中心,以立宪派为主导,掀起了速开国会请愿热潮。

立宪派多次请愿要求缩短筹备年限,速开国会;甚至有不少立宪派人士要求废除君主专制,实行议会主权的"虚君共和"。清廷以(君主)"宪法颁布先于开国会"为由迟迟不肯召集国会,而当时政治情势的发展,却孕育出速开国会请愿运动。主要原因是各省咨议局成立之后,有了合法集会讨论宪政的机关,这大大促进了清末立宪运动。这一运动前后共计有三次请愿。第一次请愿是宣统元年(1909)冬天江苏咨议局议长张謇集合十六省代表组成"咨议局请愿联合会",赴京请愿,要求政府尽速召集国会、组织责任内阁。清廷对请愿未予采纳,而是以"预备立宪九年为期"力图拖延时间。于是请愿联合会又联合了北京的"国会期成会",组织"请愿即开国会同志会",并分电各省咨议局、商会、教育会及海外华侨团体,请派代表参加以壮声势。并于宣统二年(1910)五月作第二次请愿,清廷仍以九年之期搪塞。于是在当年 9 月又有第三次请愿。这一次,清廷为挽回人心不得不作出让步,缩短预备立宪期限,下诏说提前到宣统五年召集国会,并且极力强调此次缩定期限是源于各方所请,"一经宣布,万不能再议更张"。清廷坚持这是其最后的让步,当时湖北汤化龙、湖南谭延闿等仍坚持立即召开国会,并在北京筹划第四次请愿,遭到清廷的弹压,从此请愿运动绝迹。[①]

(四)新内阁官制的颁行与皇族内阁

1906 年清朝官制改革时,奕劻、袁世凯等人曾有设立责任内阁的提议,被慈禧所否定。此后,责任内阁的提议较长时间被搁置。光绪与慈禧先后去世后,清朝政局发生变化,加上以咨议局为中心的请愿运动不断展开,革命派的活动日益频繁,清廷迫于内外压力发布的《缩短筹备

---

① 参见罗志渊编著:《近代中国法制演变研究》,(台北)正中书局 1974 年版,第 157—166 页。

立宪诏》,已有先将官制颁布、提前试办之语,在 1910 年清廷将原九年预备立宪期限缩短为五年。至宣统三年(1911)三月,清廷颁布《新内阁官制》十九条及《内阁属官官制》十五条。新官制裁撤了旧内阁和军机处,建立总理大臣、协理大臣和十部部长组成的新内阁。宣统三年四月初十日(1911 年 5 月 8 日),清朝颁布《内阁官制暨内阁办事暂行章程》,设立内阁制,以奕劻为内阁总理大臣,那桐、徐世昌为协理大臣,外务大臣梁敦彦、民政大臣善耆、度支大臣载泽、学务大臣唐景崇、陆军大臣荫昌、海军大臣载洵、司法大臣绍昌、农工商大臣溥伦、邮传大臣盛宣怀、理藩大臣寿耆,共 13 人,其中满族大臣 8 人、汉族大臣 4 人、蒙古族大臣 1 人,满族大臣中又有 5 人为皇族,故该内阁别称为"皇族内阁"。新内阁成立后,对原内阁、军机处及政务处进行裁撤。

"皇族内阁"就其制度架构本身而言,有其进步性;然其组成及组阁后的活动为时人及后人所讥评。此皇族内阁引发举国不满,立宪党人以咨议局联合会的名义,请都察院代奏:皇族组织内阁不符合君主立宪公例,请另组内阁。而清廷却认为任免百官乃君上大权,议员不得干涉。由此朝廷与民意渐行渐远,直至武昌起义,清廷欲"还政于民""虚君共和"而不可得。[①]

(五)《宪法重大信条十九条》

1911 年 10 月 10 日,发生了辛亥革命,各省纷纷响应,宣布独立。立宪派和一些手握重兵的将领上书敦促立即公布宪法、召开国会。在内外压力下,清廷令资政院迅速草拟宪法,仅用了三天时间便制定和通过了《宪法重大信条十九条》(以下简称《十九信条》),于 1911 年 11 月 3 日公布。《十九信条》与《钦定宪法大纲》比较,在体例与内容上均有不

---

① 参见罗志渊编著:《近代中国法制演变研究》,(台北)正中书局 1974 年版,第 166—168 页。

同：一是采用英国式"虚君共和"的责任内阁制；二是形式上限制了皇权，扩大了国会权力。《十九信条》规定：皇权以宪法明定者为限；皇位继承顺序由宪法规定；宪法由资政院起草议决，皇帝颁行；宪法修正提案权归国会；总理大臣由国会公选，皇帝任命；皇帝直接统海陆军，但对内使用时，应依国会议决之特别条件，此外不得调遣；国际条约非经国会议决，不得缔结；官制官规以法律规定等。《十九信条》还明确规定在国会成立前，由资政院代行国会权力。清廷重新起用袁世凯，即据《十九信条》由资政院投票选举袁世凯，再由皇帝任命其为总理大臣的。但关于人民民主权利，《十九信条》只字未提。《十九信条》未能挽回清廷的厄运，1912 年 2 月 12 日清帝溥仪宣布退位，结束了中国两千多年的帝制。

四、君主立宪与共和革命两条道路之争

晚清时期，在海外有康梁组织的"保皇党"，国内又有以张謇为代表的各省士绅组织的"立宪党"，他们都主张以君主立宪改良现制；而孙中山领导的革命党人则坚持推翻清王朝，建立共和国。拥护君主立宪的势力与"反清"的革命党展开了各种形式的斗争。在海外，革命党与保皇党在华侨中争夺市场；在国内，革命党又以实际的革命行动回应立宪党的"改良"路线与清廷所谓预备立宪。革命派与改良派（立宪派）分别提出"驱除鞑虏"与"速开国会"的口号，双方常常在报纸上展开论战，这也推动了近代宪政思想的普及。"后来走上共和革命道路的许多人在追忆旧日阅读经历时，不约而同地强调立宪派领袖梁启超对他们'民主革命思想'的启发"；胡适也说梁启超"虽不曾明白提倡种族革命，却在一班少年人的脑海里种下了不少革命种子"；"君宪与革命之争在我们今天看来，构成某种重要的分裂，但对于当日的中国青年，这种对立其

实没有那么绝对"。①

革命党与立宪派的政治主张并非泾渭分明,他们都要求变革政治体制,实现民权,其区别主要在于是和平夺权还是武力夺权。这一点当时的保守派官僚已经看得很清楚:"革命有二派,主激烈者显背朝廷,昌言叛乱……主和平者,以立宪为名,以攘权为实……故改新律以破伦常,则君纲废;订阁制以专政柄,则君权替;昔之倡平等自由者,皆斥为邪说,今实行于政事矣;昔之倡革命排满者,潜伏于海外,今公行于朝右矣。……事事把持,必使政府俯首听命。其处心积虑,无非夺君主之权,解王纲之纽。阳美以万世一系,阴实使鼎祚潜移。司马昭之心路人皆知,朝廷亦洞烛其奸矣。"②

即使在革命党人看来,判断革命的标准也并非是否采用暴力手段,而是是否实现政体变革:"世界各国,无论民权立宪政体、君权立宪政体,要其所以能立宪之故,莫不由于革命。革命者,谓于其政体上生一大变动也。使不能于政体上生大变动,则虽杀人如邱、流血成河,其进行革命时可云革命,而其结果不可云革命,以其于政体上无变革故也。反之能于政体上生变革者,则为革命。……所以能由君权专制政体,变而为民权立宪政体,或变而为君权立宪政体者,何也? 非其君能自变革,乃民权发达之结果使之然也。民权发达而实行革命,因所遇之敌不同,而结果有异。"③

革命、立宪两派区别与其说是革命与"非革命"之别,不如说是军事(流血)革命与宪法(不流血)革命之别。"梁启超尝说:'立宪派人不

① 沈洁:《民国的"失传"——清末民初中国革命再阐释》,上海社会科学出版社 2019 年版,第 82—83 页。
② 刘锦藻:《清朝续文献通考》卷 400《宪政八》,商务印书馆 1936 年版,考 11512。
③ 精卫(汪兆铭):"驳《新民丛报》最近之非革命论",《民报》第 4 号,1906 年 5 月。

争国体,而争政体。其对于国体,则承认现在之事实;于政体,则求贯彻将来之理想。'换句话说,如果议院政治能够实现,君主民主体制都是可以接受的。这是一个富有弹性的理想。""立宪派人持论与政府相对立,于不知不觉的演变中倾向同情革命,有利革命。"①立宪派人持论之所以与政府对立,走向革命,与晚清西方民权思想的盛行(包括梁启超本人的鼓吹)有关,立宪派与革命派的民主宪法理论基础非常接近。立宪派的初衷是温和的、改良的,却因其革命思想而必将走向革命行动。

第三节　资政院弹劾军机案与立宪派的革命

一、弹劾军机案的根源:速开国会之争

　　资政院开院不久,全体议员即通过了请速开国会的奏稿,期待来年即开国会。很快,清廷下诏将九年筹备之期缩短为五年,并打压继续请愿速开国会运动,立宪派在资政院遭遇重大挫折,与清廷发生龃龉。有议员在议场大胆预言,如不即开国会,可能等不到五年之期就亡国了,此语不幸言中。②

　　在清廷就速开国会请愿正式下诏之前,已有传言说国会不能即开。1910 年 9 月 29 日,军机大臣郎贝勒到资政院谈开国会的问题,议员邵

---

①　张朋园:《立宪派与辛亥革命》,吉林出版集团有限责任公司 2007 年版,第 181、191 页。

②　参见《资政院议场会议速记录——晚清预备国会论辩实录》,李启成点校,上海三联书店 2011 年版,第 141 页。

羲、易宗夔预先针对此上谕，首次提及军机大臣的副署责任："东西各国通例，凡是君主的命令，都由国务大臣副署，其副署之原因，一方代表君主负行政上之责任，一方对于国会负责任。今中国所有上谕，已由军机大臣副署，现在国会未开，资政院已经成立，副署之事，是否与各国副署用意相同，上代君主负责任，下对于资政院负责任？究竟与各国国务大臣副署之意有无区别？""上谕出来的时候，如果国会明年可开，就可以达全国人民之目的；如果明年不能即开，军机大臣就有副署的责任，即请军机大臣不必将名字副署。"① 上谕发布后，有议员认为："日前国会议案已经全院表决具奏，凡在立宪国，一个议案经表决之后，须请皇上裁可。所谓裁可者，不过是名义上之裁可，并没有经议院表决之后不实行的道理。……今本院具奏案主张明年速开而王大臣议定宣统五年，则这议案效力全失，所谓资政院立议院基础，养议院精神者何在？"② 议员们不能直接批评皇帝与摄政王，只能把矛头指向了副署上谕的会议政务处王大臣与宪政编查馆的"一二小臣"，指摘其违背公议，挟持皇上及监国，逆潮流而行，王大臣必须对此负责："这个事情是各省督抚与人民同意请求，其有不同意者就是少数王大臣……但自筹备宪政以来，皇上尚在冲龄，监国摄政王采纳群言，一切立法悉委任宪政编查馆王大臣。而宪政编查馆之起草的就是一二小臣……当请议长咨商宪政编查馆，从速将宪法、议院法、选举法起草，交资政院通过。与其信一二人之意见，何如信多数人之意见。……我皇上、我摄政王本无成见……但是中国政体，凡遇有特别事情，不能不商之会议政务处王大臣。而该王大臣

---

① 《资政院议场会议速记录——晚清预备国会论辩实录》，李启成点校，上海三联书店 2011 年版，第 110 页。

② 《资政院议场会议速记录——晚清预备国会论辩实录》，李启成点校，上海三联书店 2011 年版，第 141 页。

既已署名,当有副署之责任。……皇上及监国已知暌度时势,瞬息不同,危迫情形日甚一日,本欲即开,因政务处王大臣多主张五年,是以不能即开,此后内忧外患,要请副署王大臣负其责任。"①

此次议员们没有直接指摘军机处,而是指向会议政务处与宪政编查馆,可政务处大臣多由军机大臣担任,宪政编查馆亦由军机处王大臣总理其事。宪政编查馆由于其与资政院在立法职权上有重合、争议之处,成为资政院议员的矛头所向。

二、立法职权之争

按资政院议员的说法,宪政编查馆类似于行政中枢之法制局。其职权与日本明治十四年(1881)于太政官设立的参事院类似,根据《宪政编查馆办事章程》第2、11条,其职责有:议复奉旨交议有关宪政折件,及承拟军机大臣交付调查各件;调查各国宪法,编订宪法草案;考核法律馆所订法典草案,各部院、各省所订各项单行法;调查各国统计,颁成格式;统一全国法制。② 但上谕的说法是:"资政院未设以前",宪政编查馆事宜"暂由军机处王大臣督饬原派该馆提调详细调查编定"。③ 资政院与宪政编查馆的关系如何定位? 这是否意味着依上谕,资政院设立后有权通过颁布规范性文件限制宪政编查馆的权限? 进一步说,这是否意味着资政院在立法权与政治地位上高于宪政编查馆,甚至拥有最高立法权? 事实上,就权力来源而言,军机处是皇权的代表,宪政编查

---

① 《资政院议场会议速记录——晚清预备国会论辩实录》,李启成点校,上海三联书店2011年版,第142页。

② 参见故宫博物院明清档案部编:《清末筹备立宪档案史料》上册,中华书局1979年版,第49页。

③ 参见故宫博物院明清档案部编:《清末筹备立宪档案史料》上册,中华书局1979年版,第46页。

馆则隶属于军机大臣,宪政编查馆因而与皇权和最高行政权关联,与代表"公论"("民权")的资政院相对立,其冲突有三:

其一,根据《宪政编查馆办事章程》第 14 条,宪政编查馆"拟订及考核之件,除法典及重大事项应由资政院议决外,其余各件呈由军机王大臣阅定,即奏准施行"。① 除法典外,其他何为"重大事项"并不清楚,这个灰色地带使得宪政编查馆与军机大臣侵夺资政院权力成为可能。更重要的是,宪政编查馆一方面是立法者,一方面又附属于最高行政机构(军机处),这意味着立法、行政合一。如果任由宪政编查馆侵夺规范性文件的制定与解释权,日后若资政院与中央政府(军机处与各部)发生冲突,作为权限争议案的解释者,宪政编查馆难免会偏袒政府,压制资政院:"光绪三十三年宪政编查馆之成立,专司编纂关于宪政之法典,纯是立法机关,当我们资政院成立以后,屡次有侵夺权限的地方。所以我们要申明资政院立法范围,非与该馆划清权限不可。因为该馆当资政院未成立以前,是由军机领衔,握行政上最高之权的,一方面编制法典,一方面发布行政处分。"②

其二,资政院与各省咨议局作为中央与地方民意机关,是同气相求的共同体,而资政院拥有处理各省咨议局与督抚权限争议的法定权力(《资政院院章》第 23、24 条),这对于议会政治文化的培育有利。但事实上,各省督抚与咨议局发生冲突,往往依照旧例提请宪政编查馆释法以明定双方权限,而不是提交资政院议决,宪政编查馆作出的法律解释常常有利于督抚:"资政院未成立以前,宪政编查馆有解释法典之命令

---

① 参见故宫博物院明清档案部编:《清末筹备立宪档案史料》上册,中华书局 1979 年版,第 51 页。

② 《资政院议场会议速记录——晚清预备国会论辩实录》,李启成点校,上海三联书店 2011 年版,第 233 页。

及发布可以代法律之命令,各省督抚对于宪政编查馆之命令,奉之惟谨,良以宪政编查馆有解释法典之权。咨议局局章不过三十余条,经他解释一次,缩小范围一次。其解释章程往往有宽有狭,有这省这样、那省那样,以致彼此互相冲突。"①

其三,根据 1908 年颁布的《九年预备立宪清单》②,尽管 1910 年资政院就开院,但之后重要法律(包括官制、户籍法、新刑律、民律、商律、刑事民事诉讼法等)的编订、颁行仍由宪政编查馆自办或者会同相关政府部门办理,包括最后颁布宪法、议院法与上下议院选举法均由宪政编查馆负责。资政院的立法权主要体现在对于宪政编查馆编订法律案的审议通过。但根据 1909 年颁布的《资政院院章》第 14 条第 4 款,资政院应行议决的事项包括"新定法典及嗣后修改事件,但宪法不在此限";依《资政院院章》第 15 条,资政院议决议案"应由军机大臣或各部行政大臣先期拟定,具奏请旨,于开会时交议",但第 4 款所列修改法典事件,"资政院亦得自行草具议案"。③ 根据《资政院院章》第 14、15 条,资政院就有了法律及其修正案的议决权,甚至有自行提出法律案的权力。资政院作为《院章》规定的立法者,不能不与在事实上行使立法权的宪政编查馆发生权限冲突,冲突的原因之一便在于清廷没有厘清前后冲突的章程与上谕,而宪政编查馆则依资政院未成立之前的惯例,仗军机处

---

① 《资政院议场会议速记录——晚清预备国会论辩实录》,李启成点校,上海三联书店 2011 年版,第 234 页。
② 参见故宫博物院明清档案部编:《清末筹备立宪档案史料》上册,中华书局 1979 年版,第 61 页以下。
③ 参见上海商务印书馆编译所编:《大清新法令》(点校本)第 6 卷,商务印书馆 2010 年版,第 92 页。

之势继续行使立法权。①

基于以上所列冲突,资政院与宪政编查馆难免势同水火:"宪政编查馆仿自宪国法制局之制,自应隶于政府管辖之下,何以宪政编查馆对于立法事项既司编订核订之权,对于行政机关又复发强大之命令,名实不符,政体淆乱……各省督抚与各省咨议局冲突事件处处皆然,而宪政编查馆往往压制咨议局而扶助督抚……今资政院对于中央政府有利害之关系,犹之各省咨议局对于督抚有利害之关系,宪政编查馆既可以扶助督抚,安知不以捍卫枢府之手段而反抗资政院,……资政院未开设以前,宪政编查馆所侵估者,无一非资政院之权。资政院既成立以后,宪政编查馆仍复侵越资政院之权,是宪政编查馆存而资政院万无完全立法之机关。……要将宪政编查馆设立以来所有奉过的上谕都调查清楚了,此刻要知道当时的上谕以为宪政编查馆在资政院未成立以前,有编制权、议决权,现在资政院已经成立,则宪政编查馆只有编制权,议决权应当还我们资政院。"②

资政院议员不仅要求垄断今后法律的议决权,还根据《院章》规定的修改法律与提出法律案的权力,认为资政院有权对其成立之前由编查馆制定并生效的法律进行审查修改。③资政院议员将资政院职权与地位等同于议会内阁制下之国会,是"议决"的"主体",军机大臣等只是

---

① 我们不能简单依据"后法优于前法"得出结论说《院章》规定优于《清单》规定,资政院在立法权上优于宪政编查馆。且不说资政院并非真正意义上的议会(立法者),根据《宪法大纲》所附《议院法要领》,"议院只有建议之权,并无行政之责,所有决议事件,应恭候钦定后,政府方得奉行"。(故宫博物院明清档案部编:《清末筹备立宪档案史料》上册,中华书局1979年版,第59页。)这就意味着即使议院也并非完整的立法者,其议决事项须恭候钦定。而宪政编查馆作为钦定宪法的拟定者则表明它与至高皇权的紧密联系。

② 《资政院议场会议速记录——晚清预备国会论辩实录》,李启成点校,上海三联书店2011年版,第150—151页。

③ 参见《资政院议场会议速记录——晚清预备国会论辩实录》,李启成点校,上海三联书店2011年版,第232页。

执行机关："大抵法治国有两个机关：一议决，一执行，军机大臣、各部院行政大臣是执行的机关，资政院是议决的机关。查《院章》，本院职掌，除宪法外，一切法典及嗣后修改事件均可议决，所以将来的议院法及选举法，非经本院议决通过，断不能行。……至于现在本院与行政衙门权限，《院章》本自分明。凡议决事，均以本院为主体。例如异议事件，则由总裁、副总裁及军机大臣或各部行政大臣分别具奏；议决事件亦由总裁、副总裁分别会同军机大臣、各部行政大臣具奏。先总裁、副总裁，而后军机大臣、行政大臣者，明主体之所在也。"①

对于资政院在立法权方面的挑战，宪政编查馆声明自己并非最高立法机关，同时认为资政院乃至国会也并非宪法（大纲）上的最高立法机关："该馆非立法最高之机关"，"查《钦定宪法大纲》，立法、行政、司法皆归君主总揽，是立法事项不特本馆不能握其最高权，即现在成立之资政院及将来应设之上下议院，其对于立法权亦仅以协赞为限。"②

其实，资政院内对于"陈请申明资政院立法范围"议案也存在异议，极少发言的议员赵椿年曾提醒说：其一，陈请书"须根据宪法，中国宪法尚未定，不能以外国宪法所定为中国立法之范围"；其二，即使根据外国宪法实践，广义的法律包括议会立法与行政法规，资政院仅仅在议会立法（狭义的法律）层面高于宪政编查馆，而不能插手行政法规的制定。"就法律一面言，资政院范围比较宪政馆为大，盖宪政馆只能编订法律，必须经本院赞成，方能成为法律；……然亦只法律如此，至于其他之范围，宪政馆却较资政院为宽。盖资政院之赞定只有立法事件，宪政馆之

---

① 《资政院议场会议速记录——晚清预备国会论辩实录》，李启成点校，上海三联书店 2011 年版，第 151—152 页。

② "宪政馆对付议院质问之手续"，《申报》1910 年 11 月 8 日，载《申报影印本》第 109 册，上海书店出版社 1982 年版，第 115 页。

编纂兼有行政事件……就是将来宪政馆改为内阁法制局,资政院改为
国会,而法制局之制度,凡官制、外交之事交阁议者,均可以编纂,亦非
国会所能赞定。"①但这样专业而理性的讨论被资政院"三杰"之一雷奋
打断了,他认为赵椿年"关于宪政馆的许多话,不在特任股员应当声明
之列"。②

三、代议机关地位之争

在国会未开之前,资政院是以代议机关自居,自许为民意总代表
的。在现代立宪政体下,代议机关是与一个对其负责的政府相对的,而
大清国传统的行政中枢(军机处)并不对代议机关负责,现代立法权与
古代行政权演了一出"关公战秦琼"。弹劾军机案的直接导火索乃是湖
南巡抚杨文鼎未经本省咨议局,直接上奏朝廷发行公债。资政院经多
数通过,以全体名义上奏杨文鼎侵权违法,请求圣裁;而上谕仅仅指出
杨有疏漏之处,对其并无任何处分。资政院议员于是大哗:"就是一个
御史参一个督抚,亦不至如此无效。资政院全体议决之件如此无效,何
必设立资政院?……明明违法侵权,竟等于无罪……湖南巡抚、度支
部、军机大臣,似此违法侵权,不惟不愿速开国会,即此资政院、咨议局
之权限,亦必概行破坏而后已。资政院及各省咨议局虽具完全精神,提
出各种议案,恐亦终归无效。"③

因为上谕为军机大臣副署,议员们要求军机大臣到资政院说明理

---

① 《资政院议场会议速记录——晚清预备国会论辩实录》,李启成点校,上海三联书
店 2011 年版,第 235—236 页。

② 《资政院议场会议速记录——晚清预备国会论辩实录》,李启成点校,上海三联书
店 2011 年版,第 236 页。

③ 《资政院议场会议速记录——晚清预备国会论辩实录》,李启成点校,上海三联书
店 2011 年版,第 156—159 页。

由,军机大臣不来,双方陷入僵局。随后,因为上谕(由军机大臣拟旨并副署)将资政院议决的云南盐斤加价案与广西巡警学堂案,分别交督办盐政处与民政部察核具奏,有视资政院为盐政处与民政部下级官厅之嫌,引起议员们的愤怒,终于引发弹劾军机案:"我们中国已经先朝确立为立宪政体之国,所以才设立一个资政院,为上下议院之基础。资政院系立法机关,凡立宪政体之国,皆系三权鼎立,一种是立法,一种是司法,一种是行政。何谓三权鼎立? 说是立法、司法、行政,都是独立不能侵犯的……军机大臣岂不知道这个立法机关是独立的么? 既然知道为独立的机关,就不能将立法机关所议决的案子交行政衙门去察核。可见军机大臣是侵资政院的权,违资政院的法了。……对此事应该照《院章》二十一条上奏,弹劾军机大臣为是。"[1]议员雷奋指出:弹劾案应强调的不是军机大臣在云南、广西两案中针对资政院的侵权违法,而是其"对于皇上不负责任,不足以辅弼皇上"[2]。他们抓住了军机大臣之前答复中的"不负责任"一语,认为这违反了立宪国与责任内阁的精神。清廷为了安抚资政院,下旨云南、广西两案依资政院所议。但议员们仍不肯罢手,决定以"不负责任"为题继续弹劾,并由追究军机大臣个人责任发展为追究军机处的机关责任,进一步要求废军机处、设立责任内阁。本来"不负责任"只是弹劾军机大臣侵权违法的一个策略性借口,现在变成了弹劾案的核心内容,云南、广西两案的处理结果如何反倒无关紧要。资政院"设立责任内阁之争"其实与之前"速开国会之争"是一体两面:争取速开国会的目的,是通过民意代表机关的监督、制衡让政府负

---

[1] 《资政院议场会议速记录——晚清预备国会论辩实录》,李启成点校,上海三联书店 2011 年版,第 242—243 页。

[2] 《资政院议场会议速记录——晚清预备国会论辩实录》,李启成点校,上海三联书店 2011 年版,第 253 页。

责;国会不能即开,资政院便以代议机关自居,攻击政府中枢军机处,要求在国会未开之时设立与资政院"对立"的责任内阁。

面对资政院的弹劾,军机大臣向摄政王提出辞职,摄政王则亲笔朱谕不准军机大臣辞职,同时指责资政院越权妄议:"朕维设官制禄,及黜陟百官之权,为朝廷大权,载在先朝《钦定宪法大纲》,是军机大臣负责任与不负责任,暨设立责任内阁事宜,朝廷自有权衡,非该院总裁等所得擅预,所请着毋庸议。"[1]面对窘境,资政院避开皇权的锋芒,仍继续要求明定军机大臣责任,速设责任内阁:"从前的谕旨,我们有可以说话的地方,因为军机大臣拟旨,军机大臣署名。这回朱谕是摄政王自己用朱笔写的,而军机大臣没有署名,使我们没有说话的地方。……一有朱谕出来说不行的,资政院就可以不用说话。……不但现在资政院绝无用处,就是以后的国会,都可以不要了。这个是非常之危险的。因为立宪国精神是议院与政府对待,现在弄成议院与君主对待。这个只有两个办法:一个是积极的专制,什么资政院,什么国会,什么立宪都可不要。还有一个不得了的结果,这个人民没有别的法子,只好拿出他的暴动的手段出来,这是非常之危险。所以我们要想个法子,解决这个问题。……我们不能对朱谕说话,是应该还要拿出军机大臣出来。"[2]

几个回合之后,摄政王对于资政院弹劾军机的上奏留中不发,资政院也忙于其他议案,喧嚣一时的弹劾军机案便悄无声息了。

四、评价

在资政院讨论弹劾军机案时,温和派议员陆宗舆曾对此泼冷水,指

---

① 《清实录》第 60 册《(附)宣统政纪》,卷 45,中华书局 1987 年影印本,第 802 页。
② 《资政院议场会议速记录——晚清预备国会论辩实录》,李启成点校,上海三联书店 2011 年版,第 386 页。

出:军机副署是乾隆年间制度,军机处不负责任乃是制度延续使然;"资政院与各国国会毕竟不同",应该慎用弹劾权;"资政院尚有很多重大应议事件",不应把时间都浪费在就"小问题"与政府"争闲气"上。议员雷奋反驳陆宗舆:"今国会未开,资政院尚有三年。此时不弹劾,何时可以弹劾?内阁既未成立,毕竟谁负责任?军机不负责任,何人可以弹劾?弹劾军机,即为促成内阁之一手段,攻击军机之机会既多,则内阁成立之机会亦多。弹劾军机之眼光不在军机而在内阁,现在无妨多攻击之。故劝诸君不必但为法律的解剖,须以政治的眼光观察。"①陆宗舆的发言道明了资政院在弹劾军机案中的三个软肋:其一,军机副署责任不成立;其二,资政院的地位、权力与外国国会不同;其三,资政院纠缠在弹劾军机案中,荒废了其本应承担的审议法案职责。雷奋的反驳则清楚地申明:弹劾军机的目的在责任内阁而非军机,弹劾军机是为了实现设立责任内阁的政治目标,至于弹劾在法理上是否站得住脚则是次要的。

晚清的宪政改革未见得全是骗局,但清廷没有认清民心向背与大势所趋,②越被动越抓权,改革政策前后矛盾、虎头蛇尾,造成立法混乱,政府进退失据。1908年光绪、慈禧离世后,摄政王与满洲亲贵面对政府中的汉族实力派缺乏自信,以为可以通过制度与人事安排来扬满抑汉。清政府满汉势力的均衡由此打破,人事的变动更造成光绪、宣统之间的政治改革制度的断裂与冲突。这一方面丧失了改革的良机,另一方面也令保守派与立宪派拿着自相矛盾的朝廷法令(上谕)说事,清廷则莫

---

① 陆宗舆与雷奋的议场发言,参见"中国大事记",《东方杂志》第12期,1911年1月。

② 资政院议场钦选、民选议员各半,可对抗政府的提案却屡屡冲过2/3的投票门槛。面对如此警示,皇室仍未意识到民心已失、帝制已朝不保夕。

衷一是、和稀泥,用人事调整代替系统的制度安排。① 这可能是引发弹劾军机案的制度原因。

中国思想一直有所谓"华夷之辨""汉贼不两立"的传统,清王朝是异族王朝,一旦陷入困境,其政治合法性流失的速度也特别快。资政院第一次常年会居然提出剪发易服案,并请皇帝改祖制,躬行剪发为天下先;并提出赦免国事犯案,昭雪戊戌冤狱案。可见当时人心大变。通过以弹劾军机案为中心考查资政院议员的言行,我们发现立宪派与革命派之差别,无非是前者鼓吹宪法革命,后者主张暴力革命,双方在以民权代替君权等方面是一致的。立宪派以立宪为名行革命之实,他们以欧美自由民权学说为思想武器,在新刑律中力图废除纲常名教条款,在宪制上争取责任内阁制,甚至公然提案要求剪辫与赦免革命党。我们或者可以说,清季立宪派与革命派唱了一曲双簧。弹劾军机案后不到一年便发生武昌首义,在两派的合力之下,仅仅用了短短几个月时间,就由各省宣布独立到清帝颁布退位诏书。辛亥革命在近代史上是流血较少的一次政权更替,其中的部分原因是立宪派组织的宪友会"在革命中采应变手段,控制各省政局,革命形势几为之操纵。立宪派人始于求国会,终于得革命,种瓜得豆"②。可皇权被推翻了,民国的议会政治却依然不上轨道。

资政院弹劾军机案的遗产并非全然是正面的,立宪派议员们跳出清廷预设的筹备立宪游戏规则,无视自身宪法地位与权限,企图用投票方式实现宪制革命的政治目标,在"越权违法"上比军机大臣有过之而

---

①　另一个例子是,在清末司法改革中,面对司法行政机关(法部)与中央审判机关(大理院)的权限争议("部院之争"),清廷不是按照现代法治观念区分司法审判权与司法行政权,而是简单地将发生争议的部、院首长对调来解决纠纷。

②　张朋园:《立宪派与辛亥革命》,吉林出版集团有限责任公司2007年版,第102页。

无不及。当然你可以说这是因为游戏规则本身不公平,议员们的政治目标也无可厚非,是所谓"良性违宪"。但是,作为立法者,一方面不能以身作则地守法,为自身便利计,常常改变既有规则,用政治目标破坏法律秩序;另一方面又以英国国会自诩,以民意代表自居,以为议会立法可以"无所不能",企图通过投票来改变现实的政治秩序与权力平衡。这不是理想主义,而是"想象主义"。民国初年国会"毁法造法"的劣迹及其坎坷命运,或许并非偶然。

我们或者可以用议员汪荣宝一段冷静而专业的议场发言作为结尾:"我们资政院议员在资政院做事,在资政院说话,第一要晓得资政院的职权,第二要晓得资政院的地位。资政院对于各省督抚侵权夺咨议局权限、违背法律的举动,按照资政院的院章,当然有核办的权利。这'核办'两字,照院章的规定,拿法理把他解剖出来可以分成三段:第一是审查,第二是议决,第三是具奏。……至于具奏之后,朝廷对于督抚侵权违法举动究竟怎样办,或是给他处分或是不给他处分,那是我皇上的大权,并不在资政院核办范围之内,资政院亦绝对没有干预的余地。……简单说,处分是处分,核办是核办。处分是朝廷的事情,核办得正当不正当是资政院的责任。资政院要尽这一个责任的时候,不可不有四种心得:第一,要守定《资政院院章》;第二,要认明资政院权限的范围;第三,要有公平的眼光;第四,要有不挠不屈的精神。这四种完全,方才是言论机关的本色,方才算得有完全的法律思想。要是不然,资政院自己先没有站住脚跟,口口声声讲法律,口口声声说人家违背法律,究竟资政院自己在法律上的地位认清楚没有?资政院自己在法律上的根据站稳当没有?"①

---

① 《资政院议场会议速记录——晚清预备国会论辩实录》,李启成点校,上海三联书店 2011 年版,第 195 页。

第八章　近代制宪史

第一节　制宪史概要

近代中国制定的多部法律文件，我们将其条文与德国、瑞士等国法典逐条对校，便会发现"倒有百分之九十五是有来历的，不是照账誊录，便是改头换面"，这是否意味着民国的立法工作毫无价值呢？对此法学家吴经熊解释说："世界法制，浩如烟海；即就其荦荦大者，已有大陆和英美两派，大陆法系复分法、意、德、瑞四个支派。我们于许多派别当中，当然要费一番选择工夫，方始达到具体结果。选择得当就是创作，一切创作也无非是选择。"[①]近代中国对于西方宪法的考查与选择，略早于民事立法，它始于1905年清廷派五大臣赴日、美、英、法、德、意、俄等国考查宪制。而从1908年《钦定宪法大纲》到1946年《中华民国宪法》，近代中国比肩法国，成为世界上制定颁布宪法文件最多的国家之一。宪法更换频繁固然不是什么值得骄傲的事情，但近代中国在宪法制度的选择与创作方面的经验（教训）之丰富，在一定程度上可能弥补了近

---

① 吴经熊："新民法和民族主义"，载吴经熊：《法律哲学研究》，清华大学出版社2005年版，第172—173页。

代中国宪法学的相对贫乏。作为"亚洲第一共和",近代中国在制宪方面的"创作",甚至赶超了当时的欧美典范。

一、"造法毁法"的民初制宪史[①]

(一)混沌应急的民元《临时约法》

民国草创,便制定了《临时政府组织大纲》,仿照美国总统制的中央政府体制,总统、参议院与法院三权分立。《大纲》未设人民权利条款,且其政府体制设计也颇多缺漏,于是由临时参议院进行修正,草拟了《大中华民国临时约法草案》,仍采总统制的政府运作模式。很快南北议和成功,根据协议由袁世凯来做临时大总统。为了制衡袁世凯,参议院拟参照法国第三共和国的责任内阁制,将原案的总统制改为内阁制,企图架空至少限制总统的权力,于是有了《中华民国临时约法》的出台。但事实上,由于制宪者内部意见的不一致及其比较宪法知识的缺陷,《临时约法》"舍弃利于形成责任内阁制的条文,而多采源自美国总统制的条文",与真正的责任内阁制相去甚远,堪称民国制宪史上的"离奇事迹"。[②]

(二)"天坛宪草"的起草与搁置

1913年4月8日,民国第一届正式国会在北京开议。根据《临时约法》规定,总统选举与制宪之权均归于国会。[③]随之组织宪法起草委员会,在天坛制定宪草。[④]草案于同年10月14日脱稿,袁世凯则"不满草

---

① 本章提到的各个宪法文本,可参见夏新华等整理:《近代中国宪政历程:史料荟萃》,中国政法大学出版社2004年版。

② 参见张茂霖:"错误移植的责任内阁制——《中华民国临时约法》制定过程重探",《法制史研究》2006年第9期。

③ 在之后很长的时间里,总统选举常常与制宪绑在一起。

④ 这部草案史称"天坛宪草",详参吴宗慈《中华民国宪法史》前编、后编,1923年自刊。

案中限制总统权力的有关条文,于是乃于 10 月 25 日通电各省都督民政长,反对宪法草案,谓(国)民党议员,干犯行政,欲图国会专制,要他们逐条讨论,迅速条陈电复"。各省军政长官多数是袁世凯旧部,自然一致反对宪草,更有将国民党籍议员解职和解散国会之议。[①]

(三)"袁记约法"与洪宪帝制

1913 年,国会国民党领袖宋教仁遇刺,国民党发动"二次革命"失败。袁世凯改变"先制宪后选总统"的顺位在先,威逼国会议员选举其为总统在后,随之更悍然解散国会,"天坛宪草"亦随之废弃。袁氏解散国会之后,先操纵所谓"约法会议"制定《中华民国约法》("袁记约法"),其主要内容有二:(1) 废除责任内阁制,并无限扩张总统权力;(2) 废除国会制,设置立法院作为立法机关,表面上采用一院制。立法院有议决法律和预算等诸多职权,但立法院受总统领导,且无权弹劾总统,而总统却有解散立法院之权。另设参政院,作为大总统咨询机构,且规定立法院未成立前,由参政院代行其职。而事实上,在袁氏执政时期,立法院则始终未成立。袁氏还操纵修改《大总统选举法》,延长总统任期为十年,且连任无限制,并有指定次任总统之权。更离奇的是,《大总统选举法》第 3 条居然规定继任总统候选人之名单"由大总统先期敬谨亲书于嘉禾金简,钤盖国玺,密贮金匮,于大总统府特设尊藏金匮石室尊藏之"[②],完全是清代帝王秘密指定继承人的那一套。至此袁氏仍不满足,必欲身登宝殿而称万岁。待到袁氏帝制破产,又有北洋军阀弄权与国会的二度解散。

---

①　参见荆知仁:《中国立宪史》,(台北)联经出版事业公司 1984 年版,第 211 页。

②　夏新华等整理:《近代中国宪政历程:史料荟萃》,中国政法大学出版社 2004 年版,第 464 页。

（四）省宪运动与"联省自治"的尝试

　　辛亥革命是以各省宣告独立的形式展开的，而认为各省自治优于中央集权的思想在清末已广泛传播。"大多数省份在革命后，也都以完全自治的姿态出现，无意于放弃其已得到的特权，包括统率地方的军队，截留税收，选任省级和省内地方官吏。与此同时，省级以下的县议会的影响力和信心，也大为增强了。在地方主义者心目中，统一和自治两项要求，可以融合在联邦制的体制中。"①有美国由独立的州组成联邦，而省宪先于国宪之先例，加之民初中央政局的不稳，联省自治与省宪运动便呼之欲出了。1920年，在湖南发起联省自治运动，有十个省积极响应，湖南、浙江、四川、江苏、山东、广东都各自起草了省宪。"尽管这些制定省宪的运动多半是政治性的门面活动，且皆非规范性宪法；但对于国民而言，能想到利用宪法作为政权合法性之依据与号召，诚比北方军阀悍然不顾宪法为何物，来得进步。"②1921年11月湖南的省宪以全体省民投票的方式通过，它"原则上仍是当时中国所能见到的最激进的宪法，其中规定有普选权及省、县设立议会，教育自由及司法独立，省长由全省人民选举产生，人民享有创议、投票、弹劾等权利"。湖南省宪甚至还仿照美国宪法的先例，规定公民可以购买枪支以行使自卫权（省宪第13条），这在中国历史上是空前绝后的。"联省自治运动的目标是双重性的"，其一是各省自治，各省有权制定宪法，其内部事务不受中央或他省干涉；其二是联邦宪法应由各省选举代表共同制定。在实际运作中，各省已制定的省宪并未得到真正落实，而其联省自治运动"又被国民党的中央集权的民族主义所克制，后者正致力于军事统一"。而北

　　①　〔美〕费正清编：《剑桥中华民国史》上卷，杨品泉等译，中国社会科学出版社1994年版，第204页。
　　②　陈新民：《中华民国宪法释论》，（台北）2001年自刊，第30—31页。

伐战争在攻占华南、华中各省的同时,也扫荡了各省的宪法与议会,"以便腾出地方,建立中央集权的民族国家"。[①]

(五)"贿选宪法"的通过与废弃

1923年国会重新集会,为曹锟大额支票所收买的议员,再次改变"先宪后选"的顺序,并选举曹锟为总统,舆论大哗。"猪仔议员"们为了掩盖其丑行,在选举总统之后,匆匆完成了"天坛宪草"的二读与三读程序,通过了正式的《中华民国宪法》:"开会不过三次,为时不及七日,遂举十二年久孕不产之大法,全部完成。六七载之争议问题,不议而决。"[②]并于1923年10月10日曹锟就职之日予以宣布。但在这种情况下完成的宪法,当然不会得到人民的尊重与承认。1924年段祺瑞执政府成立后,便将这部宪法予以废止。平心而论,这部宪法的内容本身是比较进步的,甚至有些方面的规定还走在世界的前列。[③] 这样一部神圣而庄严的宪法,"在军阀政客及野心家的阻挠破坏之下,从起草到宣布,久经挫折,历时凡十一年,而其存在期间,却只不过一年,便被弃置,尤其是还落了个贿选宪法的恶名"[④]。它也为民初十几年的制宪史画了一个不光彩的句号。

二、从《孙文学说》到"五五宪草"[⑤]

辛亥革命后十几年的时间里,北洋政府政局动荡,各地军阀割据,

---

① 参见〔美〕杜赞奇:《从民族国家拯救历史》,王宪明等译,江苏人民出版社2009年版,第183—184、194页。

② 陈茹玄:《中国宪法史》,(台北)文海出版社影印原1947年版,第135页。

③ 这部宪法的长处可参见陈慈阳:《宪法学》,(台北)元照出版公司2004年版,第32—33页。

④ 荆知仁:《中国立宪史》,(台北)联经出版事业公司1984年版,第332页。

⑤ "五五宪草"全称为《中华民国宪法草案》,因颁布时间为5月5日,故史称"五五宪草"。

宪法变动频频,更有曹锟"贿选宪法"的恶例。继北洋政府之后的南京国民政府奉孙中山思想为其政治指导思想,在 1929 年国民党第三次全国代表大会上还通过了"确定总理遗教为训政时期中华民国最高根本法决议"。[①] 1927 年南京国民政府成立以来,国民党政府以孙中山"军政—训政—宪政"建国三阶段方略为由,长期实行训政,遭到各界的反对。"九·一八"事变后,国难日深,孙科在国民党四届三中全会上领衔提出"集中国力挽救危亡案",号召尽早实施宪政,以集中民族力量。1933 年 1 月孙科就任国民政府立法院院长后,随即组织宪法起草委员会,到 1936 年 5 月 5 日国民政府颁布宪草,制定过程历时三年,其间程序之严密,引发社会讨论之广,堪称空前。

"五五宪草"在很大程度上是孙中山宪法思想的落实,它比较彻底地贯彻了孙文"三民主义""权能分治"与"五权宪法"等学说。[②] 其最重要的特点有:(1) 以"三民主义"冠国体;(2) 在中央创设国民大会以行使政权;(3) 设立五权政府的中央政府体制以行使治权,总统权力很大;(4) 在中央与地方权限关系上,实行所谓"均权"制。

(一) 孙文宪法思想概要[③]

"政权为控制政府的力量,由人民直接行使于县治,间接行使于中央;治权为服务人民的力量,由政府分设五院运用。"孙中山看到西方三权分立与代议政治的弊病,希望结合中国传统与西方经验创设一个"人

---

① 参见"五权宪法学会"编:《五权宪法文献辑要》,(台北)帕米尔书店 1963 年版,第352 页。

② 孙中山有关宪法的思想通常也被统称为"五权宪法"思想,这或者是因为其宪法思想以"五权"政府最为独特,故而"以偏概全"。孙中山是政治家而非学者,其思想未见得一以贯之,再加上其政论、演讲又很多,难免有前后矛盾之处,七拼八凑之下,很难成为一部有系统的宪法。

③ 以下所引孙文宪法学说,可参见"五权宪法学会"编:《五权宪法文献辑要》,(台北)帕米尔书店 1963 年版。

民有权,政府有能"的新制度。他提出"权能分立",区分"政权"与"治权",由人民行使政权制衡政府,政府则行使治权治理国家。孙中山所谓中央政权机关是国民大会,由各县选举代表组成,行使选举、罢免、创制、复决四权。根据权能分治的理论,国民大会不是代议制的议会,而是"直接民权"机关。关于行使"治权"的政府,孙文参考了中国历史上的监察机关与"考试独立",创设了监察院掌管监察、考试院掌管公务人员的考试与铨叙,与立法院、行政院、司法院并为五院。立法院不是议会(民意机关),而是由专业人士组成的专司立法职能的机关。由于监督政府的职能由人民的"政权"行使,五院之间的关系主要不再是制约与平衡,而只是职能上的分工——"五权分立,彼此相维"。

孙中山思想("国父思想""国父遗教")对南京国民政府的政府体制架构、立宪行宪都有重大影响,它在教条上与情感上都极大地左右了国民党主持的立宪,尽管其中不乏被歪曲的地方。

1. "五权宪法"构想

"五权宪法"是孙中山法律思想的重要组成部分,是他在研究各国宪法的基础上,结合中国的历史与国情加以集中的产物。他一贯认为,宪法的好坏对于治理国家至为重要:"我们要有良好的宪法,才能建立一个真正的共和国。"同时他认为三权分立的学说在西方资产阶级革命时期曾经起过很大的作用,但是现在已经不适用了。因此中华民国的宪法要创造一种新主义,即五权分立,以弥补三权分立的不足。

孙中山的所谓"五权",就是在行政权、立法权、司法权之外,再加上考试权和监察权。以"五权分立"为基础内容的宪法就叫"五权宪法"。根据"五权宪法"设立行政、立法、司法、考试、监察五院,就叫五院制。他认为,只有用"五权宪法"所组织的政府,才是完全政府,才是完全的政府机关。按照他的设想,政府结构如下:以五院为中央政府,一曰行政院,二曰立法院,三曰司法院,四曰考试院,五曰监察院。宪法内容制定后,由各县人民投票选举总统以组织行政院。选举代议士以组织立法院。其余三院之院长,由总统得立法院之同意而委任之,但不对总统、立法院负责。而五院都对国民大会负责。各院人员失职,由监察院向国民大会弹劾之;而监察院人员失职,由国民大会自行弹劾,罢黜之。国民大会之职权,专司宪法之修改,及裁判公仆之失职。国民大会及五院职员,与全国大小官吏,其资格皆由考试院定之。此“五权宪法”也。

孙中山认为,监察与考试独立是中国固有的东西。他论中国“自唐虞起,就左史记言,右史记事,及至后世,全国都有御史、谏议大夫等官独掌监察权。他们虽然官小位薄,但上至君相,下至微臣,皆儆惕惶恐,不敢犯法”。因而,中国应发扬自己的传统,将监察独立。中国历代考试制度不但合乎平民政治,且实过现代之民主政治,平民通过严格的考试可以得第为官,让国家人才辈出。所以“将来,《中华民国宪法》,必要设立独立机关专掌考选权,大小官吏,必须考试定了他的资格,无论那官吏是由选举的,抑或由委任的,必须合格之人方得有效”。这就可防止滥选和徇私。

孙中山的五权分立学说本身是他体察中国民情国史而独创出的宪法思想,或多或少地也带有牵强的色彩。但是他主观上是想努力克服西方代议制在运作中的缺点,纠正选举制度的弊端,更重要的是他为人民描绘了一幅“世界上最完美、最良善、民有、民治、民享”的国家蓝图。

孙中山的五权分立主张,强调的是权力之间的分工与合作,而不是西方三权分立主张的分权与制衡。根据五权成立的五院,都在总统统率下实行分工合作。《建国大纲》中规定:“各院长皆归总统任免而督率之。”这种宪法思想与孙中山“权能分治”的理论密不可分。

2. “权能分治”理论

“权能分治”理论是孙中山民权思想的最完整体现。孙中山的“五权宪法"是以人民掌握政权,政府实施治权的权能分治的学说为依据的,是建立在人民主权基础之上的。他把政治权力分为政权与治权两种:

> 政是众人之事,集合众人之事的大力量,便叫做政权,政权就可以说是民权。治是管理众人之事,集合管理众人之事的大力量,便叫做治权,治权就可以说是政府权。所以政治之中包含两种力量,一个是管理政府的力量,一个是政府自身的力量。

> 要把中国改造成新中国,必须把权和能分开。政权完全交到人民手内,要人民有充分的政权,可以直接去管理国事;治权则完全交到政府的机关之内,要政府有很大的力量,治理全国事务。

中国应该建设"全民政治"的国家,若想实现"全民政治"国家的理想,他认为人民真正应握有的权利应含选举权、创制权、否决权及罢免权这四权。同时这四权又可分为两类。一类是人民管理政府的官吏即选举权与罢免权。他主张"人民要有直接民权的选举权",全国实行分县自治,人民直接选举官吏,直接选举代表参加国民大会,组成最高权力机关。但人民只有直接选举权还不能管理官吏,还必须有罢免权。另一类是管理法律的权力,即创制权与否决权,也就是人民有公意创订一种法律或根据需要废止一种法律抑或修改一种法律。孙中山强调说,真正的中华民国必须保障人民有此四种权,人民有了四个权,才算是充分的民权,才能真有直接管理政府之权。

3. 中央与地方"均权"理论

在中央与地方的权限关系上,孙中山希望超越分权与集权的非此即彼,创设所谓"均权"的制度,即"凡事权有全国一致之性质者,划归中央,有因地制宜性质者,划归地方"。既不偏于中央集权,又不偏于地方分权。

4.“军政—训政—宪政”三阶段说与“训政”的实践

孙中山将其革命方略定为三个时期:军法之治—约法之治—宪法之治,也即军政—训政—宪政。早在 1906 年发表的《中国同盟会军政府宣言》中,孙中山就提出这一理论:

> 第一期为军法之治……每一县以三年为限,其未及三年,已有成效者,皆解军法,布约法。第二期,为约法之治。每县既解军法之后,军政府以地方自治之权归之于其地之人民;地方议会议员及地方行政官员皆由人民选举。凡军政府对于人民之权利义务,及人民对于政府之权利义务,悉规定于约法,军政府与地方议会及人民皆循守之,有违法者,负其责任,以天下定后六年为限,始解约法布宪法。第三期为宪法之治。全国行约法六年后,制定宪法,军政府解兵权行政权,国民公举大总统,及公举议员,以组织国会。一国之政事,依宪法而行之。第一期为军政府督率国民,扫除旧污之时代。第二期为军政府授地方自治权于人民,而自揽国事之时代。第三期军政府解除权柄,宪法上国家机关分掌国事之时代。俾我国民循序以进,养成自由平等之资格,中华民国之根本,胥于是乎在焉。

军政时期为破坏时期,训政时期为过渡时期,宪政时期为完成建设时期。孙中山先生对训政时期这一过渡阶段十分重视,训政本身只是革命过程之一,训政本身不是一种目的。训政的目的在于训练人民行使政权,以便能正确地行使民主政治。孙中山的训政理论,后来被国民党当政者歪曲和利用,以至于将训政等同于国民党一党专政,而且训政不止 6 年，"一训"20 年，从 1927 年国民政府定都南京直至 1947 年才颁布宪法。

1928 年国民党中央常务会议通过《训政纲领》①，同时公布《中华民国国民政府组织法》，作为政府组织的纲领。《训政纲领》全文共 6 条，即中华民国于训政期间，由中国国民党全国代表大会代表国民大会领导国民行使政权；国民党全国代表大会闭会时，以政权付托中国国民党中央执行委员会执行之；人民应享有选举、罢免、创制、复决四种政权，应由国民党训练国民逐渐推行，以立宪政之基础；治权之行政、立法、司法、考试、监察五项，付托于国民政府总揽而执行之，以立宪政时民选政府之基础；指导监督国民政府重大国务之施行，由中国国民党中央执行委员会政治会议行之；《中华民国国民政府组织法》之修正及解释，由中国国民党中央执行委员会政治会议议决行之。1931 年 5 月，国民会议通过了《中华民国训政时期约法》。与《训政纲领》相比，《约法》增加了人民基本权利的规定；同时削弱了国民党组织对政府的控制权，扩大了政府的权力。

所谓训政，"表面的意思是国民党代表民众实行'以党治国'。党治在制度上表现为中央执行委员会和中央政治会议被授予的权力。中央执行委员会是党的最高权力机关(全国代表大会短暂的会期除外；在南京的 10 年，只开了三次)。中央执行委员会特别是其常务委员会，负责制定党治的指导原则和全面指导党务。中央政治会议是连接党和政府机构的桥梁。虽然它只是中央执行委员会的一个下属委员会，但它在制度上是指导国民政府的最高权力机关，兼有立法和行政职能。作为立法机构，它能创制法规或传达中央执行委员会的决定给政府。于是，

---

① 1929 年，《训政纲领》经过了国民党第三次全国代表大会追认。

从理论上说,中央政治会议对政府的文职部门实际上行使着无限的权力。事实上,中央政治会议也是政府权力之所在,因为中央政治会议的主席是蒋介石"。"蒋介石对政权实行高于一切的控制","置正式指挥系统于不顾",这导致作为制定政策和进行管理的政府日渐失去活力。到 1937 年 8 月抗战之际,由军事委员会委员长蒋介石主持的"国防最高会议"(1939 年改组为"国防最高委员会"),取代了中央执行委员会政治会议的地位,由此,蒋排除了党内的不同声音,政权与军权一手在握。①

(二)"五五宪草"的制定经过

1. 多个宪草文本

通常谈"五五宪草",主要是指其定稿,有时也会提到吴经熊试拟稿("吴稿"),其实 1933—1936 年间"五五宪草"曾多次易稿。参与制宪者个人试拟稿有吴经熊试拟稿(1933 年 6 月 8 日②吴氏以个人名义发表)与张知本试拟稿(张氏于 1933 年 8 月 18 日完成该稿,随后发表)③。官方稿前后有:宪草主稿人初步草案(1933 年 11 月 16 日主稿人会议三读通过),宪草初稿(1934 年 2 月 28 日宪法起草委员会通过),宪草初稿审查修正案(1934 年 7 月 9 日初稿审查委员会通过),1934 年 10 月 16 日立法院通过宪草,1935 年 10 月 25 日立法院修正宪草,1936 年 5 月 5 日国民政府公布宪草("五五宪草")。"五五宪草"公布后,立法院又于1935 年 10 月 25 日通过修正案,对"五五宪草"略作修正,是为立法院

---

① 参见〔美〕费正清、费维恺编:《剑桥中华民国史》下卷,刘敬坤等译,中国社会科学出版社 1994 年版,第 134—135、555 页。
② 一说为 6 月 7 日发表。
③ 张知本在 8 月 18 日其草案试拟稿完成后即辞去宪法起草委员会副委员长职务。张氏起草试拟稿的经过和基本主张,参见沈云龙访问,谢文孙、胡耀恒记录:《张知本先生访问纪录》,(台北)"中央研究院"近代史研究所 1996 年版,第 77—79 页。

《五五宪草修正案》。①

2. 几度反复修正

由以上那么多个宪草文本,可知宪草从试拟到定稿三年间不知经历了几多修正。

(1)宪草委员会的组织。宪草委员会于1933年春组成,委员会设委员长(孙科)、副委员长(张知本、吴经熊)、委员(马寅初、吴尚鹰、史尚宽、黄右昌、陈茹玄、林彬)等多人。下设审查委员会,(主稿)委员张知本(兼召集人)、吴经熊、焦易堂、陈肇英、马寅初、吴尚鹰、付秉常。并聘戴季陶、王世杰、吕复等为顾问,金鸣盛、袁晴辉等为纂修。②

(2)草案初稿之拟定及审查、修正。这一阶段又可细分为四期:其一,研究起草原则及吴经熊试拟稿的公开发表;其二,主稿委员共同逐条审查吴稿,据此七委员共同起草了初步草案;其三,宪草委员会共同审议初步草案,于1934年2月提出正式的宪草初稿;其四,初稿完成后,宪草委员会工作即告结束,由立法院院长孙科另派委员付秉常等36人,整理各方意见、进行研究,于1934年7月制成宪草初稿审查修正案。③

(3)初稿在立法院院会的审议及通过。宪草初稿审查修正案于1934年9月14日提交立法院会议讨论,先后开会八次,至10月16日完成三读程序,并提交国民政府,转呈国民党中央审核。④

(4)国民党中央委员会第四届五中全会对草案的讨论及立法院遵

---

① 参见立法院宪法草案宣传委员会编:《中华民国宪法草案说明书》,(台北)正中书局1940年版。

② 参见吴经熊、黄公觉:《中国制宪史》上册,商务印书馆1937年版,第91—94页。

③ 参见吴经熊、黄公觉:《中国制宪史》下册,商务印书馆1937年版,第781—782页。

④ 参见吴经熊、黄公觉:《中国制宪史》下册,商务印书馆1937年版,第783页。

命对宪草的修正。1934 年 12 月国民党四届五中全会审查宪草,提出五点原则:其一,孙文三民主义、《建国大纲》及《训政时期约法》之精神为宪法草案之所本;其二,对行政权之限制不宜有刚性之规定;其三,中央政府及地方制度在宪草中应为职权上的大体规定,其组织以法律定之;……立法院据此指派付秉常、吴经熊、马寅初、林彬等七人为审查委员,遵照中央原则逐条审查修正宪草,并交立法院三读通过修正草案。[①]

(5)国民党对修正草案的讨论与意见。1935 年 11 月国民党四届六中全会和第五届全国代表大会对立法院第二次拟定之宪法草案进行了讨论,国民党中常会据此作出决议,提出审查意见二十点。[②]

(6)立法院根据国民党中央的意见对草案的"最后"修正与"五五宪草"的公布。[③]

(7)国民党中央常务委员会会议对"五五宪草"的意见及立法院的奉命修正。1937 年 4 月 22 日,中央常务委员会议决将"五五宪草"删去第 146 条"第一届国民大会之职权,由制定宪法之国民大会行之"。[④] 立法院奉命于 4 月 30 日删除该条,并呈报国民政府由其于 5 月 28 日公布。[⑤] 所以虽然《中华民国宪法草案》通称为"五五宪草",但实际上宪草的定稿并非原来之"五五宪草",尽管二者差异很小。

3. 修正的最后结果

这部本来由专家草拟的宪法,其主稿人本身政治地位并不高,即使

---

① 参见吴经熊、黄公觉:《中国制宪史》下册,商务印书馆 1937 年版,第 783—784 页。

② 参见吴经熊、黄公觉:《中国制宪史》下册,商务印书馆 1937 年版,第 785 页。

③ 具体经过参见吴经熊、黄公觉:《中国制宪史》下册,商务印书馆 1937 年版,第 786—792 页。

④ 这意味着将制宪国民大会与行宪国民大会区别开来,前者的任务仅为制宪,而非行宪,制宪后必须根据宪法重选行宪国大代组成第一届行宪国大。

⑤ 参见立法院宪法草案宣传委员会编:《中华民国宪法草案说明书》,(台北)正中书局 1940 年版,第 15 页。

主持者孙科也很难说是实力派,这决定了宪草除受孙中山宪政思想的局限外,必然深受当权者影响。"五五宪草"制定之时,正是日军蠢蠢欲动,国难日深之时,当局遂以造就"运用灵敏"的"万能政府"之名,而行独裁之实,"以救亡压倒了启蒙"。在某种意义上说,整个宪草修正的过程也是草案文本与当权者权益与偏见日趋一致,与现代宪法基本原理原则渐行渐远的过程。① 宪草的最后定稿,"对于国大代表及总统任期均有所增加,而各院院长及立监两委之任期,则略予减短。总统因不参加行政院会议,地位益见超然。而其召集五院院长会议,解决各院间争端之规定,更使总统成为五院之重心。至其统率海陆空军之权,不受法律之限制。且必要时可发布紧急命令及执行紧急处分,虽有终年不闭会之立法院,亦无须其同意。在过渡时期又有任命半数立法委员及半数监察委员之权。政府大权可谓已尽集中,其集权趋势,实超过现代任何行总统制之民主国家"。②

(三)"五五宪草"的主要内容

"五五宪草"规定:人民得选举、罢免县治人员,创制、复决县治事项。关于中央事务,则由人民选举代表,组成国民大会,对于总统、副总统、立法院监察院两院正副院长行使选举权,对于上述人员及司法院考试院两院正副院长行使罢免权;国民大会对于中央法律行使创制、复决两权;修宪权则是国民大会的专有权力。国民大会权力很大,但是很少开会,会期也很短,每三年由总统召集一次,会期一个月,必要时得延长一个月;经五分之二以上国大代表同意,或总统召集,可召开临时国民大会。

---

① 当然我们也不能因此抹杀制宪者三年的努力与心血。

② 参见陈茹玄:《中国宪法史》,(台北)文海出版社影印原 1947 年版,第 232—233 页。

"五五宪草"在中央政府设置总统与五院,《孙文学说》并未明确规划它们彼此间的关系,但根据其权能分治、万能政府之说推论,五院之间应是合作重于制衡,而总统处于统摄地位。总统兼为国家元首和行政领袖,行政院长由总统任免,对总统负责;司法院考试院两院正副院长由总统任命。[①] 在五权政府中没有与总统相抗衡的力量,而作为政权机关的国民大会又很少开会,会期且短,这很容易造成总统的专权,所以通常"五五宪草"确立的中央政制为超级总统制。

在中央与地方的权限关系上,立法院宪法起草委员会起初主张:"关于中央事权采列举方式,关于地方事权采概括方式。"但是经过立法院与国民党中央的审查后,地方自治的范围越来越窄,重点有二:(1)省的自治地位被取消,省长由中央政府任命,省政府的职能为执行中央法令,监督地方自治;(2)县作为唯一宪法上的地方自治单位,而地方自治事项则以法律定之,这意味着中央可以通过立法任意变更中央与地方事权的范围,地方自治的宪法保障非常脆弱。

当时社会上对"五五宪草"的批评声浪很高,其中不少批评集中于宪草的核心——国民大会的设置、"五权宪法"的架构、人民基本权利与地方自治权力的极大限制,还有"超级总统"的问题,但由于当时社会上没有能与国民党抗衡的力量,这些批评并没有对宪草的内容发生太大的影响,政府依然我行我素。[②] 但是这些批评与讨论为日后宪法的修正奠定了理论和民意基础。

"五五宪草"颁布后不久,国民政府即着手办理制宪国大代表选举,至1937年6月已选出代表950人。旋即爆发七七事变,日军入寇,选举

---

① 参见荆知仁:《中国立宪史》,(台北)联经出版事业公司1984年版,第423页。

② 当时相关讨论可参见俞仲久编,吴经熊校:《宪法文选》,上海法学编译社1936年版。

事务被迫中断。① 一拖九年,"五五宪草"也就被搁置了。抗战期间,中间党派以国民参政会为舞台,集结为国共之外的第三种力量,在国统区发起了两次宪制运动,还拟定了"期成宪草"。第三种力量组成了中国民主政团同盟,并逐步与中国共产党进行合作,这为政协会议的召开与制宪原则的达成奠定了基础。

三、政治协商会议与"政协宪草"的出炉②

(一)政治协商会议的召开

抗战结束后,原定 1945 年 10 月 10 日召开国民大会,制定宪法,因为中国共产党与其他党派联合反对国民大会代表名额分配及"五五宪草"内容,直至 1946 年 1 月 10 日,国民党才重新邀请共产党和民主同盟、青年党、民社党各党派代表以及社会贤达等共 38 人,在重庆召开政治协商会议。政协会议除大会外,又分设政府改组、施政纲领、军事、国民大会、宪草五组,分别就五大议题进行讨论。

1946 年 1 月 19 日,政治协商会议在重庆国民政府礼堂召开第九次大会,开始讨论宪草问题。首先由孙科代表国民政府说明"五五宪草"之内容及精神;接着黄炎培、沈钧儒、傅斯年、胡霖、曾琦、杨永浚、张申府、吴玉章、李烛尘等人相继发言。③ 黄炎培提出宪草有重新研讨之必要,具体如国民大会、五院制度、总统制、地方制度、人民权利等等。沈钧儒发言则着重地方政权问题。傅斯年认为国大制度有修正必要;他

---

① 参见金体乾:《国民大会之理论与实际》,(台北)文物供应社 1953 年版,第192页。
② 关于 1946 年政协的历史资料,可参见四川大学马列主义教研室中共党史教研组编:《政治协商会议资料》,四川人民出版社 1981 年版;重庆市政协文史资料研究委员会、中共重庆市委党校编:《政治协商会议纪实》上、下册,重庆出版社 1989 年版。
③ 参见朱汇森主编:《中华民国史事纪要(初稿)》(1946 年 1—3 月),(台北)"国史馆"1989 年版,第 246—247 页。

特别提出,可以用五院制的形式容纳西方的国会制度,以立法院为下院、监察院为上院,不必有国会之名,但有国会之实。胡霖认为"五五宪草"可讨论之处甚多,对于三民主义与《孙文学说》应该拥护,但不应拘泥于形式。曾琦提议组织"宪草审议会"审议宪草,他主张采取内阁制①、两院制,五院制只可保存其精神,不必拘泥于形式,应确立省之自治地位。杨永浚发言突出地方自治的重要性,强调省应为地方自治最高单位,省长应该民选。张申府提出宪草必须修正,其修正应合乎国情、本国历史与世界潮流,要立足现在,着眼未来;对于人民权利不应予以限制,应该予以自由的机会。吴玉章的发言特别强调人民权利与地方自治的保护。李烛尘提出宪草中"平均地权"与"节制资本"的国策应以前者为先,后者为后,在中国应重视"民族资本"与"民族工业"的发展。② 应该说,政协第九次会议第一天的发言已经为宪草修改原则定了调。"五五宪草"有颇多值得探讨之处,对于其修正不应拘泥于三民主义和五权宪法的形式;应对国民大会制度加以修正,中央政府运作模式应采内阁制,建立以立法院为下院、监察院为上院的国会制度,实行地方自治,对人民基本权利应予保护而非限制,以上这些问题在各位代表的发言中都有所体现。

1月21日下午,政协会议宪草小组开始会议,前后计会商四次。1月23日,宪草小组在承认"五权宪法为世界最进步的政治原理"的前提下对五院制度作出如下修正:(1)立法院为最高立法机关,应由公民选出代表组成,职权与各民主国议会同;(2)监察院为最高监察机关,由各省市县议会及民族自治区域代表组成之;(3)司法院为国家最高法院,

---

① 青年党领袖曾琦特别反对总统制。
② 代表发言内容参见《新华日报》(重庆)1946年1月20日;《中央日报》(重庆)1946年1月20日;孔繁霖编:《五五宪草之评议》,时代出版社1946年版,第267—285页。

不兼理司法行政,由法官若干人组织之,法官由总统提出,经监察院同意任命;(4) 考试院采委员制,委员应包括各党派,其职权应着重考试公务人员及专业人员;(5) 行政院对立法院负责。当日还成立了政协综合委员会,委员为孙科(兼召集人)、王世杰、吴铁城、曾琦、陈启天、王云五、傅斯年、章伯钧、张东荪、周恩来、董必武等 11 人。[①] 宪草小组经多次会商,提出十二项"修改五五宪草原则",并决议设立审议宪草委员会。宪草审议委员会设委员 25 名,由政协会议五方面每方各推 5 人,另外公推专家 10 人;宪草审议委员会职权为根据政协所拟"修改五五宪草原则",参酌"期成宪草"与宪政实施协进会研讨成果,综合各方面意见,制定宪草修正案;委员会审议宪草时间以两个月为限。[②]

(二)"政协十二原则"的发表与双方的进一步妥协

在政协会议上,国共两党以及第三方力量(其他政党以及社会贤达)就政治、军事、宪法等问题进行广泛商讨。1946 年 1 月 31 日,政协会议闭幕,最后达成政府改组、施政纲领、军事、国民大会、宪草五项协议。针对宪草问题,除国民党外,大家一致认为"五五宪草"名为"五权宪法",实为一权宪法,不符合民主政治的基本要求,应予修正。关于宪法草案达成的十二条协议(史称"政协十二原则")摘要如下:

> 一、国民大会 全国选民行使四权,名义之曰国民大会。[③] 在未实行总统普选以前,总统由中央及省县各级议会合组选举机关选举之。创制、复决两权之行使,另以法律规定之。总统之罢免,

---

① 参见朱汇森主编:《中华民国史事纪要(初稿)》(1946 年 1—3 月),(台北)"国史馆"1989 年版,第 292—293 页。

② 参见蒋匀田:《中国近代史转折点》,(香港)友联出版社 1976 年版,第 34—35 页。

③ 这就是所谓"无形国大",即无须成立全国性之国民大会机构之意。

以选举总统之同样方法行使之。

二、立法院　为国家最高立法机关，由选民直接选举，职权等于民主国家之议会。

三、监察院　为国家最高监察机关，由各省级议会及各民族自治区议会选举之。其职权为行使同意①、弹劾及监察权。

四、司法院　即为最高法院，不兼管司法行政。由大法官若干人组织之。大法官由总统提名，经监察院同意任命之。各级法官须超出党派之外。

……

六、行政院　为国家最高行政机关。行政院长由总统提名，经立法院同意任命之。行政院对立法院负责。如立法院对行政院全体不信任时，行政院或辞职，或提请总统解散立法院。但同一行政院长，不得两次提请解散立法院。

七、总统　经行政院决议，得依法发布紧急命令。但须于一个月内报告立法院。总统召集各院院长会商，不必明文规定。

八、地方制度　确定省为地方自治之最高单位。省长民选。省得制定省宪，但不得与国宪抵触。依照均权主义划分权限。

……

"政协十二原则"对"五五宪草"作出重大修正：(1) 国民大会无形化，立法院则由"五五宪草"规定的专职立法机关变为议会。(2) 变"五五宪草"的超级总统制为内阁制，行政院改为对立法院负责；总统仅为国家元首，不再是行政领袖。(3) 在中央与地方的权限划分方面融入联

---

① 同意权指司法院院长、副院长、大法官及考试院院长、副院长、委员等，由总统提名，监察院同意任命。

邦制的内容,省成为地方自治最高单位,省长民选,省得制定省宪;同时,监察院兼有参议院的职能,监察委员由地方选举产生,对司法院和考试院正副院长及重要成员行使同意权。

此项协议发表后,国民党六届二中全会针对"政协十二原则",又通过修改宪草原则之决议如下:"一、制定宪法,应以《建国大纲》为最基本之依据。二、国民大会应为有形之组织,用集中开会之方式行使《建国大纲》所规定之职权。其召集之次数应酌予增加。三、立法院对行政院不应有同意权,及不信任权。行政院亦不应有提请解散立法院之权。四、监察院不应有同意权。五、省无须制定省宪"等。孙科乃将国民党意见与各党派代表在宪草审议会继续协商。政协综合小组对于修正宪草原则终得新协议,结果如下:(1)国民大会为有形组织,行使四权;(2)取消立法院之不信任权及行政院之解散权;(3)取消省宪,改为"省得制定省自治法"。①

(三)"政协宪草"的拟定

政协会议闭幕后,所余宪草问题交由宪草审议委员会处理。宪草审议委员会的组成如下:国民党代表孙科(兼委员会召集人)、王宠惠、王世杰、邵力子、陈布雷;共产党代表周恩来、吴玉章、董必武、秦邦宪、何思敬;青年党代表曾琦、陈启天、余家菊、杨永浚、常乃惠;民主同盟代表张君劢、黄炎培、沈钧儒、章伯钧、罗隆基;无党派代表傅斯年、王云五、胡霖、莫德惠、缪嘉铭;外聘专家有吴经熊、吴尚鹰、林彬、史尚宽、钱端升等10人,其中6人参加过起草"五五宪草"。②

1946年2月14日,宪草审议委员会举行首次会议,首先决定程序

---

① 参见孔繁霖编:《五五宪草之评议》,时代出版社1946年版,第307—308页。

② 参见四川大学马列主义教研室中共党史教研组编:《政治协商会议资料》,四川人民出版社1981年版,第114—115页。

问题,紧接着便讨论国民大会问题。2月15日第二次会议继续讨论国大问题。2月16日第三次会议讨论中央政治问题,对于应否实行西方的议会制度这一点,尤其引起激辩。2月18日第四次会议继续讨论中央政治问题。2月19日第五次会议讨论地方制度问题;第六次会议讨论人民权利义务、选举、基本国策及宪法修改权等问题。①

　　"政协十二原则"关于"无形国大"的设计是蒋介石明言反对的,但实际上在宪草审议会中却阻力不大,经过双方的妥协,大致按政协原则通过。而内阁制(行政院对立法院负责)的问题则在审议会中拖延甚久;②由于青年党党魁曾琦坚决主张内阁制,国民党不愿失去"声应气求的同情者",所以也不便断然否定。经过漫长的讨价还价,最终"富有创造性"地通过了"有限度的内阁制"条文。③"斟酌现境与传统,既不能采取纯内阁制,也不能采取纯总统制,各方平衡损益地商讨多时,乃有今日宪草之规定。"④总的来看,在宪草审议会中争论最久的是行政院问题,争论最激烈的是地方制度问题⑤,最后总算勉强定案。1946年4月底,宪草审查会举行最后一次会议,"政协宪草"有保留⑥地通过了。

　　在"政协宪草"的起草过程中,张君劢个人起了重要作用,他是宪草

①　参见朱汇森主编:《中华民国国史事纪要(初稿)》(1946年1—3月),(台北)"国史馆"1989年版,第433—484页;孔繁霖编:《五五宪草之评议》,时代出版社1946年版,第291—307页。

②　蒋介石曾举民元《临时约法》之例说变总统制为内阁制是"己所不欲,而施于人",暗示反对内阁制。

③　参见蒋匀田:《中国近代史转折点》,(香港)友联出版社1976年版,第57—58页。所谓"修正式内阁制"是在内阁制的基础上融入了总统制的因素,具体说是取消国会倒阁与内阁首长解散国会的制度,而代之以美国总统制下的复议制度以解决行政权与立法权之间的僵局。王世杰认为中国客观上不易举行大选,若维持"政协十二原则"的设计,可能导致国会常常要解散改选。

④　蒋匀田:《中国近代史转折点》,(香港)友联出版社1976年版,第173页。

⑤　特别是其中的省自治法是否需要由中央立法院通过或批准的问题。

⑥　所谓"有保留",首先是关于地方法官民选和行政院等问题并未完全达成一致意见;更重要的是,正如国民党代表吴铁城所言,未经国大通过的宪草只能视为会议记录。

的主稿人,其拟定的草案是宪草审议委员会讨论的基础。本来设计的
总统任期是 4 年,得连选连任,为了防止总统长期恋栈,张君劢构思将
总统任期延长为 6 年,但规定只能连选连任一次。① 省自治法制定后交
由司法院审查的规定可名曰"秦邦宪条文";而"修正式内阁制"的设计
王世杰构思有大功;将全国之创制否决权之行使推延到全国半数县实
行之后,则是吴铁城的提议。②

四、《宪法》的最后通过

由于国民党破坏了国共和解的气氛,共产党和民盟退出了制宪国
大。③ 为了在形式上建立其统治的合法性(法统),蒋介石不愿背上"一
党制宪"名声,力求拉拢民社党、青年党参加国民大会。但青年党声明
参加国大的前提是民社党参加,而以张君劢为党魁的民社党参加的条
件是国民党必须遵守政协协议和"政协宪草"。本来,在 1946 年 4 月"政
协宪草"通过之后,由于政治军事形势的恶化,民社党党魁张君劢已将
其主笔的"政协宪草"视为一纸空文。6 月,张君劢将宪草翻译成英文,
并呈给美国代表马歇尔,受到美方的重视。8 月,吴铁城代表国民政府
找到张君劢,说要接受"政协宪草",并提交给即将召开的国民大会。④
张君劢本人作为宪草主稿人,非常希望能通过宪草,再加上民社党内部
期待参政的压力,民社党最终同意附条件地参加制宪国大,这也造成张

---

① 参见蒋匀田:《中国近代史转折点》,(香港)友联出版社 1976 年版,第 190 页。
② 参见民社党中央党部编:《张君劢先生年谱初稿》,(台北)1976 年自刊,第 57 页。
③ 中国共产党和民盟是不承认这部《宪法》合法性的,但也正是因为中国共产党力
量的壮大改变了国民党一党独大的实力对比,第三方力量才能四两拨千斤,也才能起草通
过这部在内容上比"五五宪草"要进步得多的《宪法》。
④ 参见"中华民国张君劢学会"编译:《中国第三势力》,(台北)稻乡出版社 2005 年
版,第 198 页。

君劢与民盟的决裂以及民社党内部的分裂。①

1946 年 11 月 9 日,国民政府主席蒋介石致函立法院院长孙科,促请立法院尽快完成宪草审议工作,其内容应"根据本年一月政治协商会议所协议宪草修改原则,及同年三月政协综合小组对上项修改原则之三项修正意见拟定,在不违背三民主义之原则下应尽量容纳各方面提供之意见"。② 11 月 15 日,制宪国民大会在南京召开;12 月 25 日,国大通过了《中华民国宪法》。该《宪法》由国民政府于 1947 年元旦公布,同年 12 月 25 日施行。

11 月 28 日,制宪国大第三次会议由蒋介石致词,孙科逐章说明修正内容及与"五五宪草"的区别。接着于 11 月 29 日至 12 月 5 日举行大会,对宪草进行广泛讨论,场面非常热烈。随后将宪草分八组同时进行审查。占代表总额压倒多数的国民党籍代表企图否定"政协宪草",复辟"五五宪草"。在宪草审查会上,大有将"政协宪草"的原则一一推翻之势。民社、青年两党坚决反对变更政协原则,并以退出制宪国大相要挟。③ 在蒋介石本人对国民党代表的弹压下,国大辩论才稍微有所缓和,但第八组审查会之结果仍然对"政协宪草"作了很大修改,特别是将国大职权予以扩充。直至 12 月 14 日成立宪草综合审查委员会,由各组推定代表 200 人为委员,将各组初步审查结果总汇核议,开会 5 日,历经政党协商与多方疏解,充分表现"多数尊重少数之雅量",才将宪草基本恢复至"政协宪草"原案。12 月 21 日,宪草完成一读;24 日,完成二读;

---

①　参见蒋匀田:《中国近代史转折点》,(香港)友联出版社 1976 年版,第 169—171 页。
②　参见朱汇森主编:《中华民国史事纪要(初稿)》(1946 年 7—12 月),(台北)"国史馆"1989 年版,第 856—857 页。
③　制宪国大会场的情况可参见阮毅成:《制宪日记》,(台北)商务印书馆 1970 年版;王云武:《国民大会躬历记》,(台北)商务印书馆 1966 年版,第一章。

25 日,三读完毕,《宪法》通过。制宪国民大会最后通过的《中华民国宪法》除文字上略作更动外,基本上与"政协宪草"保持一致。① "张君劢以一个在野小党领导人的身份,利用特殊的条件,迫使处于立宪主导地位的国民党接受其宪草,在中国近代制宪史上确实是一个异数。"②

应该说,在制宪问题上,大家都做了一些妥协,整部《宪法》可以说是调和与折中的产物。例如,本来中国共产党和第三方力量都反对以三民主义冠国体,但国民党坚持,于是将《宪法》第 1 条国体规定为:"中华民国基于三民主义,为民有、民治、民享之民主共和国。"这样,就在一定程度上用"民有、民治、民享"的西方宪政理念偷换了原来孙中山的三民主义。普遍的评价是这部《宪法》要比"五五宪草"进步得多。③

从发起拟定"五五宪草"到《中华民国宪法》的最后通过,孙科始终起了很大作用,他长期担任立法院院长,"五五宪草"时期兼任宪草委员会委员长,"政协宪草"时期又是宪草审议委员会的召集人。在国民政府一方中,他至少是"开明"的,他以孙中山先生哲嗣的身份多次有力地回击了国民党内保守派对于政协协议和宪草的攻击,打破了盲从"国父遗教"的政治僵局。在"政协宪草"审议委员会中,国民政府邀请的专家"痛骂议会政治",孙科发言表示"总理遗教不一定尽美,政协决议不一

①　(制宪)国民大会审议及通过宪草的经过,可参见国民大会秘书处编:《国民大会实录》,1946 年自刊;最后通过的《宪法》与"政协宪草"的不同点,可参见陈茹玄:《中国宪法史》,(台北)文海出版社影印原 1947 年版,第 284—289 页。

②　薛化元:"张君劢与中华民国宪法体制的形成",载"中央研究院"近代史研究所编:《近代中国历史人物论文集》,(台北)"中央研究院"近代史研究所 1993 年版,第 265 页。

③　阮毅成《制宪日记》有如下记载:"(蒋介石)问我对宪法有何意见,我说:宪法不可使人人满意,但较五五宪草为佳,乃是一定的。其中有关行政院与立法院的关系,及中央与省县三级均权,是最有创造性的杰作……"参见阮毅成:《制宪日记》,(台北)商务印书馆 1970 年版,第 84 页。

定全非",才算平息了争执,尽可能地保全了政协原则。① 在立法院审查"政协宪草"时,有立委质疑其与"五五宪草"相去甚远,孙科直截了当地回应说"政协宪草"比"五五宪草"为优。② 在制宪国大审查"政协宪草"时,以张知本为代表的国民党保守派打着"国父遗教"的旗号企图推翻政协原则,复辟"五五宪草"权能分治的设计,孙科又当面厉斥说:"请你以后不要动辄引用国父的话,以封人之口,而加深严重的情形。就是先总理的话,也不能完全没有错误。时代已变了,总理的学说,用之于当时虽是;未必尽适于现在。我们若真忠心于国父,只可遵从其是者,不应遵从其非者。"③所以有"中华民国宪法之父"雅号的张君劢认为孙科对于《宪法》的通过"居功厥伟"。④

1946 年《宪法》将立法院由"五五宪草"中的中央专职立法机关变为代表人民行使职权的机关,这就在根本上放弃了孙文"权能分治"的理论,重新采用了代议政治的制度,名为"有限度之责任内阁制"(或"修正式内阁制")。在行政权与立法院的关系上,行政院院长人选由总统提名、立法院表决通过,行政院对立法院负责,这就建立了内阁制的中央政府运作模式;与此同时,《宪法》赋予总统相对于内阁制下国家元首更大的权力,这是政协原则与国民党意见折中的产物。⑤ 就总统与行政院的关系而言,总统并非虚位,但其权力受到很大的制约,总统不得直接

---

① 参见薛化元:"张君劢思想研究——以宪政思想的探讨为中心",台湾大学历史学研究所博士学位论文,1992 年,第 175 页。

② 参见"中华民国张君劢学会"编译:《中国第三势力》,(台北)稻乡出版社 2005 年版,第 198—199 页。

③ 参见蒋匀田:《中国近代史转折点》,(香港)友联出版社 1976 年版,第 176、179 页。

④ 参见"中华民国张君劢学会"编译:《中国第三势力》,(台北)稻乡出版社 2005 年版,第 199 页。

⑤ 对内阁制的"修正",参见张君劢:《中华民国民主宪法十讲》,商务印书馆 1947 年版,第 70—71 页。

处理政务,依《宪法》第37条,总统公布法律、发布命令,都必须经行政院院长或行政院院长及有关部会首长的副署。这样一种折中的设计,一方面保留了行政对立法负责这一内阁制的精髓,以避免总统完全控制行政以行独裁之实;另一方面照顾了稳定政局、避免国会频频解散或倒阁的现实需要;还要兼顾政治强人(蒋介石)对于名(总统大位)与实(权)的要求。

与"五五宪草"相比,《宪法》赋予地方较大的自治权。省成为地方一级自治单位,得制定省自治法,由地方选举产生的监察院拥有类似联邦国家参议院的职权。另外值得一提的是,《宪法》有关司法院释宪权的规定,在制宪当时并没有引起特别关注,有人甚至认为"解释宪法与统一解释法律、命令"并非大法官之要务,其主要职能应为行使终审权。① 但实际上"司法院大法官"并不行使终审权,其职权仅限于"解释宪法与统一解释法律、命令",其"规范审查"权力的行使对于"中华民国"整个政府体制,甚至《宪法》本身的变迁都影响至巨。

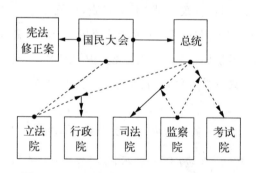

图8-1 1946年《宪法》下的五权宪法结构

依"政治协商会议的规定,国民大会须于停止内战、改组政府、结束

---

① 参见雷震:《制宪述要》,(香港)友联出版社1957年版,第39—41页。

训政及修正宪草完成后才能召开。但中国国民党为使其统治基础合法化，而撕毁政治协商会议的决议；接着，中国共产党与部分人民团体和民主党派也先后声明，表示不承认中国国民党召集的制宪国民大会和这次制宪的合法性"。① 事实上，国民党在通过宪法时是心不甘情不愿，并且只把其作为权宜之计的。② 当局为了粉饰太平，对制宪急于求成而并非认真对待宪法，这与当年通过"曹锟宪法"的心态如出一辙，也预示了这部宪法的坎坷命运。

第二节　制宪史上的政体之争

在政体上选择总统制还是内阁制，这是近代中国首要的也是最具争议的宪法问题之一。问题的核心是行政权与立法权的关系：是采内阁制的行政权与立法权联动，行政权（内阁）来源于并受制于议会；还是行总统制的权力分立，行政权高度集中于总统。与内阁制相较，总统制的优点是行政权运作灵活，相对更有效率；缺点是一方面有蜕变为总统独裁的危险，另一方面是当行政权与立法权形成僵局时，反而造成政府运作的内耗与无效率。从 1911 年《临时政府组织大纲》到 1925 年 12 月执政府完成三读程序的宪法案，每个宪法性文本都给出了不同的答案；甚至对具体文本确立的政体定性也存在争议。比如 1912 年《临时约法》，流行的说法是立法者为了限制即将就任大总统的袁世凯的权力，

---

① 参见谢政道：《中华民国修宪史》，（台北）扬智文化事业有限公司 2001 年版，第37 页。

② 蒋介石曾训示国民党籍代表在国民大会上以"完成宪法为第一要义，任何缺点可俟将来依法修改，不必在此时力争"。参见陈茹玄：《中国宪法史》，（台北）文海出版社影印原 1947 年版，第 282 页。

改总统制为内阁制;但也有人认为由于制定约法之人对于责任内阁缺乏充分的认识,致使有许多形似总统制的规定①;近年有台湾地区学者通过对《临时约法》及其之前草案条文的考订,认为《临时约法》根本没有采用内阁制,宋教仁遇刺乃是"为错植误认的责任内阁制而牺牲"。②再如,因曹锟贿选而污名化的 1923 年《中华民国宪法》,通说认为其在很大程度上师法德国《魏玛宪法》,"与一般之所谓责任内阁制趋于一致"③;可是,德国《魏玛宪法》则被认为是第一部半总统制(半内阁制)的宪法。制宪史长期纠缠于总统制与内阁制的两分法,其实,就比较宪法而言,有不少国家在总统制与内阁制之间选择了混合制的政体,就民国现实政治而言,纯粹的内阁制或总统制是不现实或不可欲的;事实上,1946 年《宪法》在很大程度上仍采用了临时约法式的混合政体。

一、总统制、内阁制与混合制

民国草创,当时欧美共和国体下的政体大致有三种:美式总统制、法式内阁制与瑞士委员会制。瑞士委员会制过于独特,除章太炎曾予以鼓吹外,一般不受政治人物的青睐;总统制与内阁制是当时中国可以选择的两种主要政体。总统制采行政上的独任制,政治权力和政治责任集中于总统一身,这造成总统"精神的孤独"与独裁的可能,于是有不少学者从民主制衡的原理认为内阁制优于总统制:"机动的节制与机械的制裁,恐怕是内阁制与总统制重要的区别。内阁制的内阁因得到议会之信任而享受各方面的决策权,权力虽重,但权力的运用不致发生流

---

① 参见王世杰、钱端升:《比较宪法》,中国政法大学出版社 1997 年版,第 264 页;钱端升等:《民国政制史》,上海人民出版社 2008 年版,第 18 页。

② 参见张茂霖:"错误移植的责任内阁制——《中华民国临时约法》制定过程重探",《法制史研究》2006 年第 9 期。

③ 王世杰、钱端升:《比较宪法》,中国政法大学出版社 1997 年版,第 264 页。

弊。总统制总统,得全国选民的托付而主持行政,其错误的行政必须于四年后的大选方可予以纠正。至于国会,也只能以控诉的拙笨方法迫其去职。因之,总统虽常有缚手缚脚之苦,而他的大权还是容易发生危险的。"[1]但是在议会主权的内阁制之下,仍会发生代理人成本与国会专制的风险:"政府所有的权力……都落到议会。把这些权力都集中到同一批人手中,就是专制政府的精确定义。这些权力由多数人行使,而非由一人行使,并不减少专制的程度,一百七十三个暴君,肯定也像一个暴君那样欺压成性。"[2]而《联邦论》(《联邦党人文集》)关于"国会专制"的理论,也适用于民初的中国国会的现实教训:"华人习于独夫专制,不解宪政平衡原理,以为民主必在国会,不悟国会专制与独夫专制皆不合立宪精神";导致"议会多数凌驾成法之上",演变成"超级国会制"。[3] 有政治学者从经验(统计学)的角度得出结论,比较世界各国民主政制"试验",采行内阁制的比实行总统制的民主政府成功率更高(寿命更长),而总统制更容易导致"民主崩溃";但也有政治学者质疑上述结论,认为抽取统计样本的年代不同会导致截然相反的结果,20世纪"发生了两波民主崩溃,首次乃爆发于两次大战期间,另一次则出现在20世纪60年代。第一波的民主崩溃大多发生在内阁制政体(与非真正的总统制政体),第二波崩溃则大多是总统制政体",至于20世纪90年代以来的政体比赛结果还有待观察。[4]

民国成立数年后,1919年德国《魏玛宪法》颁布,由此产生了一种混

① 邹文海:《代议政治》,(台北)帕米尔书店1988年版,第155页。
② 〔美〕亚历山大·汉密尔顿等:《联邦论》,尹宣译,译林出版社2010年版,第338页。
③ 刘仲敬:《民国纪事本末》,广西师范大学出版社2013年版,第50页。
④ 参见 Matthew S. Shugart, John M. Carey:《总统与国会:宪政设计与选举动力》,曾建元等译,(台北)韦伯文化国际出版有限公司2002年版,第46—47页。

合政体。之所以会创造性地采行内阁制与总统制的混合政体,源于魏玛制宪者一方面警惕独裁制的复辟;另一方面又不愿议会专制,使行政权完全受制于国会。但是,与1958年法兰西第五共和国宪制不同,《魏玛宪法》并非典型的半总统制。魏玛共和国总统所获得的权力并不完全来自宪法的授权,而是源于德国小党林立的政党政治现实与战败国特殊的环境。国会无法产生占据多数席位的大党或稳定的政党联盟,总统就组阁问题方能上下其手;战败后面临制裁的德国常常遭遇政治、经济、社会危机,本来作为特例的总统紧急命令权因此渐趋常态化。可待到希德勒的纳粹党取得国会议席的相对优势进而攫取总理职位后,总统兴登堡也就无所作为了。[①] 半总统制在当今世界已普遍存在,但在"二战"之前则并不多见甚至并不典型,其他采用半总统制的国家,如法国、俄罗斯、葡萄牙、芬兰、韩国,大都是在20世纪50年代甚至20世纪80年代后确立该体制的。

　　有趣的是,近代中国宪法似乎自始就倾向于调和总统制与内阁制,到1946年《中华民国宪法》则确立了比较典型的半总统制。尽管有《魏玛宪法》这个"先例",但作为民国北京政府时期制宪基础的"天坛宪草",在1913年已基本定型,不可能受到1919年《魏玛宪法》的影响;而"二战"结束后制定1946年《宪法》时,由于魏玛共和倾覆的教训,对制宪者而言《魏玛宪法》绝非好榜样。[②] 举例来说,早于《魏玛宪法》6年,"天坛宪草"即规定了总统紧急命令权;据制宪者解释,该制度源自当时

---

　　① 1933年1月30日,兴登堡总统任命希特勒领导的内阁并非总统内阁,而是依靠国会多数支持的内阁,其任命"按照完全合乎宪法的方式"。参见〔美〕威廉·夏伊勒:《第三帝国的兴亡》上册,董乐山等译,世界知识出版社1979年版,第268—230页。
　　② 当然,关于《魏玛宪法》与魏玛共和覆灭是否存在直接因果关系,学界有不同的看法,部分学者认为魏玛共和时代的政治危机足以摧毁任何政体。

还是二元君主立宪制的奥地利、普鲁士和日本。[1] 这意味着,对制宪者而言,不仅共和国体下的内阁制、总统制宪法的具体规定可以择善而从,君主国体下的某些宪法内容亦可仿效。本节并不打算鼓吹说近代中国先于魏玛共和国、远超法兰西第五共和国,为混合政体之开创者;笔者只是想陈述一个事实,如同魏玛共和国与法兰西第五共和国一样,近代中国独立"开发"出半总统制(半内阁制)的混合政体,这也是一种创作。

二、混合政体的"神来之笔"与国会信用的破产

在政体上选择总统制还是议会内阁制是民初最具争议的宪法问题。《临时政府组织大纲》采用美式总统制,可在南北议和的背景下,为了限制未来总统袁世凯的权力,制宪者又在短短数月之间变更政体,通过《临时约法》转向内阁制政体。有学者研究《临时约法》的具体条文,发现其在内阁制的品性之外,也包含不少总统制的因子,具体如下:其一,《临时约法》设置了副总统,而如果总统为虚位,似乎不必设立副总统作为备用;其二,国会弹劾内阁成员不能以法式的简单多数,而需绝对多数方能成案,且总统对于弹劾案有提请复议之权;其三,《临时约法》之下,国会议员不兼任内阁成员(国务员),这与英式的责任内阁制有出入;其四,针对行政权与立法权的冲突,《临时约法》没有倒阁与解散国会的规定,反而采用了美式的总统对国会立法行使否决权的做法。[2] 究其原因,有学者认为是由于"制定约法之人对于责任内阁制缺

---

[1]　参见吴宗慈:《中华民国宪法史》,于明等点校,法律出版社 2013 年版,第 221—222 页。

[2]　参见张茂霖:"错误移植的责任内阁制——《中华民国临时约法》制定过程重探",《法制史研究》2006 年第 9 期。

乏充分的认识,致使有许多形似总统制的规定"①。但考虑到民初国会的劣迹,以及政府悍然两次非法解散国会的历史,《临时约法》的制定者"有意无意"之间对于总统制与内阁制的调和,可谓"神来之笔"。②

有趣的是,尽管民初政治人物在理念上对于政体之争决不妥协,在实际的制宪过程中却不乏调和总统制与内阁制的尝试。例如,即使以议会主权为鹄的的"天坛宪草",在依然保留总统法案否决权的同时,还赋予了总统紧急命令大权;1919 年《中国民国宪法草案》同上;1923 年《宪法》取消了总统紧急命令权,却仍保留了总统的法案否决权。再如,尽管在制宪过程中屡屡有人提出在内阁制下总统为虚位,故不必设副总统;可是,副总统的规定仍然保留于历次宪法案之中,反倒是超级总统制(独裁制)的"袁记约法"不设副总统。另外,查"天坛宪草"第 55 条及 1923 年《宪法》第 71 条均明确规定:"中华民国之行政权,由大总统以国务员之赞襄行之。"③对此,宪法起草委员吴宗慈提出的立法理由是:宪草规定"立法权由国会行之","司法权由法院行之",本着"三权分立"的精神在宪法中也必须有行政权行使主体之条文;之所以不直接规定行政权由总统行之,而改为"大总统以国务员之赞襄行之",乃是为了体现责任内阁之精神。④ 其实,"赞襄"二字的含义是辅助、协助,不可由此谓总统为虚职;更何况"三权分立"乃是总统制的特色,与内阁制的"议会主权"大大不同。我们或者可以说,民初所谓内阁制的《临时约法》《天坛宪草》等乃是在总统制的《临时政府组织大纲》的基础上改弦易

---

　① 王世杰、钱端升:《比较宪法》,中国政法大学出版社 1997 年版,第 264 页。

　② 《临时约法》没有采用当时一般内阁制宪法解散国会的规定,这或许是制宪者最具政治智慧与远见之处。

　③ 法条参见夏新华等整理:《近代中国宪政历程:史料荟萃》,中国政法大学出版社 2004 年版,第 445、526 页。

　④ 参见吴宗慈:《中华民国宪法史》,于明等点校,法律出版社 2013 年版,第 221 页。

辙,这中间难免有制度的惯性,更何况民初制宪者在理论上还不大能够分清"三权分立"与"议会主权"的巨大差异。宪法条文中出现调和总统制与内阁制的"神来之笔",也是历史的必然。

尽管从当代的观点审视《临时约法》应为修正之内阁制,但民初国会在行使职权时并不"拘泥"于宪法规定,国会议员不仅企图通过制定新宪法("天坛宪草")限制、剥夺在任总统袁世凯的权力,而且公然藐视总统在现行宪法上的权力(如法律公布权与法案否决权),以至于袁世凯咨文指责国会自己违法越权却要求政府单方面守法,这显失公平,对于民国宪政前途也绝非福音:"窃恐此端一开,今日民国议会之职权既可以自由轶出于约法规定范围以外。而独欲以遵守约法者责政府、服从约法者责国民,固失双方情理之平,尤非民国前途之福。"不仅如此,国会在组阁问题上也屡屡为难政府:"内阁更迭其缘党见。一切庶政不能进行,几使国家陷于无政府之地位。"①民国第一届内阁唐绍仪内阁总辞后,袁世凯提名职业外交官陆征祥组阁,因参议院不满总理陆征祥的议场演说,故而对于其提名的六名部长人选一律否决;时人评论说:"平心而论,参议员否决六国务员的举动,诚属幼稚,好比小孩得了一具铅刀,到处乱砍,不管有效无效,有害无害。"②

1922年国会重开后,法学家王宠惠组阁,内阁成员大半有留学背景,为政坛之清流,如外交总长顾维钧、财政总长罗文干、教育总长汤尔和,时称"好人内阁"("好人政府")。可是,在曹锟的暗中支持下,众议院正、副议长吴景濂、张伯烈违反法定程序,以受贿渎职罪名陷害有"末世君子"美誉的罗文干,将其逮捕下狱;在检察机关将罗文干无罪释放

---

① 吴宗慈:《中华民国宪法史》,于明等点校,法律出版社 2013 年版,第 174—176 页。

② 李剑农:《中国近百年政治史》,复旦大学出版社 2002 年版,第 335 页。

后,众议院居然又通过重新查办罗文干的决议,并要求查办之前释放罗文干的检察官,罗文干再次入狱;尽管京师地方审判厅经过审理宣告罗文干无罪,但王宠惠内阁经此政潮冲击很快宣告总辞。[1] 民初国会的幼稚滥权、毁法造法,时人已有目共睹,再经历国会的两次解散与曹锟贿选的丑闻,国会议员的威信荡然无存,代议政治已然破产,议会内阁制作为理想的政体选择自然也值得怀疑。与此同时,袁世凯通过《中华民国约法》造就的超级总统独裁政体,亦使得人们对于总统制蜕变为独裁专制政府的危险印象深刻。

三、内阁制/总统制的修正与政体的创新

《临时约法》之后,1913 年"天坛宪草"规定国会对大总统、副总统有弹劾权(第 41 条),对国务院有不信任决议之权力(第 43 条);宪草也同时规定了大总统可基于"公共治安"与"非常灾患"理由发布紧急命令权(第 65 条),还规定大总统经参议院多数同意可以解散众议院(第 75 条),由国会参院同意元首对众院的解散,《法兰西第三共和国宪法》与《德意志帝国宪法》均采此制。[2] 袁氏帝制破产,第一届国会重新召集后于 1917 年继续审议《中华民国宪法草案》,关于解散国会条款有很大争议,历经国会二读会仍无结果。[3] 1919 年《中华民国宪法草案》的解散众议院条款(第 63 条)取消了参议院对总统解散命令的同意权,保留了大总统的紧急命令权(第 53 条),大总统的权力有所扩张。1923 年《中华民国宪法》取消了"天坛宪草"以来各草案规定的大总统的紧急命令权,

---

[1]　参见丁中江:《北洋军阀史话》(四),商务印书馆 2012 年版,第 16—28 页。

[2]　法国的例子如前文所述;在德意志帝国时期,帝国政府也可以征得各邦代表组成之联邦院的同意来解散普选产生的帝国议会。参见钱端升:《德国的政府》,北京大学出版社 2009 年版,第 8—9 页。

[3]　参见吴经熊、黄公觉:《中国制宪史》,商务印书馆 1937 年版,第 65 页。

恢复了1919年《中国民国宪法草案》取消的参议院对解散众院命令的同意权,大总统权力有所缩减。其第89条规定:"大总统于国务员受不信任之决议时,非免国务员之职,即解散众议院,但解散众议院,须经参议院之同意。"①该条恢复了"天坛宪草"以参议院制约总统行使解散权的规定,同时将行使解散权的前提限制为"国务员受不信任之决议时",这可以避免总统以其他事由任意解散国会。1923年《宪法》施行不久,即随曹锟倒台而废弃,并没有落实的机会。

　　1927年南京国民政府成立后,政体之争仍是制宪的重大问题。20世纪30年代,在国民党一党垄断制宪背景下出台的"五五宪草",乃是所谓"超级总统制",总统获得了不受(有效)监督的权力。抗战胜利后,1946年政治协商会议设立了宪法审议委员会重新制宪,制宪者们的首要任务是修正"五五宪草"规划的"超级总统制"(总统独裁)。与民初国会制宪的背景类似,总统已有人选,乃是政治军事强人袁世凯/蒋介石;但制宪者已吸取民初制宪失败的教训,不再"因人设制",在政体规划上既不迎合"领袖"扩张权力的欲望,也不再妄想通过纸面的宪法限缩其权力至零。在有"中华民国宪法之父"美誉的宪草执笔人张君劢看来,为避免总统或内阁为所欲为,一定要建立负责任的政府,贯彻责任内阁的基本精神,至于责任内阁的具体内容则可以有所变通甚至大大修正。对于国民党政府所担心的引入内阁制会导致政府不稳(国会频频倒阁造成"阁潮")的问题,张君劢等提出将责任内阁制与信任投票制区分开来,建立"修正式内阁制":行政院院长对于立法机关负责的精神与英、法的内阁制一样,但其负责之方法可以有所不同;除对信任投票(倒阁)制度进行重大调整外,宪法还摒弃了典型内阁制下的阁员集体责任制

---

　　①　宪法条文参见夏新华等整理:《近代中国宪政历程:史料荟萃》,中国政法大学出版社2004年版,第527页。

度;在人事任免方面,除行政院院长外,内阁其他成员的任命无须经过立法机关的同意,这赋予了总统(及行政院院长)超越总统制的人事权[1];宪法还规定议员不得兼任官吏(典型总统制的做法),这意味着内阁成员无须从议员中选任,扩大了阁员选择的范围。宪法规划的总统权力,介于美国总统与法国(第三共和国)总统之间:"我们不赞成采用总统制,因为不愿像美国一样将行政大权完全交付总统手中。我们也不赞成像法国一样大总统不负责任之规定。大总统既经国民大会选举,他是国家元首,统帅陆海空军而且能任命文武官吏。所以他在政治上不仅是摆样子的元首,而是一个负国家责任的人物。但是我们为求总统安全计,为使他受全国人爱戴起见,须得有人对他的命令处分加以副署,而因副署之故而发生责任。所以除总统外,另有负责任的政府。"[2]从总统与行政院的关系来说,行政院院长的人选由总统提名,部会首长则由行政院院长提请总统任命;表面上看总统与行政院院长分享了组阁的权力(双方共同决定阁员的任命),但实际上制宪者也意识到并且接受了强人总统全权组阁的可能:"在蒋主席当总统之日,部长人选自然非先由总统同意不可。"[3]

针对行政权与立法权发生冲突的情形,"政协宪草"既没有采用典型内阁制下的倒阁与解散国会的设计,也没有采用总统制下的复议制度[4],而改为复议与倒阁(不信任案)混合的制度,1946年《宪法》第57条也基本吸收了这一制度创新:"行政院依下列规定对立法院负责:

---

[1] 如此规定,与民国北京政府时期政府组阁常常因为国会杯葛而失败的经历有关。
[2] 张君劢:《中华民国民主宪法十讲》,商务印书馆1947年版,第65—68页。
[3] 张君劢:《中华民国民主宪法十讲》,商务印书馆1947年版,第149页。
[4] 典型如"五五宪草"第70条:"总统对于立法院之议决案,得于公布前,提交复议。立法院对于前项提交复议之案,经出席委员会委员三分之二以上之决议,维持原案时,总统应即公布或执行之;但对于法律案、条约案,得提请国民大会复决之。"夏新华等整理:《近代中国宪政历程:史料荟萃》,中国政法大学出版社2004年版,第987页。

一、……二、立法院对于行政院重要政策不赞同时,得以决议移请行政院变更之。行政院对于立法院之决议,得经总统之核可,移请立法院复议。复议时,如经出席立法院委员三分之二维持原决议,行政院长应接受该决议或辞职。三、行政院对于立法院决议之法律案、预算案、条约案,如认为该决议案有窒碍难行时,得经总统制核可,于该决议案送达行政院十日内,移请立法院复议。复议时,如经出席委员三分之二维持原案,行政院长应即接受该决议案或辞职。"①制宪者明知总统对于行政院人事及政策具有高度控制权,故而若行政院与立法院发生对立,根本矛盾其实不在行政院院长而在总统;但制宪者却通过行政院院长副署与辞职制度的安排,让行政院院长负其责任。这样的安排或可总结为"总统有权,内阁有责"。立法院院长兼宪法草案审议委员会召集人孙科在制宪国民大会上有如下说明:"为什么有这种规定,为的是要免去总统与立法院间发生直接冲突。……总统的责任由行政院长代为担负,立法院通不过时,行政院长可以立刻下来,由总统另提人选。这种方法,可以减轻总统的责任,亦免得总统受政潮的影响。"但这并不意味着"行政院变成责任内阁制,立法院变成英国或法国的国会",行政院院长只是根据宪法条文"有条件地对立法院负责,还不能称责任内阁制"。加上宪法没有内阁集体责任与不信任投票的规定,行政院院长及部会首长也不得由立法委员兼任,这与典型内阁制有很大的区别;更重要的是,"行政院仍受总统指挥",故而也可以说这是一种"修正的总统制"。②

1946 年《宪法》调和了总统制与内阁制,造成行政院对于总统与立

---

① 法条参见夏新华等整理:《近代中国宪政历程:史料荟萃》,中国政法大学出版社 2004 年版,第 1108 页。

② 孙科讲话参见国民大会秘书处编:《国民大会实录》,1946 年自刊,第 395—396 页。

法机关的双重责任。在理论上,这的确会产生行政院院长的"双重忠诚问题",令其两面为难。但这一方面排除了内阁制下一边倒的"议会专制";另一方面,当总统与立法机关发生僵局时,这又避免了总统制下宪法机制的无解(总统不能被国会免职,国会亦不能为总统所解散),由行政院院长代当责任,政府不至于由于宪政僵局而停摆。"总统有权,内阁有责",行政院院长的双重负责机制使其成为总统与立法机关之间的缓冲,如此安排特别适用于不善妥协的民国政治文化,尽管这可能"委屈"了行政院院长个人。1946年《宪法》确立的混合政体,国民党的制宪代表孙科称其为"修正的总统制",代表第三方力量的张君劢称其为"修正的内阁制";双方在立场上或有差异,但他们都认为中国人可以在选择西方宪制的过程中,基于中国现实有所修正、有所创造,在他们讲话中也洋溢着这种自信:"我们采取美国总统制下行政部稳固的长处,而不忘掉民主国中应有之责任政府之精神,我们了解欧美民主制度,已有数十年之久,但我们此次不甘心于小孩式的亦步亦趋,而愿意拿出多少创造的精神来。"[1]

四、小结

从1912年《临时约法》到1946年《宪法》,在政体问题上,民国宪法史似乎绕了一个圈。排除基于孙中山五权宪法思想的五院制与国民大会等制度特色,1946年《宪法》与1912年《临时约法》都有颇多近似之处:例如总统提名行政首长,经立法机关同意任命之;再如放弃倒阁与解散国会的规定,代之以总统对于立法机关法案的否决权;甚至包括细节的内阁责任不采集体连带责任,内阁成员不必为议员;等等。与《临

---

[1]　张君劢:《中华民国民主宪法十讲》,商务印书馆1947年版,第71—72页。

时约法》相较,1946 年《宪法》下的总统权力更大一些,因为他有独立的民意基础(总统、副总统由国民大会选举产生,而非由立法机关选举产生);但行政院院长领导的行政部门并非总统的幕僚,其权力来源于立法机关并对其负责。国家元首和政府首脑均保有一定权力,并各有其权力来源或者说民意基础,这样一种源自西方的总统制内阁制混合政体设计与中国政治文化上长期延续的"君-相制衡"传统似乎也有暗合之处。① 它并非张君劢或者其他制宪者的神来之笔,也并非如批评者所说是拼凑出来的"龙的宪法"(李鸿禧语,意为五权宪法乃是画蛇添足),它是基于现实政治的妥协与创造。

正如有学者所说,柏拉图、亚里士多德、马基雅维里、霍布斯、洛克、托克维尔作为政治哲学家之所以伟大,或者说区别于当代象牙塔里的教授的地方,在于"政治哲学的实践维度","伟大的政治哲人总是投身于他们时代的政治,并为我们思考自己时代的政治提供了榜样"。② 本章所提到的政治人物兼思想家(学者),如孙中山、张君劢、吴经熊,他们著作等身,学问会通中西,被外国人称为 Dr.(或可勉强译为博士)③,他们也深深参与了近代中国的政治实践与立宪事业。我们可以质疑他们宪法理论的周延性与独创性,却无法否定"制宪先贤"基于其理解的时代需要,超越欧美老师,而作出的宪制选择与创作。

---

① 在儒家理想中,君主传子,宰相传贤,君主高拱无为却是最终的圣裁者,宰相主日常政务,君主的正当性基于血缘,宰相的正当性基于德才与众望。相关论述可参见钱穆:《中国历代政治得失》,生活·读书·新知三联书店 2001 年版。

② 参见〔美〕斯蒂芬·B.斯密什:《政治哲学》,贺晴川译,北京联合出版公司 2015 年版,第 8 页。

③ 吴经熊的法律博士(JD)如假包换;称孙中山为 Dr.,大约是因为他受过现代医学教育;而张君劢,则是取得早稻田大学政治经济科文凭后,回国应清廷专为留学生举办的科考,得授翰林院庶吉士,即时人所谓"洋翰林"。

第九章　近代中国的基本权与社会权

第一节　宪法基本权利及其法律限制问题

现代国家一般均在其宪法上明文肯定基本权利的存在及其价值，但人民基本权利的实现并非是毫无限制的。20世纪以来的各国宪法往往也会或多或少地规定基本权利的法律限制，这是权利内涵复杂化的结果，与社会经济的发展息息相关。"如何能在宪法的最高理念及拘束力的影响下，使基本权利的'实现'及其'限制性'的问题，能在法律制度内尽可能完善地运作"①，实现二者的平衡，这是宪法学上的重大问题之一。在20世纪上半叶的中国制宪史上，宪法条文中对人民基本权利的法律限制（也称法律保留）是一个存在较大争议的问题，受中国传统与时势的影响，其问题的复杂程度尤甚于西方。

在清季以来近半个世纪的中国制宪史上，普遍的情况是政府组织架构受到重视，人民基本权利反而成为次要。同时，历次制宪文本在言及人民基本权利时通常还加上了法律限制，也就是说在中国制宪史的

---

① 陈新民："论宪法人民基本权利的限制"，载陈新民：《宪法基本权利之基本理论》上册，（台北）元照出版公司2002年版，第182页。

文本上,公民基本权利从未有一分是"神圣不可侵犯"的"绝对权利"。"马太效应"似乎在宪法基本权利的问题上也得到印证,朝野普遍作为制宪之次要问题的人民基本权利在列入宪法时又打了折扣。经历了北洋政府时期的军阀统治之后,有识之士对于人民基本权利的宪法保障问题更为重视,但是由于传统的影响、西方"社会本位"潮流的冲击以及时局的限制,中国最终无法树立个人自由权利与有限政府("控权")的理念,几乎毫无保留地接受了对于基本权利采"法律限制主义"的宪法。

问题的关键不在于法律限制主义与宪法保障主义的优劣是非,而在于制宪者对于基本权利的法律限制要么视为理所当然,要么便是借口世界潮流与中国时局来压倒人民的个人自由权利,为无限制的法律限制寻找借口。在承认基本权利的前提下对其加以"作为例外的""不得不的"限制,与"否定个体自由权利地"因而是"无前提地""不加思索地""自由地"限制基本权利,这二者从理念到实效都是大相径庭的。

一、清末—民国北京政府时期

1908 年《钦定宪法大纲》所附"臣民权利义务"部分采法律限制主义,其字样为"在法律范围之内……均准其自由"或"非依法律所定,不得……"等;对于臣民财产及居住,则仅规定"无故不加侵扰",对政府授权极宽,连法律限制(法律保留)都称不上。1911 年《宪法重大信条十九条》未规定人民权利。1912 年《中华民国临时约法》在第 6 条人民自由权的条文列举了人民基本权利 7 项,其中有两处"非依法律,不得……"的字样,但这两处或可理解为对人民身体与家宅(住所)的特别保护,但《约法》第 15 条("本章所载人民权利,有认为增进公益,维持治安,或非常紧急必要时,得依法律限制之")这一对立法者概括授权则属典型的法律限制主义。号称"进步",对人民基本权利列举比较完整的 1913 年

"天坛宪草",从第5条至第11条逐条对其所列举的各项基本权利,包括人民的身体、住居(住所)、通信秘密、选择住居(迁徙)与职业自由、集会与结社自由、言论著作与刊行(发表)自由、宗教信仰自由,加上了"非依法律,不得制限"的字样,而第12条则规定财产所有权"公益上必要之处分,依法律之所定"。1914年《中华民国约法》("袁记约法")第二章"人民"整章充斥"非依法律,不得……"或"于法律范围内,有……""依法律所定,有……"字样。1923年《中华民国宪法》("贿选宪法")以"天坛宪草"为基础,据说在一定程度上受到德国《魏玛宪法》的影响,其在文本上也被认为堪属"好宪法"之列,但其对人民权利也全采法律限制主义。

回顾清末至民国北京政府(北洋政府)时期的制宪史,对人民权利义务几乎全采法律限制主义,清朝"君主立宪"放下不提,民初《临时约法》或许也来不及充分讨论,堪称"民主典范"的"天坛宪草"又如何呢?"天坛宪草"起草时列入大纲议题的宪法重大问题中有关人民权利的一项是"人民权利义务是否采用列举"[1],并未言及宪法保障主义抑或法律限制主义。在草案审读过程中有个别人对个别条文建议删去法律限制,如秦广礼建议对人民通信秘密删去"非依法律不受侵犯字样",廖宗北建议将原案"中华民国人民之财产所有权不受侵犯,但公益上必要之处分,依法律之所定"径改为"中华民国人民之财产不受侵犯",但这只是少数意见,事实上当时二读时是以绝对多数通过了采法律限制主义的对人民基本权利的规定。[2] 可见在当时制宪者并不重视对人民基本权利是采宪法保障主义抑或法律限制主义这一问题,更确切地说,法律限制主义在当时几乎不发生问题。

---

[1] 参见吴经熊、黄公觉:《中国制宪史》,商务印书馆1937年版,第46页。
[2] 参见吴宗慈:《中华民国宪法史》前编,1923年自刊,第167—171页。

　　检讨这一段的宪法文本与制宪背景，我们可以推断说当时朝野普遍尚未意识到用法律限制人民基本权利有何不妥，甚至日后的"中华民国宪法之父"张君劢于1922年为国是会议起草宪法草案时，在"国民权利义务"章也采用的是法律限制主义，充斥着"非依法律，不……"的字样。

二、南京国民政府时期

（一）国民党"训政"对人民基本权利的法律限制

　　南京国民政府成立以后，宪法文本上人民基本权利的法律限制也达到了一个新高度，究其原因，一是执政的国民党本来就是标榜"三民主义"意识形态的政党；一是中国传统文化一向就缺乏自由主义、有限政府（"控权"）的观念；再就是这一中国传统文化正赶上所谓西方由"个人本位"转向"社会本位"的潮流，二者"不谋而合"。[①] 作为南京国民政府基本法的1931年《训政时期约法》，在其第二章"人民基本权利义务"的规定中，依人民权利性质，凡自由权（第9—17条）均有"非依法律不得限制或停止之"的字样，受益权（第21—24条）则规定"依法律有……之权"；此外，在《约法》的第四章"国计民生"、第五章"国民教育"（共计28条）中，其内容不仅涵盖社会权（"民生主义"），对契约自由、选择职业的自由等均有以法律限制的明文（如第37、38、45条）。1936年"五五宪草"基本沿袭了《训政时期约法》的传统。

（二）"五五宪草"引发的争论

　　《训政时期约法》纯粹是国民党专政的产物（也是其实行"训政"的宪法性文件），反对者无从发出有效的声音，而"五五宪草"制定过程历

---

　　① 参见吴庚：《宪法的解释与适用》，（台北）2004年自刊，第83—85页。

时三年,其间多次易稿,主稿人吴经熊、张知本还分别以个人名义发表试拟稿以待公众批评,其引发社会讨论之广,堪称空前。"五五宪草"初稿公布后,即有不少人士质疑其中人民权利自由各条为何仍采"非依法律不得停止或限制"字样:"是宪法畀予之自由,皆得以普通法律剥夺之,宪法保障,不几等于虚伪吗?"[①]其中章友江还以专文批评草案关于人民权利的规定,[②]该文开宗明义便说:

> 宪法的主要目的在规定人民权利和政府各个主要机关的权限、工作和相互关系。……自从吴经熊先生的宪法初稿草案公布之后,批评该草案的人很多,但是一切的批评多集中在讨论政府各主要机关的权限工作及其相互关系的规定,很少人在人民权利的条文上认真探究。这是一个很奇怪的现象。根据以往的历史,我们敢肯定地说,宪法是起源于人民要求以成文方式规定人民权利,当时宪法之所以涉及政府各主要机关,乃是因为政府主要机关的权限工作直接影响到人民权利的保障,由此可知人民权利在宪法上所占有的重要地位。况且中国人民的权利最受摧残,不但没有充分的成立法律的保障,而且更要遭遇武人、政客、帝国主义的蹂躏。在这种情况下,中国同胞理应加倍地注意宪法草案关于人民权利的规定。
>
> ……
>
> 吴氏草案因为要力求简洁或其他不得已的苦衷,所以在关于

---

① 详参王揖唐:"宪法草案之商榷",《大公报》1934年4月10日。转引自尹伟琴:"'五五宪草'公布后知识界的批评",《浙江商学院学报》2003年第1期。

② 详参章友江:"对宪法草案初稿关于'人民权利'规定之批判",载俞仲久编,吴经熊校:《宪法文选》,上海法学编译社1936年版,第481—508页。

人民权利义务的条文内,都有"非依法律不得停止之或限制之"数字,这等于说:"依法律得停止或限制之。"这是吴氏草案中另一个最大的缺点。因为这种规定等于说宪法中所规定的人民权利不是最后的或最高的,还要受法律的注释后才有真正的意义,因此宪法上条文完全是空虚的,这不但会降低宪法的尊严,而且会引起许多流弊。袁世凯曾经利用《临时约法》关于人民权利的空虚规定而颁行两种钳制言论的法令。一为民国三年四月二日的《报纸条例》,二为民国三年十二月四日之《出版法》,及一种限制结社自由的法令即民国三年《治安警察法》。这就是前车之鉴。虽然草案十八条规定"本章前列各条所称限制人民自由或权利的法律,非为维持公共利益或避免紧急危难所必要者不得制定之,其超过必要之程度者亦同"对于将来订立的补充法(或单行法)设有相当的范围,但是"公共利益""避免紧急危难"都是些"宽阔而无边际之词","实际上殆无一定范围之可言"。袁氏所曲解的(临时)约法第十五条又何曾没有规定抽象的范围如"增进公益""维持治安"或"非常紧急必要时"。

因此我以为在规定人民权利的条文内,最好不用"依法……"或"非依……"等类似的辞句而采用保障人民权利的绝对方式,所谓绝对保障的方式即宪法关于人民权利的规定是最后的或最高的,不但限制行政权而且限制立法权对他的干涉。如美宪法附加第一条"议院对于宗教之设定及自由之行为,不得制定禁止之法律"。假使绝对的保障方式在事实上不易引用,那至少在条文内应当规定该权利或自由的明显范围,及其受干涉的具体理由(比较地说),方法,以及其受侵害后的保障(如赔偿等)。

章友江文接着还逐条批判了宪草关于人民权利的条文,并提出了相应的修改意见。笔者如此大篇幅地引用章文,主要想说明以下几点:其一,当时有识之士已经意识到在立宪时重政府组织轻人民权利保障的偏颇,尽管当时这种偏颇仍是普遍存在的;其二,人们开始重视宪法对人民基本权利的保护是由于民元以来人民饱受"武人、政客、帝国主义的蹂躏";其三,袁世凯利用宪法对人民基本权利的法律限制条款制定恶法,侵犯公民的基本权利,这使得人们开始警惕法律限制主义的危害;其四,当时的人们从法理和比较外国宪法制度两方面对于绝对保障主义(宪法保障主义)和相对保障主义(法律限制主义)已经有非常清楚的认识。

对于批评的声音,时任"立法院院长"并兼任"立法院宪法起草委员会委员长"的孙科的回应是:

其一,"法治之通例,未有予人民以绝对自由者"①。

其二,与之前的军阀统治不同,宪法公布后,所有法律将由民意机关来决议,故不愁人民的权利得不到保障。②

其三,人民的权利不及民族利益、国家利益来得重要,特别是在当前的危难时期。

> 宪法不仅在保障个人的权利,更要顾及全体,保障大群的权利,尤其是在今日要注重整个民族的利益;假使只顾人民自由权利尽其充分发展至相当时期,恐怕就要妨碍到国家的自由,危害到民

---

① 孙科:"中国宪法的几个问题",载俞仲久编,吴经熊校:《宪法文选》,上海法学编译社1936年版,第1089页。

② 参见孙科:"中国宪法的几个问题",载俞仲久编,吴经熊校:《宪法文选》,上海法学编译社1936年版,第1089页。

族的自由，如因注重个人而竟牺牲国家，牺牲民族，这是不可以的。况现今正是要代国家民族找出路的时候，决不是为个人的时候，且在事实上，那样也做不到，即做亦不能普遍，如果人民的自由权利与国家有了冲突，在这种立场，宁牺牲个人的自由权利，拼命起来保障国家的自由权利。根据这样原则，所以在宪法草案中对于人民自由权利，只予人民关于"居住的自由""言论自由"以及"集会结社的自由"等等，但在宪法草案中有一条"非以法律不得限制之"的规定，反过来说，国家是可以根据法律限制人民相当的自由。[1]

吴经熊对批评的回应是：

其一，否定"天赋人权"，认为权利义务的来源是时势和潮流，权利义务要在时势和潮流所要求和准许的范围之内。（孙中山说："民权不是天生出来的，是时势和潮流所造出来的。"）[2]

其二，自由权利须经过法律的限制方能对于社会有所裨益。（吴氏打了个比方：自由权利是璞玉，法律是雕刻匠，宪法是璞玉的主人，主人只关照雕刻匠几句雕刻的要领。）[3]

其三，"我们现在的宪政运动，乃是集中国力去救国的运动……我们现在争自由，是以团体为出发点。我们所争的自由是国家的、民族的自由。……我们要救国家，救民族，则不得不要求个人极力牺牲他所有

---

[1] 孙科："中国宪法的几个根本问题"，载俞仲久编，吴经熊校：《宪法文选》，上海法学编译社1936年版，第1122页。

[2] 参见吴经熊："宪法中人民之权利与义务"，载俞仲久编，吴经熊校：《宪法文选》，上海法学编译社1936年版，第1133—1136页。

[3] 参见吴经熊："宪法中人民之权利与义务"，载俞仲久编，吴经熊校：《宪法文选》，上海法学编译社1936年版，第1139。

的自由，以求团体的自由"①。

孙科与吴经熊都是否定"天赋人权"与人权的绝对保障主义（也即宪法保障主义）的，这或许与一向缺乏个人权利观念的中国传统影响有关，西方社会本位的法律思想和立法趋势又迎合了我们这一传统。

"五五宪草"制定之时，正是"一·二八"事变之后，日寇威胁日益逼近，"五五宪草"（国民党所谓"结束训政，实施宪政"）本身便由"面对国难""集中民族力量、抵抗外患、挽救危亡"之大计所催生。②"五五宪草"以法律限制人民基本权利，也是所谓"救亡压倒启蒙"之典型写照。

尽管当时社会上对"五五宪草"的批评声浪很高，但由于当时并不具备能与国民党抗衡的力量，这些批评并没有对宪草的内容发生太大的影响，③草案主导人物对于批评的回应似乎也言之成理，制宪者依然我行我素，④在立法院最后通过的草案中对人民权利仍全采法律限制主义。但是这些批评与讨论为日后宪法的修正奠定了理论和民意基础。直到1946年政治协商会议修改"五五宪草"，这时由于中国共产党在实

---

　　①　吴经熊："中华民国宪法草案的特色"，载吴经熊：《法律哲学研究》，清华大学出版社2005年版，第122页。

　　②　"五五宪草"的制定背景可参见谢振民编著，张知本校订：《中华民国立法史》上册，中国政法大学出版社2000年版，第251页。

　　③　"立法院宪法起草委员会"当时的两位主稿人，并为副委员长的张知本和吴经熊都发表了试拟稿。吴稿对于人民基本权利保障全采法律限制主义。而张稿则对法律限制主义做了修正，其对于法律限制做了具体化，有利于限制政府权力、保护人民权利，具体如第20条："人民有言论、著作、刊行之自由，除抵触刑法外，不得禁止或限制。"又如第23条："人民有集会结社之自由，不必向官署事先报告；但集会携带武器或扰乱社会秩序结社以犯罪为目的者，得禁止或解散。"但是，张知本在1933年8月18日其草案试拟稿完成后即辞去宪法起草委员会副委员长职务，而吴经熊则始终参与并凭借孙科的支持在一定程度上主导了"五五宪草"整个制定过程，吴经熊甚至到1946年《中华民国宪法》制定时（作为代表国民政府一方的专家）依然十分活跃。张氏的去职与吴氏主导地位的确立，这大约都不是历史的偶然。

　　④　对于人民基本权利的法律限制这一问题，在宪草的起草过程中（包括宪法起草委员会主稿人审查会议与宪草初稿讨论、立法院对草案的审议）或者蜻蜓点水、草草而过，或者根本忽略此问题。

力上已经能与国民党抗衡,以社会上知识界民主人士为代表的"第三方面"力量此时方能"四两拨千斤",①最终将人民基本权利条文之下附加的法律限制文字取消,随后通过的《中华民国宪法》在大体上从之。

(三) 从政协会议对法律限制主义的修正到 1946 年《中华民国宪法》的相关规定

1946 年 1 月 31 日,政治协商会议通过了修改宪法草案之十二项原则,其中第九项"人民之权利义务"原则为:人民"应享有凡民主国家人民一切之权利及自由。法律规定应出于保障精神,不以限制为目的"。政协会议在通过宪草修改十二原则之后,又决议组织宪草审议委员会,制成《五五宪草修正案》(史称"政协宪草"),修正案主稿人为张君劢②。1946 年国民大会通过的《中华民国宪法》对政协会议拟定的《五五宪草修正案》没有做大的修改。

与之前的宪法文本相比,1946 年《宪法》对人民基本权利采积极保护方式,逐条取消了"非依法律不受限制"及类似字样,以防政府滥用立法权剥夺人民权利,这与以往宪法文本明显不同。但是,《宪法》第 23 条规定:"以上各条列举之自由权利,除为防止妨碍他人自由,避免紧急危难,维持社会秩序,或增进公共利益所必要者外,不得以法律限制之。"这个人民自由权利的例外条款就为基本权利的法律限制"开了后门"。其实,在《五五宪草修正案》中,对这一条文(《五五宪草修正案》第 24 条)的具体内容有两个意见。修正案草拟人张君劢(民社党党魁)的意见为:"以上各列举之自由权利,除为防止妨碍他人自由,避免紧急危

---

① 有关政协会议上各方面的博弈,可参见刘山鹰:《中国的宪政选择——1945 年前后》,北京大学出版社 2005 年版,第四章。

② 张君劢宪政思想可参见张君劢:《中华民国民主宪法十讲》,商务印书馆 1947 年版。

难,维持社会秩序,或增进公共利益所必要外,不得以法律限制之。"《五五宪草修正案》整理人之一①吴经熊的意见为:"法律应以保障人民自由权利为目的,凡涉及人民自由权利之法律,以确保国家安全,避免紧急危难,维持社会秩序,增进公共利益所必要者为限。"这也是草案中唯一保留了两种意见以留待决定的条文。比较二者的意见,重大的不同②是吴经熊的意见比张君劢的意见在限制人民自由权利的条件中多了一个"确保国家安全",这个限制条件的政治性非常强,关于以上这一点,1946年《宪法》最终采纳了张君劢的意见。但是,这并不意味着1946年《宪法》采用了宪法保障主义而非法律限制主义,1946年《宪法》将"五五宪草"以法律限制民权的字样合并在第23条。"称为直接保障主义,实则两种规定方式,根本没有区别,都在宣誓法律保留原则,何来直接保障或间接保障的不同,无怪乎早被萨孟武教授批评为:'这何异于朝三暮四与朝四暮三之别。'"③比较温和折中的评价是:1946年《宪法》关于人权的规定"丰啬介于五五宪草与政协原则之间"。④

事实上,人民基本权利的保障方式问题在制宪当时并非引发尖锐对立的问题,制宪时国民党更关心、刻意坚守的是国民大会有形或无形的问题、总统制抑或内阁制的问题、省宪问题甚至纯粹意识形态的三民主义是否入宪问题。⑤ 笔者大胆推测,如果当时宪法主稿人张君劢或者

①　另一个整理人是王宠惠。

②　吴经熊的意见另外还多了一句"法律应以保障人民自由权利为目的",这句话在此处意义不大,甚至可以说是空话。弃宪法保障主义不用,在法律限制的条款之首称其保障民权之作用,不免有些矛盾。张君劢稿比吴经熊稿多的一句是"防止妨碍他人自由",亦即"不得以侵犯他人自由及其他权利,作为自己行为的合宪依据",这是人权应有之意。

③　吴庚:《宪法的解释与适用》,(台北)2004年自刊,第84页。

④　参见萧公权:"中华民国宪法述评",载萧公权:《宪政与民主》,(台北)联经出版事业公司1982年版,第158页。

⑤　国民党的相关立场可参见荆知仁:《中国立宪史》,(台北)联经出版事业公司1984年版,第443—444页。

其他有影响力者刻意坚持对人民基本权利采宪法保障主义,则其入宪应该不成问题。但或许张君劢等人并未有如此打算。① 国民党从政治利益上和意识形态上都是反对政协会议对"五五宪草"的修正的,但是蒋介石为了拉拢民社党、青年党参加国民大会,通过宪法,在形式上建立统治的合法性(法统),不得不基本采纳了张君劢主稿的修正案。② 宪法公布不久,国民政府即通过了《维持社会秩序临时办法》《戡乱动员令》和《特种刑事法庭组织条例》《特种刑事法庭审判条例》《动员戡乱完成实施纲要》等,国民大会还通过了《动员戡乱时期临时条款》,附于宪法之后,这些"临时"法案扩大了政府特别是总统的权力,限制了人民的自由权利。

三、小结

从中国近代制宪史上对宪法基本权规定的沿革来看,人们对于宪法基本权利的法律限制问题的认识经历了一个逐渐深化的过程:从北洋时期普遍视法律限制为理所当然到"五五宪草"时期已有不同的声音(而制宪者却不予采纳),再到制定 1946《宪法》时在立宪原则("政协十二原

---

① 前文已经提及,张君劢于 1922 年为国是会议起草宪法草案时,在"国民权利义务"章也采用的是法律限制主义,充斥着"非依法律,不……"的字样。在其 1944 年 1 月发表于《东方杂志》的《现代宪政之背景》一文中,他对于"五五宪草"关于人身、言论出版、集会结社自由的法律限制也是照单全收,毫无异议。参见张君劢:《宪政之道》,清华大学出版社 2006 年版,第 392—393 页。而在其完成于 1946 年 8 月(《中华民国宪法》通过前夕),出版于 1947 年(《中国民国宪法》公布之后),自命为 1946 年《宪法》之"精义"的《中华民国民主宪法十讲》之"人权为宪政根本"一讲中,反倒列举了不少含有法律限制规定的各国宪法条文并与"五五宪草"相关规定对照,并无只字批评法律限制主义,而且还说:"关于人民权利,大家可参考五五宪草人民权利一章,自然明白。"参见张君劢:《中华民国民主宪法十讲》,商务印书馆 1947 年版,第 32—38 页。或许由于当时各方面条件的局限,张君劢并未重视宪法上人民基本权利采直接或间接保障主义之异。我们还必须注意到,张氏尽管通晓西方宪政知识,但非真正的法律专家。

② 张君劢是民社党党魁,而青年党参加国民大会又以民社党参加国大为前提。

则")中明定对于人民权利自由"法律规定应出于保障精神,不以限制为目的",最终落实在宪法条文上对法律限制也做了一定的限制。但是,不管是北洋政府还是南京国民政府,都没有接受个人权利自由与有限政府("控权")的观念,最终在制宪时也就不可能真正尊重人民的基本权利自由。更重要的是,由于当时欠缺宪政的实践(宪法的真正施行与释宪权力的行使)与细致的学理论证,所以宪法条文中有关基本权利的规定仅仅是空洞的规定、具文而已。尽管如此,辛亥以来人们权利意识的深化与宪法文本的进步仍不可小觑。权利意识的深化是接受了历史的教训,宪法文本的进步是政治斗争的成果,教训不能忘记,成果不可忽略。

第二节　刚柔相济:近代中国的宪法社会权规定

宪法上的权利条款始终面临两难的困境:一方面,与一般法律规定相较,刚性的宪法典作为高级法,赋予人民更高的权利保障;另一方面,如上一节所述,宪法保障的人民权利难免会受到国家立法、行政与司法权的限缩;与消极的自由权相较,积极的宪法社会权的实现更是打了折扣。制宪者是否可以将相对"柔性"的社会权条款纳入"刚性"的宪法典,熔社会正义的理想与法治的现实于一炉,近代中国宪法史为我们提供了一个独特的视角。

一、民生主义与"大同"的理想

近代中国将社会福利权纳入宪法的努力,较早始于1922年《国是会议宪法草案》,不管是张君劢主稿的"甲种草案"还是章太炎主稿的"乙种草案",尽管其政体设计迥异,但均专章规定了"国民之教育与生计"；具体包括规定专款以促进教育文化之发展，用税收等手段实现社会财富再分配，并限制土地所有权，以保障普通人民之生计。① 将社会权详细列举于宪法，这似乎是受了当时的欧陆思潮以及 1919 年颁布的《魏玛宪法》的影响。《魏玛宪法》颁布之际，张君劢正在德国游学，他第一时间即看到宪法文本，并很快将其翻译成中文于 1920 年 4 月在国内发表。张君劢明确指出《魏玛宪法》与 18 世纪《美国宪法》、19 世纪《法兰西第一共和国宪法》相较，代表了 20 世纪世界宪法的最新范式，顺应了当时社会革命的潮流。②

　　以梁启超、张君劢为代表的中国学者在第一次世界大战后，对于个人主义的英美哲学产生反思，开始结合欧陆哲学与中国传统儒家思想（"新宋学"），通过对西方物质主义的批评，来强调人的价值以及人民幸福的优位性；这反映在宪法上，则是对魏玛所创设的宪法社会权的鼓吹。③ 梁启超作为民国北京政府委派的巴黎和会中国代表团会外顾问，在旅欧后完成《欧游心影录》，该书以专章介绍《凡尔赛和约》中有关国际联盟与国际劳工盟约之内容，并批评当时中国人在社会权问题上"民智未开"，表现出作者对当时欧洲流行的劳动保障与社会安全议题的热切关注。④ 随同梁启超旅欧的张君劢，则将梁氏提出的社会权议题具体化到宪法领域，其为《国是会议宪法草案》所作的说明书《国宪议》，即结合中国传统的大同思想与西方近代社会主义思潮，专篇宣扬宪法中"社

---

①　参见夏新华等整理：《近代中国宪政历程：史料荟萃》，中国政法大学出版社 2004 年版，第 749—769 页。

②　参见张君劢："德国新共和宪法评"，载张君劢：《宪政之道》，清华大学出版社 2006 年版，第 254 页。

③　参见薛化元：《民主宪政与民族主义的辩证发展：张君劢思想研究》，（台北）稻乡出版社 1993 年版，第 38—39 页。

④　参见郭明政："社会福利与社会保险"，载赵永茂等：《中华民国发展史：政治与法制》下册，（台北）联经出版公司 2011 年版，第 670—671 页。

会主义之规定":"敢告国人,《礼运》大同之论,《论语》不患寡而患不均之言,乃吾国文明之精粹,建国之根本也。欧美之人私其富,国私其富,内成阶级之争,外酿国际之战,不足法者也";"欧美百年来文化之方针,所谓个人主义,或曰自由主义……而演成欧洲之大战……此为工商立国之结果也";"工商不能不发展,自然之势也。然工商之发展,要必与社会伦理相调和";"一国之生计组织,以公道为根本,此大原则也";"本案中生计一章,大体以德宪为蓝本。然原案中本有大工业国有省有地方公有一条,而会中同人均反对之,故已取消"。①

其实,早在辛亥革命与"一战"前,孙中山即将"平均地权,节制资本"作为民生的核心,与民族、民权共同构成其三民主义的思想。而所谓"平均地权,节制资本"不仅与亨利·乔治②等社会思想家的洋理论相关,也与中国传统若合符节。就平均地权、实现耕者有其田来说,公田制是儒家的最高理想,"均田制"从北魏至唐也施行了上百年。尽管传统中国工商业并不发达,节制资本的观念却古已有之,盐业专卖制度就是典型的例子。早在西汉的《盐铁论》中,御史大夫桑弘羊就提出节制资本的主张与理由:制盐非有大资本不可,拥有大量资本者往往囤积居奇、操纵市价,其结果将加大社会上的贫富差距,造成贫富悬殊;反之,将盐业国有化,则可以在不增加人民负担的基础上大幅度增加国家财政收入,同时打击豪强,实现人民的均平与社会的安定。③ 事实上,盐业国有化带来的中央财政收入不仅可用于军国大政,还可用以招募流民、

---

① 张君劢:《宪政之道》,清华大学出版社 2006 年版,第 85—92 页。
② 据说孙中山先生土地"涨价归公"的思想源自亨利·乔治的《进步与贫困》等著作。参见唐德刚:《从晚清到民国》,中国文史出版社 2015 年版,第 378—379 页。
③ 参见欧宗祐编:《中国盐政小史》,商务印书馆 1935 年版,第 14—21 页。

赞助民生，实现社会福利的目的。①

一般认为，孙中山提倡的民族主义（"驱逐鞑虏，恢复中华"）击中了晚清民族矛盾尖锐的要害，故而有极强的号召力②；但就国民党的政治、社会基础而言，孙中山的民生主义则是"躐等"、激进、不切实际的思想。尽管如此，1927 年南京国民政府成立后，当局仍奉包括民生主义在内的三民主义为指导思想，其颁布的宪法与法律也包含了不少民生主义的因子，例如 1930 年《土地法》及 1946 年《中华民国宪法》"基本国策"一章。从《土地法》尝试对于土地产权进行再分配来看，立法者是有心实现平均地权的理想的；尽管纸面上的法律革命并未落实为现实的社会革命，但也不能由此完全否定国民政府实现民生主义的初衷。其实，作为社会革命的宪法榜样，《魏玛宪法》中规定的社会权也并不具有强制执行力，最终同样流于空文；但其"社会国"的理想与原则，则为"二战"后的德国基本法所吸收并落实。从国民政府所定国歌词句"三民主义，吾党所宗；以建民国，以进大同"的字面含义来理解，在民国建立后，推行民生主义、实现大同的社会革命应是一个渐进的过程。

二、近代中国社会民生权利入宪及其争议

几乎与在野的民间团体拟定《国是会议宪法草案》的同时，作为民国北京政府法定制宪机关的国会于 1922 年 8 月复会后，亦开始考虑在宪法中增列社会权条款甚至专章，其理由不外乎注重民生与均平的中国旧传统、德国魏玛的新经验，以及民国残酷的社会经济现实："本章条

---

① 据史料记载，三国时代政府曾"以其直益市犁牛，百姓归者以供给之。劝耕积粟，以丰殖关中"。参见杜佑：《通典·食货》卷 10，中华书局 1988 年版，第 229—230 页。

② 当时"革命排满"的口号"几成为无理由之宗教"。参见侯宜杰：《二十世纪初中国政治改革风潮——清末立宪运动史》，中国人民大学出版社 2011 年版，第 128 页。

文多半采取德意志新宪法中关于经济生活之规定,即谓德宪为本法案之渊源固无不可";"然国民生计本为吾国古来政治学说之所置重,孔氏所谓:'有国者,不患寡,而患不均,不患贫,而患不安,盖均无贫,和无寡,安无倾。'直为近世社会主义之根本义";"约法上人民虽有自由平等之规定,然有等地方土地所有者虽数易张三李四,而佃户本身及其子孙仍随土地为转移而世为佃户,俨与农奴无异……世界经济界之压迫中国人,在今日可谓至乎其极,中国人今日生计之凋零,亦可谓有欧美人之所未有"。① 有趣的是,尽管孙中山三民主义并非民初北京政府的指导思想,但仍有宪法起草委员建议将宪法社会权的章名定为"民生":"标题曰:民生,取其含义广而明确。有题为财计者,有题为国民生计者,于生活之义皆不能包举。至用'经济制度'四字,似较妥善。但'经济'二字乃日本名辞,于我国固有经济之义则大异。且生活之义非仅指衣食而言,凡人活动于何种职业及其自由皆括于生活之内,故德国宪法第二章关于婚姻自由集会结社自由选举自由等,其标题则曰:共同生活。其与此章相同之,第三章则题曰:生计生活,亦以非经济二字所能包举,此章内固注重生计生活上之自由及一般失职业失能力者之救济也。……故本席对于此章之标题斟酌再三,仍取'民生'二字。"②

当时参与制宪的吴宗慈认为宪法生计、教育两章极其重要,甚至比中央与地方的分权问题还要意义重大:"全部宪法,其重要关键在地方制度,其全部精神则在生计教育两章。"③可尽管有多位宪法起草委员鼓吹设立宪法社会权专章并提出多种草案,1923 年通过的《中华民国宪

① 吴宗慈:《中华民国宪法史》,于明等点校,法律出版社 2013 年版,第 1021、1074 页。

② 吴宗慈:《中华民国宪法史》,于明等点校,法律出版社 2013 年版,第 1076—1077 页。

③ 吴宗慈:《中华民国宪法史》,于明等点校,法律出版社 2013 年版,第 1019 页。

法》最终未将其列入。有学者解释这是因为议员们面对曹锟贿选丑闻的压力,急于通过宪法"遮羞",所以来不及审议教育与生计两章。① 但如果简单地作结论说"宪法社会权章因为'来不及'就被放弃了",这是否反而意味着在大多数制宪代表看来,宪法社会权条款并非不可或缺。与之相对照,制宪时争议最大、曾引发议场大斗殴的地方制度(也即中央与地方关系)一章能够最终达成妥协、列入宪法,为什么在吴宗慈看来更为重要的生计、教育章却被牺牲掉? 这是否意味着制宪者对于社会权入宪问题仍有较大争议,短期达不成妥协,所以才将其搁置? 考虑到直至今日,宪法社会权之正当性在世界范围内仍存在争议,这应该不是一个伪问题。事实上,当时确有人在制宪时提出反对意见,究其理由,其一是经济上的考量,认为近代中国资本主义不发达,如"节制资本"将有碍工商业的生存与发展;其二是基本权利保障的担忧,认为政府积极落实宪法社会权难免侵害人民消极的自由权:"我国实业不发达,因此需要提倡资本,万不可压制";"我国并无资本家压迫劳工的事实,宪法若规定国民生计问题实属'无病而呻吟'";"所谓的公共利益漫无标准,若照此规定,则宪法公布之日,人民之土地所有权有动摇之虞,危险孰甚"。②

在 20 世纪 30 年代《中华民国宪法草案》的起草过程中,在奉行"国父遗教"的国民党一党独大的背景下,宪法社会权在从初稿到定稿的历次修正草案中都被单列为一部分。在吴经熊和张知本各自试拟的初稿中,该部分直接定为"民生"篇(章),具体又包括国民生计与国民教育两部分内容;最后定稿的"五五宪草"则将其分为"国民经济"与"教育"两

---

① 参见王世杰、钱端升:《比较宪法》,中国政法大学出版社 1997 年版,第 388 页。
② 参见杜强强:"民生与宪法:社会权规范在我国宪法史上的缘起",载谢立斌主编:《中德宪法论坛 2014》,社会科学文献出版社 2014 年版,第 131、136 页。

章,在宪草总共 148 个条文中占了 23 条,比重可谓不小。宪草涉及了土地改革、国营经济、劳动保障、妇女儿童的特别保护、社会救济、免费义务教育、教育经费的固定比例预算保障等广泛的社会领域。[①]针对中国资本主义不发达,孙中山"节制资本"的民生主义太超前的提法,时任宪法起草委员会副委员长吴经熊反驳说:"中国是产业落后的国家,在革命改造之初,与其走上资本主义的路线,造成未来的社会阶级斗争的惨剧,倒不如慎之于始,避免走这种不必走的路。"所以孙中山才"主张民生主义以节制资本的方法,去防止私人资本太发达来支配国民的生计。同时以平均地权的方法,来防止私人大地主的土地权"。正如《魏玛宪法》所说,"经济生活的组织,必须适合正义的原理,其结果应令全体人民的适宜生活都得保障","五五宪草"所保障的,乃是"国民生计之均足"(宪草第 116 条),也就是"一般人既均且足的生活"。[②]

立法院在宣讲"五五宪草"时特别说明民生主义之重要意义:"民国元年,国父在各处演讲,注重民生主义。当时浅见之士,谓推倒清王朝、建立议会与责任内阁,于斯已足,不必讲民生主义。国父乃力斥其非,谓'如果不讲民生主义,我就不革命了'。可见,国父实行民生主义之决心。今我国所需之宪法,为三民主义之宪法,则国民经济之宪法,实为当然。有谓国民经济非宪法之重要效用,宪法不必备载,诚属误解。……民生主义之实行,为平均地权与节制资本,所以充分发展人民之生产力,同时逐步改革经济之组织,防止后来之社会革命。故以民生主义为基础之经济制度,乃节制私人资本、发达国家资本,以达到全民

---

① 参见夏新华等整理:《近代中国宪政历程:史料荟萃》,中国政法大学出版社 2004 年版,第 990—991 页。

② 参见吴经熊:"中华民国宪法草案的特色",载吴经熊:《法律哲学研究》,清华大学出版社 2005 年版,第 133—135 页。

共享之目的。同盟会宣言有云：'文明之福祉，国民平等以享之。俾家给人足，四海之内，无一夫不获其所。'此即国民生计均足之真谛。"①

三、"基本国策"：刚性宪法与柔性权利的调和

正所谓"此一时，彼一时"，在孙中山民生主义体系之外，基于中国儒家传统与德国魏玛经验，率先鼓吹宪法社会权的张君劢，到了1946年参与《政治协商会议宪法草案》拟定时，却放弃了社会权优位性的主张，这在很大程度上源于当时的人权状况。② 究其根本，宪法社会权的伸张必须以宪法基本权（自由权）的限制为代价，而通过宪法保障人民自由，限制政府对于人民基本权利的大肆侵害，乃是当时有识之士的共识。③ 但是《宪法》第23条依然作出规定，"增进公共利益"是限制人民自由权的法定理由之一。与此同时，宪法设立了"基本国策"一章，其第三节"国民经济"、第四节"社会安全"、第五节"教育文化"、第六节"边疆地区"，共28条均与宪法社会权有关。本来，张君劢草拟的"政协宪草"将"五五宪草"的"国民经济"一章大为简化，并且将其与"国防外交"等问题合并为"基本国策"一章，冲淡了宪草作为国民经济宪法的特色；但在制宪国民大会审议"政协宪草"的过程中，由于占制宪代表多数的国民党代表对于孙中山民生主义的坚持，最后通过的宪法文本由社会权问题上的"相对价值中立"回复到"五五宪草"的"价值充沛"。④《宪法》

---

① 立法院宪法草案宣传委员会编：《中华民国宪法草案说明书》，（台北）正中书局1940年版，第97—98页。

② 参见薛化元：《民主宪政与民族主义的辩证发展：张君劢思想研究》，（台北）稻乡出版社1993年版，第99—101页。

③ 参见聂鑫："宪法基本权利的法律限制问题——以中国近代制宪史为中心"，《中外法学》2007年第1期。

④ 参见国民大会秘书处编：《国民大会实录》，1946年自刊，第448—450、491—497页。

第十三章"基本国策"第三节"经济生活"明确指出国家"经济发展的基本原则是民生主义,亦即国家有义务介入平均地权、节制资本,以谋国计民生之均足;接着第四节社会安全更直接引进第二次世界大战后欧洲工业民主国家先进的社会福利制度,例如德国、瑞典的充分就业与社会保险,英国、瑞典的国民健康服务,法国、比利时、奥地利的家庭政策,以及上述各国自工业革命以来的保护劳工政策"①。

总的来说,1946年制宪的首要争议是政体问题,宪法自由权的法律限制问题也引发了较大关注,而宪法社会权条文的修改与通过可以说是波澜不惊,这或者与以张君劢为代表的制宪者在社会权入宪问题上"半推半就"的心态相关。需要特别指出的是,与《魏玛宪法》将社会权规定于宪法第二编"德国人民之基本权利及基本义务"不同,近代中国宪法关于社会权的规定,无论是《国是会议宪法草案》、"五五宪草",还是1946年《宪法》,均将社会权规定于"人民基本权利义务"专章之外。所以学者通常也将这些社会权规定(不管它叫"国民生计""民生"还是"基本国策")区别于宪法关于人民基本权利(自由权)的规定。从语义解释来看,社会权不是"基本"的权利;以经济现实(目的解释)来说,社会权是昂贵的权利;就体系解释来讲,1946年《宪法》"人民之权利义务"章紧随第一章"总纲"之后,位列《宪法》关于政府组织的规定各章之前,而第十三章"基本国策"则是倒数第二章,仅列于终章"宪法之施行及修改"之前,这是否暗示着"基本国策"尴尬的宪法位阶与实际效力。依学界通说,1946年《宪法》将社会权列入"基本国策"章,其目的乃是指示政府之"基本方针":"本章即定名为基本国策,则仅指示立法行政之目标,无强行之性质,如基于环境,一时未能达到目标者,亦不能指为违宪。"

---

① 苏永钦主编:《部门宪法》,(台北)元照出版公司2006年版,第280页。

尽管宪法所规定之社会权仅为"宣示性权利",无法完全强制实现,但这并不意味着这些规定是伪善或无意义的添附,宪法社会权的引入乃是"反映福利国家之要求,亦为现代法治观念之表征,意义已极重大。如专就宪法言之,由于现代宪法增加此一部分之结果,使宪法在昔专以消极的保护个人权利,防止政府专制为任务者;并以积极地促进整个社会进步发展,及督促政府努力为民造福为其任务;宪法之精神与面貌,乃与前大不相同"。[①]

与《魏玛宪法》相较,近代中国在宪法社会权规定的体系安排上独具巧思,使得社会权在宪法的文义与体系上区别于自由权,这样避免了宪法社会权因为财政现实无法完全落实的尴尬,维护了宪法的脸面与权威;与此同时,也不忘将社会权的理想规定于宪法,科以政府落实社会权的政治责任(而非法律责任),这不失为将"大同"理想照进社会现实的一种办法。约略与1946年《中华民国宪法》同时,有不少国家尝试在刚性的宪法中融入柔性的社会权条款,并直面这一"刚柔相济"的现实。与爱尔兰1937年宪法和德国基本法的经验相较,我们可以说,1946年通过的《中华民国宪法》在立法技术上已经超越同时代的"欧美先进",在宪法文本与体系上妥善处理了宪法社会权与自由权的冲突、刚性宪法与柔性权利的矛盾,兼顾了理想与现实,探索出一条与外国经验有所区别、独具特色的道路。

---

① 参见林纪东:《中华民国宪法逐条释义》(第四册),(台北)三民书局1993年版,第245—248页。

第三节　社会立法与福利国家的建构

社会福利权问题首先并非高深的宪法理论,而是需要具体落实的社会政策,它根源于社会的需要,乃是"课予国家义务,来照顾社会经济中的弱者,期能达到所有阶级均有社会经济之基本满足,来为和平之共同生活"①。将社会权写入宪法固然是《魏玛宪法》的一个创举,因其率先把国家实现人民社会福利权的法定义务上升到宪法的层次上;但从另一个角度来看,社会权的宪法化也是社会立法发达的结果,德国和近代中国都是如此。

一、传统社会福利思想的复兴与再造

19世纪中叶以后中国开始向近代转型,在这个过程中国家赈济制度已经衰落,传统的家庭救济模式也无法适应新的社会结构变化,偏偏这一时期水旱灾害频发、战祸不断;为维系社会稳定,民国政府不得已重新担起帝制政府的赈济责任,并将福利国家的触角扩展到紧急救济之外的其他社会福利领域。

与盎格鲁-撒克逊民族崇尚个人主义与自由竞争的传统理念不同,中国传统文化中历来有"不患寡而患不均"的财富观与"大同"的理想。近代中国人还将儒家"均平"的思想介绍给西方,例如1911年陈焕章以儒家经济思想为主题在哥伦比亚大学完成经济学博士论文,其对经济

---

①　陈慈阳:《宪法学》,(台北)元照出版公司2004年版,第236页。

学家凯恩斯及罗斯福新政时期的农业部长华莱士(后来任副总统)均有启发,中国古代的"常平仓"甚至成为美国新政时期《农业调整法》的核心理论来源之一。[1] 章太炎在清末就说中国的典章制度,有一"特别优长的事,欧美各国万不能及的",就是"合于社会主义"的均田;从魏晋至唐,"都是行这均田制度,所以贫富不甚悬绝,地方政治容易施行";不仅土地制度,"其余中国一切典章制度,总是近于社会主义";"我们今天崇拜中国典章制度,只是崇拜我的社会主义"。[2]

20世纪30年代,立法委员、宪法起草委员会副委员长吴经熊撰文鼓吹国民政府社会本位立法:"俗言说的好,无巧不成事,刚好泰西最新的法律思想和立法趋势,和中国原有的民族心理适相吻合,简直是天衣无缝!"吴氏总结以德国为代表的西方法律社会化潮流,认为"泰西的法律思想,已从刻薄寡恩的个人主义立场上头,一变而为同舟共济、休戚相关的连带主义化了",这与中国法律道德合一的"仁政"传统不谋而合,也为近代中国移植西方现代社会立法提供了"本土资源"。[3] 与此同时,现代社会立法的发展也进一步丰富了社会权利理论,使得社会福利在观念上由政府单方面"赐予"的"恩惠"转变为人民的法定"权利"与国家的法定"责任"。

二、土地改革:财产权的"社会革命"及其挫折

关于近代中国农村严重的贫困问题,当时不少中外观察家均认为其根本原因在于土地分配不均,地主通过收取高额的地租剥削农民,使

---

[1]　参见陈焕章:《孔门理财学》,韩华译,中华书局2010年版。
[2]　参见罗志田:《权势转移:近代中国的思想与社会》(修订版),北京师范大学出版社2014年版,第244页。
[3]　参见吴经熊:"新民法和民族主义",载吴经熊:《法律哲学研究》,清华大学出版社2005年版,第172—176页。

后者陷于绝境:"在(造成农村危机的)经济及社会因素中,也许租佃制度是最令人不安的因素。"①孙中山更将"平均地权,节制资本"作为民生的核心,与民族、民权共同构成其三民主义的思想。孙中山提倡的民族主义("驱逐鞑虏,恢复中华")击中了晚清民族矛盾尖锐的要害;但是,就国民党的政治、社会基础而言,民生主义则是"躐等"、激进的思想。在同盟会成立之后,孙中山修正过的土地政策与之前相较已经比较温和,由土地国有、"不耕者不有其田"转变为"核定地价,涨价归公"。到1912年3月,同盟会吸收包括唐绍仪在内的其他士绅团体,由革命团体改组为公开政党——国民党。此次改组使国民党的政策发生重大变化,为达成妥协,国民党放弃了同盟会之前相对激进的社会革命政策,在其党纲中删除了同盟会"男女平权"的主张与孙中山关于地租与"地权"的政策。孙中山的土地政策尽管已经变激进为温和,但仍然让"出身上层社会"的人感到不安。②

尽管在地租与地权问题上,国民党为团结士绅,于民国草创之时即与其达成了妥协,但1924年孙中山改组中国国民党,实行"联俄联共扶助农工"的新三民主义后,又重提"耕者有其田"的理想。1927年南京国民政府成立后,奉孙中山思想为最高指导思想,在立法院院长胡汉民的领导下,立法院于1928年和1930年先后通过了《土地征收法》和《土地法》,以解决农村土地问题。③ 作为"最富社会性的法典"④,《土地法》规定了佃租率的最高上限(地租不得超过正产物收获的37.5%);还规定

---

　　① 〔美〕费正清、费维恺编:《剑桥中华民国史》下卷,刘敬坤等译,中国社会科学出版社1994年版,第150页。
　　② 参见〔美〕费正清:《剑桥中华民国史》上卷,杨品泉等译,中国社会科学出版社1994年版,第211页。
　　③ 参见《国民政府中华民国土地法》,上海法学编译社1931年版。
　　④ 参见张群:"民国时期房租管制立法考略——从住宅权的角度",《政法论坛》2008年第2期。

对不劳而获的土地增益征收累进税（涨价归公），以税收的方式使土地收益回归社会，并通过税负促使地主转让土地所有权给国家或佃农。《土地法》还提出消除地主所有制的远景，例如承租人连续耕作 10 年以上[①]之耕地，其出租人为不在乡地主时，承租人得请求政府代为照价征收该耕地（仍交与承租人耕作）；地主出佃土地超过法定面积的部分，国家得予以征收；而法定国家征收土地的首要公共目的，就是实施国家经济政策，调剂耕地。土地改革也得到知识界的正面回应，当时中国地政学会对"中国宪法中关于土地事项应如何规定"所提九项原则与国民政府土地政策事实上非常接近，具体包括"土地之使用，为所有人对于社会应尽之义务，须受国家之督促与限制"；"土地之分配，由国家统制之。农地之分配，以扶植自耕农为原则"；"地价之增益，非因所有人实施劳力或资本于土地所致者，应收归公有"等。[②]

"平均地权"的"国父遗教"乃是国民政府的"最高指导思想"，它符合 20 世纪西方法律社会化的潮流，得到知识界的广泛拥护，在纸面上也落实为宪法与法律的条文。照理讲土地改革应当能顺利推行，可"1930 年土地法始终不过是一份极好的表达意向的文件，因为南京政府从未执行过"。《土地法》没有真正实施的原因在于：国民党作为一个与保守的士绅阶层密切联系的政党，并不希望因为土地政策而疏远地主；"他们害怕解决租佃制度会引起社会革命，其结果他们既不能控制，也无法预见"。[③] 由于其阶级局限性，国民政府根本无法贯彻其党纲国法中的土地改革政策。直到 1948 年国民党军队节节败退之际，"国民党

---

① 1946 年修正《土地法》又将时限由 10 年以上减为 8 年以上。

② 参见胡长清："我国宪法中关于土地事项应有之规定"，载俞仲久编，吴经熊校：《宪法文选》，上海法学编译社 1936 年版。

③ 参见〔美〕费正清、费维恺编：《剑桥中华民国史》下卷，刘敬坤等译，中国社会科学出版社 1994 年版，第 150 页。

阵营中的许多人突然意识到,那些无知的卑贱的农民的生计与他们政府的衰竭和共产党的活力有着某种根本的关系";"1948 年 9 月 1 日,86 位立法委员终于提出一个议案,它主张废除租佃制,使每一个农民都成为他的土地的主人";可是,"1948 年末,在整个国民党政权开始崩溃的时候,立法院还在没完没了地毫无结果地争论这个问题"。[①]

三、房屋租赁管制:社会权与财产权的平衡

市民"居者有其屋",与农民"耕者有其田"一样,都是生活基本需求。在国家财力有限、公共住房项目供不应求的情况下,不少国家(如德国、美国)都在 20 世纪以来对私人房屋租赁关系予以管制,限制房东的财产权以保障房客的安居权,这也成了近代中国的制度选择。

就南京国民政府的居屋保障政策来说,早在 1930 年《土地法》中,便设立专节规定"房屋救济"。为保障房屋承租人安居,规定房屋出租人无法定理由不得解除租约;为保障房屋供应量,规定城市应以所有住房总数的 2% 作为准备房屋(所谓"准备房屋"是指随时可供租赁的房屋);当准备房屋额连续 6 个月不足房屋总额的 1% 时,市政府应:(1) 规定房屋标准租金(以不超过土地及其建筑物之估定价格年息的 12% 为限),(2) 减免新建房屋之税款,(3) 建筑市民住宅,该公共住房的租金不得超过土地及其建筑物之估定价格年息的 8%。

在抗战期间,受战事影响,人口集中于后方,房屋供需关系严重失衡,房屋所有人趁机索取高额的房租与押租(担保金),并尽可能缩短租赁期间;为保障承租人利益,国民政府于 1943 年 12 月公布《战时房屋租赁条例》,对于房屋所有人收取租金、担保金的标准,以及终止合约的理

---

① 〔美〕易劳逸:《毁灭的种子:战争与革命中的国民党中国(1937—1949)》,王建朗等译,江苏人民出版社 2009 年版,第 70—71 页。

由,都进行了更严格的限制;同时规定承租人于约定租期届满后,得继续承租。①

　　抗战胜利后《战时房屋租赁条例》有效期届满,但政府并未就此放松对于租屋的管制,1946 年修正《土地法》的相关规定比 1930 年《土地法》更为严格②;临时性管制立法《战时房屋租赁条例》也于 1947 年"升级"为《房屋租赁条例》,该条例堪称"史上最严"的租屋管制法,略举数条如下:为开辟房源,该法授权地方政府可强制房屋所有人出租其既不自用又不出租的多余房屋;对于房屋所有人"自用房屋超过实际需要的",政府也可"限期命其将超过需要之房屋出租";房屋所有人如违反上述规定,政府除强制其出租外,还可对其处以 5000 元以下罚款;房租上限由当地政府经民意机关同意后,根据当地经济状况予以确定;约定租金超过前述上限的,超过部分为不当得利,房屋承租人得于支付租金后 6 个月内要求予以返还;房屋所有人收回自用之房屋,如有 3 个月空闲不用,或于 1 年内转租他人者,原承租人有权要求继续承租并得要求房屋所有人予以赔偿;条例还限制转租以避免"二房东"从中谋利。③《房屋租赁条例》颁布之时已是国共内战正酣之际,当时国民政府可以说是"民心尽失",但"该条例一出,获得实务界和学界的一致好评,并被认为是所有权社会化学说指导下的立法典范"④。

---

　　① 《战时房屋租赁条例》条文参见《国民政府公报》,渝字第 631 号,1943 年 12 月 15 日。

　　② 举例来说,关于房租管制,1946 年修正《土地法》进一步将最高上限由土地及其建筑物之估定价格年息的 12% 降至 10%。1946 年修正《土地法》参见《国民政府公报》,渝字第 1046 号,1946 年 4 月 29 日。

　　③ 《房屋租赁条例》条文参见《国民政府公报》第 2993 号,1947 年 12 月 1 日。

　　④ 俞江:《近代中国民法学中的私权理论》,北京大学出版社 2003 年版,第 232 页。

四、《社会救济法》的出台与社会福利理念的革新

早在民国之初,德国等西方国家的社会保障制度就被译介到了中国。社会福利立法工作在民国北京政府时期已略见成效,例如 1915 年仿照欧美《济贫法》制定的《游民习艺所章程》;南京国民政府时期的社会福利立法,则以 1943 年《社会救济法》为其典型。由于当时政府的财政能力与行政资源有限,在社会立法规划上不得不将社会上极度贫困的弱势群体与受灾民众作为优先照护的对象;故而南京国民政府在立法实践中以社会救济作为社会福利立法的核心内容,至于社会保险等立法则居于相对次要地位。1943 年 9 月 29 日,国民政府颁布《社会救济法》。从社会部将法案初稿交行政院审核,到立法院通过、国民政府公布,历时 7 个半月,算是罕有的立法高效率,这从一个侧面也反映出抗战时期社会救济问题的急迫性和重要性。该法共 53 条,分救济范围、救济设施、救济方法、救济费用和附则五章。[①] 从现代福利国家建构的角度来看,《社会救济法》大致有以下三个特点,我们可以说,至少在规范层面上,《社会救济法》已经符合现代福利国家社会立法的基本精神了。

(一)"由消极趋于积极":社会福利的常态化与制度化

传统中国政府的社会救济措施以救灾("荒政")为主,一般为灾害发生之后被动的、临时性的事后救济。政府的目标仅仅是暂时纾解灾区、灾民的紧急危难,在理念上可谓是"救急不救穷""治标不治本"。至于对社会上普遍存在的弱势群体的日常救济,虽然国家经常性救济的理想可见之于《礼运·大同篇》所谓"矜、寡、孤、独、废疾者,皆有所养";但在实践中,古代政府并未主动承担起日常救济的责任,反而主要依赖

---

① 参见《国民政府公报》,渝字第 610 号,"法规",第 1—5 页。

家族、宗族、乡党的自力救济。而《社会救济法》则是以临时性的灾荒救济为辅，以对弱势群体的经常性社会救济为主；通过立法，国家积极承担起常态化社会救济的责任，并将该项责任制度化。根据《社会救济法》，由国家主导规划常设的救济设施，对社会上普遍存在的弱势群体予以经常性的照料，具体包括安老所、育婴所、育幼所、残疾教养所、习艺所、妇女教养所、助产所、施医所等（第 6 条）。其规定的救济方式多种多样，包括：救济设施处所内之留养、现款或食物衣服等必需品之给予、免费医疗、免费助产、住宅之廉价或免费供给、资金之低息或无息贷予、粮食之低息或无息贷予、减免土地赋税、感化教育与公民训练、技能训练、职业介绍等（第 14 条）。可以说，《社会救济法》在救济理念与救济模式上，与帝制时代的"荒政"相较都有了质的飞跃。

（二）"由慈善易为责任"：社会福利事业的国家责任与政府主导

从国民政府对于《社会救济法》设定的立法要旨，以及法律的具体规定来看，社会救济在当时已成为政府基本的行政职能与法定义务。如前所述，在理念上，社会福利事业已由以民间自理为主的消极放任领域与被动救济模式，变为国家主动、主导的积极行政责任。法律明确了社会救济的主管官署："在中央为社会部，在省为省政府，在市为市政府，在县为县政府"，涉及医疗救助的中央主管官署为卫生署，"关于临时及紧急之救济，由振济委员会主管"（第 50 条）。除办理救济外，救济资金的筹集也是社会救济事业中政府至关重要的责任，对此该法明确规定：救济事业的经费应列入中央及地方预算（第 44 条），"救济经费之募集，不得用摊派或其他强制征募办法"（第 47 条）；"救济设施由县市举办者，其费用由县市负担；中央或省举办者，其费用由中央或省负担"（第 42 条）；社会团体及私人举办的救济设施如确有成绩的，"得由主管官署酌予补助"(第43条);另外,中央政府可以对县市办理的救济事业予以补助(第45条)。强调社会福利事业的国家义务,这可以说是民国时期社会权法制化的一大进步,亦是本法的一个明显特点。与前述德语国家传统上对于民间慈善事业的管制类似,该法规定"团体或私人亦得举办救济设施,但应经主管官署之许可"(第8条),"主管官署对于前条之救济设施有视察及指导之权"(第9条),这也充分体现了《社会救济法》对福利事业实行家长式管制的一面。

(三)"全民救济、全面救济":社会福利范围的最大化

传统"荒政"的救济对象以灾民、流民等受灾人群为主,而《社会救济法》则进一步将社会上的一般弱势群体(包括现代所谓"老幼病残孕",无家可归者及无业、失业人群等)尽可能地纳入其救济范围(第1条)。即使对被传统中国社会所唾弃的从事不正当职业者、"懒惰成习或无正当职业之游民",法律均规定予以教养与救济(第31、32条)。这充分体现了现代福利国家思想中惠及全体公民的理念。为照顾多子女家庭,法律甚至规定:"生育子女逾五人者,如因生活困难无力养育,得请求主管官署给予补助费,或将该子女送育婴所或育幼所留养之。"(第20条)社会部在提交行政院审查《社会救济法》草案及其原则的解释呈文中,对社会救济范围最大化的理念有明白的阐释:"除贫穷老弱残疾之救济外,他如孕妇婴儿之保护、幼童之教养、生理缺陷者之救济、劳动者之救助,乃至房屋租赁、经济合作、家庭消费与夫国民生活上之需要,苟有待于救济,无不并顾兼筹。以前限于实物及金钱之救济,今则扩大至医疗救济、教育救济、职业救济等。盖并世各国对其人民之救济,以时间言自出生前以至死亡后,以范围言包括其生活需要之全面;是其对

象已由少数而推至全民;其范围亦由局部而扩至全盘。"①

五、小结

决定现代福利国家建构的关键因素,除了一国现实的财政基础外,还有该国的政治文化传统与官僚体制的动员能力,中国在传统政治文化上有国家主导社会福利事业的传统。近代中国以儒家"大同"与"仁政"思想为基础,结合西方最新的社会权利理念,通过移植欧美社会立法来建构政府主导的现代福利国家。时任社会部次长洪兰友还特别著文说明,社会立法的精神在于"一本《礼运·大同篇》之所示'老有所终,壮有所用,幼有所长,矜、寡、孤、独、废疾者,皆有所养'之旨";"在于安老育幼,周恤废疾,拯救穷困,师恺悌之遗意,抱饥溺之同情,毋使一夫之不获其所,毋使一人之陷于不义,观念由慈善易为责任,实施则由消极趋于积极,以实现三民主义之社会政策,完成《礼运·大同篇》所示之理想社会"。②

关于近代中国的法制建设乃至整个现代国家的建构,传统上有两种极端的观点,一种是用当时少数的精英、精致的上层建筑来过度美化当时的现状,另一种是用现实的挫折来否定现代化建设的努力与成绩。在这两种观点之外,也有一些学者把中国国家体制的现代化看成一个较长时段的、连续的、累积的进程。无论晚清政府、民国北京政府、南京国民政府还是中华人民共和国政府,其在现代国家建设过程中都要面临大致相同的"根本性议程"。③ 近代以来中国在寻求富强的过程中一

---

① 《立法院公报》第126期,"公牍",第66页。
② 洪兰友:"社会救济法的立法精神",《社会工作通讯》1944年创刊号,第6—7页。
③ 参见〔美〕孔飞力:《中国现代国家的起源》,陈兼、陈之宏译,生活·读书·新知三联书店2013年版。

砖一瓦逐级搭建的器物与制度文明,并非所谓"零散、徒劳的现代化努力",而是在新的治国理念指导下建构现代国家的世纪转型。[①] 近代中国的社会立法,就是这个世纪转型中的一个具体而微的建构现代国家的努力。

---

① 参见〔美〕斯蒂芬·哈尔西:《追寻富强:中国现代国家的建构,1850—1949》,赵莹译,中信出版社 2018 年版。

第十章　近代国会史

第一节　民国北京政府的国会

民国北京政府时期的国会，可谓先天不足、后天失调。在袁世凯与段祺瑞等军阀的打压之下，国会多次解散、重组，几乎没有施展拳脚的机会。检讨民初国会自身，国会之内有派系而无政党，国会选举本身也弊端重重。当权者玩弄"法统"，国会议员自身又不争气，最终砸了"法统"的招牌，也造成国会的"最后自杀"。

一、风雨飘摇的民初国会

（一）民元国会的成立与第一次解散

清末"筹备立宪"多年，却迟迟未开国会，只有一个"准国会"——资政院。直到辛亥革命之后，中国才设立了现代意义上的国会。《临时政府组织大纲》设立了由各省选派代表组成的参议院作为代议机关，由参议院制定的《中华民国临时约法》承之，后者第 28 条规定："参议院以国会成立之日解散，其职权由国会行使之。"可见制宪者认为参议院并非真正意义上的"国会"，只是权宜之计，是"临时"机构。

1913 年 4 月 8 日，国会正式召集于北京，采参众两院制，此为中国有正式国会之始。根据《临时约法》规定,国会同时也是制宪机关。[1] 宋教仁组织国民党人在国会选举中取得优势,并企图组阁,与临时大总统袁世凯分庭抗礼。但是以袁世凯为首的北洋军阀绝对不肯在宪政轨道以内行动,不久,宋教仁遇刺。宋案发生后不久,国民党人组织讨袁军,与袁军交战败北,二次革命失败。"当讨袁军发动之时,急进派的国民党员认定北京国会已无自由行使职权之余地,主张议员离去北京而南下。……但多数议员皆不欲,于是有最激烈的党人密谋炸毁国会的风说。而袁世凯本来是要破毁国会的,但在此时,却认国会有维持的必要,因为正式总统的位置尚未到手,非假现存的国会投一票不可。"[2]本来的计划是先制宪,再选总统,在袁氏的压力下,国会最终让步,改为先行选举总统。总统选举当日,有"公民团"数千人包围议场,声言"非将公民所属望的总统于今日选出,不许选举人出议场一步"。"可怜那些议员们忍饥挨饿,从午前八时开始投票,到午后十时,才得了一个结束,……连投三次,遴到最后一次,袁仅以但书规定的票数当选。选举的结果报告后,公民团高呼大总统万万岁而散,议员始得出场。袁的总统到手了,国会的厄运也就快到了。"[3]当时国会正在起草宪法("天坛宪草"),宪草采用超级议会内阁制,对总统权力多有限制,袁世凯于1914年1月10日以行政命令剥夺国民党籍议员资格,瘫痪国会,而"天坛宪草"亦随之废弃。这是民初国会的第一次解散。[4] "袁氏解散国会之后,更以种种非法的手段,以造成其各色各样的政治玩具:如将熊希龄内阁所拟的行政会议改为政治会议,由政治会议而产生出所谓约法会议,由

---

① 根据民国元年的《国会选举法》第21条,"宪法之议定,由两院会合行之"。

② 李剑农:《中国近百年政治史》,复旦大学出版社2002年版,第357—358页。

③ 李剑农:《中国近百年政治史》,复旦大学出版社2002年版,第359页。

④ 参见聂鑫:"民初制宪权问题的再审视——比较宪法的视角",《华东政法大学学报》2013年第5期。

约法会议而制定出新约法。……更依新约法而制造所谓代行立法院职权的参政院,以为其个人御用的咨询机关。"①待到袁氏帝制破产,国会重开,已是 1916 年 8 月 1 日。

(二) 国会的第二次解散与南北(新旧)国会对峙

1917 年,国会与军阀因段祺瑞内阁对德宣战提案发生冲突,最终以国会的第二次解散收场,随即发生张勋复辟的闹剧。段祺瑞击溃张勋后重掌北京政权,但其与民元国会积怨甚深,不肯召集旧国会,并于 1918 年 2 月颁布新国会组织法与选举法,并组织安福俱乐部以操纵选举。同年 8 月,新国会成立,世称安福国会。不少旧国会的议员遂南下广州,开始因不足法定人数,便由参众两院议员于 1917 年 8 月合组非常会议;1918 年 6 月开正式国会,唯到会议员仍未足半数的法定人数,于是用非常办法补选议员;1918 年 9 月凑足法定人数,便召集宪法会议继续审议"天坛宪草"。② 于是形成南北(新旧)国会对峙的局面。

在南方,军政府政务总裁岑春煊欲与北方谋和,议员大都反对,军政府便以财政困难为由不发国会维持费,并监视议员行动,搜查两院秘书厅,于是参众两院正副议长先后离粤,议员们先后颠沛于云南、四川,皆为当地军阀所扰,无法开议。不少议员又回到广州,复开国会非常会议,选举孙中山为非常大总统。很快,由于孙中山与军阀陈炯明决裂,议员们又相继离粤。在北方,1920 年 7 月直皖两系军阀战争后,直系取得政权,皖系卵翼下的安福国会亦被解散。

---

① 罗志渊编著:《近代中国法制演变研究》,(台北)正中书局 1974 年版,第 318 页。
② 参见陈茹玄:《中国宪法史》,(台北)文海出版社影印原 1947 年版,第 98—107 页。

二、派系之害与选举之弊

现代议会政治的成功,有赖于成熟的政党政治与完善的选举制度的支撑。议员选举制度之于国会的意义自不消说,现代意义上的政党实为实现代议民主的必要工具与前提。但事实上,民初国会之中尚未形成真正意义上的政党,反倒滋生了有害于民主政治的派系;国会议员选举制度也未尽完善,选举过程中弊端重重;而派系斗争更加剧了选举之弊,从根本上毒化了国会的风气。

(一) 有派系而无政党,有利害而无政纲

现代意义上的政党与古代的所谓"政党"(如我国东汉的朋党、唐代的牛李党、宋代的新旧党、明代的东林党)不同,古代的"政党"只能称为"派系",它与现代意义上的政党在组织形式与性质功用上均有根本的差别。现代意义上的政党基础深厚、组织严密,它承担着分析组织民意、形成政党纲领与推荐候选人、连接沟通政府各部门的使命。[①] 在竞选过程中,与个体的候选者相较,政党推选的候选人更容易赢得大众的信赖,政党有相对稳定的政纲与组织,更能对其竞选承诺负责。政党用各自的政纲吸引选民,候选人在当选后需兑现选举承诺;执政党则集体对其施政承担责任,其功过得失与人民满意与否,将通过下一轮选举结果体现出来。所以说,议会政治的民主精神,"不是表现于政治制度之中,而是表现于政党政治的运用方式之中"。[②]

民国北京政府时期的国会是由派系而非政党组成的。美国哥伦比亚大学汉学家黎安友(Andrew J. Nathan)有专著研究民初的派系主义(factionalism),认为其正是民初宪政失败的重要原因。所谓派系,主要

---

① 参见邹文海:《代议政治》,(台北)帕米尔书店 1988 年版,第 37—45 页。
② 参见邹文海:《代议政治》,(台北)帕米尔书店 1988 年版,第 46 页。

是基于各种关系（比如亲属关系、师生关系、同学关系、同乡关系、世谊世交关系、僚属关系、同僚关系、姻亲关系等）与利害而组成的政治小集团。"关系"在北洋政界是重要的政治资源，也是结盟、谈判的基础。[①]当时主要的派系有直系、以段祺瑞为中心的皖系及其培植的安福俱乐部、研究系、交通系、新交通系等。[②] 这些派系并没有稳定的政纲，缺乏意识形态上的共识，基础薄弱；派系内部非常不稳定，各派系之间的关系经常发生变动。虽然这些派系也组成了所谓的政党，但是政党纪律涣散，议员们往往兼跨多党，也常常因为金钱与官位的诱惑而脱党叛党。以势力最大的安福系为例，其本身也并非稳定的政团："它看起来不像一个稳定的政党，也不像一个学会。原来段祺瑞一派并没有具体的组织，段氏在政治上根本没有什么理想，他以为有某些北洋军人拥护，便拥有了全局，从来不曾思索要组织一个现代性的政党。他的得力助手徐树铮也没有一个称之为意识形态的想法。他们共同的观念是掌握军政大权，成为一个坚强的势力。安福系是在无意中产生的，竟成为一个运作控制的工具。……并不是一个严密的组织，除了一些事务性质的机构，没有信条或党纲。组织安福俱乐部的目的在于联络人际关系。"[③]清末的革命党与立宪派有激进与保守之分，辛亥之后则两派混同。考察民初的政党，其党义并无明显不同，各党派均以争夺国会议席为宗旨，"人人欲显身手，只问目的，不择手段，原有的党派性格消失。

① See Andrew J. Nathan, *Peking Politics 1918—1923: Factionalism and the Failure of Constitutionalism*, Berkeley, Los Angeles, London: University of California Press, 1976, pp. 50 - 57.

② Andrew J. Nathan, *Peking Politics 1918—1923: Factionalism and the Failure of Constitutionalism*, Berkeley, Los Angeles, London: University of California Press, 1976, pp. 225 - 261.

③ 参见张朋园：《中国民主政治的困境 1909—1949：晚清以来历届国会选举述论》，吉林出版集团有限责任公司 2008 年版，第 128—129 页。

除了少数具有远见者,民国政党人物并不以发展党派为职志"。所谓政党,乃是"虚有其名,派系其实"。①

北洋政府的"派系政治"需要各派系的妥协以维持国会与整个政局的稳定,但派系合作的基础过于脆弱,因为各派系本身便不稳定,其达成的共识自然难免以破裂而告终,随之而来的便是政局的反复动荡。而当时并没有一个能够集军权、政权、财权于一身的政治强人作为稳定力量;权力倾向于分散,而非集中;相应的争夺权力的斗争也是分散的,而非趋于统一。以派系作为政治组织的基础,必然会导致混乱的局面。② 国会风雨飘摇,政府方面也不免"城头变幻大王旗";议员们则南来北往,就食于诸侯。在这个过程中,我们只见派系的分分合合,未见政党的成熟与民主政治的曙光。

(二)国会选举制度的缺失与贿选的盛行

约瑟夫·熊彼特(Joseph Schumperter)有言:"有选票则有民主,无选票则无民主。"民初的国会选举有选票吗? 选举制度如何? 选民与总人口的关系如何? 有多少人曾投下了神圣的一票……对于这一连串问题的回答多半是负面的。③

选举的第一步是确定选民人数,可中国直到 1953 年才有第一次人口普查,民初的国会选举并无完整的统计数据,"选民调查可以说是敷衍了事,甚至于完全凭空'造报'"。而选民占总人口的比例极低,约为

---

① 参见张朋园:《中国民主政治的困境 1909—1949:晚清以来历届国会选举述论》,吉林出版集团有限责任公司 2008 年版,第 90—91 页。

② See Andrew J. Nathan, *Peking Politics 1918—1923: Factionalism and the Failure of Constitutionalism*, Berkeley, Los Angeles, London: University of California Press, 1976, pp. 222 - 224.

③ 参见张朋园:《中国民主政治的困境 1909—1949:晚清以来历届国会选举述论》,吉林出版集团有限责任公司 2008 年版,第 2 页。

百分之十到十五。① 当时大多数老百姓对选举并没有认识，"宁愿弃权，无心过问是什么投票，什么是神圣的一票，'冷漠'是一个极为普遍的现象"，"真正投了票的人极少"。②

就选举制度而言，民初两次国会（议员）选举采用的是复式选举而非直选的方式，即第一轮由选民直接投票，产生选举人，再由选举人互选产生定额议员。复式选举不仅程序繁复，而且容易被人操纵，第二轮选举人互选时"往往贿赂横行，当选者大多数为富有的人，正直或财力不足者，只有望洋兴叹"。③ 民初的两次国会选举，在制度上和现实操作上可谓是一届不如一届。

贿赂不仅用来争取选票，也在派系斗争中用来打击对手。以第二届国会（安福国会）选举为例，徐树铮便"用金钱打散了研究系"。当时上海的《时报》报道说："湖北选出的安福系参议员，'大多为研究派改嫁者'。""江苏省原为研究系的地盘，但该系当选的议员多为安福系所收买。"④很多人从初选便开始贿赂，购买每张选票只需一角或两角，在江苏扬州便发现有人在投票时持大把购来的选票一齐塞入票箱。复选时则每张票价可能高至 200 元以上，所谓物以稀为贵，当选举气氛紧张时，七八百元都一票难求；反之票价可能遭到压抑，贿买选票者可以制造谣言，令出卖者难以出手，二三十元亦无人认购。更有甚者，将选举商业化、买票公司化，比如江西省的参众两院选举，安福系为了压低收

　　① 参见张朋园：《中国民主政治的困境1909—1949：晚清以来历届国会选举述论》，吉林出版集团有限责任公司2008年版，第212页。

　　② 参见张朋园：《中国民主政治的困境1909—1949：晚清以来历届国会选举述论》，吉林出版集团有限责任公司2008年版，第213页。

　　③ 参见张朋园：《中国民主政治的困境1909—1949：晚清以来历届国会选举述论》，吉林出版集团有限责任公司2008年版，第210—211页。

　　④ 张朋园：《中国民主政治的困境1909—1949：晚清以来历届国会选举述论》，吉林出版集团有限责任公司2008年版，第153页。

购价格,以公司组织方式进行收购。"多人合伙,统一价格,可以压低,不可抬高。"但也有人出面组织选举人,"非有一定价格,绝不出卖"。安福系控制着政局,作为选举主办方他们"上下其手","一方面以金钱贿买选票,一方面掌握票匦的开启,双管齐下。既有金钱运作于先,不难控制票匦于后"。①"关于竞选,党派出现之前,是个人的竞争,党派兴起之后,变成有组织的竞争。"而当权者操纵选举、打压异己的情况十分严重。"在安福国会时期,已有政党竞争,采政党提名的方式。徐树铮把持选举,以电报指定议员,视为提名。"故而有"名为选举,实为官派"与"迹近指派"之讥。②

　　贿选不仅发生于国会议员自身的选任当中,也发生于国会议员对政府官员行使选举权与同意权之时。北洋政府的国会在立法方面几乎毫无作为,其重要的职权仅余制宪权与人事同意权。与行政官员相较,当时国会议员在腐败方面更加严重,也更加赤裸裸。国会议员本来没有什么实权,但他们握有选票,对于总统有选举权,对握有实权的政府大员(如内阁成员)拥有提名的同意权。买票便成了当时立法、行政两机关之间关系的一大特色。③

三、"法统"之争与"法统"的废弃

　　本章第一部分所述南北(新旧)国会之争十分热闹,其实南北"均未

　　① 参见张朋园:《中国民主政治的困境 1909—1949:晚清以来历届国会选举述论》,吉林出版集团有限责任公司 2008 年版,155—156 页。
　　② 参见张朋园:《中国民主政治的困境 1909—1949:晚清以来历届国会选举述论》,吉林出版集团有限责任公司 2008 年版,第 213 页。
　　③ See Andrew J. Nathan, *Peking Politics 1918—1923: Factionalism and the Failure of Constitutionalism*, Berkeley, Los Angeles, London: University of California Press, 1976, p. 72.

必真以'法治'为鹄","双方之争执,以'法'为名,实则皆以'权'为目的也"。[①]就当时政局而言,"法统"更多的只是借口;就国会议员而言,"法统"则不过是争取饭碗的口号与图谋私利的遮羞布。当权者借"法统"来"正名",以巩固其权位;而以"法统象征"自居的国会议员们也乐得与狼共舞、利益均沾。最终砸了"法统"这块招牌,也断送了国会本身。

(一) 饭碗之争与"法统"之争

直奉大战之后,战胜掌权的直系曹锟、吴佩孚以"恢复法统"为号召,部分留粤和离粤议员纷纷应邀北上,于是旧国会又于1922年8月1日复会于北京。[②]依常理旧国会议员们本身对于法统恢复应该不会有异议,但是自1917年第二次解散国会以来,旧国会自身的问题已经复杂化了。"在广州自由集合的旧国会,所以称为'非常国会',就是因为只有国会的半边;民国八年用非常手段补完,到九年军政府瓦解后,又只剩下小半边了;并且所剩小半边的成分,以民国八年新补的成分为多,所以称为'民八'国会。"此次恢复旧国会,本是未赴广州与后来从广州退出的旧国会议员与直系军阀勾结的产物,以恢复1917年(民国六年)国会解散时的原状为目的,所以称作"民六"国会。"民六"国会的恢复,就是要拆"民八"国会的台,"民六""民八"议员便发生饭碗之争,成为政治舞台上的"双包案"。"民六"议员凑足了法定人数,到1922年8月1日在北京开议。"民八"议员在上海组织了"法统维持会",在北京组织了"法统学会",互相呼应,高唱"民八"为正统之说,"民六"议员也反唇相讥。"民八"议员纷纷北上,于8月30日闯入众议院议场,索打议长。"民八""民六"议员彼此相持多日,国会无法开会,"民六"国会乃于

①　参见钱端升等:《民国政制史》,上海人民出版社2008年版,第125页。
②　参见罗志渊编著:《近代中国法制演变研究》,(台北)正中书局1974年版,第323页。

9 月 18 日闭会,"以为无抵抗之抵抗"。"后来政府设置一个什么政府讨论会以谋安插'民八'可怜的失业者,'民八'分子的大部分渐渐软化了,始得到一个不解决的解决。"① 当时率先与"民六"议员争饭碗的,尚不是"民八"议员,而是所谓"新新国会"议员。1920 年"安福国会"解散后,徐世昌曾以大总统命令依照 1912 年国会选举法及组织法选举国会议员,但当时遵令举办选举的只有 11 省区,已经选出的所谓"新新国会"议员滞留北京已经一年有余,因为不足法定人数,所以无法开议。恢复"民六"国会之议起,"新新国会"议员便起而攻击,自谓乃"新民意所归",但当权者对此并不理会,"新新国会"议员便作鸟兽散。② 对于这场"正统"之争,李剑农先生评价说:

> 所谓"法统",……从光明的方面说,是革命派的人士借此作反抗北洋军阀的招牌的;从黑暗的方面说,竟是百十个议员借此维持他们的铁饭碗的招牌。民国二年选出的国会议员,法定的任期分明只有三年(参议员任期六年),到了民国十一年还要恢复集会,又不是全国的选民死尽了,无可再进行选举;……这样的法统理路,若把他所蒙政治上的外衣脱去,真不知从何说起。然当时一般舞文弄法的政客和一般舞枪玩法的武夫,竟说得"像煞有介事"。一般急求和平的国民也以为南北的纷争,真实为法统,法统一统一,统一便无问题,天下便太平了。哪里晓得招牌只是招牌,纷争的问题还是问题呢!③

---

① 李剑农:《中国近百年政治史》,复旦大学出版社 2002 年版,第 517—518 页。
② 参见陈茹玄:《中国宪法史》,(台北)文海出版社影印原 1947 年版,第 126—127 页。
③ 李剑农:《中国近百年政治史》,复旦大学出版社 2002 年版,第 513 页。

（二）民初国会的"最后自杀"

旧国会再次恢复后，发表宣言继续"民六"国会之工作，其中首要任务即完成制宪。可1922年国会复会后，宪法会议常常因为人数不足而流会，为尽快完成制宪，国会便修法降低法定出席与可决人数，更增设出席费20元以利诱议员到会，于是议员于岁费旅费之外，又多了一份外快，"贪鄙之风，为世所仅见。其不为舆论所容固其宜也"。[①]

当时国会议员们发生分歧，接受直系曹锟津贴的议员主张先解决复位的黎元洪总统任期问题，尽快重新选举总统；而另一派则主张国会当下应专注于制宪大业，待到宪法公布后，再行改选总统。[②] 曹党以暴力逼走复位不久的黎元洪，此举引起部分议员的反弹。1923年8月，国会议员离京南下的已有385人，但"南下者亦多为利而来，初无一定宗旨"。8月24日北京议员开谈话会，议定议员每次出席费100元以利诱南下议员回京，再加上众议员任期当年10月10日即将届满，又提议延长任期至下届议员选出为止。于是南下议员纷纷返京。两院常会复开，通过了延长众议员任期案。[③]

当时曹锟一党为了掩饰其急于谋夺大位的野心，宣言"先宪后选"，但宪法会议久未开成，曹党终于猴急，由卖身议员提案先举行总统大选，先以500元出席费利诱议员参加总统选举会，却仍凑不足法定人数，只好再填送5000元至万元不等大额支票收买选票，曹锟终于"合法"地当选总统。[④]

曹锟贿选之所以能够成功，当然是由于多数南下议员经不起银弹

---

① 参见陈茹玄：《中国宪法史》，（台北）文海出版社影印原1947年版，第129页。
② 参见荆知仁：《中国立宪史》，（台北）联经出版事业公司1984年版，第328页。
③ 参见陈茹玄：《中国宪法史》，（台北）文海出版社影印原1947年版，第132页。
④ 参见陈茹玄：《中国宪法史》，（台北）文海出版社影印原1947年版，第133页。

攻势的诱惑。但他们南下之后再行北返,乃是打着制宪的旗号。"所以在以选票换了支票之后,无论为实践诺言,或为掩饰他们受贿卖身的罪恶,都不能不对制宪一事,有所交代。"于是在选举总统之后,国会竟只用了三日便匆匆完成了宪法草案的二读与三读程序,并于1923年10月10日曹锟就职之日予以宣布。在这种情况下完成的宪法,当然不会得到人民的尊重与承认。1924年段祺瑞执政府成立后,便将这部宪法予以废止。平心而论,这部宪法的内容本身是比较进步的,甚至有些方面的规定还走在世界的前列。这样一部神圣而庄严的宪法,"在军阀政客及野心家的阻挠破坏之下,从起草到宣布,久经挫折,历时凡十一年,而其存在期间,却只不过一年,便被弃置,尤其是还落了个贿选宪法的恶名"。①

　　"民国十三年以前,中国政治问题表面上所争的,只是一个'法'字。自所谓法统恢复后,那些坐在法统椅子上的先生们演出卖身的活剧,制成一部'遮羞的宪法'。从此没有人理会这个'法'字了。""国会既实行最后的自杀,从此法统也断绝了,护法的旗帜也没有人再要了。"②法之不存,国会焉附。1924年11月24日,段祺瑞在北京组织执政政府,在根本上废弃所谓"法统",国会也至此消亡。

四、"濒临破产"的议会政治

　　回顾民初十几年的国会史,我们发现:国会屡被解散,功能不彰;国会选举无序,贿选层出不穷;国会之内派系林立,却没有组成现代意义上的政党;很多议员素质不佳,甚至卖身沦为"猪仔议员",造成国会的最后自杀。这是一段毁法造法的历史,不但军阀政客不尊重宪法(约

---

　　①　参见荆知仁:《中国立宪史》,(台北)联经出版事业公司1984年版,第332页。
　　②　李剑农:《中国近百年政治史》,复旦大学出版社2002年版,第536—537页。

法)与法律,身为制宪者与立法者的国会议员同样为了便宜行事而毁法造法。例如,南方国会为凑足法定人数,借用民国二年《议院法》"开会后满一个月尚未到院者,应解其职"的规定,将未到会议员开除,由候补议员替补。[①] 再如,1922 年国会复会后,为避免流会,尽快完成制宪,国会便修改《国会组织法》以降低法定出席与可决人数。[②] 如此这般,形同儿戏。

议会政治本非完美无缺,民初又将其恶的一面演到极致。"卧榻之侧,岂容他人鼾睡",当政者本就不喜欢一群自命"民意代表"的人在其跟前吵吵嚷嚷、碍手碍脚甚至指手画脚,偏偏这些代表自己又不争气。国会制度这个外来户在中国尚未站稳脚跟,就已低人一等,更有被驱逐出境的危险。民初的两场失败的政治试验——自由主义代议政治和独裁政体,"似乎彼此是在相互斗争中消灭的"。"袁世凯认为,议会和省自治是削弱了民族国家,相信在帝国主义的时代的民族国家,应该是强大的中央集权制。因此他要废除议会和地方自治及其辅助的制度,如互相竞争在政党和不受检查的新闻自由等。"袁过分集权的主张也并不受欢迎,其结果是"独裁政体和君主制度一起垮台了","自由主义的舆论虽得重新出现",但在政治上取得优势的却是分散的军事霸权主义,在军阀统治之下,士兵成为"军阀唯一的选民","中国的政治斗争进一步军事化",不再有真正意义上的议会政治。[③]

---

①　参见陈茹玄:《中国宪法史》,(台北)文海出版社影印原 1947 年版,第 105—106 页。

②　参见陈茹玄:《中国宪法史》,(台北)文海出版社影印原 1947 年版,第 128—129 页。

③　参见〔美〕费正清编:《剑桥中华民国史》上卷,杨品泉等译,中国社会科学出版社 1994 年版,第 248、310—312 页。

第二节　南京国民政府的国民大会

在南京国民政府时期，不再有典型西方意义上的国会，代之而起的是"政权机关"（国民大会）①与专职立法机关（立法院）②。《中华民国宪法》1947年施行后，立法院在作为专职立法机关的同时，也作为欧美式的代议机关行使监督政府的职能；而专职监察机关（监察院）在选任与职权上类似于美国参议院。故而有人说，国民大会、立法院、监察院共同相当于欧美之国会。③

一、孙中山关于国民大会的构想

（一）《孙文学说》对于代议政治的扬弃——"权能分治"理论

议会政治（代议政治）本身存在一些缺陷，议员素质不高、国会立法粗制滥造成为普遍的批评；更严重的是，由于政党的操纵使得代议政治已经变质，议员不再是民之喉舌，而沦为政党的打手，与民主的理想渐行渐远。④ 比较与民国约同一时期的各国政治，议会的问题都很突出，

---

① 根据《训政纲领》，在实行"宪政"之前的"训政时期"，由国民党全国代表大会代表国民大会领导国民行使政权；国民党全国代表大会闭会时，以政权付托中国国民党中央执行委员会执行之，国民党中央执行委员会下属之中央政治会议兼有立法职能。

② 在军政时期，广州国民政府立法机关大致是以党代政；就政府立法权而言，在党治初期，大多数法律由国民党中央执行委员会或政治委员会制定，1927年中央政治会议曾一度取消，由国民政府行使完全立法权；1928年2月中央政治会议决议，一切法律概由中央政治会议议决，中央政治会议俨然成为党治下的立法机关。"直至五院制度确立，立法院产生，国民政府始有正式、永久而独立之立法机关。"参见《中华民国史法律志》（初稿），台北"国史馆"1994年版，第26—27页。

③ 关于监察院的问题，本书将专列一章讨论。

④ 参见邹文海：《代议政治》，（台北）帕米尔书店1988年版，第164—167页。

要么议会专权,行政无能;要么行政专权,议会不能做主:第三共和国时代的法国困于政党的分裂与倾轧,屡屡发生倒阁,政局长期不稳,政府效能无法实现;而魏玛共和国时代的德国,国会软弱而分裂,行政权在大部分的时间里与俾斯麦时代一样专断,其实不待希特勒上台,德国早已走上独裁的局面。[①] 各国对于议会政治的弊端采取了不少的补救方案,而孙中山先生则另辟蹊径,提出了更为根本的改革办法——权能区分(权能分治),由人民掌握政权,政府实施治权。他相信必须权能划分才能兼顾民主与效能,"全民政治"配合"万能政府",使得人民有权、政府有能,将权与能都最大化,这是孙文宪法思想的核心,其"五权宪法"的思想也是建立在权能分治理论基础之上。

孙中山否定"代议政体"为民主政治的最后归宿,转而提倡"全民政治",主张"人民要有直接民权的选举权",全国实行分县自治,人民直接选举官吏,直接选举代表参加国民大会,组成最高权力机关。但人民只有直接选举权还不能管理官吏,还必须有罢免权。除此之外,人民还要有管理法律的权力,即创制权与复决权;也就是人民有公意创订一种法律或根据需要废止一种法律抑或修改一种法律。孙中山强调说,真正的中华民国必须保障人民有此四种权,人民有了四个权,才算是充分的民权,才能真有直接管理政府之权。人民有了这四个大权,就能与行政、立法、司法、考试、监察五权相维的"万能政府"彼此平衡,最大限度地兼顾民主与效能。[②] 中国国土广阔,人口众多,人民如何行使作为直接民权的政权? 在孙文手书《建国大纲》中是如此设计的:地方政权由

---

① 参见邹文海:《各国政府及政治》,(台北)正中书局 1961 年版,第 447—448、519 页。

② 参见孙中山:《三民主义》,(台北)三民书局 1988 年版,"民权主义"之第五讲、第六讲。

公民直接行使之,全国(中央)政权由国民大会行使之。"一完全自治之县,其国民由直接选举官员之权,有直接罢免官员之权,有直接创制法律之权,有直接复决法律之权。""宪法颁布之后,中央统治权则归于国民大会行使之,即国民大会对于中央政府官员,有选举权,有罢免权;对于中央法律,有创制权,有复决权。"①

(二) 孙文"权能分治"理论与密尔政治哲学的关系②

有学者通过研究发现,孙中山"权能分治"学说与英国密尔(John Stuart Mill)的思想有相当重要的关联或者说是近似之处。

密尔主张精英政治,但同时认为主权必须保留在人民手中。因此在民主政府的设计上,他强调兼顾"参与"(participation)与"才能"(competence)的原则,这与孙文的权能分治非常接近。密尔提出,监督政府的权力与管理众人之事的才能应加以区分,国会的角色应定位在监督政府,以及"审议乃至促成"良好的法律,至于立法,应如同行政、司法一样,交由专家去处理。他说:"人数众多的人民议会极不适合立法,而使良法被制定则为其适当的任务。……因此有必要成立一立法委员会,……此委员会是由少数受过高度训练的政治人才组成,在国会决定制定某一法律时,宜由其负起立法的任务;国会拥有通过或拒绝通过法律草案的权力,但不能加以改变,而只能将提议的修正案送交该委员会处理。"在密尔的另一篇文章里,他认为国会应该由两院构成,一院是代表人民的议会,第二院由专家(在英国,主要包括立法委员会委员、资深法官、曾任高级官员者,以及教授等)组成,但无论如何,两院之中代表

---

① 参见"五权宪法学会"编:《五权宪法文献辑要》,(台北)帕米尔书店1963年版,第38—39页。

② 以下内容详参见李西潭:"约翰弥勒与中山先生权能区分理论之比较研究",《中山社会科学译萃》第3卷第3期;张明贵:《约翰弥尔》,(台北)东大图书公司1986年版,第五、六、七章。

人民的"人民议院"(the Popular House)是政治的最高决定者。

孙文"权能分治"理论与上述密尔政治哲学有颇多接近之处:其一,就其理论基础而言,孙文"权能平衡与兼顾"的理念与密尔提出的"参与和才能并重"原则可以说是异曲同工,二者都综合了精英民主与参与民主两种民主理论。其二,在制度设计上,密尔的立法委员会与孙文"五权宪法"中的立法院在人员组成与职能方面都非常接近;而孙文设想的"国民大会",也与密尔的"人民议院"制度若合符节。但是,两者的区别也是明显的。首先,孙中山是革命领袖,无暇从事系统化的理论建构,他提出的实践政治的方法与其权能分治的理论并不能一一对应、前后一致,而密尔则是学者,力求其思想的系统化与圆融。二者在更深层面上的差异是基于双方所处的截然不同的政治环境,密尔是在肯定英国代议政治传统的基础上小心翼翼地弥补其既有的缺陷;孙文面对无能无德的民初国会,则是以革命家的气魄大大咧咧地呼唤一个新的范式。

(三)《孙文学说》对国民大会的定位

1. 国民大会的性质

国民大会的性质与其组成直接相关,后者决定了它究竟是代议政治的国会还是一个直接民权机关。《孙文学说》把国大当作行使直接民权("政权")的机关,但其《建国大纲》明定国大的组成是由"每自治单位之县"选举一人,组成国民大会。但这样几千人组成的大会,是否能被视作直接民权机构,颇值得怀疑。"国民大会由各县选举的代表组织而成,行使直接民权中的四权,而其代表名额不过两千余人。在瑞士创制权一项的提议,须经三万人签字,然后交付公民投票。其投票数亦在二三十万左右。奈何我国将此人民所享有的直接民权交付在二千人之手中,岂不与直接民权的意义大相违反。"①

　　一般的说法是中山虽然向往直接民权,但考虑到中国的实际情况(广土众民,教育交通条件有限,又缺乏民主的经验),所以退而求其次。其实在孙文遗教中有关"直接民权"的命意,本来就前后不一致。所以有人认为国民大会乃是孙文一时权宜之计,是一种过渡性的暂行办法;待将来教育普及、交通发达之后,就无须国大"代庖",必须将政权交还全国人民直接行使。② 而更激进的如张君劢则提议"由全国人民行使四权","合四万万人为国民大会"(无形国大);即使因条件局限不能实现这一直接民权理想,至少应将直接民权"推广于全国的乡县议会",由全国的地方议会成员组成一个规模较大的国民大会。③ "无形国大"的构想在《孙文学说》中也可找到印证之处,"他在民权主义中介绍美国克利浮莱城最新最好的自治机关时:'今则七十万人中,苟有七万人赞成署名,可开国民大会,有三十五万人以上之赞成,即成法律。'可见所谓国民大会指的就是全县公民的总投票。从中山先生一再举瑞士与美国为例即知,他所心仪的直接民权是不折不扣的直接民权,而不是委任行使的直接民权。"④也有人认为中山国民大会的构思源自美国的总统选举人团制度和修宪程序,美国的总统选举原采间接的方式,经过政治的发展实际上收到了直接民主的效果,其修宪程序亦然。所以"美国非无国民大会也,特无国民大会之名耳",中山先生不过是将美国模式的民权范围加以扩充,"并赐以国民大会之名耳"。⑤

---

　　① 张君劢:《中华民国民主宪法十讲》,商务印书馆 1947 年版,第 51 页。
　　② 参见孙科:"新宪法与五五宪草",载"五权宪法学会"编:《五权宪法文献辑要》,(台北)帕米尔书店 1963 年版,第 335—336 页。
　　③ 参见张君劢:《中华民国民主宪法十讲》,商务印书馆 1947 年版,第 49、52 页。
　　④ 苏永钦:《走向宪政主义》,(台北)联经出版事业公司 1994 年版,第 102 页。
　　⑤ 参见何会源:"论孙中山先生关于中央政治制度之设计",载何勤华、李秀清主编:《民国法学论文精萃·宪政法律篇》,法律出版社 2002 年版,第 409 页。

其实,由于中国广土众民,又欠发达,直接民权行于地方各县已经困难重重,更何况行于中央。问题在于权能分治的理论与国民大会的设想本来就是基于对国会代议制的批判而生,可等国大长出来,人们发现其实又是一个代议国会,自然无法接受。面对这个困境,有人得出了折中的结论:国大这样的设计是"最小限度的代议制",它上承人民、下接政府,是人民与政府间的联系机关;[1]它是"政权发动机关","其职责在'辅助'人民行使政权,而非'代替'人民行使政权"。[2]

2. 国民大会与立法机关(立法院)的关系

在《孙文学说》里,国民大会是政权机关;负责立法的立法院则是治权机关,不是民意机关,而是一个专职的立法机构。国民大会可以创制立法原则要求立法院据以立法,也可复决立法院通过的法律。国大拥有中央法律的创制、复决权,以此指挥、监督立法院立法权的行使。《建国大纲》更赋予国大对立法院成员的人事任免权。

《孙文学说》常常前后矛盾,他一直说立法院是治权机关,这意味着立法院与欧美的国会有着本质的区别,但在其论述中又常常把立法院与欧美国家的国会等同。孙文在其 1921 年《五权宪法》中说立法人员相当于欧美的国会议员;在其 1923 年《中国革命史》中也说由全国人民投票"选举代议士,以组织立法院",又说司法、考试、监察三院之院长由总统征得立法院同意任命之,但三院并不对总统及立法院负责,而是五院皆对国民大会负责。1924 年《国民政府建国大纲》是孙文关于其宪法思想最完整也是最后的表述,所以国民党在对国父遗教的理解发生分歧时常常以此为据,《建国大纲》规定国民大会对中央政府官员(自然包括五院成员)有选举和罢免权。据此,立法院立法委员也应由国大选举

---

① 参见金鸣盛:《五权宪法论集》,中华书局 1936 年版,第 34 页。
② 参见陈春生:《中华民国宪法原理》,(台北)明文书局 1998 年版,第 252—253 页。

产生,因此自然不再具备直接民意基础,也就不再是真正的代议士;立法院也不再是完整意义上的国会。

"以民意机关监督政府,这是代议政治的理想之一。但现在的民意机关,又有立法的治能,在理论与实际上都要发生很多的困难。自理论言,立法亦为政府治能之一,当然亦在民意机关监督之中,但民意机关就是立法机关,因之立法的治能就缺少监督,颇有引起立法专制的危险。在法国的实际政治中,不就得到了很好的证据。"美国以司法审查权对立法权加以节制,但"以司法机关的治能监督民意机关",其正当性值得怀疑。"自实际言,政府治能必须互相合作,不然,治能即无从表现其效能。"但是,像英国责任内阁制那样的议行一体,政府的治能在实际上没有受到制衡,这样"所谓以民意机关监督政府者,未免是一个虚伪的公式"。[1] 如果要贯彻民主政治的理想,似乎将立法权从民意机构中拿出,交由一个立法专家组成的专职部门,由国大行使政权监督政府、立法院行使立法的治权是一个很妙的制度设计。问题在于政权与治权是否截然可分,而国大这个非常设的臃肿机构又能否承担监督政府的责任。

二、"五五宪草"—"政协宪草"时期(1933—1946)关于国大问题的反复检讨[2]

(一)"五五宪草"有关国大的规定及反响

继北洋政府而起的南京国民政府,奉"国父遗教"为最高根本法[3],

①　参见邹文海:《代议政治》,(台北)帕米尔书店1988年版,第179页。

②　其间的宪法文本可参见夏新华等整理:《近代中国宪政历程:史料荟萃》,中国政法大学出版社2004年版。

③　在1929年国民党第三次全国代表大会上还通过了"确定总理遗教为训政时期中华民国最高根本法"的决议。

其制宪方针也始终围绕孙文宪法思想展开。很自然,国民大会问题也成为其制宪的关键问题。

"五五宪草"受到孙中山后期的宪法思想影响甚巨,宪草第三章即为"国民大会"。根据孙文手书《建国大纲》的设计,"五五宪草"第 32 条赋予国民大会极大的权限,国大此一"间接民权"机构代替了人民"直接民权"的行使,更为严重的是宪草第 31 条对国大的召开做了相当严格的限制[1],除非国大会期大大延长,发挥类似欧美议会的功能,否则实在无以担负起"政权主体"的责任。这非但不符合"权能分治"之原旨,更将使"政权"的真正主体(国民)失去对国事的主导权。[2] 再加上宪草超级总统制的设计,将导致其设计的政府名为全民政治下的五权政府,实为一权(独裁)政府。由此,萨孟武在"五五宪草"颁布后不久,即著文指出"五五宪草"若付诸实施,将造成"总统独裁"。[3] 至于国大的组成,也基本遵循了孙文的设计,每县选举一人,人口多的大县则酌情增加代表;蒙古、西藏代表和华侨代表名额,则以法律定之。

国大会期短,无法切实行使政权的问题在宪草委员会内部就有争议,也有人提出以国大常设机关在国大闭会时行使政权,宪草委员会副委员长张知本便持此种见解。[4] 这个主张是仿照国民政府中央政治委员会制度而来,宪草初稿第 55 条规定"国大闭会期间设国民委员会"作为国大常设机关,国民委员会"置委员 21 人、候补委员 10 人,由国民大

---

① 宪草规定,国大每三年由总统召集一次,会期一个月,必要时得延长一个月;经五分之二以上国大代表同意,或总统召集,可召开临时国民大会。
② 参见胡佛、周阳山等:《中华民国宪法与立国精神》,(台北)三民书局 2000 年版,第 521—524 页。
③ 参见萨孟武:"中华民国宪法草案的特质"(原刊于《东方杂志》33 卷 2 号),载胡春惠编:《民国宪政运动》,(台北)正中书局 1978 年版,第 859—864 页。
④ 参见张知本讲述、陈秀凤记录:《中国立宪故事》,(台北)大中图书公司 1966 年版,第 98 页。

会选举之";但在最后通过的"五五宪草"中,这一常设机关被删去了。理由是:(1)政权本来无须时时行使,不行使时也不能被视为中断。(2)由国民大会代表再选举代表组成国民委员会,岂不是"间接之间接""代表之代表",其民意基础薄弱,不宜行使政权。(3)常设机关等于在五权政府之上又安了一个"太上政府",会牵制政府的治能。① 第三点理由或许是常设机关的建议未被采纳的根本原因。

在"五五宪草"制定过程中,社会上对"五五宪草"的批评声浪很高,其中不少批评集中于孙文"权能分治"理论与国民大会的设计。"《五五宪草》的起草者以这么笨拙的方式设计直接民权,也就使它失去了作为表达全民意志之工具的意义。"②由于当时社会上没有能与国民党抗衡的力量,这些批评并没有对宪草的内容发生太大的影响,制宪者依然我行我素。③ 但是这些批评与讨论为日后宪法的修正奠定了理论和民意基础。

(二)政协协议与"政协宪草"对于国大问题的重大修正

抗战结束后,原拟于1945年10月10日召开国民大会,制定宪法,因为中国共产党与其他党派联合反对国民大会代表名额分配④及"五五宪草"内容,直至1946年1月10日,国民党才重新邀请共产党、民主同盟、青年党、民社党各党派代表以及社会贤达38人,在重庆召开政治协

① 参见孙科:"宪法草案最后一次修正之经过情形",载吴经熊、黄公觉:《中国制宪史》下册,商务印书馆1937年版,第787—788页。
② 参见"中华民国张君劢学会"编译:《中国第三势力》,(台北)稻乡出版社2005年版,第202页。
③ 当时相关讨论可参见俞仲久编,吴经熊校:《宪法文选》,上海法学编译社1936年版。
④ 共产党和其他民主党派认为在抗战之前国民党白色恐怖统治之下选出的国大代表不能代表新民意,主张重选。参见蒋匀田:《中国近代史转折点》,(香港)友联出版社1976年版,第29页。

商会议,会议就宪法草案达成的十二条协议,史称"政协十二原则"。"政协十二原则"对"五五宪草"作出重大修正,其第 1 条便是国民大会无形化,立法院则由"五五宪草"规定的专职立法机关变为议会。"原来五五宪草所规定的'国大实权化'及'强势总统'的制度化安排,在政协的修改原则中,已完全变质,并转化为'国大虚位化''立法院国会化''监察院参议院化',并饶富责任内阁制的精神。其间有关'权能区分'的制度设计,更是南辕北辙。"①关于制宪国大代表名额分配问题与制宪的程序问题,双方最终也达成妥协。除了依之前《选举法》选出的国大代表外,新增台湾、东北两地区域及职业代表 150 名,党派及社会贤达代表 700 名,总计制宪国大代表为 2050 名。同时,为避免国民党籍国代以人数优势强行通过宪法,双方特别协议:"宪法之通过,须经出席代表四分之三之同意为之。"②

国民党六届二中全会针对"政协十二原则",通过修改宪草原则之决议如下:"一、制定宪法,应以《建国大纲》为最基本之依据。二、国民大会应为有形之组织,用集中开会之方式行使《建国大纲》所规定之职权。其召集之次数应酌予增加。……"是时孙科乃将国民党意见与各党派代表在宪草审议会继续协商。对于修正宪草原则终得新协议,第一条就是"国民大会为有形组织,行使四权"。

政治协商会议组织了宪草审议委员会根据"政协十二原则"制定《五五宪草修正案》("政协宪草"),在"政协宪草"的起草过程中,张君劢个人起了重要作用。新宪草虽不能将国民大会彻底无形化,但与"五五

---

① 胡佛、周阳山等:《中华民国宪法与立国精神》,(台北)三民书局 2000 年版,第 525—526 页。

② 参见蒋匀田:《中国近代史转折点》,(香港)友联出版社 1976 年版,第 31—34、48—49 页。

宪草"相较,它大大缩减了国民大会的权力;同时,又将立法院由"五五宪草"中的中央专职立法机关变为代表人民行使主权的机关[1],将监察院设计成与美国参议院组成与职权接近的机关[2]。这就从根本上放弃了孙文"权能分治"的理论,重新采用了代议政治的制度。

三、从"制宪国民大会"到"行宪国民大会"(1946—1948)

(一)制宪国民大会的召集与《宪法》对国民大会职权的限缩

1946 年 11 月 15 日,制宪国民大会在南京召开;12 月 25 日,国大通过了《中华民国宪法》。在制宪国大上,占代表总额压倒多数的国民党籍代表企图将"五五宪草"所规定的国大职权完全恢复,立法委员和监察委员改由国大选举罢免;并将国大会期增加,改为每两年召开一次。民社、青年两党坚决反对变更政协原则,在蒋介石本人对国民党代表的弹压下,制宪国大最后通过的宪法文本基本与"政协宪草"保持一致。[3]制宪者通过巧妙的设计将国民大会的权力大为缩减,其方式有二:一是减少其开会的次数(常会六年只开一次);二是拖延(冻结)其行使创制、复决两权。[4] 国大成为接近美国总统选举人团式的大会,于总统任满前90 天集会;同时也担负"修宪"的责任。至于创制、复决两权则暂不行使,根据《宪法》第 27 条第 2 项,只有当全国过半数的县市曾经行使创制、复决两权时,再由国民大会制定办法并行使之。[5] 这实际上就将国民大会行使创制、复决的权力长期冻结。

---

[1]　参见雷震:《制宪述要》,(香港)友联出版社 1957 年版,第 24—25 页。
[2]　监察院监察委员由各省选派,并对司法院大法官与考试委员行使人事同意权。
[3]　(制宪)国民大会审议及通过宪草的经过,可参见国民大会秘书处编:《国民大会实录》,1946 年自刊。
[4]　参见萨孟武:《中国宪法新论》,(台北)三民书局 1993 年版,第 536 页。
[5]　据张君劢回忆,该条限制是国民党秘书长代表吴铁城提议的。参见民社党中央党部编:《张君劢先生年谱初稿》,(台北)1976 年自刊,第 57 页。

(二)"行宪国民大会"与《动员戡乱时期临时条款》的制定

新通过的《宪法》规定国大由各县市代表、蒙古和西藏代表、华侨代表、职业团体代表和妇女团体代表共同组成。1947 年国民政府又公布了《国民大会组织法》《国大代表选举罢免法》和《国大代表选举罢免法施行条例》,随之办理了国大代表的选举。1948 年 3 月 29 日,第一届"行宪国民大会"于南京国民大会堂召开。选举法规定代表总额为 3045 人,实际上依法选出了 2908 人,当日出席代表为 1679 人,已达法定人数。①

这次国民大会制定了《动员戡乱时期临时条款》,并选举蒋介石为总统。当时中国已经进入激烈的内战时期,国民大会召开之初,就有国大代表提议修改《宪法》。其主要原因是国民党籍的国大代表企图翻盘,通过修改《宪法》回归"五五宪草"。张知本等 689 位代表提议修改《宪法》,增加国民大会的职权并将国大改为每两年开会一次,青年党、民社党两党代表坚决反对,会场发生激辩。最后采用折中的办法,用《动员戡乱时期临时条款》的形式对《宪法》作出一定修正。关于《临时条款》的性质,王世杰有如下说明:其一,《临时条款》属于"修宪";其二,之所以不直接修改《宪法》本文,是因为《临时条款》适用的时间是有限的,这与《宪法》本身的条文不同。②

《临时条款》主要内容有:其一,赋予总统"紧急处分"大权;其二,规定国民大会至迟于 1950 年 12 月 25 日召集临时会,讨论修宪问题。据此,国民党内的保守派始终不忘督促蒋介石兑现《临时条款》"修宪"的

①　参见谢政道:《中华民国修宪史》,(台北)扬智文化事业有限公司 2001 年版,第 199 页。

②　参见谢政道:《中华民国修宪史》,(台北)扬智文化事业有限公司 2001 年版,第 45—56 页。

承诺,以回归"五五宪草"。[1] 国民党政府逃到台湾后,伪国大因为不足法定人数,便擅改法定程序,曲解《宪法》本意,以恢复集会,延续"法统";其复会之始便与"总统"做交易,共同扩权。发展到极致,它居然"修宪自肥",增加出席费,设立常设机关,甚至延长自己的任期,更利用"修宪"权打击"立法院",报复"大法官"。国大可谓无所不用其极,终于"自作孽,不可活",最终"修宪自杀",彻底终结了国大制度。

四、国大的悖论

(一)人数的难题

国民大会大致而言由每县选举一人组成,总计大约二三千人,看起来代表性要高于民初国会。但是,"按人口计算,英国下议院每个议员代表 43 000 人,我们的国民大会每个代表反要代表 150 000 人,二者相比,孰为直接民主? ……谓采用国民大会制,即可改革普通国会代议制的弊端,似不可信"[2]。就实际来看,由三千人组织的国民大会如何运作呢? 就直接民主的要求来说,国大人数太少;就功能而言,国大人数太多,无法作为常设机关运作。这样组成国大既满足不了直接民权的需要,也不符合实际政治运作的效能要求。张君劢曾建议由全国人民直接行使政权(首先是选举权)而称之为(无形)国民大会,或者仿照美国总统选举人团的设计组成非常设的国大,但因其与孙文《建国大纲》的构想相去甚远而未被采纳。国大在组成人数上的悖论始终没能解决。国大代表只是一群人数更多,但职权相对并不完整的代议士,远谈不上

---

　　① 参见张知本:"一张有信用的支票总是要兑现的",载张知本:《中国立宪故事》,(台北)大中图书公司 1966 年版,第 127 页。
　　② 程经远:"再论宪法初稿修正案中之中央政制与国民大会",载俞仲久编,吴经熊校:《宪法文选》,上海法学编译社 1936 年版,第 1031 页。

是直接民权的象征。

（二）权力的困境

国大没有立法权、预算权、监察权等西方国家国会代表人民控制政府的工具，"修宪又不是经常的事，而所谓政权，除了选举权以外，有人将罢免权当成'搁置在门后的巨棒'（big stick behind the door），有人把创制与复决两权，以'门后的两支枪'（two guns behind the door）来形容，为'备而不用，不是经常要拿来用的权力'。因此，这样设计的国民大会能否有效控制政府，殊值得吾人怀疑"①。国大虽然没有控制政府的能力，却很有"修宪作乱"的本钱，可谓"成事不足，败事有余"。"在权力结构中，国民大会所处的位置蕴涵着矛盾。因为国民大会会期短、功能少，但国大代表采任期制，而非任务制。只要国大代表在任期中想要有所表现，彰显国民大会为一重要宪政机关，其或扩张权力与利益，采取修宪作为就会影响原有的权力生态，尤其会与同属议会性质的立法院发生冲突，其他宪政机关也可能会遭受不可预期的风险。"②如果国大仅仅是一个人数众多、很少集会的松散机构，虽握有大权，但行使渠道不畅，情况还不是很严重；一旦国大走向常设化，其恣意扩权就很难避免。

"权力导致腐败，绝对的权力导致绝对的腐败。"权力不仅滋生腐败，还会自我"增值"，因此我们也可以说"权力有自我扩张的趋势，绝对的权力会导致无限的扩权"。国大垄断"修宪"的权力，要想国大"修宪"时不做交易、不寻租、不扩权，恐怕很难。比照民国初年国会的种种丑

---

① 李西潭："约翰弥勒与中山先生权能区分理论之比较研究"，《中山社会科学译萃》第 3 卷第 3 期。

② 钟国允：《宪政体制之建构与发展》，（台北）翰芦图书出版公司 2006 年版，第 232—233 页。

行，我们可以说国大有过之而无不及。

（三）"法统"的迷思

研究中华民国宪法史，"法统"的观念至关重要。国民党将其统治的正当性（"法统"）寄托于国大代表，这是一种自欺欺人的办法。它使得国大代表以"法统的象征"自居，贪得无厌地要钱要权，败坏了国大的风气。与民初一样，当权者标榜形式的"法统"，却玩弄民主法治本身，"民意代表"们也乐得与狼共舞、利益均沾。最终砸了"法统"这块招牌，也断送了国大本身。

（四）国大的异化

国大的消亡并不能根本否定国大的意义，国大的悖论也不能完全归咎于孙中山先生国民大会（权能分治）思想本身；国大的制度设计是在一个广土众民的国度里实现民主的重要探索，这一点不能抹煞。国民大会是一种区别于西方国会的制度设计，国大是主权者（政权行使者），相应的立法院是立法专职机关。与三五百人的国会相比，数千代表组成的国大的确更不容易被腐化、被控制，民意基础也更广泛。1946年的制宪者（如张君劢）把国大设想成美国选举人团式的模式，是比较理想的。可后来的演变是国大国会化，国大代表职业化、议员化，国大与立法院争夺作为议会的政治资源，这才是乱象之源。

第三节　国会还是立法委员会：立法院的
地位与权限辨析

1928年10月8日，国民政府公布《国民政府组织法》，试行孙中山规划的五院体制；该法第三章为"立法院"，规定立法院为国民政府最高立法机关,有议决法律案、预算案、大赦案、宣战案、媾和案、条约案及其他重要国际事项之职权(第 25 条)。[①] 10 月 20 日,国民政府颁布《立法院组织法》。[②] 从立法院成立伊始,政界、学界关于立法院的地位与职权就争论不休,制度上也一再修正。一直到 1946 年政治协商会议关于宪法草案达成的十二原则,其中半数以上都与立法院相关。可"政协十二原则"乃至 1947 年 12 月施行的《中华民国宪法》都无法终结关于立法院定位问题的争论。争论的核心便在于:作为中央立法机关的立法院,在地位上是否类似于欧美的代议机关(国会),是否应当完整地拥有典型欧美国会那样的职权。

一、立法院的代表性

如前所述,孙中山晚期宪法思想中关于立法院与国民大会关系的论述,与英国密尔的思想有相当重要的关联或者说是近似之处。密尔提出:监督政府的权力与管理众人之事的才能应加以区分,国会的角色应定位在监督政府,以及"审议乃至促成"良好的法律;至于立法,应如同行政、司法一样,交由专家去处理。作为孙中山思想的忠实信徒,立法院的缔造者胡汉民关于立法院代表性问题的论述与密尔上述思想非常接近。在胡汉民看来,立法院与欧美国会不同,在职权上不是监督机关,在地位上不是代议机关;立法委员的选任应强调其专业素养与政治品格,而非其代表性。但是,从立法院设立伊始,胡汉民这种将立法委员"去民意代表化"(将立法院"去国会化")的见解在国民党党内与党外均遭到一定的挑战,立法院在一定程度上仍包含"代议机关"的因子。

[①]　条文参见夏新华等整理:《近代中国宪政历程:史料荟萃》,中国政法大学出版社 2004 年版,第 787 页。

[②]　参见《国民政府公报》第 1 号,1928 年 10 月 26 日。

（一）地域代表性问题：区域与民族代表名额之保障

立法委员区域代表性的提出，始于立法院设立伊始，核心的争议是蒙、回、藏等民族区域是否应当有保障名额的问题。蒙藏人士多次提出立法委员保障名额的要求，甚至向国民党中央呈递请愿书；中央政治会议并未立即否决该请愿，而是决议待立法院成立后再行处理。立法院成立后于 1929 年正式回复，对于请愿事项予以否定，因为在胡汉民的理想中，立法院"是一个没有地区、职业代表性，却代表着党性的立法机关"。[①]

胡汉民在理念上与制度上否定了立法委员的地域代表性，不等于在立法委员的名额分配上不考虑省籍与民族问题。有学者研究胡汉民主持立法院期间两届立法委员的地域分布，结果发现：在 49 名立法委员之中，尽管粤、鄂、湘、浙等与国民党历史关系密切的省份所出委员较多，但除极少数省份可能没有代表外[②]，每省至少有一名立法委员，而新疆、内蒙古、西藏等边疆少数民族地区都有立法委员。[③] 在实际操作上，立法委员名额的地域分配大致遵循如下规律：国民革命"老区"（如粤、鄂）与近代人文荟萃之地（如江、浙）产生的立法委员自然较多，但也基本上照顾到每省至少保证有一位立法委员；除胡汉民本人亲自挑选立法委员外，他也会考虑党内同志的推荐（提名），但立法委员提名并非交由各省（地方），而是由国民党中央大员、党内元老向立法院院长胡汉民推荐，胡汉民再根据被推荐者的资历圈选，在其圈选时会充分考虑省籍的平衡问题，其圈选后再报国民政府履行任命手续。

---

① 参见洪世明："党权与民权之间：训政时期立法院之试行（1928—1937）"，台湾师范大学硕士学位论文，1999 年，第 16—18 页。

② 有部分代表省籍不明，故而无法完全确定是否这极少数省份真的没有产生立法委员。

③ 参见陈红民、雏军庆："国民政府一二届立法院组成分析"，《民国档案》2000 年第 2 期。

胡汉民反对立法委员名额依据地域分配的理由，主要是担心立法院内的地方利益冲突与派系问题，更担心由此影响立法院的工作效率。由于现实操作上立法委员的提名与圈选都不在地方，通过非制度化的省籍平衡，可以将胡汉民所担心的风险降至最低。训政时期立法院工作效率非常高，同时也兼顾了立法委员的地域代表性。

（二）民意代表性问题：立法委员的资格与选任

1. 早期立法委员选任的专业化（精英化）倾向

在 1928 年 10 月 24 日立法院筹备期间，经胡汉民提案、中央政治会议决议，立法委员的任用标准"首重其人在党之历史，以曾为党国效忠，在革命过程中未尝有违背党义言论行动，而对法律、政治、经济有相当之学识经验者"[1]。此标准可概括为"革命性"与"专业性"两条。在选拔时"革命性"标准主要体现在人选一定不能是"历史反革命"，例如候选人在历史上有"反对总理"的污点，则一定不能用；至于候选人是否为"老革命"或积极参加革命，倒并非绝对必要条件；也不要求立法委员必须是国民党党员，对非党籍的专家（包括刚刚留学回国的年轻专家）也可以考虑延揽。[2] 立法委员中，固然有不少"与党国有密切联系"的政治精英，但也有很多社会精英以专业而非政治履历入选，例如连任四届立法委员的经济学家马寅初、财政专家卫挺生、法学教授黄右昌、法律专家史尚宽[3]，第三、四届立法委员吴经熊[4]。以第一届立法委员为例，据统计：在 49 名立法委员中，有良好的法律、经济、政治教育背景者约占

---

[1]　徐矛：《中华民国政治制度史》，上海人民出版社 1992 年版，第 258 页。

[2]　训政时期立法委员任期及名录参见彭树勋编：《中华民国行宪以来之立法院》，（台北）成文出版社 1986 年版，第 56—77 页。

[3]　史尚宽 1928 年就任立法委员时年仅 30 岁，且 1927 年才留学回国。

[4]　留美法律博士吴经熊，由孙科延揽担任立法委员，同时还是立法院宪法起草委员会副主席，并以个人名义发表宪法草案试拟稿，对于宪法起草有重要影响。而他本人在当时尚未加入国民党。

一半,有留学背景者占四成至五成(当然其中也包括兼为政治精英与专业精英者);就年龄分布而言,40 岁以下者约占一半,其中还有 4 人是 30 岁以下。[①]

立法委员的"精英化"也体现在其人数上,1928 年《国民政府组织法》规定立法委员人数为 49—99 人(第 27 条),在胡汉民院长任内立法委员人数一直保持在法定的下限——49 人;在邵元冲、覃振先后以副院长主政期间,立法委员人数约 60 人;孙科就任立法院院长后立法委员人数有较大增加,约为 90 人,一度达到 99 人的法定上限,但其人数与各国国会议员相较仍属"奇少"。[②]

2. 代表性的关键:任命还是选举

从 1928 年到 1930 年,训政体制施行不久即招来批评,而立法委员代表性问题亦是批评的焦点之一。就法政理论来说,独立的立法机关难免被认为包含国会之因子,而国会民选亦是现代国家之通例;即使就总理遗教来讲,孙中山本人亦多次提及立法委员即为民选的"代议士"。在社会上,知识精英们要求制定约法保障人民权利,也要求立法委员民选以确保其立法之正当性与权威性:"胡汉民先生所主持的立法院,院里的人员,既非代表,又少专家……他们没有立法权,他们亦不应有立法权,因为人民就没有把这个立法的权力,委托给他们。前不多时,立法院里居然弹劾外交总长的擅权签约,其实条约即要通过,亦是国民代表机关的职权,南京立法院起而行此,又何尝不是擅权立法呢?"[③]

---

①　统计数据参见陈红民、雒军庆:"国民政府一二届立法院组成分析",《民国档案》2000 年第 2 期;洪世明:"党权与民权之间:训政时期立法院之试行(1928—1937)",台湾师范大学硕士学位论文,1999 年,第 46—47、179 页。

②　参见谢振民编著、张知本校订:《中华民国立法史》上册,中国政法大学出版社2000 年版,第 220 页。

③　罗隆基:"我们要什么样的政治制度",《新月》2 卷 12 号,1930 年 2 月,第 22 页。

1931年胡汉民去职后,随着《中华民国训政时期约法》的颁布,立法委员的产生方式在制度上有从任命制向选举制过渡的迹象,而立法院代表性的补强有助于其国会地位的确立。1931年12月,《中华民国国民政府组织法》配合训政约法作出相应修正,增强了立法委员的代表性,规定:"立法院设立法委员50人至100人,由立法院院长提请国民政府主席依法任命之。前项委员之半数,由法定人民团体选举。"(第30条)[①]而立法委员的人数由单数(49—99人)调整为双数(50—100人),主要是为了平均分配任命和选举产生立法委员数额。而民选立法委员的产生,沿用了国民会议代表的选举方式,采用职业代表制(由法定人民团体选举)的方式而非地域代表制。此次修正政府组织法,同时改为"委员之半数,由法定人民团体选举"的还有监察委员(第48条)。这意味着,两个分享西方国会职权的治权机关(掌立法权等的立法院与掌弹劾权的监察院)都有国会化的倾向。

不料1932年3月,根据国民党第四届中央执行委员会第二次全体会议决议,国民政府修正1931年12月《中华民国国民政府组织法》,废弃立法委员半数任命、半数选举的规定,改回旧制。国民党召开四届二中全会的背景是1932年初发生日军侵华"一·二八"事变,国难日深,大会宣言也提及民意机关问题:"宪政之完成,本有一定之程序,惟在训政时期,应先积极设置民意机关,以培养民治之基础。"[②]但四届二中全会所谓"民意机关"并非立法院;同年12月,国民党四届三中全会通过"设立民意机关案",议决在国民政府五院之外设立中央民意机关——

---

① 夏新华等整理:《近代中国宪政历程:史料荟萃》,中国政法大学出版社2004年版,第796页。

② 荣孟源主编:《中国国民党历次代表大会及中央全会资料》下册,光明日报出版社1985年版,第145页。

国民参政会。① 可是很快，当局对召集国民大会后，是否仍须召集国民参政会产生了异议；从1933年起，召集国民参政会一事也被搁置，《国民参政会组织法》亦被废弃。直到1938年，在全民抗战的背景下，国民政府才设立了国民参政会；可此时的国民参政会已不是1932年"拟设立而未成为事实的那个'国民参政会'"，只是一个代表舆论的准民意机关，绝不是国会，更不是立法机关。②

或许与1933年国民参政会方案的搁置有关，在1933—1936年《中华民国宪法草案》（"五五宪草"）的拟定过程中，立法者并未因之前临时民意机关（国民参政会）的规划而否定立法院的代表性；相反，立法院的代表性得到了极大的强化。立法委员的选举权虽属于国民大会，但其提名权已转移到地方代表手中，且立法委员的名额也分配到各个地方："立法委员由各省、蒙古、西藏及侨居国外国民所选出之国民代表进行预选，依下列名额，各提出候选人名单于国民大会选举之，其人选不以国民代表为限：一、各省人口未满五百万者，每省四人；……三千万以上者，每省十六人。二、蒙古、西藏各八人。三、侨居国外国民八人。"（"五五宪草"第67条）③

抗日战争结束后召开的政治协商会议对于"五五宪草"作出了重大修正，但就立法院的规定而言，"五五宪草"与1947年颁行的《中华民国宪法》相较却是异中有同、质同量不同：其区别在于前者接近总统制，后者接近内阁制，在立法委员的选举方式上，前者为间接选举，后者为直

---

①　参见荣孟源主编：《中国国民党历次代表大会及中央全会资料》下册，光明日报出版社1985年版，第179—180页。

②　参见马起华："国民参政会——战时中央民意机构"，载孟广涵主编：《国民参政会纪实（续编）》，重庆出版社1987年版，第593—594、611—614页。

③　夏新华等整理：《近代中国宪政历程：史料荟萃》，中国政法大学出版社2004年版，第987页。

接选举,相应的立法院的职权后者比前者更大;但是,就立法院的国会定位而言,应该说二者是一脉相承的。

(三) 立法院的内部代表性问题:立法院的组织与议事规则

立法院的定位是否为代议机关,不仅取于立法委员的选任方式,也与其内部代表性相关。无论成员多寡与选任方式,国会自有其独特的组织与工作程序,这也是国会与行政机关的根本区别之一。训政时期立法院的组织与架构与议事规则,与西方国会相较并无二致,兹列举数例于下。

1. 专门委员会

根据 1928 年《立法院组织法》,立法院根据其职权设立法制委员会、外交委员会、财政委员会、经济委员会(第 1 条);委员会委员由立法委员依其专业所长分任之(第 3 条)。该法同时规定立法院得增置、裁并各委员会(第 2 条),而第一届立法院第一次会议即据此决议增置军事委员会。[①] 以上 5 个委员会即所谓常设委员会或专门委员会。训政时期的立法院因为立法任务繁重,还临时设立任务型的委员会,如民法委员会、刑法委员会、宪法草案起草委员会等负责重要法典的起草工作,此即所谓特别委员会(临时委员会)。与欧美国会所设委员会类似,立法院各委员会依其分工负责相关议案审查、法案草拟等重要事务,在立法院工作中扮演着非常重要的角色。为规范立法院各委员会组织与程序,国民政府还于 1928 年颁布了《立法院各委员会组织法》。

2. 议事规则

(1) 法定出席人数与可决人数

"立法院会议,非有委员总数三分之一出席,不得开议。立法院之

---

① 　参见《立法院公报》第 1 期,1929 年 1 月。

议事,以出席委员过半数之同意决之;可否同数时,取决于主席。"(1928年《立法组织法》第 18、19 条)①议事以简单多数通过为各国国会通例,而首任院长胡汉民将法定开议人数定为三分之一,而非通常规定的二分之一,目的是避免因到会人数不足而流会,提高立法院议事效率。②立法院法定开议人数过低,可能会影响立法的民主代表性,也增加了立法院院长上下其手的机会。但实际上,关于法定开议人数,各国的规定差异很大,而其差异与国会的民主性并不必然相关。

(2) 三读程序

依国民政府 1928 年公布、1935 年修正之《立法院议事规则》,"凡法律之议案,须开三读会后议决之"(第 10 条);而《立法院议事规则》第三节"读会",以 11 个条文详细规定了三读程序。③而三读程序正是西方国会立法的标准程序,旨在通过反复的讨论、分阶段的表决,通过慎思明辨达成最后的决议。

二、立法院的职权及其限制

立法院是否具有国会的性质,不仅取决于其代表性,更与其职权相关。立法委员"不出于选举,而由院长提请国府任命;且弹劾权已移于监察院,其异于普通国会者在是。至于对于法律、预算、大赦、宣战、媾和、条约等案之议决权,则完全存在;是其与前此之法制局则又根本不同矣"④。与欧美国会相较,立法院并非完整、唯一之国会,其职权行使

----

① 《国民政府公报》第 1 号,1928 年 10 月 26 日。
② 胡汉民讲话参见中国第二历史档案馆:《国民党政府政治制度档案史料选编》上册,安徽教育出版社 1994 年版,第 259 页。
③ 参见中国第二历史档案馆:《国民党政府政治制度档案史料选编》上册,安徽教育出版社 1994 年版,第 265、267—268 页。
④ 陈茹玄:《中国宪法史》,(台北)文海出版社影印原 1947 年版,第 179—180 页。

受到很大的限制。但立法院作为独立的治权机关,事实上仍保有国会核心的权力,1929 年 6 月国民党三届二中全会通过《治权行使之规律案》,其第 1 条即是关于立法院的权限:"一切法律案(包括条例案及组织法案在内)及有关人民负担之财政案,与有关国权之条约案,或其他国际协定案等,属于立法范围者,非经立法院议决,不得成立。如未经该院议决而公布施行者,立法院有提出质询之责。其公布施行之机关,以越权论。立法院不提出质询者,以废职论。"[①]而从训政时期的表现来看,立法院在制度与政治环境的限制之下,仍保持了制度上与实务上的相对独立。

(一)立法权

1.《法规制定标准法》与立法院之专属立法权

在立法院成立以前,根据 1928 年 2 月《立法程序法》,"中央政治会议得议决一切法律,由中央执行委员会交国民政府公布之。前项法律概称曰'法'"(第 1 条)。[②] 1928 年 12 月国民政府最高立法机关立法院成立后,中央政治会议遂将自己的角色调整为仅决定立法原则。根据 1929 年 5 月国民政府公布之《法规制定标准法》第 1 条,并对照之前《立法程序法》第 1 条的规定,可以认为立法院在制度上已取代政治会议成为法律的议决机关:"凡法律案,由立法院三读会之程序通过,经国民政府公布者,定名为'法'。"《法规制定标准法》第 2 条还明确列举了应以法律规定的事项,包括"现行法律之变更或废止者;现行法律由明文规定、应以法律规定者;其他事项涉及国家机关之组织或人民权利、义务

---

① 荣孟源主编:《中国国民党历次代表大会及中央全会资料》上册,光明日报出版社 1985 年版,第 761 页。

② 中国第二历史档案馆:《国民党政府政治制度档案史料选编》上册,安徽教育出版社 1994 年版,第 254 页。

关系经立法院认为有以法律规定之必要者"。同时，该法还规定，其他机关制定条例、规章、规则等必须根据立法院制定之法律，"不得违反或抵触法律"；"应以法律规定之事项"，不得绕过立法院"以条例、章程、规则等规定之"。① 这意味着立法院在整个国民政府立法体系中处于最高位阶。

2.《立法程序纲领》对立法院立法权之限制

在立法院设立前夕，国民党中央于 1928 年 11 月决议："关于立法原则，应先经政治会议议决，而法规之条文，则由立法院依据原则起草订定。"② 这意味着训政时期由政治会议代行国民大会创制立法原则之权，也由此限制了立法院的立法权。而 1932 年 6 月国民党中央执行委员会通过的《立法程序纲领》③，则是上述决议的细化与制度化，其核心内容是政治会议对于立法院立法权的限制，其主要方式则是立法原则由政治会议议定后方交立法院根据该原则具体立法，立法院的立法裁量权因为政治会议所定立法原则的存在而大为限缩。

但我们也不能简单地认为立法院对于政治会议唯命是从，事实上从政治会议的人事安排来看，立法院在政治会议上有很大的发言权：立法院正副院长、立法委员有多人兼任中央政治会议委员，甚至可占到政治会议委员总数的 1/5；而政治会议分组后立法院在政治会议中的影响更大，1929 年在政治会议所设共 8 组中，竟然有 3 组之主持人为立法院成员；除此之外，还有不少立法委员因为党内地位或专长的关系经常列席政治会议、发表意见，而经立法院院长孙科争取，立法院 5 个常设委

---

① 以上所引《法规制定标准法》条文，参见中国第二历史档案馆：《国民党政府政治制度档案史料选编》上册，安徽教育出版社 1994 年版，第 255—256 页。

② 参见徐矛：《中华民国政治制度史》，上海人民出版社 1992 年版，第 256 页。

③ 《立法程序纲领》1933 年 4 月最终修正案，参见夏新华等整理：《近代中国宪政历程：史料荟萃》，中国政法大学出版社 2004 年版，第 802—803 页。

员会委员长均常态性列席政治会议。[1]

(二) 议决宪法草案之权力

根据 1931 年《训政时期约法》,宪法草案应由立法院议定(第 86 条),国民大会通过(第 87 条)。[2] 故而在制度上宪法草案的议定权专属于立法院,这意味着立法院在形塑民国宪政体制方面起着无可替代的作用。立法院自 1933 年起设立宪法草案起草委员会,院长孙科长期兼任该委员会主席。抗战胜利后国民党、共产党与其他党派商定"政协宪草"时,立法院院长孙科是国民党的首席代表、宪草审议委员会的召集人,宪草审议委员会的会外专家(如林彬、吴经熊、史尚宽、楼桐孙、黄右昌)也大都是立法委员。[3] 无疑,立法院"五五宪草"的拟定权受到政治会议的制约,而"政协十二原则"也受到国民党中央的修正与制宪国民大会的考验,但立法院经由"五五宪草"与"政协宪草"的拟定,在宪法上的代表性更强,职权也有所扩充,这是不争的事实。

(三) 预算权(财政权)

除审查、议决法案之外,预算的审议亦是国会的核心职权,国会也因此被形象地比喻为掌握着国家的"钱袋子"。1932 年 9 月国民政府颁布了《预算法》,立法院审议预算有了明确的法律指引,1937 年对该法又做了部分修正。关于行政院提交总预算案与中央政府公布总预算案的时限,《预算法》都有明确规定;1938 年《预算法施行细则》第 15 条则进一步明确规定:每年 10 月 10 日以前行政院应将拟定总预算书和其他相

---

[1]　参见洪世明:"党权与民权之间:训政时期立法院之试行(1928—1937)",台湾师范大学硕士学位论文,1999 年,第 74—88 页。

[2]　参见夏新华等整理:《近代中国宪政历程:史料荟萃》,中国政法大学出版社 2004 年版,第 835 页。

[3]　参见雷震:《中华民国制宪史:政治协商会议宪法草案》,(台北)稻乡出版社 2010 年版,第 101 页。

关文件送立法院审议;立法院应于当年12月1日以前议决,呈请国民政府公布之。① 尽管在实务上,因为总预算案在送立法院审查前已经过中央政治会议的核定②,立法院通常仅对其做技术的、细目的修改,但这并不等于立法院审议预算案"只是一种形式","没有提请复议、修改、拒绝通过与否定"的权力③,更不意味着立法院在财政问题上无所作为。上述《预算法》第47条还特别规定了总预算案部分不通过时的处理办法,至少在制度上为立法院拒绝通过预算案提供了法律依据与补救措施。

事实上,训政时期立法院非常关注财政问题,它不仅通过审议预算监督国家财政大计,还通过相关财政法案的审议来监督、影响国家财政政策,立法院在审议财政部所拟之《妨害银本位处罚条例》以及《国民政府民国二十年赈灾公债条例》时,还与财政部长发生严重冲突,而国民政府(及中央政治会议)最终均对立法院作出妥协;不仅如此,财政问题也是立法院行使质询权的焦点问题,因为财政毕竟关乎人民的血汗钱。④

(四) 质询权(监督权)

除立法权与预算权之外,国会还拥有监督权(问政)与制裁权(弹劾)。根据《立法院组织法》第14条:"立法院关于本院议决案之执行得向各院及行政院各部各委员会提出质询。前项质询须经本院议决行之。"该条则是授权立法院行使质询权的任意性条款。归纳起来,训政时期立法院质询制度的特点如下:(1) 质询权的行使主体为立法院,而

① 参见林翰编:《计政法规》,国粹图书社1940年版,第10—11、26页。
② 抗战时期取代中央政治会议地位的国防最高委员会,其对于立法院审议预算权的限制更大。
③ 参见陈红民、陈书梅:"抗战时期立法院的调整",《江苏行政学院学报》2008年第3期。
④ 参见洪世明:"党权与民权之间:训政时期立法院之试行(1928—1937)",台湾师范大学硕士学位论文,1999年,第142—146、152—159页。

非立法委员个人,故质询权须经立法院议决方可行之;(2) 质询对象不限于行政机关,对司法、考试、监察各院均可行使质询权,质询的形式为书面而非口头;(3) 质询对象的答复亦以书面为主,院、部、会首长无到立法院列席备询的义务;(4) 质询的范围有限,仅限于其他机关侵犯立法院议决权或者立法院议决案之执行两种情形;(5) 最关键的是各机关对于质询并不负政治上的责任,立法院在制度上并无强迫质询对象答复之权,立法院如对于各机关答复不满也不能再质询,只能提请国民党中央政治会议处理。①

　　在训政时期,真正拥有英式质询权的机关,是临时民意机关国民参政会。1938 年 3 月国民党临时全国大会通过《抗战建国纲领》,决定在非常时期设立国民参政会。同年 7 月在汉口召开了首届参政会,在出席的 156 名参政员中,在野党派代表有 30 多人。国民参政会不是严格意义上的民意机关,更没有立法权,但它具有建言权、询问权与听取政府汇报之权。国民参政员对于政府的询问往往十分犀利,令备询长官难以招架,甚至有政府部长在议场口头答复询问时因体力不支晕倒的事例;如主管机关书面答复措辞不当,亦会招来轩然大波,最后主管长官也不得不亲自来参政会道歉,并收回答复书,另行修改。② 国民参政会的问政表现非常突出,但不能因此认为其拥有国会之实质权力,它没有国会的核心权力——立法权,其提案权所涉之提案亦非法律案。参政员问政,对于行政机关固然形成民意(舆论)的压力;可国会真正能制衡行政机关者在于其议决(立法、预算等)的权力,而非质询的形式。勤

---

　　① 参见蔡达棠、余元杰:"民国以来立法机关质询制度之演变",《立法院院闻》1993年第 12 期。

　　② 参见马起华:"国民参政会——战时中央民意机构",载孟广涵主编:《国民参政会纪实(续编)》,重庆出版社 1987 年版,第 608—609 页。

于问政,疏于立法,这是民初国会的特色,也是孙中山修正国会体制的重要理由。再加上国民参政会开会少,每 3 个月开会一次①,会期短(10日),并非常设之民意机关,更无法挑战立法院的国会地位。随着抗战胜利后《中华民国宪法》的制定与半总统制、半内阁制混合政体的确立,临时民意机关(问政机关)国民参政会终结了,其质询的权力也被立法院所吸收。

(五) 重大事项同意权

依 1928 年《国民政府组织法》,立法院除议决法律案、预算案和大赦案外,还拥有议决宣战案、媾和案及其他重要国际事项的职权。"所谓'其他重要国际事项'乃承'宣战案'与'媾和案'而来,宣战和媾和自是重要国际事项,但其他国际事项究如何才算重要,而必须经过立法院的议决,则至今缺乏一定的界说。……我们可说凡正式条约,俱构成《国民政府组织法》所谓的'国际重要事项';至于其他事项应否视为须经立法院审议的'重要国际事项',则由政治委员会(或国防最高委员会)决定。"②训政时期立法院拥有正式条约案与宣战案、媾和案的审查、批准之权,还成立了专门审查外交事务的常设委员会。立法院议决宣战、媾和案、条约案及其他重要国际事项(也包括大赦案)的权力,"学者谓之同意权",而"此等职权,惟行三权宪法国家之议会有之;在试行五权制度政府之下,即由与议会类似之立法院行使之。……而立法院之议决此等案,其行使同意权,几与立宪国之议会无甚差异"③。

---

① 1939 年更修改《国民参政会组织条例》,减为 6 个月开会一次。
② 王世杰、钱端升:《比较宪法》,中国政法大学出版社 1997 年版,第 450—451 页。
③ 谢振民编著,张知本校订:《中华民国立法史》上册,中国政法大学出版社 2000 年版,第 223—224 页。

三、小结

总的来说,孙中山宪法思想虽然对于西方代议制度作出重大修正,但仍无法根除立法机关之国会属性。训政时期的立法院,在民意代表性上有重大瑕疵,在职权行使上亦受制于代行国民大会政权的国民党中央,但舍立法机关,无他机关可自命为完整之国会。从1932年《训政时期约法》到1936年"五五宪草"的拟定,我们可以看到立法院代表性增强与职权完善的趋势。而立法院与立法委员在"训政"的过程中也积累了经验与权威,逐渐成长。"五五宪草"由于日军入寇、制宪国大未及召集而未能通过。作为非常设的战时"准中央民意机构",国民参政会并无立法权,其提案权之提案也不是法律案;[①]与立法院相较也不能认为其更接近国会。

经历训政时期的"试办"与"训练",1947年《中华民国宪法》颁布、实施后,立法院最终成长为首要(尽管并非唯一)的国会,这是训政体制的主要设计者、首任立法院院长胡汉民始料未及的。归根结底,立法院之所以最终超越"国父遗教",在制度、实践与理论上都充分国会化,根本在于其组织、职权与西方典型国会均非常接近,将立法院区别于代议机关(去国会化)的胡汉民在设计训政时期的立法院时,仍无法根本否定国会的范式。

---

① 参见马起华:"国民参政会——战时中央民意机构",载孟广涵主编:《国民参政会纪实(续编)》,重庆出版社1987年版,第603—614页。

第十一章　近代监察制度

第一节　民国北京政府的监察制度

与西方的议会监察传统[①]不同,中国监察制度源远流长、自成一体。传统的御史和谏官制度萌芽于夏商周,成于秦,大行于汉,绵延于后世。在近代中国的政制实验田里,基于中国传统的独立监察制度和源自西方的议会监察制度互相竞争。民国元年的《临时约法》仿行欧美的国会监察制度,袁世凯上台后又设立了源自中国传统的肃政厅。但在武人当政、军阀混战、政局动荡的年代,监察制度的实际效果颇令人怀疑。

一、国会监察

民初约法时期,国会拥有三种监察权:质问权、查办权、弹劾权。[②]

(一)质问权

质问权行使的对象为内阁总理和各部总长。质问的方式可以由议

[①]　所谓国会监察:"是中央民意代表机关对政府机关的人员、财物、施政和其他法定事项的监察,包括同意、弹劾、纠举、纠正、审计和监视以及为达成这些任务所必须的质问、视察和调查,以对违法失职的事前防止和事后惩处。"陶百川:《比较监察制度》,(台北)三民书局 1978 年版,第 45 页。

[②]　详参常泽民:《中国现代监察制度》,(台北)商务印书馆 1979 年版,第 81—93 页。

员联署的方式提出书面质问,也可由议员个人提出口头质问。这是一种对于行政机关不大有威力的监督方式,其效果仅止于一问一答而已。质问者对于被问者的答复即使不满意,除了提出再质问外,别无他法制约之。

(二) 查办权

查办权制度不但为我国古代所未有,亦为西方所无,它是民国元年《临时约法》所创设。根据《临时约法》第 19 条第 10 款,"参议院得咨请临时政府查办官吏纳贿违法事件"。但其并非国会自行查办,而是咨请国会查办,所以确切地说不是查办权,而是咨请查办权。其查办对象是政府之一切文武官吏,就实际情况而言,当时被查办的主要是各省都督。民国二年国会正式成立后,依据同年颁布之《议院法》规定,国会参众两院均得行使(咨请)查办权,但查办案非有议员十人以上联署不得提出,查办案由议会表决通过后即咨达政府,政府查办终结应咨复议会。民国三年,袁氏约法公布,未将查办权列入,故而查办权的历史非常短促。

(三) 弹劾权

依据《临时约法》第 19 条第 11、12 款,国会弹劾权行使的对象限于大总统和国务员(即内阁总理和各部总长)。大总统被弹劾的原因仅限于叛逆;国务员被弹劾的原因则及于一切违法或失职,这与当时各国弹劾多限于违法、不及于失职有所不同。弹劾案由议员联署提出,以国会的绝对多数可决。根据民国二年《议院法》,议会通过弹劾大总统案后,当日将全案通告最高法院,最高法院应在五日内组织特别法庭审判之;至于对国务员案的弹劾案,则在国会通过后,不经审判程序,直接提请大总统将其免职,但大总统可将弹劾案交付参议院复议一次。

二、(平政院)肃政厅

1914 年 5 月,袁世凯以总统教令的形式先后发布《平政院编制令》《纠弹令》《平政院处务规则》和《行政诉讼条例》,平政院成立。[1] 平政院并非单纯的行政法院,除院长与负责审理诉讼的评事外,其还设有肃政厅,长官为都肃政史,有肃政史编制 16 名,掌官吏纠弹。肃政史依法纠弹官员违法失职,对人民提起行政诉讼,并监督平政院判决。肃政厅虽设于平政院,但独立行使职权,它直接对大总统负责,行使职权不受平政院之监督与指挥。其处务规则与印章亦由大总统直接制颁或颁发。肃政厅独立对外行文、批示、饬令,其与平政院间往来公文也是采用平级间的"函"或"咨",而非用上下级间的"呈"或"饬"。对于肃政史提出的纠弹案,由平政院评事 5 人组成合议庭审判,如认为应交付惩戒或司法审判,则呈明大总统分别交主管官署为之。[2] 1917 年肃政厅被裁撤,《纠弹法》被废止,平政院失去察理纠弹权,成为单纯的行政裁判机关。[3] 肃政厅的监察权回归国会。

第二节 孙中山宪法思想中的独立监察机关

南京国民政府监察院的创设乃是基于孙中山先生的宪法思想,如果不是他的鼓吹与坚持,中国传统的监察制度(也包括考试制度)恐怕很难在近代复兴。孙中山先生创设的五权宪法理论,其中很重要的一

---

① 平政院组织参见罗志渊编著:《近代中国法制演变研究》,(台北)正中书局 1974 年版,第 409—412 页。

② 参见常泽民:《中国现代监察制度》,(台北)商务印书馆 1979 年版,第 98 页。

③ 参见黄源盛:"平政院裁决书整编与初探",载黄源盛:《民初法律变迁与裁判》,(台北)政治大学法学丛书编辑委员会 2000 年版,第 148 页。

条就是将传统监察制度改造成监察院,成为与西方传统三权(立法、行政、司法)并列的一权。

一、监察机关的独立

孙中山主张监察独立的理由有二:"第一,是比较研究外国民主政治制度后的创见;第二,对于古代监察制度价值与理想性的肯定。"①早在辛亥革命之前六年,孙中山在东京《民报》周年纪念会上的演讲《三民主义与中国民族之前途》,就提出设立独立于国会之外的监察权(和考试权)的五权宪法构想,他认为监察机关是各国皆必有的,在《中华民国宪法》中这个机关注定要独立:

> 中国从古以来,本有御史台主持风宪,然亦不过君主的奴隶,没有中用的道理。就是现在立宪各国,没有不是立法机关兼有监督的权限。那权限虽有强有弱,总是不能独立,因此生出无数弊病。比方美国纠察权归议院掌握,往往擅用此权,挟制行政机关,使他不得俯首听命。因此常常成为议院专制,……况且,从心理上说,裁判人民的机关,已经独立,裁判官吏的机关,却在别的机关之下,这也是论理上说不过去的。故此机关也要独立。②

孙先生的演讲批评中国古代御史不过是君主的鹰犬,监察功能不佳,同时也指责欧美国会监察体制下的"议会专制",并由此推导出监察权(监察机关)必须独立。中山先生以上论述也并非无懈可击,国会是

---

① 陈新民:《中华民国宪法释论》,(台北)2001 年自刊,第 713 页。
② 参见"五权宪法学会"编:《五权宪法文献辑要》,(台北)帕米尔书店 1963 年版,第3 页。

否会滥用监察权以挟制行政机关,造成议会专制? 以美国的例子,国会是很少使用弹劾权的,但是也不能因此否定议会专权的可能,当时的法国(第三共和国时期)便是议会专权、行政无能,由于政党的分裂与倾轧,屡屡发生倒阁,政局长期不稳,政府效能无法实现。

二、五权宪法中的监察院

在上述演讲中,孙中山对中国传统监察制度尚持保留态度,说御史台不过是"君主的奴隶";而在其《三民主义》之"民权主义"第六讲中,孙中山则更加理想化了中国传统,把监察权(和考试权)作为中国几千年来独立于皇权的权力,认为这是中国传统的"三权分立",应用其来改造美国式的三权分立为五权分立:

美国独立之后便实行三权分立,后来得了很好的成绩,各国便都学习美国的办法。不过外国从前只有三权分立,我们为什么要五权分立呢? 其余两个权从什么地方来的呢? 这两个权是中国固有的东西。中国古时举行考试和监察独立制度,也有很好的成绩。……就是中国的专制政府从前也可以说是三权分立的……中国在专制政府的时候,关于考试权和监察权,皇帝还没有垄断,所以分开政府的大权,便可以说外国是三权分立,中国也是三权分立。……我们现在要集合中外的精华,防止一切的流弊,便要采用外国的行政权、立法权、司法权,加入中国的考试权和监察权,连成一个很好的完璧,造成一个五权分立的政府。像这样的政府,才是世界上最良善的政府。[①]

---

①　孙中山:《三民主义》,(台北)三民书局1988年版,第173—174页。

关于立法、行政、司法、考试、监察五权的关系,孙中山的设想不是三权分立之下的分权制衡关系,而是分工合作关系("五权分立,彼此相维")。五权政府是一个"万能政府",它避免了三权政府彼此的倾轧与事务的拖沓;而节制这个万能政府的则是代表"全民政治"的国民大会。孙中山的理想是造就一个"人民有权,政府有能"的良善政府,最大限度地兼顾民主与效能。尽管孙先生强调五权之间的关系是合作而非制衡,但是不可否认的是,监察权本身便是对其他四权的一种制衡。

三、监察机关的组成

关于监察机关的组成,孙中山的构想是"监察委员文官化",他称行使监察权之人员为"监察官",他们也有高低官等之分,并且必须经过国家统一考试及格。中国古代监察官僚体系与其他行政官僚体系相类似,历代御史、谏官往往需要经过科举考试的选拔,孙中山的构想大约也受到中国传统的影响。①

辛亥革命之后,孙中山的宪法思想并不为人们所青睐,民初的制宪者心中的榜样是美国的总统制或欧洲的内阁制,甚至君主立宪,很少有人心仪中山先生中西合璧的五权宪法。民国元年,孙中山曾以临时大总统身份提出一个《临时政府组织大纲修正案》,其中隐含了考试、监察两权独立之意:"临时大总统除典试、察吏、审计院、平政院之官职及考试惩戒事项外,得制定文武官制官规。"②但这个提案未被参议院接受。终北洋政府之世,除短命的肃政厅外,监察权并未脱离国会而独立。直到1927年南京国民政府成立后,孙中山的五权宪法思想方由理念变为

---

① 参见陈新民:《中华民国宪法释论》,(台北)2001年自刊,第718页。
② 转引自常泽民:《中国现代监察制度》,(台北)商务印书馆1979年版,第410页。

制度现实,监察院体制才真正在中央政府得以确立。①

第三节　南京国民政府的监察院

经过民国初期平政院肃政厅的探索与南京国民政府"训政时期"监察院的实践,1946 年《中华民国宪法》将美国式的参议院制度与中国传统监察制度熔于一炉,使得监察院无议会之名,却有议会之实。这样中西合璧的制度探索受到了很多的批评,最主要的原因是监察院的议会化导致其不再是一个独立的监察机关。但无论如何,监察院制度的弊端并不构成废除独立监察制度的理由,源自中国传统的独立监察制度至今仍有重大价值。

一、"训政"时期的监察院

1928 年 10 月 3 日,南京国民政府颁布《(修正)国民政府组织法》②,确立了五权宪法的中央政府体制,同年 11 月据此颁布修正之《监察院组织法》,规定监察院职权为弹劾与审计两项,而后者由监察院下属审计部掌理。南京国民政府之所以在党国体制下确定"总理遗教"为最高指导思想,根据孙中山手书《建国大纲》建立行政、立法、司法、考试、监

---

① 1925 年 8 月 1 日,根据孙中山先生的思想,广州国民政府成立"军政"时期之监察院。但该监察院职权甚广,不仅限于监察权。军政时期监察院的组织及职权,可参见"监察院实录编辑委员会"编:《国民政府监察院实录》(一),(台北)"监察院秘书处"1981 年版,第 30—31 页。而广州国民政府并未建立五院体制,更重要的是该政府本身也不是全国性的政权(当时的"合法"政权仍是北洋政府),所以本章略过了这一时期的监察院。

② 在 1947 颁布、施行《中华民国宪法》之前的近 20 年时间里,《国民政府组织法》是南京国民政府在政府组织方面首要的宪法性文件。1931 年公布的《中华民国训政时期约法》在政府组织方面则言之不详。

察五院体制,^①一方面是基于孙中山在国民党内无可取代的权威,更重要的是蒋介石在党内政治斗争中需要借助"总理遗教"的大旗以确立其"正统"地位。监察院便是在这样的背景下由理论变为现实。

从1928年底到1931年初是监察院的筹备期,这段时间监察院的主要工作是监察制度的研究与相关法规的拟定。其间对于人民的申诉,由监察院秘书处收受,根据性质分别转达相关机关处理或者留待监察院正式成立后处理。经过数年的筹备,训政时期的监察院于1931年2月2日正式成立,首任院长于右任。^② 同月,国民政府改原来的审计院为审计部,隶属监察院。根据1928年《国民政府组织法》,监察院设院长、副院长各一人,院长因故不能执行职务时,由副院长代理之(第42条);监察院设委员十九至二十九人,由监察院长提请国民政府任命之(第43条);监察会议以监察委员组织之,以监察院院长为会议主席(第44条)。^③ 监察院成立后,因为案件日多,人员不足,国民政府又多次修正《国民政府组织法》,以增加监察委员名额。

"训政时期"的监察委员,与孙中山的五权宪法思想中经过考试选拔的"监察官"不同,并非经由选举产生。关于其任用资格并无法律明文规定,但实际上出任此职的,多为有一定社会地位与名望的"硕学通儒"。监察委员职等为简任官,这在国民政府的官等中与部长同列,中

---

　①　1924年1月,《国民党第一次全国代表大会宣言》宣示国民政府中央政制应"以孙先生所创之五权分立为原则"。同年4月孙中山先生亲订《建国大纲》,共25条,清楚地规定了三民主义、五权宪法等建国方略。1929年国民党第三次全国代表大会通过了"确定总理遗教为训政时期中华民国最高根本法决议"。1931年《中华民国训政时期约法》第28条规定:"训政时期之政治纲领及其设施,依《建国大纲》之规定。"

　②　国民政府曾于1928年和1929年先后任命蔡元培和赵戴文为监察院院长,但二人均拒不就任,导致监察院迟迟不能成立。

　③　1928年《国民政府组织法》相关条文,可参见夏新华等整理:《近代中国宪政历程:史料荟萃》,中国政法大学出版社2004年版,第788页。

国历代的普通监察官一向是"位卑权重",从未获得如此高的等级。国民政府还颁布了《监察委员保障法》,对监察委员的职位、言论、身体自由与安全予以充分保障。[①] 关于监察委员的任期,在训政时期法律并无明文规定,实际上大都任期终身。监察委员不得兼任其他公职,并厉行自律,在 1922 年 1 月 22 日该院第 18 次会议上,还决议通过监察院人员概不得为他人写介绍书信请托。关于监察委员的个人素质,有学者通过研究指出他们"可谓是国民政府的政治精英和文化精英,在一定程度上为监察工作提供了人员保证",其根据是对于当时国民政府监察委员的年龄、学历、学科、经历、籍贯等所作的量化分析:当时监察委员所受教育程度很高(有出国留学经历的占 41%,没受过大学教育的只占 1%),阅历丰富、素质较高;其群体有较合理的年龄与学科结构;区域结构分布广泛,有一定的代表性。[②]

监察院实行委员制,一切监察程序均由监察委员自主,监察院院长、副院长只是综理全院行政事务,并不亲自参与、干涉弹劾业务。依前述《国民政府组织法》第 44 条,监察院会议是由监察院院长、副院长、全体监察委员参加的合议制机构,监察院提出各种法律案或法律修正案,均须监察院会议议决。而监察院会议及处务规则,由监察院自定之。(《监察院组织法》第 13 条)

根据 1933 年国民政府修正公布之《监察院组织法》第 6 条,"训政时期"还在地方设立了中央派出监察机关(监察使署)以巡回监察,其长官

---

① 《监察委员保障法》规定:监察委员行使职权时所发表之言论,对外不负责任;非经监察委员本人同意,不得随意调换其工作;监察委员除非被开除党籍("训政"时期的监察委员均为国民党党员)或受刑事处分,不得免职、停职或罚俸;监察委员除现行犯外,非经监察院同意,不受逮捕、拘禁。

② 参见刘云虹、李青玉:"政治经营与权力监督——1931—1949 年国民政府监察委员组成分析",《东南大学学报》(哲学社会科学版)2006 年第 3 期。

为监察使，"监察区及监察使巡回监察规程，由监察院定之"。[①] 监察院会议议决通过将全国划分为十四个监察区，嗣后又改为十六个监察区。1935 年 6 月，苏、皖赣、湘鄂、冀、豫鲁及甘宁青七个监察区之监察使署先后成立。1936 年 4 月，国民政府公布《监察使署组织条例》，旋准监察院所请，于各监察区设置监察使署。监察使承监察院院长之命，综理全署事务，监察地方，行使弹劾之权。监察使得由监察委员兼任，任期两年，可由监察院调往他区巡回监察。监察区涵盖两省以上者，监察使署则于各省适当地点设立办事处。行署的主要任务是巡查、视察和调查。这一巡回监察制度与中国传统的派出监察制度（如秦之监御史、西汉之部刺史、唐之观察使/巡按使、明清之道御史）乃一脉相承，其特色在于在全国划分若干的监察区（如西汉之"州部"与明清之"道"），由中央派出独立行使职权之监察使，监察地方政事。

二、"五五宪草"—"政协宪草"时期监察院制度的变化：监察院的国会化

（一）"五五宪草"关于监察院的设计

训政之始的监察院（包括整个五院）体制都是国民党自说自话，而孙中山的五权宪法思想也逐渐被神化为国民党的最高意识形态，到了《中华民国宪法草案》（"五五宪草"）起草的时候，党外的人士才有了参与国是讨论的机会。当时有两个极端的意见：一方承民初制宪者之余音，认为孙中山五权宪法学说不符合欧美宪政通例，监察权还是应该由民意代表（议员）掌理；另一方则认为监察院之设乃是伟大的创举，当前

[①] 《监察院组织法》相关条文可参见夏新华等整理：《近代中国宪政历程：史料荟萃》，中国政法大学出版社 2004 年版，第 860 页。

的问题不是恢复五权为三权,而是监察院职权太小,监察院不仅应掌理弹劾权,还应将弹劾案的审判权划归监察院。[①]"五五宪草"设计的监察院,对训政时期的监察院制度作了较大改动,它实际上折中了辩论双方的意见,一方面将监察委员"国会议员化",另一方面又赋予了监察院更大的权力。

首要的改动是监察委员选任与任期的变化:"监察委员由各省、蒙古、西藏及侨居国外国民所选出之国民代表,各预选二人,提请国民大会选举之,其人选不以国民代表为限。"("五五宪草"第 90 条)其理由是:"监察院有监察全国公务员之责任,故监察委员之选举,应顾及地域之分配。""监察委员任期三年,连选得连任。"("五五宪草"第 91 条)其理由是:"监察委员任职三年,成绩如何,已可认定,称职者固可连选连任,不称职者亦可借此改选,且国民大会每三年召集一次,改选亦甚便利。"[②]监察委员由各省、地方及海外侨民的国民间接推举(由国民选出的国民大会代表推选),每省 2 人,并由国民大会复决,这明显是仿行美国参议员由每州选举 2 人的制度;而有关任期的规定也使得监察委员变得更像议员了,是为监察院参议院化(国会化)之始。

其次,在宪法草案的审议过程中,有人提出监察院应拥有西方国会的质询权,宪草审议委员们在讨论中俨然将监察院质询与立法院质询并列,并为监察院的质询权划定了范围:"在未弹劾前,监察院可向各部会提出质询。如认为答复圆满,则毋须弹劾。故监察院向各院部会提出质询权,系辅助弹劾案之行使。"最终于宪草增设了一条:"监察院为

---

① 参见高一涵:"宪法上监察权的问题",载俞仲久编,吴经熊校:《宪法文选》,上海法学编译社 1936 年版,第 48—55 页。
② 立法院宪法草案宣传委员会编:《中华民国宪法草案说明书》,(台北)正中书局 1940 年版,第 59 页。

行使监察权,得依法向各院、各部、各委员会提出质询。"("五五宪草"第88条)①这样监察院变得更像是议会了。

第三个变化是监察院除了弹劾、审计权之外,又增加了惩戒权,之前隶属于司法院的公务员惩戒权转由监察院掌理(总统和立法、行政、司法、考试四院院长、副院长的弹劾案由国民大会审理)。也就是说,监察院集公务员弹劾与审查处理之权于一身。其理由是:"惩戒与弹劾相需为用,有如法院之检察与审判关系,故惩戒以归监察院掌理为宜。"②其实,南京国民政府虽然实行检审合署,裁撤地方各级检察厅,将检察官配置于各级法院,于最高法院内则设检察署,但是检察权与审判权仍然是各自独立的,检察官与法官分属不同的系统,这与委员制的监察院兼掌弹劾与惩戒大不相同。由同一个机关同时行使弹劾与惩戒之权,监察院获得了不受控制的权力,所幸"五五宪草"并未实行,无法印证其弊。

(二) 政协协议与"政协宪草"对监察院的定位

抗战期间的两次宪政运动对于"五五宪草"中监察院的部分均未特别关注,直至政协协议,监察院的定位又发生重大变化,监察院从组织、职权上基本参议院化,只是同时仍行使监察权。根据1946年政治协商会议关于宪法草案达成的十二原则第三项:"监察院为国家最高监察机关,由各省级议会及各民族自治区议会选举之。其职权为行使同意、弹劾及监察权。"③据此制定的"政协宪草"规定:"监察院为国家最高监察机关,行使同意、弹劾及监察权。"(第96条)"监察院由各省、市议会及

---

① 参见吴经熊、黄公觉:《中国制宪史》,商务印书馆1937年版,第545—546页。

② 立法院宪法草案宣传委员会编:《中华民国宪法草案说明书》,(台北)正中书局1940年版,第58页。

③ "政协十二原则"可参见夏新华等整理:《近代中国宪政历程:史料荟萃》,中国政法大学出版社2004年版,第1092页。

民族自治区议会选举之。"(第97条)"监察院设院长、副院长各一人,由监察委员互选之。"(第98条)

监察委员由地方选举产生,监察委员对于司法院院长、副院长、大法官及考试院院长、副院长、委员的任命行使同意权[①],监察院院长、副院长由监察委员互选之,所有这一切都符合美式参议院的样板。至此,监察院不再是一个单纯的监察机关,它基本上参议院化(国会化)了。关于监察院的监察权,"政协宪草"言之不详,其规定的监察院职权为同意、弹劾、监察三项,弹劾并不包括于监察之中,以此推论,在"政协宪草"中,监察院仍保留了"五五宪草"赋予其的惩戒(审理)权。(在"政协宪草"司法一章中,司法院掌理权限也未包括公务员惩戒。)

三、1946年《中华民国宪法》的"最终"结论:"监察院国会化"之弊及其修正

在1946年制宪国大(第四审查委员会)对宪草的分组审查过程中,关于监察院有两大争议问题,其一是监察院是否应当行使同意权。不少人认为同意权应由一个机关(立法院)行使,而非分由两机关(立法院与监察院)行使,这也有利于减少监察院的政治性,维持监察机关之超然地位。第二大争议是惩戒权究竟应交给监察院还是司法院。[②] 如果说惩戒权归属的争议是技术性争议的话,监察院是否应当行使同意权则是政治性的争议。当时的情况是国民党希望维持中央集权的单一制政体,其他党派希望打破国民党一党专政的垄断,实行联邦制的地方自治,由地方选举产生的监察委员对于中央官员行使同意权,意味着地方

---

① 至于对行政院院长的同意权,则由立法院行使。
② 参见"国民大会秘书处"编:《中华民国宪法之制定》,(台北)1961年自刊,第47页。

力量对于中央政府统治的介入,这是国民党所不愿意接受的,也是其他党派积极希望促成的。双方在争论中所关心的,不再是监察职权本身,而是监察院能否代表地方影响中央人事决策的问题。在这里,监察院首先是参议院,其次才是监察机关,其组织、功能首先服务于参议院的角色,而非监察机关的角色。

国民党为了宪法的顺利通过,最终对其他党派作了让步。经过制宪国大综合审查委员会的修正,监察院得以保留了同意权,但惩戒权则交由司法院掌理。① 根据1946年《中华民国宪法》,"监察院为国家最高监察机关,行使同意、弹劾、纠举及审计权"(第90条)。② "监察院设监察委员,由各省议会、蒙古西藏地方议会及华侨团体选举之。"监察委员名额分配为:每省5名,直辖市2名,蒙古、西藏、华侨各8名。(第91条)"监察委员任期为六年连选得连任。"(第93条)③从监察院委员的选举以及其行使同意权的规定来看,监察院为类参议院的机构。

事实上,宪法的颁布并未平息相关的争议,随着1949年国民党政府逃到台湾,关于"监察院"制度的争议也继续在我国台湾地区延续,而争论的焦点仍是"监察委员"的选任及行使同意权的问题,也即"监察院"作为监察机关是否并为参议院的问题。反对"监察院"参议院化的意见如下:④

其一,监察权与同意权合一将损害"监察院"的威信,因为其对官员

---

① 国大相关审查报告参见"国民大会秘书处"编:《中华民国宪法之制定》,(台北)1961年自刊,第96—101页。

② 在宪法条文规定之外,监察院还拥有监试权与巡回监察权,前者是监督公务人员考试之权,后者是由监察院在全国分区巡察的权力。

③ 《宪法》同时规定立法院立法委员任期为三年(第65条),与监察委员任期相对照,明显是模仿美国众议员任期短而参议员任期长的模式。

④ 以下意见转引自林纪东:《中华民国宪法逐条释义》(三),(台北)三民书局1993年版,第196—197页。

行使同意权之后又弹劾之,难免给人留下"监察院"反复无常的印象:

> 赋予监察院以同意权,不但不能增加其权威,且可因此降低其声望。……监察院之所同意者,未必皆能守法奉公也,即同意之于先,自难纠弹之于后,如是则为偏私;若谓监察院有两种面目,始可以行使同意权而拥护之,继则可以行使监察权以纠弹之,如是则为反复。以至庄至严之监察院,成为偏私反复之机关,是岂孙中山先生所始料所及。

其二,当"监察委员"们对某官员的看法截然对立时,将可能发生过半数的监委同意任命该官员,而少数的监委又弹劾该官员,造成自相矛盾的窘境:

> 所谓同意者,未必能获得一致也。《中华民国宪法》第九十四条云:"监察院依本宪法行使同意权时,以出席委员过半数之议决行之。"是所预期者,也只为过半数耳。然多数虽可利用同意权以拥护之,不能禁止少数之利用监察权以纠弹之,如是则纠纷起于萧墙之内,而监察院自身,遂成为政争之旋涡。

总之,监察权与同意权本来无法融合,1946年《宪法》将"监察院"参议院化实在是东施效颦、不伦不类:

> 监察权之性质,与同意权根本不能融合。监察委员为执法之官,其地位应超然独立,只应监察政府之用人,不能同意政府之用人,兹乃集二者于同一机关,以中国之台谏,兼行外国议会之职权,

其为不伦,无待费词矣。……将同意权赋予监察院,实有百害而无一利,制宪者之用意,除模仿美国,强以监察院比作参议院,作东施效颦外,未知尚具何种理由也。

"监察院"职权扩充后,不再仅仅行使消极的弹劾权,而是积极地担负起监督政府一般政策的责任了;同意权的行使更增加了"监察院"的"政治性"色彩,使之不复为单纯的、相对中立的监察机关。[①] 尽管拥护宪法规定的人也能找出种种理由回应,但在实践中,"因为监委操纵对行政官员的纠弹之权,使得孙中山当年所摒弃的,外国议会拥有弹劾权来压迫行政权之弊端,又变成另一种'病症'出现——监委产生的贿选风气"[②]。这样的结果,与孙中山的思想其实是背道而驰的。1992 年,"监察院"的人事同意权被取消,其任命方式也改为经台湾地区首长提名、代议机关同意而任命之,"监察院"最终被"去议会化",成为单纯的监察机关,"监察委员"的人数也大大削减,改为定额 29 人。

在时下的台湾地区,也有人认为应该将"监察院"(也包括"考试院")完全废除,改五权政府为三权政府,这大半是基于意识形态的考虑,部分也由于"监察院"与他院(主要是"立法院")的权力重叠与冲突,以及其本身功能不彰。可经过仔细探讨,人们发现监察院仍有继续存在的理由:其一,独立监察制度与"监察院"传统已植入政治文化之中,不可轻言废弃。"只要监察院进行有成效的改革,则依仗此传统形象而重建威信的努力,应比新设机关欲赢得人民信赖所需付出的成本要经济许多。"其二,"监察院"的职能,如调查、弹劾、审计,事实上都有独立于立法和行政部门行使的必要。比如说审计权,其重点是"能

---

① 参见雷震:《监察院之将来》,(台北)1953 年自刊,第 94、105、112 页。
② 陈新民:《中华民国宪法释论》,(台北)2001 年自刊,第 717 页。

够独立,并且能有效协助立法权,而不是在其形式上应隶属于哪一权或哪一院之下"。由"监察院"及其内设的"审计部"独立行使上述权力其实是一个较好的制度安排。其三,"监察院"成效不彰不能构成将其废除的理由,因为"机关效能不彰往往与其所享有之资源与工具息息相关"。监察院之所以效能不彰,很大程度上是因为其"人力与财源不足,业务范围又极为广泛,且能使用之政策工具又十分有限"。"如能调整监察院之相关制度与职权内容,并给予应有之资源与工具配备,它仍有提升效能的可能性。""废院是政策问题,而效能是技术问题,二者层次不同,不应混淆。"其四,从国际发展趋势来看,独立监察制度仍然十分必要;就现状而言,立法、司法机关对于公权力侵害人民权利的救济仍有很多盲点。以"护民官"为目的的监察制度有弥补上述盲点的功能。[①] 另外,由"监察院"独立行使监察职权可以避免立法权的过分膨胀,有利于缓和行政与立法两权的冲突,对于稳定政局有一定价值。[②]

四、监察院监察职权[③]的行使及其实效

(一) 监察职权的行使

监察院的监察职权主要有三:弹劾权、纠举权、调查权。调查权乃是监察院行使纠举、弹劾等权力的前提,它规定于《监察院组织法》第3条:"监察院为行使职权,向各官署及其他公共机关查询或者调查档案册籍,遇有疑问时,该主管人员应负责为详实之答复。"纠举权与弹劾权

---

①　参见陈淳文:"监察院变革方向刍议",载叶俊荣等:《宪改方向盘》,(台北)五南图书出版股份有限公司 2006 年版,第 156—160 页。

②　参见《监察院报告书》,(台北)2007 年自刊,第 8 页。

③　至于同意权和由审计部掌理的审计权在此处则略去不论。

有类似之处,可以说是简化手续的弹劾。在训政时期监察院成立之初并无纠举制度,到了抗战期间,为适应非常时期的需要,以迅速达成监察的目的,监察院拟定《非常时期监察权行使暂行办法》,创设了这一权限。1946年《中华民国宪法》又将监察院于抗战期间为便宜行事而创设的纠举权正式入宪,成为与弹劾权并列的宪法职权之一。纠举之理由在于案件具有紧急性,旨在巡视惩办和救济。纠举由监察委员或地方监察使一人为之,无须联署,更不必交付审查,"充分发挥古代御史单独纠弹之精神"①。

　　监察院行使弹劾权的程序,分为四阶段:提出、审查、移送、公布。弹劾案之提案权属于监察委员,监察委员和各区监察使得单独提出弹劾案。监察院院长对于任何弹劾案均不得指使或干涉;弹劾案提出后,不得撤回(《弹劾法》第4、8、9、11条)。弹劾案提出的依据为:人民申诉(《弹劾法》第13条)、各部会或地方最高行政长官送请审查(《公务员惩戒法》第11条)、审计部呈控(《审计法》第15条)、报章杂志揭批(如同古代御史之"风闻弹事")或监察委员自行调查。根据《弹劾法》第5条,弹劾案提出后,由提案委员之外的监察委员三人审查之,若多数认为应付惩戒,弹劾案即成立。若多数认为不应惩戒,而提案委员有异议,则将弹劾案交付另外五名委员审查,做终局之决定。审查弹劾案的委员最初由监察院院长指定,后改为由全体监察委员按序轮流担任,有回避情节者除外。弹劾案经审查成立后,即由监察院移交有关之惩戒机关审理。②关于弹劾案之审理程序,除政务官与军事长官的审理另有规定外,均按《公务员惩戒法》规定为之。监察院移送之弹劾案,经惩戒机关

---

① 常泽民:《中国现代监察制度》,(台北)商务印书馆1979年版,第166页。
② 弹劾案的惩戒机关参见《监察院公报》第21期所载之《惩戒机关一览表》及《军事长官惩戒委员会会务规程》。

审理认为确实者,得到以下处分:免职、降级、减俸、记过、申诚,对于涉及犯罪的,移送法院审判。弹劾案在监察院未经移付惩戒机关之前,应行保密;对于移付之后监察院可否公布的问题则存在争议。1931 年 6 月监察院第十一次会议时,监察委员田炯锦提议,弹劾案移付后,如果原弹劾人认为应即行公布的,秘书处应将该案公布;该提议获得院会通过。此后,弹劾人及监察院为了引起国人注意,造成反对被弹劾人的舆论,常常于弹劾案移付惩戒机关后将弹劾文在报章上予以公开,这对国民党当局形成很大的舆论压力。1934 年,国民党中央政治局会议决定限制监察院的公布权,监察院院长于右任为此愤而辞职返乡,以示抗议。不久之后,上述限制决议就被取消。①

至于纠举权的行使程序,根据《非常时期监察权行使暂行办法》第 2 条规定:"监察委员或监察使对于公务人员违法或失职行为,认为应速去职或其他急速处分者,得以书面纠举。"纠举案须交由监察院院长审核,再向被纠举人主管长官或上级长官提出;监察使于监察区内行使纠举权,则于呈报监察院的同时直接向被纠举人主管长官或上级长官提出。纠举案提交给被纠举人主管长官或上级长官后,相关长官须立即决定裁撤或其他处分,如认为不应处分的,应说明理由并立刻回复。若相关长官在收到纠举案一个月内不处分又不说明理由,或虽回复却缺乏正当理由的,监察院可以不经一般弹劾案的审查程序直接将该纠举案转为弹劾案,移付惩戒机关。上述相关长官于被弹劾人受惩戒时,应同负责任。

(二) 监察的效果

监察院成立之初,社会上关于行使监察职权的实效有两派观点。一派认为在国民政府的黑暗统治下,监察院只是政治的点缀,无法真正

---

① 以上史实参见常泽民:《中国现代监察制度》,(台北)商务印书馆 1979 年版,159—160 页。

发挥实效,监察委员们只能小打小闹地抓些小赃官,而不敢撼动当权派。这派的代表人物是蔡元培,作为国民党内的元老,他被任命为首任监察院院长,可他坚决不肯就任,还说:"监察制度在民主国家,发挥过相当作用,可是在豺狼当道安问狐狸的局面下,有什么可为呢?"另一派则以监察院长于右任为代表,以"明知其不可为而为之"的精神,兢兢业业地努力,在独裁者的压力下"假戏真做",也取得了一定的成绩。于右任是在国民政府先后任命的两位院长(蔡元培和赵戴文)均不肯就任,监察院迟迟不能组建的情况下就任监察院院长的,直到 1949 年国民政府垮台,他一直担任监察院院长。于右任就任后积极创建监察机构,制定监察制度,清理多年积案,他还提名了不少仗义直言的人担任监察委员以行使弹劾职权,监督各级官吏。监察院设立之初,就弹劾了两名县长,社会上赞赏之余也有"监察院只拍苍蝇不打老虎"的舆论。于右任则表示说:"一个苍蝇,一个老虎,只要它有害于人,监察院都给它以平等待遇。"这表达了他察小吏也察大官的决心。① 就在于谈话之后的1933 年,监察院真的打了一批老虎,当年弹劾的省主席就有 6 名,他们分别收到申诫、撤职和送交刑事司法机关查处的处分。事实上,监察院先后弹劾过不少权贵。例如 1932 年行政院院长汪精卫与日本签订了卖国的《淞沪停战协定》,监察院以未依据法定程序将协定送立法院审议便与日本人签约为由弹劾汪氏。监察院还曾弹劾司法院院长居正利用职权贪污失职和立法院院长孙科违法失职。② 1947 年 2 月,因为当时的行政院院长宋子文和中央银行行长贝祖贻运用黄金政策不当,导致

---

①　以上蔡元培和于右任的言论,参见徐矛:"于右任与监察院——国民政府五院制度掇要之二",《民国春秋》1994 年第 2 期。

②　相关史实可参见孙学敏:"南京政府监察权的行使及其评价",《辽宁大学学报》(哲学社会科学版)2005 年第 6 期。

震撼全国的"黄金风潮",监察院对宋子文和贝祖贻提起弹劾,宋子文已在弹劾书提出的前一天即辞职,贝祖贻则受到相应处分。[①] 此外,监察院还弹劾过外交部长王正廷、铁道部长顾孟余、东北边防司令张学良,更弹劾过多名次长、省主席、省府委员、军团司令、军长等要员。

从数据上看,从1931年监察院开始行使职权至抗战前的1936年6月,监察院共成立弹劾案件727件,弹劾官员1337人(其中军人27名),这其中又包括了选任官[②]1名,特任官15名。[③] 从1937年到1947年12月25日《中华民国宪法》施行之前,监察院总计弹劾1524人(其中军人110名),这其中包括了选任官1名,特任官9名,将官18名。[④] 从1948年到1949年,监察院共成立弹劾案71件,弹劾官员115人,其中包括弹劾"东北剿总司令"卫立煌失职。[⑤] 综合以上数据,南京国民政府时期监察院成立之弹劾案可谓不少,而且弹劾了不少要员,包括两名行政院院长(汪精卫和宋子文),以及多名部长、省主席和军队的将官。就数据而言,监察院确实做到了于右任所谓的"既打老虎又打苍蝇"。

当然,监察院提出弹劾并不等于被弹劾者事实上受到了惩戒,惩戒权属于惩戒机关,而非监察院。事实上,在蒋介石独裁统治以及整个国民政府贪腐的大气候之下,很多弹劾案常常不了了之,其中特别是"打老虎"的大案往往困难重重。例如,1932年监察院弹劾汪精卫卖国,汪精卫便以辞职相要挟,在蒋介石的干涉下,该案最后不了了之。1933

---

① 该案史实参见徐矛:"于右任与监察院——国民政府五院制度掇要之二",《民国春秋》1994年第2期。

② 根据国民政府官制,五院院长和总统为选任官,部长为特任官。

③ 统计数字参见钱端升等:《民国政制史》上册,上海人民出版社2008年版,第279页。

④ 统计数字参见傅启学等:《中华民国监察院之研究》,(台北)1956年自刊,第227页。转引自常泽民:《中国现代监察制度》,(台北)商务印书馆1979年版,第144页。

⑤ 参见陶百川:《比较监察制度》,(台北)三民书局1978年版,第456—458页。统计数字根据该书提供数据计算而得。

年,监察院弹劾汪精卫的亲信铁道部长顾孟余在向外国购买铁路设备时有丧权舞弊行为,并向社会公布了案情。顾孟余不但未受到惩戒,汪精卫还通过国民党中央政治会议常会作出决议,通过了对《弹劾法》的补充办法,限制监察院公布案情的权力,以打击报复监察院。在这两个事件中,监察院院长于右任都以辞职相抗议,但收效甚微。尽管对监察院公布案情的限制后来取消了,但汪精卫和顾孟余都逃脱了惩戒,弹劾的目的没有达到。[①] 有不少人据此认为监察院只有弹劾权而无惩戒权,无法真正达到监察的效果,所以应将惩戒权也划归监察院,南京国民政府时期和今天都有这样的意见。[②] 而正如上文所述,在“五五宪草”时期的确也尝试在宪法上做这样的职权调整,但1946年最后通过的《中华民国宪法》却依然维持了弹劾权与惩戒权分离的原状。我想这其中的原因有两点,其一,在现代司法的分权原则之下,起诉与审判权必须分离,否则很容易造成裁判者的专制。监察权其实是一种类司法的权力,也应遵循这一分权原则,将弹劾权与惩戒权(审理判决弹劾案的权力)分离,可以避免监察院的专制独裁。赞成弹劾权与惩戒权合一的观点只看到了弹劾案交付惩戒机关后不了了之的可能,而忽视了集弹劾权与惩戒权于一身的监察院造成冤案的危险,毕竟监察官不是圣人,他们可能会偏听偏信,判断失误,甚至党同伐异。其二,在任何时代的任何国家,监察官并非最高主权者,在中国古代,最后的裁决者是皇帝,在现代民主社会,最后的裁决者应是人民(或者由人民选举产生的权力机关)。纵使监察院集弹劾权与惩戒权,它事实上仍然受制于“高权者”,

---

① 汪精卫和顾孟余弹劾案参见徐矛:“于右任与监察院——国民政府五院制度掇要之二”,《民国春秋》1994年第2期。

② 参见高一涵:“宪法上监察权的问题”,载俞仲久编,吴经熊校:《宪法文选》,上海法学编译社1936年版;张本顺:“训政时期南京国民政府监察权力运作低效之原因探析”,《开封大学学报》2002年第2期。

因为它既不掌握军权也不掌握财权。在国民政府之下，（掌握了惩戒权的）监察院如果就弹劾案作出违背最高统治者的意志的裁决，该裁决将很可能无法执行，监察院本身甚至有遭到当权者报复的危险，上述顾孟余案中汪精卫的报复就是一个例子。

其实独立监察机关与源自西方的议会一样，其运作的好坏不仅取决于该机关自身的制度完善与人员素质，还受制于一国总体的政治文化背景。在南京国民政府蒋介石独裁统治和吏治不佳的大背景下，监察院的监察效果必然受到很大的制约，但是我们不能忽略监察院所做出的成绩（它毕竟弹劾了大量官吏，使其中不少人受到惩戒，也造成了一定的社会影响），更不能因此否定独立监察机关的"存在合理性"。

五、小结

从孙中山五权宪法思想提出直至今日，反对设立监察院（同时也是反对孙中山五权宪法思想）的声音始终不绝于耳，其主要的理由便是中西政治传统完全相左，独立监察机关与议会制度根本不能相容，将中国传统独立监察机关与西方传统的三权政府体制嫁接可谓"不伦不类"。于是有人说"三权已足，五权不够"（唐德刚语），也有人称"五权宪法"为"龙的宪法"。

关于监察院的争论从根本上说是中国现代化过程中如何对待传统与西方的问题，主张废除监察院（独立监察机关）的根本态度是中西政治文化传统完全不能相容，独立监察机关代表了落后、专制的皇权政治的遗产，对其应当加以摒弃。但事实上，中国传统的独立监察制度自有其闪光点，在推翻君主专制之后，监察院这一老干新枝完全可能祛除其受制于独裁者的弊病，进一步发挥传统固有的独立监察效用；西方国会制度与独立监察制度完全可能并行不悖，瑞典监察专员制度的实践与在世界范围内的广泛传播也证明了这一点。① 更何况独立监察传统已经深深植根于我们的政治文化之中,独立监察机关在中国政治体制中有其历史惯性。从历史看,除短暂的北洋时期之外,独立监察机关(制度)始终也保持了旺盛的生命力。

　　惩处、遏制官员腐败,实现政治清明是中国古代政府十分重视的问题,与之相应的独立监察制度也有数千年的历史。辛亥革命之后的近代中国政府引进了西方的国会监察制度,人们同时也对中国传统的监察制度念念不忘。不管是北洋时期的(平政院)肃政厅,还是基于孙中山五权宪法思想的监察院,都是对中国古代独立监察制度的回归。贯穿整个民国监察制度史的一大矛盾便是如何平衡中国传统监察制度与源自西方的国会监察制度,也即处理监察机关与议会的机构设置与职权冲突。

　　近代中国的监察制度经历了一个从中西截然对立、非中即西到亦中亦西、中西融合的过程,"西化"也好,"融汇中西"也好,都有一个"过犹不及"的问题。中西方政治文化传统差异很大,其监察制度的源流相去甚远,想要融合新旧中西不是一件容易的事情。辛亥革命之后草创的中华民国全面学习了西方的现代政治制度,建立了新式的立法、行政、司法机关,监察职权起初也依照西方国会监察的传统交由国会行

────────────

① 创始于19世纪初的瑞典监察专员制度在20世纪上半叶先后移植于芬兰、丹麦和挪威等北欧国家,后来逐渐发展成一种北欧的"出口产品"。1978年,国际监察专员组织(International Ombudsman Institute, IOI)得以成立。目前已有超过110个国家及地区成为该组织会员,它们均采行独立监察制度。尽管各国(地区)监察机关的名称、组织及职权有所差异,但其基本特点均在于监察机关独立行使职权,以避免权力专制与腐化。"监察权是否得以伸张,其超然独立之特性为首要之条件,多年来世界各国,为求能独立与超然行使监察权,亟思将其排除于国会影响之外,在人选产生方面,容有国会之适度参与,然在监察权之运作上,无不竭尽心力,脱离国会之干预,北欧国家监察权之运作,采用独立于行政、司法、立法以外的设计,即在避免监察权力之行使受到掣肘。"《监察院报告书》,(台北)2007年自刊,第9—10页。

使,这就废除了中国传统的独立监察制度。可是北洋时期的国会功能不彰、监察不力,而中国独立监察制度又影响深远,在袁世凯当权的时期就发生了传统御史制度(肃政厅)的复辟。北洋时期照搬西方议会民主宪政的模式非常不成功,继之而起的南京国民政府遵循孙中山的五权宪法思想,将西方传统的"三权"加上中国传统的"两权"(监察、考试),五权(五院)并立,监察院与立法院各司其权,独立监察机关与现代立法机关和谐并存,政府体制亦中亦西。而1946年制定的《中华民国宪法》最后定位的监察院,则是冶中西监察制度于一炉,监察院除行使监察职能外,同时拥有了美式参议院的职权,其组成也类似于美国参议院,这不能不说是一个非常有挑战性的制度嫁接。但是,监察院究竟是中西监察制度的完美结合还是简单拼凑? 这其中是否有窒碍难行之处,是否能实现最佳的监察效果,会不会同时丧失了议会监察和专职机关监察的优势?

　　事实上,1946年《宪法》造成的监察院国会化乃是监察院体制最为人诟病之处。但这不但不能构成否定独立监察机关存在价值的理由,反而印证了监察职权(机关)的重要性。因为将监察院参议院化事实上不是监察院吸收了参议院的职权,而是议会(参议院)反噬了监察院,导致监察机关不能独立。因为监察院不得不同时行使两种可能存在矛盾的职权(同意权与纠弹权),扮演自相矛盾的角色(任命者与纠弹者);再加上地方选举产生的监察委员可能由于地方势力与选举政治的压力而影响到其职权行使的独立性。监察院无议会之名,却有议会之实(选举产生,行使同意权)与议会之弊。"监察制度之可贵,在司监察者能独立行使职权,并非有民主色彩。"①否则直接赋予议会监察职权即可,无须

---

①　常泽民:《中国现代监察制度》,(台北)商务印书馆1979年版,第419页。

另设专职机关监察；如果反倒因为民主元素的融入导致监察机关有不能独立行使职权的危险，可就真应了时人东施效颦、不伦不类之讥。1947年根据《宪法》将监察院政治机关化、参议院化之后，弹劾案的数量与过去相比"少之又少"（年平均弹劾人数约为"训政"时期的三分之一[①]），反倒侧重于政治性的事务（如提出纠正案与行使同意权等），监察功能不彰，便是明证。[②]

监察院的弊端与功能不彰并不构成废除独立监察制度的理由。弊端可以通过制度改革来革除[③]，监察功能更可以通过技术性的手段加以提升。更何况，监察功能（不管是独立机关监察还是国会监察）的发挥受到政治社会大环境的制约，仅靠监察机关而无民主法制不可能保障政治的清明。我们没必要过高估计监察机关的能量，更不能把吏治的好坏完全归因于监察制度（机关）本身。

依据孙中山先生五权宪法思想创设的监察院，是中国人在推翻帝制、建立现代政府的过程中颇具中国特色的体制探索，其理论与实践价值都不可小觑。民国监察院的具体制度及其变迁，例如监察委员的选任与职务保障、监察机关的内部运作、分区巡回监察制度等，也包括历次体制变革的利弊得失，对于我们今天监察制度的完善仍有一定参考价值。

----

　　①　弹劾案的数量比较可参见前引数据，1931—1947年17年间弹劾人数近3000人，年均接近180人；1948—1949两年弹劾人数为115人，年均不到60人，可见监察院国会化之后其弹劾权行使大为减少。

　　②　参见雷震：《监察院之将来》，（台北）1953年自刊，第111—112页。

　　③　具体制度包括监察官的选任、监察机关的职权与内部机构设置、地方巡察制度等等。

第十二章　近代考选制度的传承与创新：以考试院为例

　　"一国的大政，不外'用人'和'行政'二者。行政的良莠，全看用人的当否；而用人的标准，则舍公平的考试制度以外，更没有再好的办法。"①基于以上理念，古代中国创设了举世闻名的科举考试制度，其官吏选拔机制，在上千年的时间里领先于其他国家，甚至成为以英国为代表的近代公务员考试制度之滥觞。不少人甚至认为，科举制度是中国在四大发明之外的"第五大发明"，是中国在精神文明领域对世界的最大贡献。② 20 世纪初，在西潮的冲击下，科举考试因其形式僵化、内容空虚成为众矢之的，被晚清政府废止；但科举公开、公平选拔公务人员的传统并未就此消逝。与欧美宪法范式相较，孙中山先生首创的五权宪法主要精神之一是"特别注重人的因素"，"考试权的主要功能，在于进贤"，"监察权的主要功能，则在于去不肖"，如此方能使"贤者在位""能者在职"。③ 1927 年国民政府成立，很快就本着"国父遗教"试行五权政府，考试院也由《孙文学说》变为制度现实。今天，在国家认真对待中华法系，提倡挖掘和传承中华法律文化的精华的背景下，探讨近代中国

---

① 沈兼士：《中国考试制度史》，（台北）商务印书馆 1995 年版，第 1 页。
② 参见"关于中国科举制"，《光明日报》2011 年 10 月 24 日，第 15 版。
③ 林纪东：《中华民国宪法逐条释义》（三），（台北）三民书局 1993 年版，第 139 页。

对于传统科举考试与文官制度的继承与创新,就有了新的意义。

对于考试院(也包括监察院)这样"国粹级"的宪法制度,"显难由外国宪法学原理来获得研究的依据"①。应从现实政制运作的情况来检讨制度的理念与现实。

第一节　从传统科举制到五权宪法下的考试权独立

1906 年,孙中山在《民报》周年纪念大会上的演说中首次宣扬其五权宪法思想。关于考选权独立,他首先回顾了美国在采行现代文官制度(公务员考试制度)之前的历史,认为其选举无法得其才,委任又纯粹是政党分赃:"美国官吏有由选举得来的,有由委任得来的,从前本无考试的制度,所以无论是选举是委任都有狠(很)大的流弊。就选举上说,那些略有口才的人,便去巴结国民,运动选举,那些学问思想高尚的,反都因讷于口才,没人去物色他。所以美国代表院中,往往有愚蠢无知的人夹杂在内,那历史实在可笑。就委任上说,凡是委任官,都是跟着大统领进退,美国共和党、民主党向来是迭相兴废,遇着换了大统领,由内阁至邮政局长,不下六七万人,同时俱换,所以美国政治腐败散漫,是各国所没有的。这样看来都是考选制度不发达的原故。"②孙中山接着说,中国传统考选制度经过改良之后在英美大行其道,但美中不足有二,其一是考选制度只适用于事务官而不适用于政务官和民意代表,其二是考选权仍隶属于行政权,不能独立,将来民国在考选制度上应更进一

---

①　陈新民:《中华民国宪法释论》,(台北)2001 年自刊,第 687 页。
②　孙文:"'民报'周年纪念大会上的演说",载张枏、王忍之编:《辛亥革命前十年间时论选集》第 2 卷上册,生活・读书・新知三联书店 1963 年版,第 541 页。

步:"考选本是中国始创的,可惜那制度不好,却被外国学去,改良之后,成了美制。英国首先仿行考选制度,美国也渐取法,大凡下级官吏,必要考试合格,方得委任。自从行了此制,美国政治方有起色,但是他只能用于下级官吏,并且考选之权,仍然在行政部之下。虽然少有补救,也是不完全的。所以将来,《中华民国宪法》,必要设立独立机关专掌考选权,大小官吏,必须考试定了他的资格,无论那官吏是由选举的,抑或由委任的,必须合格之人方得有效。这法可以除却盲从滥举,及任用私人的流弊。"①

在上述 1906 年的演说中,除了考选权(狭义的考试权)独立之外,孙中山还提到铨叙独立的问题:"中国向来铨选最重资格,这本是美意,但是在君主专制国中,黜陟人才,悉凭君主一人的喜怒,所以虽讲资格,也是虚文。至于社会共和的政体,这资格的法子,正是合用,因为那官吏不是君主的私人,是国民的公仆,必须十分称职方可任用。但是这考选权如果属于行政部,那权限未免太广,流弊反多,所以必须成了独立机关才得妥当。"②中国古代考、选分立,自唐以后由礼部主管文官考试(考选,授予任官资格),吏部主管文官之铨叙(授官分职)。吏部一向位列六部之首,可见古代中国政府组织体系中特别强调人事行政之重要性。③ 何为铨叙?"'铨'与权衡轻重的'权'通,也就是权衡人员的资格条件;'叙'与先后次序的'序'通。铨叙二字合并起来,也就是经权衡之后,叙列人员的品位、等级,以及次序的高低先后。改用现代汉语来说,

---

① 孙文:"'民报'周年纪念大会上的演说",载张枏、王忍之编:《辛亥革命前十年间时论选集》第 2 卷上册,生活·读书·新知三联书店 1963 年版,第 541—542 页。

② 孙文:"'民报'周年纪念大会上的演说",载张枏、王忍之编:《辛亥革命前十年间时论选集》第 2 卷上册,生活·读书·新知三联书店 1963 年版,第 542 页。

③ 礼部与吏部在唐代均隶属于中央三省之尚书省,为行政执行机关。宋明以降,君主渐趋集权,三省制度破坏,六部尚书成为直隶于天子的最高行政长官,各自独立行使职权,仅对天子负责。

就是拿每一个公务人员所实际具有的资格条件，去和人事法律所规定应该具有的资格条件，相互对照，加以审查，来决定每一人员是否符合人事法律的要求，对符合者并决定其高低等次。在任用上，符合规定的人员就准他任用，并定下他的官等、职等和俸级；不符合的就不准他。"①孙中山在这里提到的考选与铨选独立，实际上已集礼部之考选权与吏部之铨叙权（人事权）于一身，是广义的考试权，其职权不可谓不重。

在 1919 年出版的《孙文学说》中，孙中山提出设立包括考试院在内的五院和国民大会，而"国民大会及五院职员，与夫全国大小官吏，其资格由考试院定之"②。在这里，孙中山明确提出考试院的考选权及于中央及地方所有官吏，由中央机关统管全国官吏资格的铨定，这是单一制（中央人事集权）而非联邦制（人事分权）的安排，也与隋唐以后的中国传统暗合。中国自隋代以科举代汉之辟举，六品以下官皆归吏部铨选③，中央政府之吏部夺取地方州郡令之自辟僚属之权；且行"革选"之法，令县佐回避本郡，尽用他乡人为地方官，是为中央集权的重要步骤："往者州唯置纲纪，郡置守丞，县唯令而已，其所具僚则长官自辟，受诏赴任，每州不过数十，今则不然，大小之官悉由吏部，纤介之迹皆属考功。"此制度乃创始自北魏末年及北齐，隋沿袭之而加以普遍化。④

孙中山在 1921 年关于五权宪法的演讲中，再次强调以中国传统的考试制度来济源自欧美的"普通选举"制度之弊；他还用图表说明，中国古代虽然立法、行政、司法三权附属于君权，可考试权与弹劾权却是相

---

①　徐有守：《考铨新论》，（台北）商务印书馆 1996 年版，第 67 页。

②　"革命方略与五权宪法"，载"五权宪法学会"编：《五权宪法文献辑要》，（台北）帕米尔书店 1963 年版，第 5 页。

③　五品以上官，则由尚书省拟名报中书门下省审议，再报皇帝制授。

④　参见陈寅恪：《隋唐制度渊源略论稿·唐代政治史述论稿》，生活·读书·新知三联书店 2001 年版，第 94—96 页。

对独立于君权的,可见古代"中国也有三权宪法";外国的三权分立中,考试权隶属于行政权,监察权隶属于立法权,而中国将来的五权宪法,则应把考试权、监察权从行政机关、立法机关中独立出来。[1] 1924 年 4 月,孙中山手书公布《建国大纲》,其第 15 条明定:"凡候选及任命官员,无论中央与地方,皆须经中央考试铨定资格者乃可。"[2]

除了前述 1906 年演讲外,在孙中山演讲或著作中,关于考试院的职掌均语焉不详,而其中最具争议的问题是:孙中山五权宪法理论中独立的考试权,是仅指大小官吏考选,还是也包括文官(铨叙)人事管理。学者更多地是根据孙中山在"军政时期"的考试制度建设来推断其所主张的考试权独立仅包括狭义的考选权。民国肇始,南京临时政府设立直隶于临时大总统之铨叙局,掌理公务人员任免、升迁等人事行政;孙中山就任临时大总统不久,即令法制局拟定《文官考试委员官职令草案》等文官考试法案,根据《文官考试委员官职令草案》,任命高等及普通文官考试委员长及委员,掌理文官考试。[3] 1924 年 8 月,广州军政府核定公布《考试院组织条例》,规定考试院独立建制,直隶于大元帅,管理全国考试及考试行政事务;各省设考试院分院,受考试院统一指挥监督;考试院之法定职掌,仅为"考选"人才,而选拔后的文官铨叙与相关人事管理,则不属于考试院管辖范围。[4]

---

① 参见"五权宪法",载"五权宪法学会"编:《五权宪法文献辑要》,(台北)帕米尔书店 1963 年版,第 14—23 页。

② "国民政府建国大纲",载"五权宪法学会"编:《五权宪法文献辑要》,(台北)帕米尔书店 1963 年版,第 38 页。

③ 参见"考试院考铨丛书指导委员会"主编:《建国七十年之考铨行政》,(台北)正中书局 1981 年版,第 5—10 页。

④ 参见江大树:"我国文官政策之形成与变迁:一个历史/结构的分析途径",台湾大学博士学位论文,1997 年,第 70—71 页。

第二节　从考试机关到人事机关

一、考试院体制的草创

(一) 考试院及所属部会的组织

1925 年 7 月,广州国民政府成立,当时并未依据《考试院组织条例》组织考试院,而是设立文官处,类似于民初之铨叙局。北伐胜利后,国民党中央决定中央政府采行五院制。国民政府于 1928 年 10 月 8 日修正公布《国民政府组织法》,其第五章为“考试院”,规定“考试院为国民政府最高考试机关,掌理考选铨叙事宜,所有公务员均须依法律经考试院考选铨叙,方得任用”(第 37 条);“考试院设院长、副院长各一人”(第 38 条)。① 考试院首任院长戴季陶,他以国民党元老、蒋介石密友的身份,主持考试院 20 年,对于考试院体制的建设与发展影响至巨。

戴季陶就任考试院院长后的首要任务是筹建考试院,除为考试院网罗各方人才外,制度建设是第一位的。关于考试院的组织,当时的宪法性法律《国民政府组织法》语焉不详,仅规定“考试院之组织以法律定之”(第 40 条),而“考试院关于主管事项,得提法律案于立法院”(第 39 条)。1928 年 10 月 20 日,国民政府公布《考试院组织法》。根据该法,考试院下设考选委员会和铨叙部(第 1 条);考选委员会掌下列事项:考

---

① 夏新华等整理:《近代中国宪政历程:史料荟萃》,中国政法大学出版社 2004 年版,第 788 页。

选文官、法官、外交官及其他公务员,考选专门技术人员,组织典试委员会,册报考选人员,举行考试其他应办事项(第 2 条);铨叙部掌下列事项:公务员登记,考取人员分类登记,成绩考核登记,公务员任免之审查,公务员升降转调之审查,公务员资格审查,俸给奖恤之审查登记(第 3 条);考选委员会设委员长、副委员长与委员,铨叙部设部长、副部长,均由考试院院长提请国民政府任命之,从此条来看,训政时期考试院是院长负责制(首长制)(第 4 条);考试院得依法律于各省组织典试委员会(第 12 条),这符合孙中山中央与地方官吏的考选均归考试院管辖的思想;考试院对各公务员之任用除法律另有规定外,如查有不合法定资格时,得不经惩戒程序径请降免(第 15 条),此条是考试院铨叙权行使之补充规定。① 据说,戴季陶本来只看重狭义的考试权,仅注重官吏的考试而非铨叙工作,在最初起草《考试院组织法》时,考试院的组织并不包括铨叙部;因为立法委员钮永健的坚持,《立法院组织法》才规定考试院应负责考选和铨叙两项工作。戴季陶因此还说"既然钮先生认为要设铨叙部,那就请钮先生来当铨叙部部长",而钮永健果然于 1930 年 12 月就任铨叙部部长。② 国民政府于 1928 年 12 月及 1929 年 8 月又先后公布《铨叙部组织法》与《考选委员会组织法》,分别规定铨叙部掌理全国文官、法官、外交官、其他公务员及考取人员之铨叙事项,考选委员会掌理全国考选事宜。1930 年 1 月 6 日,考选委员会与铨叙部同时正式成立,考试院院长戴季陶并兼任考选委员会委员长。③

---

① 参见《国民政府公报》第 1 号,1928 年 10 月 26 日。
② 参见肖如平:《国民政府考试院研究》,社会科学文献出版社 2008 年版,第 79 页。
③ 参见"考试院考铨丛书指导委员会"主编:《七十年之考铨行政》,(台北)1981 年自刊,第 38 页。

（二）考选铨叙制度的建立

1929 年 8 月，国民政府公布《考试法》《典试委员会组织法》，对于考试的种类、时间、地点及组织机构，以及应考资格、应考科目等都做了规定，而典试委员会则是主持相关考试的最高权力机关。1930 年 11 月—12 月间，国民政府公布《监试法》《考试法施行细则》与《典试规程》。1930 年 11 月—1931 年 4 月，考试院先后公布各类行政人员以及会计人员、统计人员、外交官、司法官、律师、监狱官、西医医师、药剂师等考试条例。1931 年 3 月，国民政府又公布《特种考试法》。至此，考选制度建设大体完成。[①] 1931 年，考试院举行了首届高等考试与普通考试。根据 1935 年 7 月颁布的《典试法》，各项考试并非由考试院直接典试，而是临时派用典试委员以组织典试委员会；典试委员会独立行使职权，包括排定考试日程、决定命题标准及评阅标准、拟题及阅卷之分配、审查应考人员成绩、决定录取最低标准、放榜公示及格人员等；其职权行使实际不受考试院的指挥监督，仅仅是在业务上与考试院及下属考选行政机关（考选委员会）存在业务上的关联而已。[②]

根据《铨叙部组织法》，铨叙部下设登记、甄核、考功、奖恤等司及铨叙审查委员会；其职权包括甄别、登记、任用、分发、俸给审查、考绩奖惩、补习教育、授勋及抚恤等；铨叙审查委员会负责复核各司之工作。[③] 1929 年 10 月，国民政府公布《公务员任用条例》与《现任公务员甄别审查条例》，规定各官等之任用资格，以及甄审全国各级现任公务员的程序与标准，铨叙部为行使任用与甄别审查权的法定机关。1933 年 3 月，

---

① 参见"考试院编纂室"编：《国家考试暨文官制度》，（台北）2012 年自刊，第 20—25 页。
② 法条参见《国民政府公报》第 1808 号，1935 年 8 月 1 日。
③ 参见钱端升等：《民国政制史》上册，上海人民出版社 2008 年版，第 264 页。

国民政府公布《公务员任用法》，以取代《公务员任用条例》。根据《公务员任用法》，简任职、荐任职、委任职三级公务员之任用，都必须由国民政府或主管长官送铨叙部审查合格后，方得任命（第7条）；在正式任命官员前，各机关长官在必要时可以指派有相当资格的人员代理相关职务，但是代理期间不得逾三个月（第8条）。① 这意味着，除了须经国民党中央政治会议或其他权力机关议决任命的政务官（包括五院正、副院长，各部会首长，立法院、监察院委员）外，全国文官之任用资格，均须经过考试院铨叙部的审查。②

　　除了考铨中央与地方各级公务员外，考试院也对地方各级民意代表则行使考试权与资格审查权。1940年12月，国民政府公布《县参议员及乡镇民代表候选人考试暂行条例》，规定县参议员及乡镇民代表候选人须经过考试取得资格，考试分为试验及检核两种；1941年即办理了部分县乡参议院候选人与乡镇民代表候选人的资格检核。③ 1943年，国民政府公布《省县公职人员候选人考试法》以取代1940年的《条例》。与《条例》相较，《省县公职人员候选人考试法》适用范围有所扩大，将省参议员及市公职候选人亦纳入考试范围。该法规定，所有地方公职人员（民意代表）考试科目及检核办法由考试院确定（第4条）；考试及格者，由考试院发给及格证书，并公告之（第10条）。④ 1943年10月1日考试院公布《省县公职候选人考试法施行细则》及《省县公职候选人检核办法》，规定：由考选委员会设公职候选人检核委员会，办理公职候选

---

① 法条参见《国民政府公报》第1077号，1933年3月13日。
② 与孙中山的规划不同，国民政府高阶的政务官（包括中央民意代表），其候选人资格，是不需要经过考试院的考选与铨审的。
③ 参见"考试院编纂室"编：《国家考试暨文官制度》，（台北）2012年自刊，第25页。
④ 法条参见中国第二历史档案馆：《国民党政府政治制度档案史料选编》上册，安徽教育出版社1994年版，第341—343页。

人检核事宜；县政府及省民政厅，各设公职候选人应考资格审查委员会，办理各该县公职候选人应考资格初审、复审及汇转事宜。①

二、考试院铨叙权行使的阻碍及其应对

戴季陶致力于实现考试权独立，主要目的是为了对抗当时军阀的分赃用人。据统计，从1931年到1947年，公务人员高等考试、普通考试录取一万余人，特种考试录取约15万人。"虽然当时公务人员高普考试之举行，尤其是高考及首都普考，可谓全国盛事，颇受社会各界注目，办理过程十分隆重并多依循古礼进行；不过，倘从功绩制基本精神之'考用配合'而言，其推行范围仍极有限，象征意义重于实质效果。"②与考选委员会相较，铨叙部职权的行使与制度建设遭遇了很多困难，究其原因，主要不在于从理论上铨叙权（人事权）是否应属于独立于行政机关的考试院，而在于现实中用人机关对于人事权的把持。南京国民政府虽然在形式上建立全国政权，但是并未根除北洋时期军阀割据势力，大小机关长官在政治利益上、文化心理上倾向于"不拘一格"任用私人，这与铨叙的基本精神（根据法定资格决定官员的任免与升降）南辕北辙。而考试院铨叙权的不彰，反过来又使得国家公务员考试"录而不用"，形同虚设。以铨叙部的分发权为例，考试院院长戴季陶坚持"考用合一"，根据《第一届高等考试及格人员分发规程》，考试及格者应向铨叙部报到，由铨叙部拟定分发机关，呈由国民政府转请国民政府向中央或各省区机关分发；可现实运作中，尽管几乎所有及格者均被分发出

---

① 参见"考试院编纂室"编：《国家考试暨文官制度》，（台北）2012年自刊，第25—26页。

② 江大树："我国文官政策之形成与变迁：一个历史/结构的分析途径"，台湾大学博士学位论文，1997年，第72页。

去,可各机关对于这些国家抡才大典选拔的人才往往是分而不用,或用而不实授官位,导致人才的浪费与流失。① 戴季陶与蒋介石都逐渐意识到铨叙制度(人事管理制度)完善的重要性,而这也是中央政府打破地方割据、实现集权的重要途径。

(一) 考试院统一地方人事权的尝试:《县长任用法》的颁行与修正

民国以降,清朝地方"省—道—府—县"的政府层级被打破,省与县之间的行政组织尚未定型,市之设置亦不多见,县成为省之下的基本行政单位。当时县长的任用为省政府所把持,县长职位成了省主席任用亲信、培植羽翼的重要资源。就人事任免权而言,中央对于县之控制尚不如前清;帝制时代自行科举以来,县令通常需经考试取得任官资格,再由中央吏部统一任命、分发。1932 年 7 月,国民政府公布《县长任用法》②,明确规定了县长的任用资格,要求县长须年满 30 岁,并具备如下条件之一:县长考试及格;或在大学独立学院或专门学校研究政治法律经济社会学科 3 年以上毕业,经公务员高等考试及格,并曾任荐任职公务员 1 年以上;或有前款毕业证书,并曾任荐任职 3 年以上;或虽未经过国家考试,但经各省考取之县长,且经考试院复核及格者(第 1 条)。在任用程序上,县长的任用分为试署、署理、实授三个阶段(第 3 条);试署、署理期限各为一年(第 4、5 条);需期满并考核成绩优良,方得由试署转为署理,进而由署理转为实授(第 5、6 条);实授县长任期 3 年,其任职期间非有违法或失职情事并经交付惩戒或刑事审判,不得停职或免职(第 6、7 条);县之任用由省政府咨内政部转咨铨叙部,经铨叙部审

---

① 参见肖如平:《国民政府考试院研究》,社会科学文献出版社 2008 年版,第 117—125 页。

② 法条参见《立法院公报》第 41 期,1932 年 9 月。

查合格后，方可由内政部呈请行政院转呈国民政府任命（第 11 条）；未经上述程序任命而代理县长者，其代理期限不得超过 3 个月（第 9 条）。《县长任用法》对于县长资格及程序要求均非常严格，在很大程度上限制了省主席对于县长的任免权，有利于中央集权。但各省县长素质普遍较低，完全无法达到法定的要求，各省纷纷要求中央放宽任用资格限制。① 在各省的压力下，国民政府于 1933 年 6 月修正《县长任用法》，与原法案相较，修正案降低了县长任用资格，简化了任用程序，还调整了条文的顺序，但法律的精神并未改变，仍然是通过考试院铨叙部对于县长的任免、调任进行严格限制；修正案所附"县长资格审查表及说明"，还补充规定省政府委派代理县长，也必须于省令发布之日起一个月内，依据县长正式任命程序，报内政部转请铨叙部审查呈荐。②

对于地方省政府来说，修正《县长任用法》的要求仍然过高，它们规避甚至漠视该法，1933 年全国送审的县长人数仅为县长总数的约十分之一。中央政府无奈之下由行政院颁布相关"办法"再次降低资格要求，但负责审查资格的铨叙部对这种"法外有令"的做法非常不满，而县长的素质也着实堪忧。为此，考试院会同行政院向中央政治会议提案，认为县长为亲民官，人选至关重要，对现状应切实整顿。1937 年 5 月，国民政府颁布《修正县长任用法原则》，规定凡依法具备县长资格者，须由铨叙部审查，交内政部统一训练后，由铨叙部分发任用。③ 尽管法规与现实存在一定落差，但中央政府始终没有放弃孙中山由考试院统一

---

① 参见肖如平：《国民政府考试院研究》，社会科学文献出版社 2008 年版，第 190—191 页。

② 法条参见中国第二历史档案馆：《国民党政府政治制度档案史料选编》下册，安徽教育出版社 1994 年版，第 19—22 页。

③ 参见肖如平：《国民政府考试院研究》，社会科学文献出版社 2008 年版，第 192—193 页。

考铨中央与地方官吏的理念。

(二)"人事一条鞭"体制的建立

自20世纪30年代中期起,考试院逐步控制中央与地方各政府机关人事管理部门与人事管理人员,以实现国家人事权的统一。1936年2月,考试院公布《各省委任职公务员铨叙委托审查办法》,规定在各省铨叙分机关成立前,可将委任职公务员的任用、考绩、登记工作,委托各省政府组织审查委员会办理。同年6月,国民政府颁布《铨叙处组织条例》,规定铨叙部得于各省设铨叙处,办理该省及邻近省市委任职公务员之铨叙事宜。委任职在国民政府简、荐、委三级公务员(特任政务官除外)中是最低阶的公务员,这意味着考试院铨叙部通过各省派出机关,控制了全国所有公务员的铨叙事宜。[①]

1939年,国防最高委员会委员长蒋介石提出:"各机关之人事人员,应予统一训练,由铨叙部分发任用,以推动考铨制度,健全人事管理。"[②]1940年3月,考试院举行中央人事行政会议,探讨人事行政权的统一问题。同年12月,考试院拟定《各机关人事管理暂行办法》,呈请国民政府公布实施,该《办法》明确规定各机关应设专任人事管理人员,及人事管理的职掌,并规定铨叙机关得指导各机关人事管理章则之制定、修改与实施。1941年7月,军事委员会委员长侍从室会同铨叙部秘书处共同研商"统一管理"之具体办法,拟定《党政军各机关人事机构统一管理纲要》,于同年12月经国防最高委员会通过,由国民政府通令施行。该《纲要》规定除党务、军事机关另设人事主管机关外,全国政府机关的人

---

①　1946年2月,国民政府颁布《考铨处组织条例》,以考铨处代替铨叙处,掌理各省区内之考选、铨叙事宜,其业务分别受考试院考选委员会和铨叙部的指挥监督。参见"考试院考铨丛书指导委员会"主编:《七十年之考铨行政》,(台北)1981年自刊,第45—46页。

②　叶尚志:"我国所需要的人事行政制度——兼述总统对人事制度的训示",《人事行政季刊》1953年第3期。

事及其人员,应由考试院铨叙部统一管理;各机关应充实人事机构,其未设专管机构者应从速设立;各政府机关内之人事机构及人事管理人员,应受铨叙部之指挥监督;各政府机关人事管理人员应由铨叙部统一考核、任免,现任人事人员应由管理机关考核以决定去留;人事管理人员之训练,由考试院负责统一办法,并限于三年内办理完成。[1]为使人事机构及人员之统一管理有法可依,铨叙部又于1942年拟定《人事管理条例》草案,于同年9月由国民政府公布。该《条例》主要内容有三:其一,各机关应设置人事管理机构之种类及其职掌;其二,各机关人事管理人员由铨叙部指挥监督,人事主管之任免由铨叙部依法办理;其三,国立中等以上学校及国营事业机关之人事管理,准用本条例。1942年10月2日国民政府发布训令,规定本条例自当年11月1日施行,并先以国民政府各处局、五院及各院直属部会及各部、署之直属机关为实施机关;1943年6月11日,国民政府又明令自当年7月1日起,在地方各机关开始施行该条例,具体包括各省政府及院辖市(直辖市)政府及其所属厅处局、各行政督察专员公署、各县市政府。[2]

自此,中央与地方各政府机关之人事管理统一于考试院铨叙部,国民政府建成了所谓"人事一条鞭"的体制。考试院的权限经由考选权、铨审权扩张为独立的人事行政权,成为全国文官体制的主管机关。

三、《中华民国宪法》拟定过程中关于考试院定位的争论

国民政府训政时期的考试院体制,主要是以孙中山五权宪法的思

---

①　条文参见中国第二历史档案馆:《国民党政府政治制度档案史料选编》下册,安徽教育出版社1994年版,第63—64页。
②　参见中国第二历史档案馆:《国民党政府政治制度档案史料选编》下册,安徽教育出版社1994年版,第64—66页。

想为基础,以传统科举与铨叙制度为参照,经由政治人物的政治决断与努力推动而形塑。考试院考选权与铨叙权的落实虽然也面临种种困难,但主要是现实政治的障碍而非理论的质疑。但是,在《中华民国宪法》的制定过程中,考试院组织与职权的合理性与正当性,开始面临基于西方宪政理论与政治体制范式的质疑。应该说,与国民大会、行政院与立法院等制宪时的核心争议相较,考试院并非争论的焦点,关于考试院体制的争议甚至不如监察院的多;社会上对于考试院的质疑需要是本着西方三权宪法的范式对于五权宪法本身的批评。但五权宪法的"国父遗教"在形式上不可撼动,于是宪法草拟者(如张君劢等)尝试以西方三权宪法的精神注入五权宪法的躯壳。但伴随制度妥协而来的,是中西两种宪法体制的杂拌与理论的模糊,而尽管宪法上明文规定考试院及其职权,却无法终止关于考试院存废及职权大小的争议。

在 1930 年"五五宪草"的拟定过程中,由于国民党单边垄断制宪,宪草基本接受了训政以来考试院的职权及其定位。在立法院对宪草的审议过程中,争议基本围绕文字与技术问题而展开,例如考试院院长的任期是否应当延长以确保其独立性,考选委员会设置的必要性及其与典试委员会的关系,国民大会代表是否须经考试铨定资格,等等。[①] 根据 1936 年立法院通过的《中华民国宪法草案》定稿,"考试院为中央政府行使考试权的最高机关,掌理考选铨叙"(第 83 条),而立法院特别说明:铨叙"应与考选相辅而行。考选之目的,在于登庸贤才,而关于公务员之任用、叙俸、考绩、降免等铨叙事宜,一并归其掌理,始发挥考试权之效用,以贯彻五权分立之精神。国父遗教每将考选与铨叙并举,即明示此旨。故本条规定铨叙亦为考试院之职权"。宪草还规定应经考试

---

① 参见吴经熊、黄公觉:《中国制宪史》,商务印书馆 1937 年版,第 541—543 页。

院依法考选铨定的人员包括：公务人员任用资格、公职候选人资格、专门职业及技术人员执业资格（第85条）。民意代表（公职候选人）须经考试是孙中山先生的原创，而在欧美通常由行业协会主导的专门职业及技术人员（如律师、医师、药剂师）执业资格考试，在考试院创立之初即由考试院掌理，在宪法起草中亦将此做法宪法化。立法院对此解释说："此等专门人员执行业务，关系社会公共利害至为密切，非如此，不足以昭慎重、杜冒滥。"①考试院将将其职权扩展到铨叙权（人事权），将考试权范围扩张到专门职业及技术人员考试，凡此种种未见得是孙中山五权宪法思想的本意；但从1928年考试院草创，经过十余年的政制实践，在戴季陶等人推动下，考试院的体制已基本定型。

　　在抗日战争期间，以国民党党外人士为主体的"国民参政会宪政期成会"拟定"期成宪草"，该宪草对"五五宪草"多有修正。该宪草规定考试院职权仅为"掌理考选"而无"铨叙"；另外，"五五宪草"第85条关于考选铨定人员之范围的规定在"期成宪草"中也被删去。② 1944年由"宪政实施协进会"提出的"酌提研讨中华民国宪法草案各题"中，有三条是关于考试院的，包括"考试院院长之产生及任期问题"；"各种候选人员，是否均应先经考试"；"一切公务人员与专门职业及技术人员，是否均应先经考试"。③ "期成宪草"与"宪政实施协进会"对"五五宪草"的修正并不为国民政府所接受，但这些修正意见保留下来，并最终在1946年1月政治协商会议中得以部分落实。宪草问题是政治协商会议的核心问

① 上述草案条文及立法院说明，参见立法院宪法草案宣传委员会编：《中华民国宪法草案说明书》，（台北）正中书局1940年版，第56—57页。
② 条文参见夏新华等整理：《近代中国宪政历程：史料荟萃》，中国政法大学出版社2004年版，第1037页。
③ 夏新华等整理：《近代中国宪政历程：史料荟萃》，中国政法大学出版社2004年版，第1090页。

题,在中国共产党和其他党派的努力下,政协就宪草问题达成十二项原则,对"五五宪草"作出重大修正。"政协十二原则"第五项是专门针对考试院的:"考试院用委员制,其委员由总统提名,经监察院同意任命之。其职权着重于公务人员及专业人员之考试。考试委员应超出党派。"①在考试院职权方面,该"原则"接受了专业人员(专门职业及技术人员)也由考试院办理资格考试的制度现实,但将民意代表资格的考选权排除在外,同时还强调考试院职权着重于考试而非铨叙;在考试院组织方面,"原则"改考试院现行的首长制为委员制,并特别强调考试委员须超出党派,以打破执政的国民党在人事权方面的垄断。国民党中央对于"政协十二原则"多有意见,但其所提五条修正意见并不包括考试院问题。政协会议组织了宪草审议委员会,拟定《五五宪草修正案》("政协宪草")。宪草拟定者有感于国民政府时期任用私人的情形十分严重,例如蒋介石在军界任用同乡,在政界任用亲戚,甚至考试院院长戴季陶也任用其嫡亲外孙做考试院铨叙部主任秘书,上行下效,"一人得道,鸡犬升天"之官场现状,与孙中山先生所谓美国政党分肥(spoil system)制度相较有过之而无不及。② 而改训政时期考试院之首长制为委员制,甚至规定考试院院长由考试委员互选产生("政协宪草"第90条),并设专条特别强调"公务人员选拔,应实行公开竞争之考试制度,非经考试及格者,不得任用"("政协宪草"第91条);正是为了打破考试院院长及各级首长对于人事权的垄断,切实实现考试权独立,以杜绝政府长官任用幸进。在拟定"政协宪草"考试院一章的过程中,最大的争议是公

---

① 夏新华等整理:《近代中国宪政历程:史料荟萃》,中国政法大学出版社 2004 年版,第 1092 页。
② 参见雷震:《中华民国制宪史:政治协商会议宪法草案》,(台北)稻乡出版社 2010 年版,第 281—283 页。

职候选人资格是否须经过考选或铨定。由考试院考铨公职候选人（民意代表）资格，在意识形态上是国父遗教，也列之于"五五宪草"；就制度实践面来说，国民政府在训政时期不设中央民意代表①，但对于各级地方民意代表资格之考铨，如前所述当时已有专门法律规定，考试院也在切实办理相关考铨事宜。但"政协宪草"的拟定者认为孙中山关于公职候选人资格须经考试铨定的提法在理论上"是极端不合理又缺乏政治常识的"，不符"民主时代"的社会现实；就政治现实而言，执政党可能通过考铨民意代表资格来排除在野党有力的候选人，故而出席政协的共产党与其他民主人士一致同意修改"五五宪草"的相关规定。② 尽管"政协宪草"审议委员会中的国民党专家屡屡提出异议，但"政协宪草"第 92 条所列考试院考选权删除了"五五宪草"中"公职候选人资格"一项。另外，"政协十二原则"中"考试超出党派以外"的规定也落实为宪草条文（第 94 条）。③

　　1946 年 12 月制宪国民大会通过的《中华民国宪法》与"政协宪草"大体一致，仅有几处修改，其中关于考试院的修改有两项：其一是将考试按分区定额的制度④加入上述"政协宪草"第 91 条公平选拔条款中

---

　　① 训政时期立法委员、监察委员并非选举产生，国民参政会也不能被认为是正式、完整之民意机关。参见聂鑫："国民政府时期立法院的地位与权限"，《历史研究》2014 年第6 期。

　　② 参见雷震：《中华民国制宪史：政治协商会议宪法草案》，（台北）稻乡出版社 2010年版，第 285—291 页。

　　③ 本段所引"政协宪草"条文，参见夏新华等整理：《近代中国宪政历程：史料荟萃》，中国政法大学出版社 2004 年版，第 1099 页。

　　④ 公务员考试按省区分别规定名额，分区举行考试，这源于中国古代科举制的传统。古代中国作为大一统的单一制国家，在各地教育人文水平不一甚至悬殊的前提下，不得不在科举名额的分配上兼顾地域公平，这在一定意义上保证了公务人员的地域代表性与省籍多元化。国民政府考选分省区定额制度始于 1930 年 12 月的《考选法施行细则》，考试院自 1935 起即在公务员高等、普通考试中对于教育资源较少省份之考生另计从宽录取办法。参见江大树："我国文官政策之形成与变迁：一个历史/结构的分析途径"，台湾大学博士学位论文，1997 年，第 218—219 页。制宪国民大会将考选分区定额制度入宪，这在一定意义上也是向传统科举制度回归。

（《宪法》第 85 条）；更重要的修改是将考试院院长由考试委员互选改为,考试院院长、副院长、考试委员均由总统提名、监察院同意任命之（《宪法》第 84 条）。训政时期的考试院是首长制,"政协宪草"设计的考试院是委员制,而 1946 年《宪法》则混合了此两种制度：考试院除院长、副院长外,还设有依法独立行使职权的考试委员；但考试院院长、副院长并非考试委员选举产生,他们可以相对独立于考试委员行使院务管理权。事实上,在制宪国大审查宪法草案时,由国民党代表控制的各组宪法审查委员会曾试图推翻"政协宪草",复辟"五五宪草"。其中第四审查委员会审查考试院条文时,有一种意见是将"政协宪草"第 92 条排除的公职候选人资格之考铨重新列入宪法,审查委员会对此未做最后结论。在蒋介石本人的亲自弹压下,制宪国大宪法综合审查委员会才将宪法案基本恢复原状,公职候选人资格问题最终没有写入宪法。[①] 需要强调的是,宪法条文关于考试院的规定非常简略,《宪法》第 89 条也明确将考试院的组织（包括职权行使方式）交由法律来规定,这意味着立法者有很大的形成空间。1947 年 3 月,国民政府公布《考试院组织法》,由于考试院已设置考试委员多名,故而裁撤原有的委员制的考选委员会,改设考选处负责考选事宜。可是,考选处与并列之铨叙部相较,有层级较低之嫌,故而经由考试院提议,国民政府 1947 年 12 月再次修正《考试院组织法》,考选处升格为考选部,并名列铨叙部之前。根据修正《考试院组织法》,考试院设考选部及铨叙部（第 5 条）；考选部职掌考选公务人员、考选专门职业及技术人员、组织典试委员会、考取人员之册报及举行考试其他应办事项（第 6 条）；铨叙部职掌公务人员之登记、考绩、任免、升降转调及叙资之审查、俸给及奖励之审查登记、保障

---

① 参见国民大会秘书处编：《国民大会实录》,1946 年自刊,第 458、479 页。

抚恤退休及养老，还职掌考取人员之分类登记、各机关人事机构之管理（第 7 条）。①

第三节　关于考试院制度的重大争议

一、考试院掌理铨叙权之正当性：人事权应否独立

"在五权之中有一个考试权，因之，五院之中就设了一个考试院。观考试院之职权，知其不限于考试，乃普及于一般人事行政。所以考试院与其以考试为名，不如依日本《国家公务员法》所定，改称为人事院，犹能名实相符。"②如前所述，在考试院创院院长戴季陶的推动下，考试院的人事权逐渐扩张。而"实务界人士均将考试权独立于行政权之外，扩大解读成人事权独立于行政权之外，并自动将考试院等同于国家最高人事行政机构"③。"政协十二原则"第五项曾试图将考试院职权大幅度限缩，但这与训政时期考试院职权日趋扩张的制度发展与政治实践背道而驰，故而"政协宪草"及 1946 年国大通过的《宪法》均未遵循"政协十二原则"，而是赋予考试院广义上的考试权："考试院为国家最高考试机关，掌理考试、任用、铨叙、考绩、级俸、升迁、保障、褒奖、抚恤、退休、养老等事项。"（《宪法》第 83 条）④

---

① 法条参见夏新华等整理：《近代中国宪政历程：史料荟萃》，中国政法大学出版社 2004 年版，第 1151—1152 页。

② 萨孟武：《中国宪法新论》，（台北）三民书局 1993 年版，第 426 页。

③ 叶俊荣等：《宪改方向盘》，（台北）五南图书出版公司 2006 年版，第 183 页。

④ 夏新华等整理：《近代中国宪政历程：史料荟萃》，中国政法大学出版社 2004 年版，第 1110 页。

　　由一个独立的机关或委员会掌理公务员考试，这既与中国传统科举制度相承接，又与世界通例不矛盾。故而由考试院行使狭义的考试权，其争议并不大。但是，一旦考试院的职权扩张到人事权，其在学理及政治实践上都遭遇了反对的声浪。学者通常用现代西方行政学理论上的"行政中立"来说明人事主管机关相对独立的重要性，认为这可以在政党轮替的背景下保障文官系统的相对超然与独立，确保国家施政的延续性与稳定性。但是比较各国制度，有采相对独立制者（部外制或折中制），人事权相对独立于行政权，如美国之文官委员会、日本之人事院等，其考选铨审权由独立机构行使，人事执行权由各部会行使，人事制度权则或由独立机构或由各部会行使；有采幕僚制者（部内制），将人事权完全纳入行政权之内，如德国、法国，其考选铨审权、人事制度权、人事执行权均由各部会行使。如民国考试院体制一般采完全独立制（院外制）者，实属特例：不仅于行政体系之外单独设立人事管理机关（考试院及其下属铨叙部），而且统一指挥管理中央与地方各机关之人事机构与人事人员；其考选铨审权、人事制度权、人事执行权（"人事一条鞭"）均由独立机构行使。

　　如前所述，考试院的铨叙权问题在制宪史上存在很大争议，有不少学者及政治人物坚持应将考试院人事职权回归行政院，因为人事权是行政机关的核心权力，不能与行政权截然分开；人事权与行政权分立，虽可防止机关首长任用私人，但有碍于行政效率，且有过分侵入行政机关职权范围之虞。虽然1946年《宪法》将铨叙权赋予考试院，也不能终结相关的争论。在现实运作中，考试院虽然在制度上集中了人事权，但因为行政机关的积极抵制或消极应对，考试院人事政策的推行常常遭遇困难。其实，在实务上考试院铨叙部并未侵夺行政机关的人事权，人事权在各机关，而人事审核权在考试院。任用公务人员的权力在各机关,考绩及升迁的决定权亦在各机关,考试院只是依法进行审查核定,预防行政首长在人事决定方面恣意妄为。[①] 另外,在五权宪法下,总统并非虚位,可对考试院的组织与施政进行实质影响:根据 1946 年《宪法》,总统对考试院院长、副院长、考试委员行使提名权(第 84 条);并且有协调解决五院之间院际争执(包括行政院与考试院的冲突)的权力(第 44 条)。[②] 由于 1946 年《宪法》所确立的政体是折中总统制与内阁制的混合制[③],因此总统(而非行政院院长)才是最高行政首长;考试院尽管独立于行政院,却位于最高行政首长总统之下。从这个角度来说,考试院可以说也是相对独立制,而非严格意义上的独立制。由考试院掌理人事(审核)权,这已经历数十年的政治实践,又有宪法与法律支持,要率意更张并不容易。更何况,行政机关对于人事权独立的反对,从另一个角度来看反而证明考试院对于行政权之有效制衡。

二、考试院的组织:首长制还是委员制(合议制)

训政时期考试院采首长独任制,从考试院筹备成立到 1947 年"行宪",整个训政时期考试院院长均由国民党元老戴季陶担任。"虽然考试院下设有独立超然的'考试委员会'(军政时期)或'考选委员会'(训政时期)",但其性质与行宪后之"典试委员会"同属临时组织,"所有文官政策决定权操诸考试院长一人手中"。[④] 如前所述,为防止执政党籍的考试院院长独断,"政协十二原则"特别强调考试院应用委员制,考试

---

① 参见徐有守:《考铨新论》,(台北)商务印书馆 1996 年版,第 159—166 页。
② 宪法条文参见夏新华等整理:《近代中国宪政历程:史料荟萃》,中国政法大学出版社 2004 年版,第 1107、1110 页。
③ 参见聂鑫:"内阁制、总统制还是半总统制——民国宪法史上的政体之争",《法学》2013 年第 10 期。
④ 参见江大树:"我国文官政策之形成与变迁:一个历史/结构的分析途径",台湾大学博士学位论文,1997 年,第 74 页。

院委员须超出党派以外,考试院院长由考试委员互选产生。但1946年最后通过的《宪法》将院长改为政治任命(总统提名,监察院同意),而非委员互选。

1946年《宪法》对于立法、司法、考试、监察四院的职权行使方式,大致均安排为会议的形式。《宪法》在一定意义上将监察院定位为监察议会,其作为独立监察机关同时行使美式参议院的同意权;司法院大法官亦通过大法官会议的方式行使其释宪与释法权;考试委员在实际上也组成了一个独立的"人事议会"。如同大法官一般,考试委员个人不能单独行使职权,其行使考试权的平台是考试院会议。《考试院组织法》设置了考试院会议,以院长、副院长及考试委员组织之,统筹有关考试事项;考试院会议以院长为主席(第4条);但该法同时规定考试院院长除担任考试院会议主席外,其职权还包括综理院务,并监督所属机关(第9条)。[①] 考试院于1948年9月以院令的形式制定颁布《考试院会议规则》,应由考试院会议讨论、议决事项如下:考铨施政方针工作计划及预算之分配,提出立法院之考铨法律案,以考试院及其下属考选部、铨叙部命令形式发布的规范性文件以及应由考试院核准的规范性文件,举行各种考试及分区举行考试之决定,考选铨叙两部之共同关系事项等(第6条);考试院会议以法定会议组成人员之二分之一为法定最低决议人数,但出席人达法定最低人数四分之三时亦得开会(第3条);讨论案件以出席者过半数之同意决议,可否同数时取决于主席(第9条)。[②]

上述《考试院组织法》第4条与《考试院会议规则》的相关规定,使得考试院看起来像采委员制(合议制)的机关。但《考试院组织法》第9

---

① 法条参见夏新华等整理:《近代中国宪政历程:史料荟萃》,中国政法大学出版社2004年版,第1151—1152页。

② 法条参见《总统府公报》第100号,1948年9月14日。

条又赋予考试院院长综理院务，监督所属机关的权力；再加上考试院院长（副院长）并非由考试委员选举产生，而是政治任命，这使得考试院的实际运作包含首长制的因子。更重要的是，考试院的实际政务乃是由考选部、铨叙部具体掌理，可考选部、铨叙部首长的任命并不需要经过考试委员的同意。有点奇怪的是，关于考选、铨叙两部首长的产生方式，法律一直没有明文规定。考选、铨叙两部首长的任命可由总统全权任命，甚至无须经过考试院院长或考试院会议的提名或同意。在实务上，总统可能会征求考试院院长的意见；但考试委员及考试院会议在任命过程中则无法参与，不管是在制度上还是实务上。从这个角度来说，考试院的实际运作又是倾向于首长制的，而这个首长可能还不是考试院院长，而是总统。1946 年《宪法》在政体设计上混合了内阁制与总统制；在具体考试院的设计上，又将训政时期考试院的首长制与"政协十二原则"规划的委员制相妥协。这造成了考试院内部考试院院长（副院长）与考试委员的双头马车，以及考试院会议与考选、铨叙两部的各自为政。在理论与实务上，甚至会发生考试院会议与下属两部在考选铨叙政策方面的严重对立冲突；我们甚至可以说，由于总统直接行使考、铨两部首长的任命权，考选、铨叙两部在事实上并非纯然是考试院的下属机关。

考试院会议与考选铨叙两部之所以会发生冲突，不仅源于制度的拧巴，也源于人事安排的不当。考试委员的选拔存在重大误区，作为考铨重大方针与考铨制度的议决主体，他们大多却并非法政领域的专家，而是专业范围涵盖理工农医各行各业的"状元"。高高在上的考试委员"不食人间烟火""外行指导内行"，难免会与考选、铨叙两部发生冲突。之所以会有这样的误区，乃是因为考试委员资格的相关规定，沿袭了早期选拔考选委员与典试委员的惯例，以"声誉卓著""有专门著作"为佳。

这忽略了考试（广义的"考试"）委员的职责乃是制定考铨政策，而非办理考试。"训政时期考选委员职能仅在公平考试，加上另设临时典试委员会，组织运作并无问题。行宪之后，以考选委员充任考试委员（尚需兼掌铨叙等文官管理法制），导致法统象征重于职能发挥。"①考试委员虽大多为饱学之士，"但所学者，百分之八九十皆为与考铨政策及考铨行政无关之其他各种不同学科。政府之所以如此，揣其用意，似以为考试委员之人物，不外乎办理考试而已。而考试科目繁多，自应广为延揽各种不同专业科目之人才，以应各种考试科目之需要云。……此实为一重大而彻底错误之观点。因考试院之职掌，载之于宪法；考试委员之责任，即在共同执行宪法所规定之诸职掌。考试院并非一长期之考试机器，考试委员亦非年长专任之典试委员；其主要责任乃在参加考试院院会，共同决定国家考铨大政，审查考铨法规，以及审查考、铨两部呈报到院之重要案件。……故考试委员之遴选，实应配合其决定考铨政策此一主要任务，而任命熟研人事管理或公共行政学之学者，以及深具政府事务经验者为是"②。至于考试所涉专业的专家学者，他们应担当的角色是举办考试时的典试委员、命题委员及阅卷委员，而非考试委员。

其实，即使考试院内部组织统一，考试委员均为人事行政专家，作为决定人事政策与法制的机关，考试院采委员合议制的也会产生效率方面的问题。1947年《考试院组织法》规定考试委员人数多达19人，再加上考试院院长、副院长各一人，考试院会议要想达成一致决议并不容易；要考试院的决议能充分照顾行政部门的意见，为各级行政机关所接受，则又生出许多困难。从这个角度来讲，在考试院之内，考试院院长

---

① 江大树："我国文官政策之形成与变迁：一个历史/结构的分析途径"，台湾大学博士学位论文，1997年，第81、311页。

② 徐有守：《考铨新论》，（台北）商务印书馆1996年版，第60—61页。

(副院长)、考试委员、考选与铨叙部长由总统分别提名或任命,或许含有令考试院内部互相制衡的考量,这样可以避免考试院上下一体,形成对于行政部门的过度制约。从这个角度讲,考试院的组织方式,也有利于打消行政部门的疑虑。

三、其他争议

(一)"人事一条鞭"制度与地方自治的冲突

南京国民政府时期由考试院逐渐统一全国人事管理之权,在当时主要是为了打破地方与部门割据的现状,实现中央集权。但是,中央集权又有造成国民党独裁的危险,在政治协商会议上,中国共产党和其他民主人士都希望未来的宪法能够包含联邦制的因素。1946年最后通过的《宪法》在事实上含有联邦制的因子,例如省得制定省自治法;中央的监察院由各省选举产生,并且对司法院、考试院行使人事同意权,类似于美国的参议院。但是,1947年《考试院组织法》依然延续了"人事一条鞭"的精神,其规定"考试院得于各省设考铨处"(第17条),考铨处为训政时期铨叙处之延续,除铨叙外还兼掌各省考选事宜;另外,法律继续规定"考试院对于各公务员之任用,除法律另有规定外,如查有不合法定资格时,得不经惩戒程序,径请降免"(第19条)①。由中央政府考试院统一任命、管理、指挥全国各省市县政府的人事管理人员,统一考核全国公务人员,这难免会与地方自治的原则发生冲突。

(二)考选之"分省区定额"

如前所述,为实现公务员选拔的区域平衡,1946年《宪法》规定公务人员之选拔"应按省区分别规定名额,分区举行考试"(第85条)。在实

---

① 夏新华等整理:《近代中国宪政历程:史料荟萃》,中国政法大学出版社2004年版,第1152页。

务中,甚至考试委员、司法院大法官的提名,亦有每省不超过一名的惯例。但是,中国古代科举于各省规定取士的名额,乃是因为当时没有议会,只好通过文官考试分区定额以实现政府的地域代表性。近代中国已采行国会制度,1947年《宪法》颁布后,国民大会、立法院、监察院的代表均由地方选举产生,尤其是监察院监察委员乃是以省为单位选出等额的代表(类似于美国参议院),中央政府的地域代表性已经充分实现。在此背景下,是否还有必要依照"古法"按省区分别规定名额考取公务员,这值得进一步探讨。

(三) 考选权的范围之争:文官考试还是民意代表、政务官一体考试

在制度与实务上,考试院考选权的范围与孙中山先生的规划不尽相同。例如前述专门职业及技术人员资格考试,乃是《孙文学说》所无,亦与欧美惯例不合,纯是训政时期考试院自己创设出来的权力。但行之已久,并无太大弊病,也就基本不发生问题。甚至随着社会分工专业化日趋细密,以及"证书时代"的到来,此类考试的范围与规模日渐扩大,反而成为考试院的核心工作之一。

本来依据孙中山五权宪法思想的本意以及训政时期的实践,民意代表也是需要考试院铨定资格的。批判此做法的人认为这是精英主义的,是"反民主"的,他们认为"凡是受过普通教育而具备一般常识的人,都可以做民意代表候选人……民意代表最重要的是能真正反映民意,这不是考试可以铨定的,只有让选举人用自己的眼光和知识去选择"。[1] 1946年《宪法》接受了以上意见,在考试院的考选权中删去了"公职候选人资格"一项。但我们也必须看到,近代中国国会议员的素质(包括道

---

[1]　参见雷震:《中华民国制宪史:政治协商会议宪法草案》,(台北)稻乡出版社2010年版,第287页。

德素质)存在问题,欧美早期国会议员也有类似的状况。中国在仿行西方国会制度的过程中,是依靠民主制度的完善逐渐提升国会议员的素质,还是可以采用独立机关的铨审淘汰不合格的候选人,这并非是个伪问题。[①]

另外一个被制宪者忽略的问题是,对于政务官是否应该通过考试铨定资格? 孙中山的制度规划是大小官吏一体考试。但无论在制度上还是实务上,国民政府时期的政务官(包括总统、五院院长、各部会首长等)或由直接任命,或由提名选举,都是无须经过考试的。与民意代表资格是否需要考选铨定不同,关于政务官资格的问题似乎朝野意见非常一致,就是政务官无须考试院铨定资格。除了欧美惯例如此外,究其原因,一方面或者是因为以政务官级别之高,考试院无权考查其资格;另一方面或者也与当时的精英政治文化有关。[②]

四、小结

国民政府的考试院(包括整个五权宪法体制)自创设以来,即遭遇理论上的质疑与政治上的反对。反对的人士常常喜欢拿西方的三权宪法来攻击五权宪法,鼓吹废除监察院与考试院,仅保留行政院、立法院、司法院三权。但事实上,五权拿掉两权,并不等于就是三权分立。比照西方各国政体,有美国总统制的分权制(separation of powers),也有英国内阁制的混权制(fusion of powers、"议行合一"),还有法国第五共和国的混合制(半总统制),更有瑞士的委员制。各国基于不同的文化传

---

① 在一些后发达国家和地区,财团与黑道势力往往通过选举合法渗入议会,进而影响政治。

② 国民政府时期的政务官通常拥有较高的学历(包括留学的背景),故而在资格方面通常不会引起质疑;至于其实际政治能力与政治品格则另作别论,不过这在技术上也不是考选能够审查的。

统与政治现实,选择了各自不同的道路,不能仅仅因为五权宪法乃是中国独创即否定其合理性与正当性,这是缺乏民族自信心的表现。

考试院体制的正当性与合理性,不在于孙中山先生的鼓吹或国民政府的坚持,而在于中国通过科举公开公平取士这一绵延上千年的制度,也源于中国自古以来由独立机关(吏部)职掌全国大小官吏铨叙的传统。考试院的职权并不仅仅包含狭义的考试权(考选权),也包括铨叙权(人事权);考试院不仅是最高考试机关,也是最高人事机关。从这个角度来说考试院是中国古代礼部与吏部的合体,六部之中居三分之一,职权不可谓不重。由考试院掌理人事权,这不仅是对中国古代吏部传统的延续,也是近代中国中央政府打破地方割据与部门割据,破除任人唯亲的官场文化的现实需要。而考试院的体制也随着国民政府相关宪法、法律体系的完备而日渐成熟。仅仅因为考试院的体制与西方宪法理论及人事行政学不符合就反对考试院行使人事权,这忽略了一个重要的现实:考铨制度乃是"依据有关法规规定实施","实行中的制度是一种存在的事实,不是见解,不是学说,也不是理论"。①

考试院体制的首要争议即人事权应否从行政院独立出来,交给考试院掌理。一方面,考试院掌理人事权乃是基于中国传统与现实的政治需要。另一方面,考试院并未侵犯各行政机关首长的人事决定权,考试院行使的仅为人事审核权;考试院的人事权是消极的防弊的权力,而非积极的用人权。再者,由于1946年《宪法》确立的政体为混合制,总统(而非行政院长)才是最高行政首长;而总统对于考试院拥有关键的人事提名权,在此意义上考试院作为最高人事机关并非完全独立于行政机关,仅为相对独立。故而由相对独立的考试院掌理最高人事(审

---

① 参见徐有守:《考铨制度》,(台北)商务印书馆2007年版,"初版卷前语",第5页。

核)权,应当没有太大的窒碍。

　　考试院的组织与领导方式在训政时期是首长制,院务基本由院长戴季陶乾纲独断。1946 年政治协商会议试图将其改为委员制,以期打破国民党的人事垄断。1946 年 12 月《中华民国宪法》则混合了首长制与委员制,再加上相关配套法规的独特规定,造成考试院内院长(副院长)、考试委员(考试院会议)、考选与铨叙两部三类主体权力来源不同、互相制衡的局面。究其原因,在于宪法的妥协、制度的不配套以及政治人物的个人意志。但反过来说,考试院内的相互制衡在一定程度上抵消了其对于行政机关的过度制约,反而有利于考试院与行政权的协调与妥协,有利于施政的顺畅。

　　考试院的理念与制度还有诸多值得检讨之处,例如"人事一条鞭"制度、分省区定额考试制度以及考选权的范围等,都是融合了历史与当下、东潮与西潮的好问题。我们今天研究考试院,意义不在于刻舟求剑地模仿其范式,而在于通过检讨这一融汇中西的制度探索,在欧美的经典范例之外,为当代中国的考试、人事制度建设乃至政治体制的完善提供一点距离当代中国更近的参考。

第十三章 近代司法制度

第一节 中央司法机关：从三法司到司法院

一、回顾：中国古代的三法司

中国古代政府虽无分权的观念，但也有职能的分工，于中央掌理审判者，夏代有"大理"，商周设"司寇"，战国秦晋置"廷尉"，齐曰"大理"，楚称"廷理"。由秦汉至清，更在中央一级逐渐形成、完善了刑部、大理寺、都察院（明以前称御史台）"三法司"的中央司法体系。三法司制度从萌芽到终结前后历经两千年，其内涵"随着朝代的更替、政治体制的变革而有着巨大的变化"，概言之，"中国古代三法司制度并非'万古如长夜'，而是'苟日新，日日新，又日新'"。[1]

（一）三法司体制的形成

中国古代其实经历了一个从"一法司"的时代到"二法司"的时代，再到"三法司"的时代的过程：

---

① 那思陆：《中国审判制度史》，（台北）正典出版文化有限公司2004年版，第35页。

秦以前为"一法司"的时代,当时于中央和诸侯国掌理最高司法(审判)权的,只有一个机关。夏代有"大理",商周设"司寇",战国秦晋置"廷尉",齐曰"大理",楚称"廷理"。

春秋时期的秦国即设御史,掌"记事纠察之任",秦统一天下后,设御史大夫,为众御史之长,除掌纠察之外,也兼理司法,对于特别案件(主要是贵族和官员犯罪)有审判权。作为特别审判机关的御史系统与普通审判机关廷尉并列,是为"二法司"时代之始。汉代的情况有所不同,一方面,汉代监察机关御史体统发展为三(御史台、丞相府司直和司隶校尉),三个监察机关独立行使职权,并互相监察;另一方面,汉代在一定程度上将纠弹机关与审判机关分立,监察机关只司纠弹,纠弹案件涉及枉法问题时,其审判机关为廷尉。[①]

西汉成帝以前中央审判机关仍然只有廷尉和御史台,前者是普通审判机关,后者是特别审判机关。成帝以后的三公曹尚书和东汉光武帝以后的二千石曹尚书又先后成为审判机关。西晋在尚书台体系内掌理审判的改为吏部曹尚书,北魏、北齐和隋代则为都官尚书,发展到唐代刑部(尚书)的设立,三法司体系最终确立。[②](廷尉在北齐更名为大理寺,其名称沿用至清。)

(二) 三法司体制的发展

之所以在尚书台体系内出现第三个"法司",主要根源于中朝官(尚书)与外朝官(三公六卿)的对立,也即君上与大臣的权力冲突,皇帝总

---

① 参见萨孟武:《中国社会政治史》(一),(台北)三民书局1998版,第323—324页。萨孟武先生作出这一判断的根据是《汉书》卷77《盖宽饶传》所述盖宽饶"为司隶校尉,刺举无所回避,小大辄举,所劾奏众多,廷尉处其法,半用半不用"。盖宽饶所提弹劾案,经过廷尉审判,只有一半弹劾成功,可见审判权与弹劾权是分开的。

② 参见那思陆:《中国审判制度史》,(台北)正典出版文化有限公司2004年版,第43页。

是企图直接参与或指挥审判。天子总是亲近臣①而疏大臣,天子"畏帝权傍落,惧大臣窃命,欲收其权为己有,常用近臣以压制大臣。历时即久,近臣便夺取了大臣的职权,因之大臣乃退处于备员的地位,而近臣却渐次变为大臣。近臣一旦变为大臣,天子便又欲剥夺其权,而更信任其他近臣。这样由近臣而大臣,演变不已",而我国的中央官制(包括司法系统)也渐趋复杂。②

　　皇帝虽然是国家的主人与政府的首脑,但皇帝与国家(政府)之间也有内在矛盾,因为皇帝的本性要求独裁,政府运转的逻辑要求体制化(理性化),这二者存在根本冲突。天子近臣在职权扩张的过程中渐次转化为体制化的国家大臣而非天子私人,"有为"的天子又不时地通过任用近臣(私人)以挑战体制这一风车。御史本是人主左右记事之官,被授以耳目之任,逐渐变成监察大臣之官,还部分侵夺了九卿之一廷尉的司法权。可是御史大夫逐渐体制化为"三公"之一,皇帝又开始信赖身边的尚书系统,以致"事归台阁",司法审判权也成为尚书台的权力之一。唐代尚书台发展为六部,渐趋体制化。宋太宗时为防止刑部与大理寺舞弊,于宫中设立了审刑院,复审刑部、大理寺呈送的案件。审刑院审级相当于中央第二审,它侵夺了刑部的职权,使之成为闲散衙门,自己变成最高审判机关。③ 但是皇帝也无法长期对抗渐趋复杂化、精密化的官僚系统,宋神宗时又废除了审刑院,将其职权并入刑部。元代仅设刑部及御史台两个法司,不设大理寺。明代以后虽然恢复了大理寺,但刑部权重,其审判权逐渐超过了都察院与大理寺。究其原因,乃是因

---

① 　近臣原为侍奉天子左右之官,汉时称为内朝官或中朝官。
② 　参见萨孟武:《中国社会政治史》(一),(台北)三民书局1998版,第107页。
③ 　审刑院参见那思陆:《中国审判制度史》,(台北)正典出版文化有限公司2004年版,第47—48页。

为明初朱元璋废除丞相后由皇帝直接统领六部,刑部直属于天子,其权力自然会大大扩张。

在三法司体系的发展过程中,尚书系统以行政而兼司法,最终成为首要的司法机关;监察系统(明以后御史台改称为都察院)逐渐失去了独立的审判权;大理寺这个三法司中资格最老的审判机关也蜕变成"慎刑"机关。

二、清末司法改革

"三法司"制度发展至清末,由刑部在三机关中起主导作用,它复审地方上诉案件,审理中央官吏违法案件,主持司法行政与修订律例工作;大理寺行使复核权,为慎刑机关,刑部审理不当,则由大理寺驳回重审;都察院掌监督,刑部与大理寺行使职权不当,则由都察院纠劾。遇有特别重大案件,则由"三法司"会同审理。①

在西潮的冲击下,1902 年,清廷开始变法修律,而司法制度的改革一直是其重点,也是废除领事裁判权的前提之一,因为旧式的审判制度正是列强所特别反感者。1906 年清廷改革官制,下诏:"刑部,著改为法部,专任司法;大理寺,著改为大理院,专掌审判。"②但是司法改革也并非一帆风顺,到了 1907 年,便发生了法部与大理院之间基于审判权和人事权归属的争议,史称"部院之争"。③ 1910 年,清廷正式颁布《法院编制法》,并下谕:"自此颁布《法院编制法》后,所以司法之行政事务,著法

---

① 明清两朝的中央司法制度,可参见那思陆的两本专著《明代中央司法审判制度》和《清代中央司法审判制度》,北京大学出版社 2004 年版。

② 《清实录》第 59 册《德宗景皇帝实录》(八),卷 564,中华书局 1987 年影印本,第 468 页。

③ 部院之争可参见李贵连:《沈家本传》,法律出版社 2000 年版,第 234—241 页;张从容:《部院之争:晚清司法改革的交叉路口》,北京大学出版社 2007 年版。

部认真督理,审判事务,著大理院以下审判各衙门,各按国家法律审理,从前部院权限未清之处,即着遵照此次奏定各节,切实划分。"①至此,最高审判权悉归于大理院,中央审判机关(大理院)与司法行政机关(法部)权限亦做严格区分。终清之世,司法改革(也包括整个法律改革)虽规模初具,但所拟定制度多未及施行,或虽施行却徒有其名。以晚清大理院为例,其"虽具有不少近代的新气象,但是大理院毕竟是传统政治体制中分离出来的机关,它在传统行政的母体中孕育,在君主专制的社会土壤中诞生,收取了分散于中央各行政机关的司法权限,主要分割了传统社会作为'天下刑名总汇'的刑部的职能,故而,不可避免地透露出浓厚的传统司法制度的色彩"②。

三、北洋政府时期的中央司法机关

辛亥之后颁布的宪法性文件《中华民国临时约法》规定了审判公开与独立原则,以及司法官地位的保障,并将诉讼制度设计为普通诉讼与行政诉讼分流的二元制度,但关于法院的编制则交由法律规定。1912年3月,在北京就任临时大总统的袁世凯下令在民国法律未经议定颁布以前,暂行援用前清法律(与民国国体抵触者除外)。③ 1910年《法院编制法》亦被援用④,北洋政府在中央设立大理院,由其掌理民刑案件的最高审判权,并行使统一解释法令之权;司法行政则归于司法部。至于行政诉讼,则于1914年颁布《平政院编制令》,规定由平政院掌理行政

---

① 《清实录》第60册《(附)宣统政纪》,卷28,中华书局1987年影印本,第518页。

② 韩涛:《晚清大理院:中国最早的最高法院》,法律出版社2012年版,第354页。

③ 参见黄源盛:"民初大理院",载黄源盛:《民初法律变迁与裁判》,(台北)政治大学法学丛书编辑委员会2000年版,第22—23页。

④ 唯一的变化只是将颇具帝制色彩的大理院正卿、少卿的官名取消,大理院改设院长一人,综理院务。

诉讼，并察理官吏纠弹案件。[①]

（一）大理院

大理院设院长一人，综理全院事务，并监督院内行政事务。大理院内依民刑分立和事务繁简置民事庭和刑事庭各若干，每庭设推事若干人、庭长一人，庭长由推事或推丞兼任。大理院还设有民刑事处，下辖民刑事科，各设推丞一人，由某庭庭长兼任，监督本科事务，并决定案件分配。

北洋政府时期，刑法与民商法典均未颁布，削足适履地"暂行"援用前清法制，必将发生疑义。大理院通过行使最高审判权和法令统一解释权，作成判例和解释例[②]，各法原则，略具其中，其实形同造法。即使到了 1927 年国民政府定都南京之后，大理院判例和解释例除了与制定法明显抵触者外，仍得以继续沿用。大理院作为民初最高司法机关取得空前的独立审判权、规范控制权与行政自主权；大理院院长、庭长、推事亦学养深厚，相对洁身自好。在军阀混战、政局动荡的纷乱年代里，大理院为中国司法史留下一页清白。

1. 最高审判机关

大理院是普通民刑案件的终审机关；对于法定属于大理院特别权限的案件，大理院是第一审也是终审机关。大理院审判采合议制，以推事五人组成的合议庭行使审判权。根据《大理院编制法》第 37 条，大理院审理上告案件，如解释法令的意见与本庭或他庭成案冲突，则由院长根据案件性质召集民事科或刑事科或两科的总会决议。

---

① 参见罗志渊编著：《近代中国法制演变研究》，(台北)正中书局 1974 年版，第409—412 页。

② 大理院判例和解释例汇编，参见郭卫编：《大理院判决例全书》，上海会文堂新记书局 1931 年版；郭卫编：《大理院解释例全文》，上海会文堂新记书局 1931 版。

　　大理院判例与英美乃至欧陆的判例都有所不同。首先,并非所有大理院的判决都是"判例",只有"具有创新意义,或为补充法律的不足,或为阐明法律的真意,其见解具有抽象规范的价值者",方被辑为判例。其次,大理院判例之编纂有统一的格式,它并不收录判决书的全文,而是略去案件事实,从中选出具有普遍规范性的、"最精要"的寥寥数语,构成"判例要旨";要旨的选取,并不拘泥于判例法下的判决主文与附带意见之区分,"凡认为关键文句,可成为抽象原则者,即将其摘录为判例要旨"。所谓大理院判例,"仍系抽象的结论",在形式上与立法条文、司法解释相差无几。[①]

　　大理院作出的判例影响很大,其性质与效力"等同于判例法"。从判例作成的密度来看,自1912年到1921年,大理院几乎凡有一判即有一例;1921年以后,判例则明显减少,这主要是因为1921年之后,立法已经相对齐备,又有大理院之前的成例可循,所以无须别开新例。[②]

　　2. 规范控制者

　　据《大理院编制法》第35条,大理院院长有统一解释法令权;《大理院办事章程》第203条更赋予大理院法令解释以普遍拘束力("就同一事类均有拘束之效力"),这就赋予大理院当时各国最高法院所未有之抽象规范审查权。《大理院编制法》第35条同时也规定,大理院院长行使统一解释法令权"不得指挥审判官所掌案件之审判"。

---

　　①　参见黄源盛:《民初大理院与裁判》,(台北)元照出版有限公司2011年版,第114、173—174页。

　　②　参见黄源盛:"民初大理院",载黄源盛:《民初法律变迁与裁判》,(台北)政治大学法学丛书编辑委员会2000年版,第74页。关于大理院通过审判实践塑造民初法制的研究,参见卢静仪:《民初立嗣问题的法律与裁判:以大理院民事判决为中心》,北京大学出版社2004年版;周伯峰:《民国初年"契约自由"概念的诞生:以大理院的言说实践为中心》,北京大学出版社2006年版;张生:"民国初期的大理院:最高司法机关兼行民事立法职能",《政法论坛》1998年第6期。

大理院行使解释权,通常是依中央和地方政府机关的申请以解答质疑,但也可径行纠正相关公署及其人员对于法令的误解。依《大理院办事章程》第 206、207 条,请求解释文件,由大理院院长分别民刑事类,分配相关庭长审查并草拟复稿,请求解释文件和复稿应经相关推事审阅,必要时,得开民事或刑事全体推事会议讨论;解释文件办结,则交由大理院院长作最后决定。大理院行使统一解释法令权前后达 16 年,形同"法官造法"。

3. 院务自主权

大理院因沿革和法制上的理由,与内阁的司法部处于平行地位。"司法部所颁行行政规则,于大理院向不适用","所有大理院的司法行政事务,均由大理院院长自定规则,监督施行"。[①] 在 1921 年民刑诉讼法颁布之前,大理院适用的一切程序,也均由大理院开推事总会自行议定,公告施行。大理院人事任免案、惩戒案、预算案虽由司法部长转呈,但后者不得拒绝或修改。

(二) 平政院(肃政厅)

平政院是"中西合璧"的产物,它结合了中国古代监察机关行使特殊审判权的传统和欧陆行政审判与普通审判分流的经验。它并非纯粹的司法机关,直接隶属于大总统,与行政权"似离又即"。[②] 平政院组成人员有:院长一人,负责指挥、监督全院事务;评事 15 人,负责审理行政诉讼和纠弹案件;肃政厅[③],它虽设于平政院,但独立行使职权,其长官

---

① 参见黄源盛:"民初大理院",载黄源盛:《民初法律变迁与裁判》,(台北)政治大学法学丛书编辑委员会 2000 年版,第 34 页。
② 参见罗志渊编著:《近代中国法制演变研究》,(台北)正中书局 1974 年版,第 409—412 页;黄源盛:"平政院裁决录整编与初探",载黄源盛:《民初法律变迁与裁判》,(台北)政治大学法学丛书编辑委员会 2000 年版,第 144 页。
③ "肃政"之名可追溯到后周的"肃政台"(即御史台)。

为都肃政史,有肃政史编制 16 名,掌官吏纠弹。平政院由评事 5 人组成
合议庭审判,审理行政诉讼或肃政史提出的纠弹案;肃政史需依法对人
民提起行政诉讼,纠弹官员违法失职,监督平政院判决。[①] 在行政诉讼
中,肃政史与平政院的关系类似于检察官与法院的关系;在纠弹案件
中,肃政厅与行政法院的关系又类似于后世国民政府五院体制下的监
察院与司法院下的公务员惩戒委员会的关系。1916 年,袁氏帝制失败,
接任总统的黎元洪明令恢复民元约法旧制,同年 6 月 29 日,贴有袁记标
签的肃政厅被裁撤,《纠弹法》被废止,监察权回归国会,平政院失去察
理纠弹权,成为单纯的行政裁判机关。[②]

　　1914 年与 1915 年,中央设立文官高等委员会及司法官惩戒委员
会,分别由总统派大理院院长及平政院院长充任委员长,此开南京国民
政府司法院公务员惩戒委员会之先河。[③]

(三) 司法部

　　司法部上承清末之法部,其职能与欧洲大陆国家的司法部接近,掌
管司法行政,并监督各级检察机关。首先需要强调的是,司法部的司法
行政权不及于与其处于平行地位的大理院与平政院。另外,清末司法
改革以来除了区分司法审判与司法行政,也将审判与起诉分离,自大理
院以下,对应各级审判机关,设立总检察厅和各级检察厅以行使检察职
权,各级检察机关归司法部统一指挥。

---

　　① 平政院组织参见赵晓耕主编:《中国法制史原理与案例教程》,中国人民大学出版
社 2006 年版,第 430 页。
　　② 参见"监察院实录编辑委员会"编:《国民政府监察院实录》(一),(台北)1981 年自
刊,第 27 页。
　　③ 参见〔美〕费正清编:《剑桥中华民国史》上卷,杨品泉等译,中国社会科学出版社
1994 年版,第 232 页注③。

四、南京国民政府时期的中央司法机关[①]

（一）南京国民政府前期的司法院

1927 年南京国民政府成立，改北洋时期大理院为最高法院，一方面为全国民刑案件终审机关，一方面行使法律解释之权，是为当时全国最高司法机关。同时设司法部，掌理全国司法行政。[②] 1928 年 10 月，国民政府第三次修正颁布《国民政府组织法》[③]，根据孙文五权宪法学说，国民政府设置行政、立法、司法、考试、监察五院。该《组织法》规定："司法院为国民政府最高司法机关，掌理司法审判、司法行政、官吏惩戒及行政审判之职权。"[④]1928 年 10 月，国民政府公布《司法院组织法》，又于同年 11 月修正公布，司法院遂告成立。根据《司法院组织法》第 1 条："司法院以下列机关组织之：一、司法行政部；二、最高法院；三、行政法院；四、公务员惩戒委员会。"[⑤]也就是说，以上四机关都是司法院的一部分，它们是司法院的内设机关。最高法院掌民刑案件终审（是民刑事的最高审判机关），行政法院负责行政诉讼（一审终审），公务员惩戒委员会审议公务员惩戒案件。某种意义上说，民初平政院的职权被一分为三，行政法院司行政审判，监察院代替肃政厅掌纠弹官吏违法失职，公务员惩戒委员会则对官吏违法失职事件进行审查处理。司法院院长综理全院事务，指

①　南京国民政府的司法院体制参见本章附图 13 - 2，也可参见拙著："民国司法院：近代最高司法机关的新范式"，《中国社会科学》2007 年第 6 期。

②　参见"司法院史实纪要编辑委员会"编：《司法院史实纪要》，（台北）1982 年自刊，第 3 页。

③　在 1946《中华民国宪法》公布之前，南京国民政府虽于 1931 年颁布《训政时期约法》，但其对于政府组织言之不详，故而《国民政府组织法》是当时关于中央政府组织的最高指导规范。

④　夏新华等整理：《近代中国宪政历程：史料荟萃》，中国政法大学出版社 2004 版，第 788 页。

⑤　夏新华等整理：《近代中国宪政历程：史料荟萃》，中国政法大学出版社 2004 版，第 857 页。

导司法行政,并组织最高法院院长及相关庭长统一解释法律、命令。[①]

　　司法院成立之初,原司法部亦隶属于司法院,1928 年 11 月改组为司法行政部,该部就主管事务对地方最高行政长官有指示监督之责。司法行政部部长综理部务,监督高等以下各级法院及分院,以及全国各级检察机构。司法行政部监督权之行使,不影响审判独立。[②] 司法行政部与最高法院、行政法院与公务员惩戒委员会同为司法院内平行单位,故而司法行政部管辖权不及于此三个院会,由其各自院长(委员长)掌理其内部行政事务,由司法院院长综理司法院内的重要行政事务。[③]

　　从司法院设立之初到 1947 年先后颁布《中华民国宪法》和修正《司法院组织法》,关于司法院的权限始终存在三大争议:其一,司法行政权的归属。1928 年司法院成立时司法行政部属司法院,1932 年它被划给行政院,1934 年又回归司法院,直至 1943 年司法行政部最终归于行政院。其二,公务员惩戒委员会的归属。在《中华民国宪法草案》("五五宪草")的草拟过程中,有人认为应让监察院获得"完整的监察权",也就是说除弹劾权之外,它还应拥有弹劾案的审判权,这就意味着需要将公务员惩戒委员会由司法院转给监察院。[④] 据此,1936 年由立法院修正

---

　　① 司法院院长获得了原属于南京国民政府草创时最高法院(北洋时期大理院)院长的统一解释法令的组织权与裁决权,他亲自主持统一解释法令和变更判例会议,并以司法院名义公布解释。依 1928 年《司法院组织法》第 3 条,"司法院院长经最高法院院长及所属各庭长会议议决后,行使统一解释法令及变更判例之权","司法院长为前项会议主席",故而是以会议的方式行使统一解释法令权。参见"司法院史实纪要编辑委员会"编:《司法院史实纪要》,(台北)1982 年自刊,第 2、1181—1182 页。

　　② 参见"司法院史实纪要编辑委员会"编:《司法院史实纪要》,(台北)1982 年自刊,第 7 页。

　　③ 大理院基于最高司法机关地位所获得的自主权(如独立的人事权与预算权)也移转给司法院院长。司法院院长综理事务包括院内司法官的调动权、准立法的规则制定权、相关法律提案权与预算编列权等。

　　④ 相关意见参见高一涵:"宪法上监察权的问题",载俞仲久编,吴经熊校:《宪法文选》,上海法学编译社 1936 年版,第 48—55 页。

通过的"五五宪草"将公务员惩戒排除在司法院职权之外,而转由监察院管辖(第 76、87 条)。[1] 其三,是否仿照美国最高法院一元的司法审判模式,不再区分民刑普通审判与行政审判(公务员惩戒),司法院内不再设立最高法院、行政法院与公务员惩戒委员会。[2]

(二) 1947 年《中华民国宪法》《司法院组织法》颁布之后的司法院

1947 年颁布的《中华民国宪法》在司法机关方面的一大创新是设立了大法官,并由其负责解释宪法和统一解释法律命令,这样司法院就将其抽象规范的解释权(规范控制权)扩大到宪法解释领域(《宪法》第 78、79 条)。同年 12 月修正公布的《司法院组织法》规定解释权由大法官会议行使,该会议由大法官组织之,司法院院长为会议主席(《组织法》第 3 条)。至于长期存在争议的公务员惩戒权仍然归于司法院。

关于司法院是否应掌理司法行政,上述宪法并未言明。1943 年修正《国民政府组织法》以来,高等法院以下法院和各级检察部门的司法行政长期隶属于行政院下设的司法行政部管辖。由于宪法没有明文规

---

① 参见夏新华等整理:《近代中国宪政历程:史料荟萃》,中国政法大学出版社 2004 版,第 987—988 页。

② 比较各国司法制度,司法审判体系有一元和多元之分。美国采用的是一元的司法体系,即所有的诉讼案件,不分民刑、行政或宪法争议,均由统一的司法体系管辖,其最高法院是真正唯一的"最高"的审判机关(终审机关)。而与之相对的欧陆传统,则是普通民刑诉讼与行政诉讼以及其他诉讼多元并行的司法体系,典型如德国,其民刑诉讼由普通法院管辖,终审机关为最高法院;而行政诉讼由行政法院管辖,财税争议由财务法院管辖,劳工诉讼由劳工法院管辖,社会福利问题由社会安全法院管辖,这些专业法院自成系统,有其各自的终审机关。各个法院系统之间互不统属,各司其专业审判领域。我们近代以来的司法制度是直接习自日本,间接取自德国,采用的是多元的司法体系,这也与中国传统的三法司体系有一定暗合之处。但是,"二战"期间我国的盟友为英美法系国家,而敌人则为大陆法系之日、德,因此,社会上有一种思潮认为我们之前是采大陆法系制度,今后应考虑改采英美法系之制度,美国最高法院一元制的审判模式也受到一定程度的青睐。参见翁岳生:"大法官功能演变之检讨",载氏著:《法治国家之行政与司法》,(台北)月旦出版公司 1994 年版,第 414 页。

定司法院掌理司法行政,司法行政部(附带还有各级检察部门)自1943年调整划归行政院便一去不复返。所以司法院虽是宪法上的"最高司法机关",但其司法行政权却是不完整的,只及于其直接隶属的最高法院、行政法院和公务员惩戒委员会。①

1947年3月颁布的《司法院组织法》,本来打算部分吸收英美一元的审判模式,力图革新,规定司法院内分庭,不再设立最高法院、行政法院和公务员惩戒委员会(《组织法》第4条)。可是该法一经颁布,立刻遭到代表既有体制利益的最高法院院长和全体法官的公开抵制。② 国民政府只好于当年12月修正《组织法》,仍然维持司法院内设立最高法院、行政法院和公务员惩戒委员会这三院(会)的旧制(《组织法》第5条)。

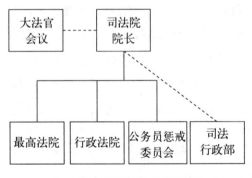

图13-1　司法院的内部组织③

关于司法院的性质,著名学者萨孟武先生有一个精妙的归纳,他

① 司法院后来根据《宪法》第77条司法院掌理民刑审判的规定,要求附属于民刑审判的各级法院掌握司法行政权,但行政院和司法行政部长期对此置之不理。

② 参见李学灯:"释宪纪要",载"司法院"编:《司法院大法官释宪五十周年纪念文集》,(台北)1998年自刊,第713页。

③ 司法行政部有时属于司法院,有时属于行政院,所以其与司法院院长的关系标为虚线;大法官会议是在1947年《宪法》和《司法院组织法》颁布后设立的,在此之前则无,故而其与司法院院长之间的连线也标为虚线;其他的标志为实线。

说："因为国人善于应用归纳法,乃把许多性质不同而应独立的裁判机关均装入司法院之中。"①我们也可以说,司法院是一个筐,国民政府把所有的司法机关、准司法机关均装入这个筐之中,这才造就了一个五权宪法上的"最高司法机关"。但在这"包山包海"的司法院之内,司法行政权、最高审判权(包括普通民刑案件与行政诉讼)、规范控制权三者并未真正集于一体,它们是合中有分,彼此仍发挥一定制衡功能。② 司法院隶属的大法官会议和三院(会)虽然"上戴司法院院长,受其监督"③,但就其职权来说,均属独立。

国民党元老居正从 1932 年至 1948 年担任司法院院长 16 年半,期间还曾兼任最高法院院长、司法行政部部长等重要司法职位。他对于南京国民政府时期的司法体系乃至整个法制的发展,可谓影响至巨。居正早年曾留学日本,学习法政,但他与同样担任过司法院院长的另一党内元老王宠惠不同,留学美国取得博士学位的王宠惠是享誉国际的法学家,而居正则首先是一个国民党人兼民族主义者。针对北洋时期法界形成的"司法不党"惯例,南京国民政府提出"司法党化"的主张;但居正所谓的"党化司法",乃是"淡化因司法党化一词本身所有的政治含义所带来的争议,而代之以司法民族化"。④

五、近代中央司法制度变迁中的断裂与延续

以现代分权的观念看,古代中国的三法司的权限分配十分模糊,清

---

① 萨孟武:《中国宪法新论》,(台北)三民书局 1993 年版,第 263 页。
② 参见苏永钦:"宪法解释方法上的错误示范",载苏永钦:《走入新世纪的宪政主义》,(台北)元照出版公司 2002 年版,第 393 页。
③ 萨孟武:《中国宪法新论》,(台北)三民书局 1993 年版,第 262 页。
④ 参见江照信:《中国法律"看不见中国"——居正司法时期(1932—1948)研究》,清华大学出版社 2010 年版,第 74—75 页。

代刑部在司法体系中居于首位,兼掌审判、司法行政与修律职权;都察院对于公权力行使有关的案件或者官员违法、不当有纠举、参审权;大理寺的职权相对较小,是"慎刑"机关。遇有重大案件则三法司会审甚至"九卿圆审",君主保有最终裁判权。1906年以后,刑部改法部,掌司法行政(民国时期先后更名为司法部和司法行政部);大理寺改大理院,为最高审判机关(南京国民政府时期更名为最高法院)。都察院的职能在民国后为平政院所继承,但在其内部已经分化出独立的肃政厅作为涉及公权力案件的公诉机关,形成审判者与起诉者的分立。南京国民政府时期分权更加细化。平政院行政审判的职能转由行政法院行使,其审判公务员违法与不当的职能则由公务员惩戒委员会所承袭;继肃政厅而起的则为政治地位更高的监察院。南京国民政府时期,关于公务员惩戒委员会应归属于司法院还是监察院存在争议,最后的结果仍是归于司法院,这也符合审判与起诉分权的理性化原则。

回顾中国古代"一法司"→"二法司"→"三法司"的中央司法制度演变,我们可以说近代中国其实是经历了一个逆向的"三法司"→"二法司"→"一法司"的过程,司法行政机关与监察机关逐渐失去了审判权,掌理司法审判权最终归于一个司法机关。清末为刑部、大理寺、都察院"三法司"分享司法审判权,尽管其职权各有侧重。清末司法改革之后到北洋时期则为"二法司"的时代,至此司法行政机关(清末之法部、北洋之司法部、南京国民政府之司法行政部)不再兼理司法审判;大理院是普通审判机关;平政院是特别审判机关,但其仍保留了中国古代监察机关的特色,直接隶属于大总统,内部还设有纠弹机关肃政厅。南京国民政府时期只有一个"法司"——司法院,监察机关监察院不再拥有审判权,在司法院之内三院(会)分别掌理普通民刑诉讼、行政诉讼与公务员惩戒。(其变迁过程见下图13-2)

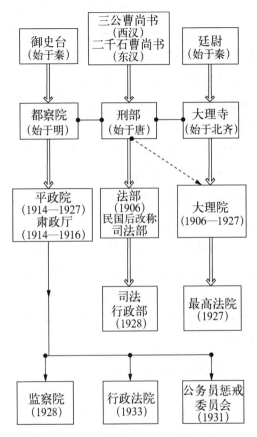

图 13-2　秦汉以来的中央司法机关变迁[①]

　　从三法司到司法院其实也经历了一个从"主权在君"到"主权在民"的过程。秦汉以来,在君主专制日益加深的大背景下经历了从"一法司"到"三法司"的转变,如前所述,其制度日趋复杂化的主要动因是皇帝总是企图超越体制,控制、监督甚至直接指挥司法审判。天子先通过

---

　　① 三法司在近代演变成审判、司法行政与监察三个独立的系统。

监察机关参与、监督审判,再通过其直接指挥的行政系统(尚书台)侵夺大理寺的司法审判权,甚至企图通过在内廷设立审刑院集司法权于自身。北洋时期,想做皇帝的袁世凯设立直接隶属于其本人的平政院肃政厅,也是想复辟古代御史系统,让其插手司法审判。但历史潮流浩浩荡荡,建立民国之后想要复辟帝制已不可能,从"三法司"到"一法司"的制度理性化进程也势不可挡。

总的来说,经过几十年的发展,传统的三法司体系被"西方化"、理性化了,但其中的中国特色仍不可抹煞。

特色1　司法行政权的独特安排

刑部集司法审判与司法行政权于一身,晚清司法改革后,法部与大理院分掌司法行政与司法审判;而北洋时期大理院则保有院务自主权;南京国民政府时期的司法院更集司法审判、准司法审判、规范审查与司法行政多项权力于一身,但在司法院内部则各职权相互独立。这既体现了法律现代化中理性化的一面,又在这个过程中保有了基于自身政治文化背景的特色。①

特色2　司法机关的抽象规范审查权

修律是清代的刑部的重要职权;大理院因为特殊的政治背景取得了抽象的规范审查权,统一解释法律,形同造法;司法院(大法官会议)更将最高司法机关的规范审查权扩展到宪法解释的领域,如此发展,可

---

① 中国人对于权力的独特理解对西方机械的权力分立理论创新性地作出了修正。在西方传统的分权观念下,司法审判属于司法权,司法行政属于行政权,彼此分立。但事实上,司法权很可能会受到司法行政权的不当影响。举个例子,德国联邦宪法法院设立于1950年,到1952年,宪法法院公开发表备忘录,要求摆脱司法部对其内部人事行政以及预算的控制,同时要求宪法法院院长应当与国会两院议长、政府总理等同为国家最高级别的官员,经过漫长的斗争,直至1960年,这些要求才完全得以实现。See Vicki C. Jackson & Mark Tushnet, *Comparative Constitutional Law*, 2nd ed., New York: Foundation, 2006, p. 532. 而我国北洋的大理院就已经拥有完全的人事与预算自主权,司法院更是自始就具有权力和级别上的优越地位。

谓一脉相承。

特色3　特殊审判机关与普通民刑机关审判分立（多元的司法审判模式）

中国早在秦代便由御史大夫作为特殊审判机关，掌理贵族官吏违法犯罪案件的审判，与作为普通审判机关的廷尉分立。北洋时期则是平政院与大理院分立，平政院除掌理行政诉讼外，还有官吏纠弹案件。南京国民政府司法院体制下则是最高法院、行政法院、公务员惩戒委员会分立，分工更加细化。这一方面是基于中国的传统，一方面也吸收了欧陆多元司法审判模式的经验。

制度变迁是法制史研究的重点之一，所谓"变迁"，无非是关于"连续性"与"非连续性"（或者说断裂）的思考。一般而言，传统与现代被看成两个对立的概念，但实际上，二者之间并没有明确的楚河汉界，它们仍有清楚的传承关系。正如有学者所说："现代法律思想或制度虽有其自己的特征，但尚包含以前各时代的遗产；又法律制度或思想上一时代的特征，即为对前时代的反动，或为其补充及继续发展。"传统可能是个包袱，但同时也是变迁的基础与借镜。① 图13-2"秦汉以来的中央司法机关变迁"正说明了20世纪以来的司法改革（包括整个法律体系的现代化）并未完全斩断与传统的联系。中国传统的三法司在西方分权的原则之下进行了重组，这也符合韦伯所谓制度理性化的必然规律。但是，就整个司法、监察组织而言，现代化（"西化"）只是重组了分子结构，并未劈开中国传统的原子。如果从功能，而非结构的视角去看，我们的制度与西方的"样板"更是大大不同。就后一个问题，我在哈佛法学院时曾与邓肯·肯尼迪（Duncan Kennedy）教授先后讨论（争论）了多次，

---

① 参见黄源盛："中国法制史课程结构的回顾及现况"，载黄源盛等：《中国法制史课程教学研讨会论文集》，（台北）政治大学法律学系1993年，第22—23页。

他认为法律全球化本身即是西方制度与文化的入侵(invasion);我则坚持,至少就中国而言,鸦片战争以来列强的入侵只是中国改革的催化剂(catalyst),没有外部的刺激,中国法律传统很难转型,但这并不意味着"强势"的西方制度与文化能够左右中国的转型,在全球化中,我们仍然保有了自己的特色。

第二节　地方各级司法机关与审级制度：从四级三审到三级三审

　　审级制度的合理安排是实现司法正义理想与国家司法统一的前提。审级制度包括两个问题:从中央到地方各级法院的配置("几级法院?")与复审的次数("几审终审?")。一般而言,审级越多,复审(复核)的可能次数就越多,司法裁判便越审慎,判决最终实现司法正义的可能性就越大;而复审次数越多,上级法院(特别是最高法院)参与复审(终审)的概率也越高,越有利于实现司法统一。但法谚有云"迟到的正义是对正义本身的否定"(Justice delayed is justice denied),审级过于繁复很可能造成司法的无效率,反而妨碍了司法正义的实现。就现实而言,一国之内各级法院的普设与复审次数的安排,一方面要与该国既有的版图与垂直的政府组织结构①相配合,另一方面也受到现实的人才、经费与交通状况的制约。中国从清末到1949年以前的审级制度变迁也反映了以上问题:在"学习西方",具体说是学习大陆法系司法体制的大

_____

　　① 所谓"垂直的政府组织机构",也即从中央到地方各级政府组织(如省、市、县)的建制与权力分配。法院的体系因联邦制与单一制国家结构而不同,其审级也常常受到地方建制的影响。

背景下,近代中国创设了"与西方接轨"的审级制度,可审级制度改革
(也包括整个司法改革)的理念由于政治与社会的局限却无法真正变为
现实,甚至理念与现实截然对立,以至于制度不得不设置例外,法外造
法,以迁就现实。但政府也念念不忘司法改革的理想,还创设了各种变
通的制度与机构以谋求补救。终民国之世,虽然原则上贯彻了三审终
审的制度,但省以下地方各级法院的搭建却始终未能上轨道。"困窘与
挣扎"成为近代司法改革的主题词。

一、清末司法改革:从"六级六审"到"四级三审"①

与一般想当然的看法(如"中国古代司法不讲程序,草菅人命")不
同,中国古代的审级制度的设计集中体现了"慎刑"的思想。以清代为
例,发生在地方的死罪案件往往需要经过州县→府→(道)②→按察司
("臬司")→督抚→刑部/三法司③前后六级六审方可完结,最后还需送
皇帝圣裁(勾决),等于七级七审。徒罪以上案件,不论被告是否服判,
都必须解送上司衙门复审,其中相对较重的案件(除无关人命的寻常徒
罪案件之外)至督抚尚不能结案,还需上报中央的刑部核复。④ 这可能
是全世界最慎重的复审制度。可审级的"叠床架屋",不仅导致终局裁
判的迟延,事实上也无益于发现案情真相与最终实现司法正义。所谓

---

① 古代中国的审理层级与现代审级制度有所差异,因古代是"逐级审转""审而不
判"。相关论述可参见郑秦:《清代司法审判制度研究》,湖南教育出版社 1988 年版。

② 案件复审有时经由"道",有时则否。

③ 寻常死罪案件通常由三法司奉旨审核,而情节重大的死罪案件则往往由刑部奉
旨复核。之所以如此安排,是因为情节重大死罪案件往往是"必死"之罪,比较容易处理;
而寻常死罪案件罪犯"在生死之间",需要三法司会商处理。这也体现了"慎刑"的思想。

④ 相关制度参见那思陆:《中国审判制度史》,(台北)正典出版文化有限公司 2004
版,第 11 章"清代的审判制度"。至于民事案件,则往往由州县官一审结,但也可沿府、
道上诉至省的布政使("藩台"),甚至诉到中央的户部。

六级六审大都流于形式,"形同唱戏"。究其缘由,除了外在的因素(如官场氛围等)之外,各级审判官员(除刑部司员外)大都以行政而兼理司法,他们本身并非专家,往往要仰仗幕友,也受制于书吏,而各级官员的书吏、幕友上下一气,因循苟且,便造成司法的僵化与整个司法机制的最终失灵。杨乃武与小白菜一案便是司法机制失灵的典型例子,案情本身并不复杂,可县官初审的偏见与失误却无法被层层的复审所发现,上下蒙蔽、因循,所谓复审只是依样画葫芦,甚至杨家京控,中央发交浙江巡抚,按察使重审,省里将案件移交异地知府、知县"别勘",均无法昭雪冤案,酿成中外闻名的滔天大案。①

有人总结说:"吾国往时,司法与行政不分,民事与刑事不分,检察与审判不分,所谓司法制度,即行政机关审理制度之级数耳……此种制度,重视人命,是其所长,随时可以翻覆,积案不结,又是其短,且最后决定,出君主一人独裁,尤与近代合议制之审判大背。"②

在西潮的冲击下,1902年,清廷开始变法修律,其中的一大动机是借此废除领事裁判权。时人认为列强在中国坚持领事裁判权,是因为清朝法律不良、刑罚严酷、司法行政不分,以及司法审判中漠视程序、民刑不分、滥用刑讯等等,因而也就以为修订法律、改良司法之后,列强能自动放弃领事裁判权。而列强对此也有允诺③,日本更有变法维新后废除领事裁判权的先例。

---

① See William P. Alford, "Of Arsenic and Old Laws: Looking Anew at Criminal Justice in Late Imperial China", *California Law Review*, Vol. 72, No. 6, 1984.

② 王用宾:《二十五年来之司法行政》,司法行政部1936年版,第8—9页。

③ 首先作出这种承诺的乃是第一个在中国攫取领事裁判权的英帝国。光绪二十八年八月签订的《中英续议通商行船条约》第12条规定:"中国深欲整顿本国律例,以期与各西国理论改同一律。英国允愿尽力协助以成此举。一俟查悉中国理论情形及其审断办法,及一切相关事宜皆臻妥善,英国即允弃其治外法权。"参见《光绪朝东华录》,光绪二十八年八月。翌年与美、日、葡等国签订的条约中,亦有内容几乎完全相同的条款。

1906 年清廷仿行宪政，改革官制，下诏："刑部，著改为法部，专任司法；大理寺，著改为大理院，专掌审判。"[1]同年，大理院上《审判权限厘定办法折》，建议采纳以日本为代表的所谓"外国通例"，实行四级三审的审级制度。之所以选择日本或者说大陆法系的司法审判体制，究其缘由，其一，司法改革是晚清仿行宪政运动的一部分，当时日、德是君主保留了大权的所谓二元制君主立宪国，这与英国"虚君"的议会君主立宪体制迥异，更符合清王室的利益，所以在整个制度引进中，晚清政府倾向于向日、德学习；其二，就政治社会传统来说，日、德两国均有政府威权色彩浓厚的特色，与英国"小政府、大社会"的传统不同，更符合中国的国情；其三，日本与中国相邻，文字也有接近之处，便于学习，而且日本由于变法维新以小国战胜大国俄国的经历也深深震动了中国人。通常我们也认为中国在法律现代化的过程中选择大陆法系的体制，是直接习自日本，间接取自德国。

1907 年 11 月法部奉旨颁行《各级审判厅试办章程》，尝试在大理院以下，在地方设立与各级行政机关分立的各级审判厅。1910 年，清廷正式颁布《法院编制法》，仿行日本、德国体制，建立了四级三审的司法体系。[2]该法规定于中央设立大理院、各省设高等审判厅、各府（或直隶州）设地方审判厅、各州县设立初级审判厅以审理民刑案件；相应地设立总检察厅和各级检察厅以行使检察职权。这就打破了数千年传统的司法、行政合一体制。在四级三审制下，轻微的民刑案件由初级审判厅作为一审法院，并可经过上诉程序，地方和高等审判厅则分别为二审和终审法院；其他相对较重大案件则由地方审判厅为一审法院，可依次上

---

① 《清实录》第 59 册《德宗景皇帝实录》（八），卷 564，中华书局 1987 年影印本，第 468 页。

② 参见李启成：《晚清各级审判厅研究》，北京大学出版社 2004 年版，第 66—81 页。

诉至高等法院和大理院。

　　"四级三审制度与六级六审制比较起来,级数即减少了三分之一,审判次数更减少了一半了",这一安排"是比较适合晚清中国国情的";[①]更重要的是,地方各级司法机关得以独立,这改变了以往由地方各级行政机构的"正印官"兼理司法的传统,极大地促进了司法的专业化;检控机关也实现了与审判机关的分离,保证了诉讼中审判官的相对中立性。

　　在1911年辛亥革命之前的短短几年里,清廷在各省省城、商埠设立了各级审判厅。可四级三审的新式审判体系推行之初,便陷入司法经费拮据与合格司法人员缺乏的窘境。晚清捉襟见肘的财政无法支付各级审判厅(法院)建筑与维系其正常运转的费用(如审判官的薪资),法部编订的司法经费预算表形同虚文。尽管废除科举后,学习法政成为"干禄之终南捷径",但社会上有真才实学的法律人才并不充足;传统司法体系中的人员充斥于各级新式审判机关,他们又成为新式法律人才进入审判机关的障碍。[②]《法院编制法》规定的四级三审制度并未得以落实,新式审判机构在全国绝大多数府厅州县未能设立,新设立的审判厅也纷纷面临经费与人才两大难题。

二、民国北京政府时期有名无实的"四级三审制"

　　辛亥革命之后的南京临时政府理论上暂行援用前清的《法院编制法》,实际上则并没有审级方面的统一规定,各地做法不一。孙中山本人则提倡四级三审制,认为不能因为前清采用该制便轻易废弃之,他

---

① 参见李启成:《晚清各级审判厅研究》,北京大学出版社2004年版,第81页。
② 参见李启成:《晚清各级审判厅研究》,北京大学出版社2004年版,第185—192页。

还专门驳斥"轻案可以采取二审制"的看法是"不知以案情之轻重,定审级之繁简,殊非慎重人民命财产之道,且上诉权为人民权利之一种。关于权利存废问题,岂可率尔解决"[①]。民国北京政府(北洋政府)成立后,很快在法制上对四级三审制度进行了修正,初级审判厅被裁撤,改由县知事兼理司法,在省高等审判厅之下设立了各种变通的审判机构。除了政治社会背景之外,这样的修正主要是由于人才与经费的局限。据统计,到1926年,除大理院与设于各省会的23所高等审判厅,以及位于通商要埠的26所高等审判厅分庭之外,在全国仅设立了66所地方审判厅及23所地方审判厅分庭。县知事兼理司法衙门多达1800所。[②]

(一) 地方官制的改订与初级审判厅的裁撤

1914年,为了集权于中央政府,大总统袁世凯下令改订地方官制,将清末以来的府、州、厅、县等各行政区域都归并为县级,中央到地方由原来的中央→省→(道)→府→厅/州/县五级改为中央→省→(道)→县四级。[③]"道"的性质为派出机构,在前清即并非案件审理的必经机关,"府"一级裁撤之后,《法院编制法》规定的各级审判厅与省、府、厅/州/县的对应关系也被打乱。同年4月,由于各省行政与军事长官的倡议,加上司法人才的缺乏与财政等现实因素的考量,政治会议裁撤了原初

---

① 《南京临时政府公报》第34号,转引自张生、李麒:"中国近代司法改革:从四级三审到三级三审",《政法论坛》2004年第5期,第122页。
② 数据参见欧阳正:"民国初期的法律与司法制度",载那思陆:《中国审判制度史》,(台北)正典出版文化有限公司2004版,第342—343页。
③ 参见欧阳正:"民国初期的法律与司法制度",载那思陆:《中国审判制度史》,(台北)正典出版文化有限公司2004版,第339页。

级审判厅。①《法院编制法》也进行了相应修订,改为于地方审判厅内设简易庭,受理原属于初级审判厅一审管辖案件,这其实是将同一法院强分为两级,以贯彻所谓四级三审之制,至此四级三审之制名存实亡。②

(二) 四级审判机关之外的分支审判机关(分支法院)

北洋政府时期除大理院和高等、地方、初级审判厅之外,还设立了各种分支审判机关。凡此种种,皆因事实需要而变通设置。我国版图辽阔,而当时又交通不便,再加上大理院和高等、地方审判厅人力有限,案件积压,各级法院不得不在下级法院或官厅设立分支审判机关以解决现实的问题。

1. 大理分院

各省因距离北京较远或交通不便可以在其高等审判厅之内设置大理分院(《法院编制法》第40条)。大理分院得仅置民刑各一庭(《编制法》第41条)。大理分院推事除由大理院选任外可以由分院所在省的高等审判庭推事兼任,但每庭兼任推事以2人为限(《编制法》第42条)。大理分院各庭审理上告案件如解释法令之意见与本庭或他庭"成案"有异,应函请大理院开总会审判之(《编制法》第44条)。③《法院编制法》第42、44条都是对变通设置的大理分院进行一定的规范,首先,兼任推

──────────

①　当时由热河都统姜桂题发起,会同各省都督、民政长官,向中央提议,因经费和人才两方面的原因,主张分别裁留各省司法机关,具体方案是:"地方初级检两厅及各县审检所帮审员,均宜暂行停办,应有司法事件,胥归各县知事管理,以节经费。至于交通省份及通商口岸,仍设高等审检两厅,延揽人才,完全组织,以为收回领事裁判权之预备。"政治会议折中两个方案,作出决定:"各省高等审检两厅,与省城已设之地方厅,照旧设立。商埠地方厅酌量繁简,分别去留。其初级各厅,以经费人才两俱缺乏,拟请概予废除,归并地方。"参见李启成:"民初覆判问题考察",载《清华法学》第5辑,清华大学出版社2005年版,第190—191页。

②　参见王用宾:《二十五年来之司法行政》,司法行政部1936年版,第9页。

③　相关条文参见(北京政府)司法部编印:《改订司法例规》,司法部1922年版,第61—62页。

事不得过半数①；其次，大理分院的裁判受到"成案"的约束，如果其裁判与"成案"不符，则应交由北京的大理院最终裁决。

2. 高等审判分厅

高等审判厅为一省的最高审判机关，依《法院编制法》："各省因地方辽阔或其他不便情形得于高等审判厅所管之地方审判厅内设高等审判分厅。"（《编制法》第 28 条）高等审判分厅对事的管辖权与高等审判厅本厅相同。高等审判分厅可置民事、刑事各一庭（《编制法》第 29 条）。高等审判分厅的推事（法官）除由高等审判厅选任之外，可以由分厅所在的地方审判厅或临近地方审判厅的推事兼任，但此种兼任推事三人合议庭每庭以一人为限，五人合议庭以两人为限（《编制法》第 30 条）。② 从第 30 条的规定我们可以看出当时司法人员（推事）的缺乏的现实，以至于高等审判分厅推事必须部分由分厅所在地方审判厅推事兼任，其所在地方审判厅推事不敷使用，甚至还可从临近地方审判厅借人。但《法院编制法》仍然试图对这种权宜的办法加以限制，故而规定兼任法官在合议庭中必须是少数。事实上，由于当时司法人才的缺乏，不仅需要由地方审判厅的推事兼差于高等分厅，也可能由高等审判厅的推事兼任于其附设的地方审判厅参与审判。这就造成一个问题：同一名推事可能先后参与同一案件的两级审判，当地方审判厅是第二审时，情况尤为严重，因为如果再由同一名推事参与的高等审判分厅法庭为第三审（终审）判决，等于在事实上剥夺了当事人通过上诉获得公平审判的权利，三审终审的制度有等同于二审终审的危险。当时湖北、江西、河南、陕西等省纷纷提出这个问题，北京政府于是通令各省高等审

---

① 大理院及大理分院审判实行合议制，以推事 5 人组成合议庭审判。
② 相关条文参见（北京政府）司法部编印：《改订司法例规》，司法部 1922 年版，第 60—61 页。

判厅分厅兼任地方庭所为第二审判决之终审应划归高等审判厅本厅受理。① 由此也可看出北京政府在现实的局限之下仍试图贯彻现代司法的理念。

3. 设于道署的高等分庭与附设司法人员

道(守道)乃前清旧有的一级区域,民国成立,道存而未废,总计全国有九十余道。1913 年 1 月北京政府颁布《划一现行各道地方行政官厅组织令》,规定各道之长官为观察使;1914 年 5 月又颁行道官制,在各道设行政公署,其长官为道尹。② 道署是民国北京政府时期省与县之间的唯一行政组织,在各县与省城距离遥远,上诉不便的情形之下,于道署设立分支审判机构,是理所当然的选择。

1914 年 9 月 24 日,北京政府颁布《高等分庭暂行条例》,在《法院编制法》规定的高等审判分厅之外,又规定在距离省城较远的地方,可暂设高等分庭于道署所在地。高等分庭置推事 3 人,以合议方式审理案件。高等分庭对事的管辖权小于高等审判厅及其分厅,民事上诉讼标的与刑事上处罚超过一定限度,则由高等审判厅直接受理。如有移送不便情形时,可以由高等审判厅委托高等分庭代为受理,但其判决仍由高等审判厅核定后方可宣告;当事人若不愿由高等分庭代为受理,也可声明抗告。③

于道署(道尹公署)附设司法人员,乃"补救办法中之补救办法"。由于财政与人才的局限,在全国省与县之间的广大区域里,高等审判厅分厅与分庭并未普遍设立,地方审判厅的设置也是极少的例外。"人民

---

① 参见(北京政府)司法部编印:《改订司法例规》之"高等厅兼任地方庭所为第二审判决之终审划归本厅受理文",第 475—478 页。
② 参见钱端升等:《民国政制史》下册,上海人民出版社 2008 年版,第 480—482 页。南京国民政府成立后,道署在各省先后被废止。
③ 参见钱端升等:《民国政制史》下册,上海人民出版社 2008 年版,第 457—460 页。

上诉每感不便,中央为谋补救计",令各省高等审判厅,就省内各县指定若干县,使其可以受理临县的上诉案件。[①] 但各县级别相同,以甲县作为乙县之上诉机关,其审理上诉之时,难免有因循顾忌之虞。"另置上诉机关之需要日急一日",于是改为在道署设置司法人员以受理一定范围内的上诉案件。该设置以"去省较远而附近又无上诉机关之道"为限,其对事的管辖权受到一定限制,并且规定一旦各处高等分庭设置成立,该司法人员便应立即裁撤。[②]

4. 地方审判厅分庭[③]

地方审判厅分庭之制始于 1914 年,当年初级审判厅裁撤,地方审判厅受理案件骤增,诸多积压;且初级案件归并地方审判厅为第一审,其第三审均上诉于中央的大理院,"不胜其烦"。于是司法部于同年 3 月 13 日饬令前京师地方审判厅在初级审判厅原署设立地方分庭,将初级案件归其管辖。第二年 5 月 7 日司法部又通令各省仿造京师办法一律设置地方审判厅分庭。到 1917 年 4 月 22 日司法部厘定《暂行各县地方分庭组织法》十四条,颁行各省,将此项制度推及各县。至此,所有已设地方法院区域内均得于附近各县政府内设置地方分庭,以县行政功能区域为其管辖区域,即称为某地方审判厅某县分庭(《地方分庭组织法》第 1、2 条)。在其管辖区内原属于初级或地方审判厅第一审管辖的民刑案件,均归该分庭审理(《地方分庭组织法》第 3 条)。对于分庭判决的上诉,原初级一审管辖案件上诉于地方审判厅,地方审判厅一审管

---

① 当时还订立了《邻县上诉制度暂行章程》。参见(北京政府)司法部编印:《改订司法例规》,司法部 1922 年版,第 501—502 页。

② 参见钱端升等:《民国政制史》下册,上海人民出版社 2008 年版,第 460—461 页。

③ 参见秦烛桑编述:《法院组织法》,中国大学讲义 1942 年版,第 123 页;《(司法部)筹设地方简易庭通饬》与《暂行各县地方分庭组织法》参见(北京政府)司法部编印:《改订司法例规》,司法部 1922 年版,第 76—78 页。

辖案件则上诉于高等审判厅或其分厅(《地方分庭组织法》第 5 条)。

(三) 审判厅之外的县级审判机关

1. 审检所①

民国草创,各县并未普设初级审判厅,1912 年 3 月在未设初级审判厅之县,开始设立审检所。审检所附设于县政府之内,除县知事外,设帮审员 1—3 人。帮审员之职务为办理其管辖境内之民刑事初审案件,办理邻县审检所之上诉案件。帮审员除审理诉讼外,不可兼任本县之行政事务。检察事务则由县知事掌理。对于帮审员的裁决的上诉,原初级一审管辖案件上诉于地方审判厅,其距离地方审判厅较远者可上诉于邻县之审检所;地方审判厅一审管辖案件则上诉于高等审判厅或其分厅。1914 年 4 月县知事兼理司法制度颁行后,审检所制度即被废弃。

2. 县知事兼理司法

1914 年 4 月的政治会议裁撤了初级审判厅,同月,北洋政府颁布了《县知事兼理司法事务暂行条例》和《县知事审理诉讼暂行章程》,规定凡未设审判厅各县第一审应属初级或地方厅管辖之民刑诉讼均由县知事审理(《县知事审理诉讼暂行章程》第 1 条)。因县知事事务繁忙,无法专注于司法审判,县政府内又设承审员 1—3 人,助理县知事以审理案件。承审员由县知事呈请高等审判厅厅长核准委用,在事务较简之地方,亦可暂缓设置(《县知事兼理司法事务暂行条例》第 4 条)。设有承审员各县,属于初级管辖案件由承审员独自审判,用县政府名义行之,但由承审员独自承担责任;属于地方管辖案件,可由县知事交由承审员审理,其审判由县知事与承审员共同承担责任。②

县知事作为一县之行政长官而兼理司法,其对于司法事务很难兼

---

①　参见钱端升等:《民国政制史》下册,上海人民出版社 2008 年版,第 614 页。
②　参见秦烛桑编述:《法院组织法》,中国大学讲义 1942 年版,第 120 页。

顾,更有复辟前清地方官集行政、审判与检控权于一身之嫌;助理其之
承审员司法素质与独立性均堪忧,其承审诉讼难免有错误及不公之情
形。① 1914 年 9 月,也就是在县知事兼理司法制度实行后不到半年,北
洋政府即颁布《覆判章程》,规定由县知事审理的刑事案件无论被告人
上诉与否,都须限期将案卷等移送高等审判厅或其分厅审查("覆判"),
以济兼理司法之弊。②

　3. 县司法公署③

　为了进一步革除县知事兼理司法之弊,1917 年 5 月北京政府颁布
《县司法公署组织章程》④,规定凡未设初级审判厅之县原则上应设立县
司法公署(《章程》第 1 条)。⑤ 立县司法公署所在地的所有初审民刑案
件,不分案情轻重均归该公署管辖(《章程》第 4 条)。县司法公署设于
县行政公署内,由 1—2 名审判官与县知事组织之(《章程》第 2、4 条)。
审判官由高等审判厅厅长依《审判官考试任用章程》办理,并呈由司法

---

　　① 民初以来长期任职于司法部门的阮毅成总结兼理司法制度有如下几点弊端:其
一,"以一县之大,由一二承审员包办民刑诉讼、履勘、验尸、执行判决,职重事繁,难期'妥'
'速'";其二,承审员待遇清苦,且不具备法官身份,以致"中才之士"也不愿担承审员;其
三,县长往往干预司法,以彰显其"威信";其四,县政府为行政机关,县长为了达到行政目
的,可能会结交、迁就士绅,由此影响承审员公平判决……参见韩秀桃:《司法独立与近代
中国》,清华大学出版社 2003 年版,第 283—284 页。
　　② 详参李启成:"民初覆判问题考察",载《清华法学》第 5 辑,清华大学出版社 2005
年版,第 187—203 页。
　　③ 参见秦烛桑编述:《法院组织法》,中国大学讲义 1942 年版,第 121—123 页;《县
司法公署组织章程》参见(北京政府)司法部编印:《改订司法例规》,司法部 1922 年版,第
78—79 页。
　　④ 依钱端升等所著《民国政制史》(上海人民出版社 2008 年版),县司法公署制度始
于民国 1914 年审检所废止后,与县知事兼理司法制度同时产生;在制度上前者是原则,后
者为例外(参见该书下册,第 614—615 页);但王用宾、秦烛桑等人均认为县司法公署之创
设乃是济县知事兼理司法制度之弊,始于 1917 年。考虑到《县司法公署组织章程》颁布于
1917 年,笔者采用后一种说法,认为县司法公署制度后于县知事兼理司法制度而创设。
　　⑤ 《章程》第 1 条原文为:"凡未设法院各县应设司法公署。其有因特别情形不能设
司法公署者,应由该管高等审判厅厅长、高等检察厅厅长、或司法筹备处处长、或都统署审
判处长具呈司法部,声叙窒碍缘由,经核准后得暂缓设置,仍令县知事兼理司法事务。"

部任命之(《章程》第 5 条)。关于审判事务概由审判官完全负责,县知事不得干涉;关于检举、缉捕、勘验、递解、刑事执行及其他检察事务,概归县知事办理,并由其完全负责(《章程》第 7 条)。《县司法公署组织章程》长期只是具文,以至于时人批评说正是《章程》第 1 条所谓的"原则"规定造成了"例外"的滥用。[①] 直至 1922 年后各县始有设立,南京国民政府成立后相沿未改。[②]

三、南京国民政府时期的"三级三审制"

　　1927 年南京国民政府成立之初,四级三审制在法制上并未立刻变动,只是改称大理院为最高法院,各级审判厅改称法院。1932 年 10 月 28 日,南京国民政府公布《法院组织法》,根据该法将改行三级三审制,从中央到地方设最高法院、高等法院、地方法院三级,以三审为原则、二审为例外。[③] 地方法院审理案件原则上取独任制,高等法院审判案件为 3 人合议,最高法院为 5 人合议审判(《组织法》第 3 条)。该法颁布后政府迟迟未将其予以施行,其主要的障碍便在于无法普设地方法院。直至 1934 年底,新法仍无法贯彻,于是缩小地方法院权限,增设高等法院分院,以变更管辖。到 1935 年 6 月 11 日,政府明令该法于同年 7 月 1 日施行;旋即又于当月 18 日由司法部颁布训令,准予广东等九省暂缓一年施行。[④] 截至 1947 年,全国设立 37 所高等法院和 119 所高等法院

---

　　① "其章程第一条,即明定得因特殊情形呈准缓设,而开方便法门,而各省多借词不办,其已筹办之少数省份,率复旋即废止,无人理会,……是故终北京政府时代,全国兼理司法之县数恒在百分之九十以上。"王用宾:《二十五年来之司法行政》,司法行政部 1936 年版,第 16 页。
　　② 参见钱端升等:《民国政制史》下册,上海人民出版社 2008 年版,第 615 页。
　　③ 参见郑保华:《法院组织法释义》,上海会文堂新记书局 1936 年版,第 58—59 页。
　　④ 参见钱端升等:《民国政制史》上册,上海人民出版社 2008 年版,第 251 页及第 306 页"注 196"。

分院,只有 748 个县设立了新式的地方法院,绝大多数的县份仍未能建立新式的法院。① 检讨南京国民政府时期的审级制度,除了对此前北京政府的制度进行有限的修补之外,在《组织法》上改名存实亡的"四级三审制"为"三级三审制",其本身也算不得什么了不起的变革。这段时间的主要问题如下。

(一) 县行政长官兼理司法问题

肇始于北洋政府的县行政长官兼理司法制度,其明显弊端至少有三:其一,审检混合不分;其二,承审员位卑俸低,素质堪忧,司法易受行政牵制;其三,律师制度之不适用。② 尽管北洋政府创设了县司法公署以济其弊,但其设置并不普遍,直至 1936 年全国由县长兼理司法者尚有 1436 县。③ 1929 年司法行政部编订《训政时期工作分配年表》,本有分年筹设全国地方法院之六年计划,并以县法院为其过渡组织,但"计划自计划,事实自事实",到 1935 年六年期满,计划全部落空;1932 年颁布之《法院编制法》第 9 条所谓于各县市设立地方法院也只停留在纸面上和理论上。④

但政府也并非完全无所作为,1933 年国民政府考试院公布《承审员考试暂行条例》,通过资格考试对于(助理县长进行审判的)承审员资格进行限制。以中国之大,兼理司法县份之多,普设地方法院于各县明显无法一蹴而就,作为一种过渡的办法,司法行政部草拟了《县司法处组织暂行条例》,并经立法院于 1936 年 3 月 27 日通过,当年 7 月 1 日公布施行。"其编制及法意与民国六年五月间公布之县司法公署组织章程,

---

① 数据参见谢冠生:《战时司法纪要》,司法行政部 1948 年版,"二、"之第 1 页。
② 参见郑保华:《法院组织法释义》,上海会文堂新记书局 1936 年版,第 303—305 页。
③ 数据参见王用宾:《二十五年来之司法行政》,司法行政部 1936 年版,第 19 页。
④ 参见王用宾:《二十五年来之司法行政》,司法行政部 1936 年版,第 16—17 页。

有相似之处。"①根据该《条例》,凡未设法院各县之司法事务,暂于县政府设司法处处理之(《条例》第 1 条)。县司法处置审判官,独立行使职权(《条例》第 2 条)。审判官由高等法院院长于具备相当法律专业资格的人员中选取并呈请司法行政部核准任命,这与原兼理司法制度下承审员由县长(县知事)提请高等法院院长(高等审判厅厅长)任命相较,任命条件与程序更为严格;审判官享受荐任官待遇,根据国民政府官制,这意味着其与县长平级(《条例》第 5 条)。县司法处检察职务则由县长兼理(《条例》第 4 条)。立法院在通过该《条例》时增订一条,明定其施行期间以三年为限(《条例》第 13 条)。立法院法制委员会委员吴经熊对该条例草案的审查报告称:

> 县长兼理司法,确为一种畸形制度,久为世人诟病,自《法院组织法》公布施行后,原期将此种畸形制度一举而廓清之,但因经费人才关系,各县多不能普设法院,以至县司法仍由县长兼理。在此过程中,仍在未设法院之县,暂设司法处,确定审判独立原则,借培将来设法院之初基。同人明此种过渡办法,并非施行《法院组织法》之真精神,惟较县长兼司法似有进步,且仅规定施行期为三年。在三年之内仍请司法行政两院妥筹司法经费,健全法院之组织。②

司法行政部于《县司法处组织暂行条例》颁布后,根据三年的时限通令各省高等法院,自 1936 年 7 月 1 日至 1937 年 12 月底,以 6 个月为一期,分期将各省所有兼理之县改设县司法处;自 1938 年 1 月 1 日起至

---

① 郑保华:《法院组织法释义》,上海会文堂新记书局 1936 年版,第 309 页。
② 转引自郑保华:《法院组织法释义》,上海会文堂新记书局 1936 年版,第 309—310 页。

1939年6月底,以6个月为一期,分期将各省所有县司法处改制为地方法院。[①] 根据"各省第一期改设县司法(处)一览表",第一期全国共改设司法处384县,其中,1936年7月1日,山东、甘肃、陕西三省即全数改设县司法处完毕;国府所在的江苏省则免于改设县司法处,直接开始分期改设地方法院;但仍有7省尚无动作或未将数据呈报司法行政部。[②] 很快,日军侵华的烽火打乱了司法行政部的计划,我们现在无从得知如果没有战争,三年计划能否实现,但可推知第二阶段计划——在全国各县普设地方法院的难度会比设立县司法处大很多。

到1946年,全国除新疆外,县长兼理司法制度已一律废止[③],当年统计在案的有992个县是由附属于县政府的司法处兼理司法的。[④] 1947年全国司法行政检讨会议以县司法处为过渡组织,建议司法行政部定期一律改为正式法院。[⑤] 但建议归建议,现实归现实,南京国民政府统治的最后两年在建设地方法院方面并无大的进展。

(二) 分支法院问题

与民国北京政府时期类似,南京国民政府依然设有各种分支法院,其设置的法定理由仍为"区域辽阔",两个时期的法律条文内容也很接近。如地方法院分院(《法院组织法》第9条)、高等法院分院(《法院组织法》第16条)。制定《法院组织法》时,在最高审判机关(最高法院)是否可以设置分院的问题上存在争议。一方面,"我国幅员辽阔、诉讼繁

---

① 参见王用宾:《二十五年来之司法行政》,司法行政部1936年版,第18页。
② 统计表参见王用宾:《二十五年来之司法行政》,司法行政部1936年版,第21—23页。
③ 参见谢冠生:《战时司法纪要》,司法行政部1948年版,"二,"之第1页。
④ See Ch'ien Tuan-sheng, *The Government and Politics of China*, Harvard University Press, 1950, p. 254.
⑤ 参见谢冠生:《战时司法纪要》,司法行政部1948年版,"二,"之第1页。

多,若终审案件,均以中央政府所在地之最高分院为汇归,深恐寄递稽迟、案件积压,在民事则难免事过境迁、纠纷逾甚,在刑事则更或停囚待决、瘐毙堪虞。故由人民方面言之,尤见最高法院分院有不得不设之势"①。可见这也是一种司法便民的举措,但另一方面,民国经历了二十几年的建设,到南京国民政府时期交通邮政状况也有所改善,而最高法院设置分院在理论与实践上均有害于法制的统一。1930 年 4 月司法院草拟了《法院组织法草案》,中央政治会议据此开列的立法原则第六项规定:"在交通未发展以前,得于距离中央政府所在地较远之处,设立最高法院分院,但关于统一解释法令之事项,应加以限制。"②这是为了避免司法解释不统一造成司法实践领域的混乱。到 1932 年 7 月,司法行政部部长罗文干又拟具《法院组织法立法原则修正案》及说明理由,其中一项是"最高法院不设分院",由行政院转呈中央政治会议重付讨论;于是中央政治会议便将"最高法院之唯一"列为《法院组织法》制定的原则之一,1932 年 10 月颁布的《法院组织法》最终不再设置最高法院分院。③

(三) 二审终审抑或三审终审的争议

本章开篇便提及审级并非越多越好,多设审级有利于法院管辖权的划分④与人民上诉权的保障;但审级的增设将加大对于人力与财政的

---

① 谢振民:《中华民国立法史》下册,中国政法大学出版社 2000 年版,第 1043 页。

② 谢振民:《中华民国立法史》下册,中国政法大学出版社 2000 年版,第 104 页。关于(司法院设立之前)最高法院统一解释法令之权,参见聂鑫:"民国司法院;近代最高司法机关的新范式",《中国社会科学》2007 年第 6 期。

③ 参见谢振民:《中华民国立法史》下册,中国政法大学出版社 2000 年版,第 1045—1049 页。

④ 根据案情轻重划分不同级别法院管辖。

需求,更将造成终局判决的迟延与人民的观望心理。[①] 1927 年武汉国民政府改行所谓"二级二审制",一般案件均以两审终审,死刑案件可以三审终审,随着"宁汉合流",武汉国民政府的这项制度被废弃,但精简审级的呼声并未就此消失。南京国民政府司法院首任院长居正便认为审级制度之繁乃是封建遗迹,"狡黠者挟其财力,一再上诉抗告,致使一起小案也要经年累月。法律保民之宗旨反而为程序繁杂而破坏。长此以往,人民不仅视司法为弊政,进而要对政府失去信仰"。很快晚清以来推行的四级三审制被废弃,改采三级三审制;并设立二审终审的例外规定,以减除人民缠讼之苦。由于法院积案越来越多,又有不少人提出应完全改行二审终审的制度,以求诉讼之早结。但也有不少学者坚持三审终审,其首要理由是:三审制虽有增加讼累的风险,但在当时一审与二审法院很不健全,很多地方还是以县长兼理司法的情况下,保留中央最高法院行使第三审的职权对于人民诉讼权利的保障与司法的统一至关重要。[②]

(四) 巡回审判的设置与废弃

南京国民政府设立巡回法院,始于 1928 年 8 月司法部[③]拟具的《暂行法院组织法草案》,在交通不便的辽阔地区设立法院分院费用较巨,故而司法部考虑酌采"巡回审判"制度以部分代替之。[④] 在草拟《法院组织法》时,曾有人提议设立巡回法院,但巡回审判制度有如下两点不便

---

① "轻微案件,影响于民权不大,多一审级,徒使人民生观望之心,其害一。……审判之原则,判决主谨慎,而执行主敏捷,审级越多,则执行不免迟滞,其害二。"郑保华:《法院组织法释义》,上海会文堂新记书局 1936 年版,第 77—78 页。

② 相关争议参见张生、李麒:"中国近代司法改革:从四级三审到三级三审",《政法论坛》2004 年第 5 期。

③ 1928 年 10 月《司法组织法》颁布后,原司法部改组为司法行政部。

④ 参见谢振民:《中华民国立法史》下册,中国政法大学出版社 2000 年版,第 1039 页。此外,1925 年广州国民政府曾试行巡回法院制度;南京国民政府又于 1928 年批准甘肃省采用巡回法院审理上诉案件。

之处,故而未被采纳:"(1)诉讼发生,宜于随时处理,巡回未及之际,贻误将多;(2)调查证据,往往不能立时完毕,审判开始后,久驻其地,转失巡回之本意。"①以上所引见解在今天看来尤为精辟,英美的巡回审判都是很久之前的司法制度,当时交通不发达,人们前往法院诉讼非常困难,且案件审判所需时间较短;现代社会交通便捷,人们来往法院比较容易,而审理一个案件耗时可能要超过一年,巡回审判制度就不适合了。到 1932 年中央政治会议议定《修正法院组织法原则》时,认为对于外国的巡回审判制度可以"略师其意":有些地方距离法院很远,但平时少有案件发生故而不值得设立法院分院,当地遇有案件可由高等法院及地方法院指派推事前往该地,借用当地官署临时开庭审判。② 1932年《法院组织法》第 64 条据此规定:高等法院或地方法院于必要时得在管辖区域内未设分院地方临时开庭;参与临时开庭的推事除就本院推事中指派外,在高等法院得以其所属分院或下级地方法院推事兼任,在地方法院得以其所属分院推事兼任。但实际上因为高等与地方法院均可设立分院,分院在一定程度上替代了巡回法院的功能,《法院组织法》第 64 条规定的情形只是分院制度的例外与补充,不是真正意义上制度化的巡回审判。

南京国民政府巡回审判制度的真正实行,始于抗日战争时期,当时"战区各地交通失其常态,当事人上诉不便,第二审之审判与其当事人就法官,毋宁以法官就当事人"。1938 年《战区巡回审判办法》及《战区巡回审判民刑诉讼暂行办法》先后由司法院颁行,政府为此还专门致函中华民国驻英、美大使,让他们收集英、美有关巡回审判的资料。根据

① 郑保华:《法院组织法释义》,上海会文堂新记书局 1936 年版,第 243 页。
② 参见谢振民:《中华民国立法史》下册,中国政法大学出版社 2000 年版,第1047 页。

《战区巡回审判办法》第 1 条："高等法院或分院于战区内为谋诉讼人之便利得派推事巡回审判其管辖之民刑诉讼案件。"明定巡回审判适用于战区第二审法院。"巡回审判就其管辖区域内司法机关或县政府或其他适宜处所开庭。"(《战区巡回审判办法》第 5 条)"关于书记官、录事、执达员、检验员、司法警察、庭丁、工役之事务由当地司法机关或县政府派人承办。但巡回审判推事于必要时得酌带法院人员办理。"(《战区巡回审判办法》第 7 条)1944 年司法行政部以"巡回审判除司法本身价值之外能兼收提高人民法律常识之效果",拟在非战区的后方各省交通不便地区推行巡回审判制度,并就此拟定了《高等法院巡回审判条例草案》。但因为抗战旋即结束,1945 年 12 月《战区巡回审判办法》与《战区巡回审判民刑诉讼暂行办法》被废止,巡回审判制度随即终结。①

四、近代审级制度改革的挫折及其缘由

通过对近代中国审级制度变迁的审视,我们发现:依据从外国(主要是大陆法系国家)引进的现代司法理念创设的审级制度无法完全得以实现,基于现实的政治社会、人力财力原因,政府在不放弃现代司法理念大原则的前提下不得不设置例外,用特别法修改一般法。迁就现实的例外反倒成为常态,制度中所谓"原则"(理念)变得"毫无原则";在实践中发挥效力的是特别法(如条例、暂行章程等),而一般法(《法院编制法》《法院组织法》)描绘的四级三审或三级三审制度成为一个美好的远景(理想),在"六法全书"中聊备一格。

兼理司法制度是这其中最典型的例子,由县长(县知事)及其下属兼理司法事务,本来只是一个权宜的办法,因为纠纷的发生不能等到普

---

① 上述抗日战争时期国民政府巡回制度,参见谢冠生:《战时司法纪要》,司法行政部 1948 年版,"五、"之第 1—2 页。

设新式法院之后才有,于是在政府有足够的经费与人才之前,暂时规定兼理司法制度,结果却是"权宜之计"的长期化。事实上,直至1949年,中国绝大多数的县,始终未曾建立新式法院。这造成了司法体制的分裂:在各省会和重要城市,都有新式的法院,施行新式的诉讼程序;"但在其他大多数的城乡,法律的执行与诉讼纷争的解决,相较于前清时代,进展可能并不太多"。①

同时,新式法院在设立之后,在文化上并未获得民众的积极认同:

> 吾国司法,方在萌芽,基址未臻巩固,非常之原,又为黎民所惧闻,人且侈为平议,矧在庸流,通都尚胥动浮言,矧为僻壤。况法律知识未尽灌输,骤语以宪法之条文,共和之真理,鲜不色然骇者。至于法院,则更多不识其名。②

而新式法院的设立并不必然伴之以司法公正的实现,"司法规范化除了引发成本、效率问题外,还产生了程序正义与实质正义之间的矛盾";"直到1937年,中国的民事和刑事诉讼法仍完全不符合社会需要。同时,繁缛的诉讼手续也增加了司法系统和老百姓的负担。不仅普通人无法理解,就连法官也认为这些手续没有必要,有碍司法发展,并且使积案越来越多"。③ 而劣质法官之为祸有甚于前清之父母官,"司法独立"的理念与制度设计竟成了法官们枉法裁判、徇私舞弊的护符:

---

① 参见欧阳正:"民国初期的法律与司法制度",载那思陆:《中国审判制度史》,(台北)正典出版文化有限公司2004版,第345页。

② 北洋时期司法总长许世英语,转引自韩秀桃:《司法独立与近代中国》,清华大学出版社2003年版,第233页。

③ 〔美〕徐小群:《现代性的磨难:20世纪初期中国司法改革(1901—1937)》,中国大百科全书出版社2018年版,第12—13页。

司法独立之本意,在使法官当审判之际,准据法律,返循良心,以行判决,而干涉与请托,无所得施……建国以来,百政草创,日不暇给,新旧法律,修订未完,或法规与礼俗相戾,反奖奸邪。或程序与事实不调,徒增苛扰。大本未立,民惑已滋。况法官之养成者既乏,其择用之也又不精,政费支绌,养廉不周,下驷滥竽,贪墨踵起。甚则律师交相狼狈,舞文甚于吏胥,乡邻多所瞻徇,执讯太乖平恕,宿案累积,怨仇繁兴,道路传闻,心目交怵。……今京外法官,其富有学养、忠勤举职者,固不乏人。而昏庸尸位,操守难信者,亦所在多有,往往显拂舆情,玩视民瘼,然犹滥享保障之权,俨以神圣自命,遂使保民之机关,翻作残民之凭借。岂国家厉行司法独立之本意哉?①

在当时的社会文化背景下,民众心理与现代司法理念有隔膜,而法官素质不高与司法腐败的现实又加剧了民众对于现代法院与法官的不满。在这样的背景下,现代审级制度的建设乃至整个司法体制改革必将触礁。综观民国司法史,"一系列司法改革提案未能尽付实施,整个国家政治生活中,司法腐败是受社会指责最多的对象之一",这也是导致民国政府失去民心的主要原因之一。②

从另一个角度来看,民国政府尽管用条例、"暂行办法"去修正司法改革的理念,在法定审级之外设立各种分支法院,创设兼理司法制度,但在司法体制的大法(《法院编制法》《法院组织法》)条文中始终维持着

---

① 转引自李启成:"民初覆判问题考察",载《清华法学》第5辑,清华大学出版社2005年版,第189页。

② 参见张仁善:《司法腐败与社会失控(1928~1949)》,社会科学文献出版社2005年版,第6页。

四级三审或三级三审的原则,这看似虚伪,但其不肯放弃理想的一面也值得我们重视。民国政府在迁就现实的过程中创设了无数的例外,但其也努力规范例外:县政府附设审判人员素质不佳,无法独立审判,便通过资格考试制度加以规范,并提高审判人员级别待遇以求"独立";为革除兼理司法之弊,进而又创设了县司法公署与县司法处以代替之。高等审判机关分支法院与地方审判机关推事不足不得不互相兼任,又立法规定兼任推事在合议庭中必须是少数。分支法院兼任推事有参与两级审判的可能,审判机关就将这类案件的二审管辖权由分支法院收归本院。最高审判机关的分支法院有害于司法统一,于是在南京国民政府制定《法院组织法》后终被废弃。尽管改三审终审为二审终审的呼声始终未曾停息,但鉴于一审与二审法院建制尚未完善,审判质量堪忧,当局为保障人民诉权与司法统一始终不肯废除三审终审的制度。"集中和统一是司法公正在制度层面的保障。因此,终民国之世,司法领域始终努力追求司法权的集中统一。"①

第三节　公法诉讼

一、选举诉讼中的"司法造法"②

(一) 总论

中国之引入西方议会制度(包括相应的议员选举与选举诉讼制

---

①　〔美〕徐小群:《现代性的磨难:20 世纪初期中国司法改革(1901—1937)》,中国大百科全书出版社 2018 年版,第 7 页。

②　参见聂鑫:"民初选举诉讼中的'法官造法'",《中外法学》2018 年第 3 期。

度),始于清末各省咨议局与中央资政院的组建。从 1909 年首次办理咨议局议员选举到辛亥革命,仅有两年的时间;可以说,民国成立时的议员选举经验实在是太欠缺了。更何况,作为"远东第一共和",民初的选举法规也充分体现了"激进共和主义",其普选程度甚至可以比肩欧美先进国家。与晚清相较,民初行使选举权与被选举权的资格门槛在年龄、财产、受教育程度以及设籍时间等方面都大大降低,选民人数也由此大为增加;不过与此同时,办理选举的技术与人民的民主政治意识并未有太大长进,中央与地方政府官员上下其手、操纵选举,候选人贿选、控制票匦、以暴力胁迫选民投票,以及因选举舞弊而发生的斗殴时有发生。① 在欠缺基本民主选举经验与文化的现实背景下搞民主"大跃进",难免在选举的过程中发生"律例有定,情伪无穷"的难题。

　　为维系议员选举的公正及议会的合法性,选举纠纷必须由一个中立的机关予以公正而有效的裁决。大理院在选举诉讼领域扮演的角色,与其在民事、刑事案件中有很大的不同。选举乃是数千年未有之新鲜事,绝非简单移植而来的选举法令所能规范。而选举诉讼制度的缺陷,则导致在具体运作中经常发生困难,例如诉讼者无法正确区分选举诉讼和选举犯罪,常常将选举纠纷交由检察机关受理,导致"分歧百出""耽误时日";再如,"选举法对于选举诉讼的处理时间只有'选举诉讼应先于各种诉讼事件审判'的规定,没有具体日期的规定,容易导致各级审判机关久拖不决,选举诉讼事件不断升级,演变为更大风波"②。大理院在选举诉讼中不仅要解决纠纷,确保公平选举,它作为最高司法机

---

　　① 参见张朋园:《中国民主政治的困境 1909—1949:晚清以来历届国会选举述论》,吉林出版集团有限责任公司 2008 年版,第 77—81、127—165 页。
　　② 叶利军:《湖南近代选举史(1908—1948)》,湖南人民出版社 2015 年版,第 190—191 页。

关,除严格阐释法律外,还要填补法律漏洞乃至创新规范,使民主选举制度得以运转。

据笔者粗略统计,从 1912 年到 1927 年,在大理院所作的 2012 件解释例中,至少有 50 件直接涉及选举问题的解释例,约占总数的 2.5%,其中不乏不厌其烦地就同一问题反复解释、申明者;在大理院公布的约 3900 个判例要旨中,涉及选举问题的,至少有 72 个判例要旨(这些要旨源于大理院所作的 32 个判决),约占总数的 1.8%。这些解释例和判决例涉及法律包括《参议院议员选举法》《众议院议员选举法》《省议会议员选举法》《县议会议员选举规则》及各法的《实施细则》等。大理院在作出判决书与司法解释时,也经常引用之前的判例或解释例,并要求下级法院参照适用,以反复申明、增强其"补充立法"之权威。在大理院关于选举诉讼的 32 个判决中,有 10 个判决是"一判多例",也即从一个判决书中抽象出多个判例要旨,作为之后各级法院一体遵行的选举规则。这其中最引人注目的,是七年上字第 889 号判决,从该判决中居然抽象出 19 条判例要旨。由此可见大理院在选举法领域"补充立法"之积极有为;亦可反观当时选举立法之粗疏,以至于在实际选举事务中疑问重重。由于不同类型的民意代表(参议员、众议员、省议会议员、县议会议员)选举规则与选举诉讼程序不完全一致,所以大理院在解释与判决中,不得不就同一规则是否适用于不同类型的议员选举纠纷反复澄清。

(二) 分论

1. 选举诉讼的管辖与程序

将选举争议的管辖权赋予司法机关或准司法机关——不管是普通法院、行政法院、宪法法院还是特设的选举法院与选举委员会,其目的均在于由一个相对独立于政治部门(立法、行政机关)的专业机关来解决选举纠纷;就民国初年的现实而言,唯一能担此重任的便是大理院以下各级普通审判机关。在当时中央权力不振、军阀割据的背景下,各级法官仍由中央任命,整个司法体系在原则上不受地方的干预,各地选举诉讼的法律疑义循上诉和司法解释的程序,由位于司法体系顶端的中央大理院通过终审与解释来"补充立法",这几乎是实现国家选举法律解释与适用一致的唯一可行途径。

　　本来选举法规的解释权属于参议院,但由于选举法规粗疏,在办理选举中疑义甚多;而参议院事务繁多,不可能及时一一解答有关选举法条文之疑义。1912 年 9 月,参议院根据大总统的提请作出相关答复:"为行政便利起见",同意关于选举法律"条文上之解释","径由国会事务局办理"。[①] 可是,作为选务机关的筹备国会事务局并非常设机关,且隶属于行政部门;其在专业性与独立性方面,与普通法院相较难免居于下风。通过行使选举诉讼的终审权与抽象的司法解释权,大理院获得了选举法规之解释权。有趣的是,筹备国会事务局有时会主动提请大理院解释选举法。[②] 而大理院在选举法的解释权上,对筹备国会事务局并未"投桃报李",反而在判例中宣告:"选举监督布告及筹备国会事务局解释,无法之效力。"(七年上字第 890 号判决)[③]

　　选举诉讼虽具有公法性质,在当时则准用民事诉讼程序,由作为普通法院的大理院及各级审判厅掌理,可谓是"形式上的民事诉讼"。考虑到"公法之发达,乃是非常晚近之事,故其实体法或程序法均未能齐全完备。因此,公开适用私法,虽有人反对,但在不影响公法性质的范围内,适用私法乃是公法独立建制以前无法避免之事。况且法律有其

---

　　① 参见杨华松:"民初筹备国会事务局研究",陕西师范大学硕士学位论文,2014 年,第 18—19 页。

　　② 如大理院第 944、1517 号解释,都是直接回复给筹备国会事务局的。

　　③ 郭卫编:《大理院判决例全书》,中国政法大学出版社 2013 年版,第 193 页。

共通之原理原则,在不妨碍公法目的之达成下,选举与罢免诉讼准用民事诉讼程序,实乃无可厚非"①。在终审裁判与解答下级法院或其他机构提出疑义的过程中,大理院准用民事诉讼程序来处理公法问题,大胆地对涉及核心政治问题的选举制度进行司法续造,堪称民国司法史上的奇迹。

　　大理院在选举诉讼中准用民事诉讼程序最极端的例子,乃是其宣告:选举诉讼既然准用民诉程序,故而遵循意思自治原则,法院"采不干涉主义","自应许其和解";甚至"合约与判决相反者,仍从合约,毋庸执行判决"。(第 1009、1863 号解释)②其实,由于选举诉讼涉及公权,能否采民事诉讼之不干涉主义在理论上争议很大;大理院在这个问题上,有过于固执于民事诉讼之形式,忽略了公法诉讼之实质的嫌疑,但由此亦可看出大理院司法解释权之强悍。不过,大理院在选举事务上也并未大包大揽,针对政治性更强的议会议长选举争议,大理院先后通过多号解释(大理院第 881、905、975、1187、1632 号解释),反复强调各级议会成立后,其议长、副议长选举争议乃议会自治事务,不属于选举诉讼管辖范围。与此同时,大理院还将议长、副议长选举舞弊问题除罪化,声明刑法上妨害选举罪仅适用于国会及地方议员之选举,排除了议长选举中检察机关(与审判机关)的干预。③

―――――――――――

　　①　刘昊洲:《我国选举罢免诉讼制度》,(台北)五南图书出版公司 1990 年版,第130 页。

　　②　参见郭卫:《民国大理院解释例全文》,吴宏耀等点校,中国政法大学出版社 2014年版,第 881、1313 页。

　　③　"选举议长效力","应查照《省议会暂行法》第 36 条,检举犯罪与该项选举效力及议决案无关,惟《刑律》妨害选举罪,应以国会及地方议会议员之选举为限(议长选举舞弊并非刑法上的妨害选举罪)。至本院解释,除《法院编制法》35 条但书情形外,自有拘束效力"。参见"大理院第 975 号解释",载郭卫:《民国大理院解释例全文》,吴宏耀等点校,中国政法大学出版社 2014 年版,第 790 页。

2. 诉讼程序与选举规则的"司法续造"

选举诉讼乃是政治问题司法化的典型范例,选举事务的高度竞争性造成参选者不停地游走在法律的边缘,立法者所意想不到的状况亦时有发生,法官裁判在很大程度上也包含政策选择与政治平衡的成分。在民国初年的选举诉讼领域,大理院以条文有限且文义模糊的成文法规则为基础,通过判例和解释例赋予大理院以下各级审判机关以普遍的管辖权,并规范选举诉讼程序,补充选举规则,具体包括选举诉讼与妨害选举罪的区隔、起诉资格与起诉权、诉讼时效、审级与上诉制度、候选人与选举人的资格认定、办理选举人员之行为规范与回避问题、投票时间、选票认定与计票规则、投票与开票之规范、冒名投票与代理投票的处理等等,可谓全方位的司法造法。

大理院对于选举诉讼的管辖权也遭到政治部门的非难与阻挠,国会与大总统甚至通过法案来限制选举诉讼的审级,进而剥夺了大理院对于参众两院议员选举诉讼的终审权。尽管如此,大理院仍然顶住政治压力,克服现实困难,继续通过判例与解释例对于中央、省、县各级议会议员的选举法规进行司法续造。大理院在事实上取代中央选举机关(筹备国会事务局),成为选举规则的有权解释机关,因而在一定意义上集司法、立法与行政权力于一身。在选举诉讼并无独立、完整的法定程序,初审机关普遍以地方行政长官兼理司法的窘境下,大理院"因陋就简"地准用民事诉讼程序,通过公布具体案件的判例要旨与抽象的司法解释,澄清选举规则,规范诉讼程序,并采用异地管辖与指定管辖的变通方式,以解决县知事回避的问题;即使在迅速结案的政治压力下,大理院依然通过创设上诉与再审的程序,来保障当事人的权利与选举的公正有效,实现国家选举法制的统一。

关于大理院在选举诉讼中的司法造法,以下试举两例说明。

（1）选举人与候选人的文化水平要件

尽管民初中央与地方议会选举的普选程度已经相当高，但是当时对选举人及候选人资格仍有一定的财产或受教育程度的限制。例如1912年颁布的《众议院议员选举法》第 6 条与《省议会议员选举法》第 5 条均规定："不识文字者"，"不得有选举权及被选举权"。① 但关于何谓"不识文字"，仍有一定争议，大理院则通过判决例进一步明确其含义："所谓不识文字者，自系于通常表示意思之文字不能知其义之谓，并非专指目不识丁者而言。故凡仅能自写姓名、年籍、数字或诵读书状术语，而通常文义茫然不知者，即为法律所规定之不识文字，不得任其有其省议会议员选举权及被选举权。"（七年上字第 1212 号判决）②

（2）冒名投票的法律后果

在现实的选举过程中，冒名顶替投票的情形时有发生，而管理、监督投票者也无法一一甄别清楚；一旦此种情形被发现，可能会引发选举无效之诉讼，对此大理院认为只有违法投票足以影响选举结果，或确有选举舞弊，方可认定为选举无效。其一，违法投票及违法未投之票，若于选举结果无影响，不能认定其他合法投票及已足法定票数之当选无效："违法投票，但将该票除去，而当选人所得之票数及未投之票于选举结果均不能有所动摇，自不得因有一票违法或有一票未投，遂将其他合法投票及已足法定票数之当选认为无效。"（十一年上字第 61 号判决）③其二，"如有选举人请假，他人冒名替投"，而"当选人所得票数，除去冒

---

① 参见江苏公民监视选举团编：《选举法规》，中华书局 1921 年版，第 26—27、74页。《众议院议员选举法》第 5 条甚至规定：在蒙古、西藏、青海，除具备法律规定的一般候选人条件外，必须"通晓汉语"，方可被选为众议院议员。

② 郭卫编：《大理院判决例全书》，中国政法大学出版社 2013 年版，第 202 页。

③ 郭卫编：《大理院判决例全书》，中国政法大学出版社 2013 年版，第 204 页。

投之票,仍满法定数额者,尚非票数不实,当选系属有效"(大理院第1570号解释)①;"冒名顶替投票,该被扣之人在未扣以前系冒投,苟办理选举人员并无故纵情弊,尚不能使选举效力因之动摇"(七年上字第889号判决)②。其三,"有选举人确因特别事故未能到场投票,而在报到簿中,乃有以该选举人名义签到、投票、选票之事实,其为冒替可知",但不能简单推测此乃选举舞弊,因而选举无效;是否选举无效,"应以管理员及监督员是否知其冒替,未令退出为断"(大理院第1767号解释)③。

3. "司法造法"之极致:"一判多例"的七年上字第889号判决

由于选举实务中的疑义实在太多,大理院甚至不得不在一个具体案件的判决中创设多个抽象的规则(判例要旨),形成"一判多例"的奇观。如前所述,大理院在其所作出的32个选举诉讼判决中,抽象出判例要旨72条;这其中"一判多例"的10个判决,总共贡献了40条判例要旨。在七年上字第889号判决中,大理院"裁判造法"权力之运用达到顶峰。其通过一个判决抽象出判例要旨19条,补充立法涉及《参议院议员选举法》《众议院议员选举法》等多项法律;内容涉及选举无效诉讼应以谁人为被告、初选之诉讼时效、选举监察员能否当选、选举名册誊本之疏漏、多设票匦是否合法,以及多种选举无效之判断标准等方方面面。在该号判决中,除前文已引用者外,还包括如下关于选举无效的判断标准:"违法舞弊须出于办理选举人员积极或消极之行为,始为选举无效原因";"违法舞弊须碍及该选举全体正当之结果,始为无效";"判定选举资格虽有未当,亦不得即指为舞弊";"选举人资格虽有未符,而

① 郭卫:《民国大理院解释例全文》,吴宏耀等点校,中国政法大学出版社2014年版,第1150页。
② 郭卫编:《大理院判决例全书》,中国政法大学出版社2013年版,第198页。
③ 郭卫:《民国大理院解释例全文》,吴宏耀等点校,中国政法大学出版社2014年版,第1256页。

于全体无涉者,不为无效原因";"判定选举资格未登报公布者,不为无效原因";"选举监督莅场少疏,不为无效原因"。①

民初大理院在选举诉讼领域如此"有为",这在国会屡被解散、政府"阁潮"连连、选举法制极不完备、选举经验奇缺、贿选丑闻不断的民国北京政府时期,可谓是个"异数"。

二、行政审判与文官保障制度的司法实践②

(一) 概述

民国草创,中国虽然引入了西方的文官独立与身份保障制度,但由于政局动荡、立法粗糙,加之政党政治的幼稚与军阀的专横,政府文官体系的专业性与稳定性均遭遇严峻的威胁。平政院以其脆弱的法理基础,居然卷入政治风暴的中心,积极受理涉及文官保障的行政诉讼;并毅然宣告内务部与交通部文官的大改组与大换血行为违法,对其处分予以变更或撤销。由此,通过判例(而非立法),平政院在政治上与法律上确立了其管辖权,并在第一时间消除了政党分赃的隐患。

在审判实践中,平政院不仅审理行政机关与行政相对方的外部行政争议案件,也审理行政机关内部的争议案件,包括行政机关对于其官员的重大身份处分行为(如降等、停职、免职等),以及行政机关之间的权限争议(至于较轻微的惩戒处分争议,如事关减俸与申诫者,平政院通常不予受理)。尽管在文官惩戒实务中,绝大所数的惩戒案件由高等

---

① 郭卫编:《大理院判决例全书》,中国政法大学出版社 2013 年版,第 191—192、197—199 页。

② 参见聂鑫:"平政院裁判与近代中国文官保障制度的司法实践",《华东政法大学学报》2017 年第 2 期。

及普通文官惩戒委员会裁决结案。[①] 但仍有少数特别有争议的案件会由当事人提交行政审判，并得到平政院的受理。

据学者整理、统计，从 1915 年到 1928 年 14 年间平政院所作出的行政诉讼判决书共有 187 件，其中涉及人事资格争议的有 22 件，占总数约 12％，所占比例并不算小。[②] 笔者仔细翻阅以上 22 件人事资格诉讼，其中涉及公职人员身份保障的有 13 件（其余为学生和僧侣的人事争议）；其中变更原机关处分的有 3 件，取消原机关处分的有 7 件（包括司法部对一名高等审判厅厅长的处分），维持原机关处分的有 3 件（包括县议会副议长、省禁烟局所委派之县禁烟委员、县通俗教育演讲所职员）。[③] 考虑到维持原处分的案件当事人均不具备文官资格（或文官资格在此前已被取消），事实上涉及文官（含法官 1 人）身份保障的案件共有 10 件，其中取消（撤销）原处分判决 7 件（占 70％），变更原处分判决 3 件（占 30％），无一例案件维持原处分。与全部 187 件案件中，维持原处分占 54％、取消原处分占 24％、变更原处分占 22％相较[④]，平政院在审理文官身份案件中的判决应当说是相当激进。

虽然平政院受理并作出裁判的案件总体来说非常少，其中涉及文官保障的案件平均下来一年不到一例，但平政院通过对于典型文官处

----

①　以 1914—1916 年的数据统计，每年仅高等文官惩戒委员会就会作出 100—200 件的裁决，其中有半数以上涉及文官身份的褫夺或降等，而裁定不受惩戒或免于处分的仅约占 5％。统计数据参见陈广华："袁世凯政府时期的文官惩戒制度研究（1912—1916）"，河南大学硕士学位论文，2009 年，第 38 页。

②　数据仅为平政院审理并作出裁判的案件，不包括事实上占了大多数的被平政院驳回的案件。参见黄源盛："平政院裁判书整编与探讨"，载黄源盛：《民初大理院与裁判》，（台北）元照出版有限公司 2011 年版，第 382—383 页。

③　所有判决书参见黄源盛纂辑：《平政院裁判录存》，（台北）五南图书出版有限公司 2007 年版，第 901—1001 页。

④　统计数据参见黄源盛："平政院裁判书整编与探讨"，载黄源盛：《民初大理院与裁判》，（台北）元照出版有限公司 2011 年版，第 384—385 页。

分案件的实体正义与程序合法性的审查,保障了文官的合法权益,并通过判例确立了文官保障法制的标准,弥补了相关立法的浅陋。与"准司法机关"文官惩戒委员会所作出的大量惩戒决定相较,平政院的司法裁判作为"关键的少数",在一定意义上提供了"案例指导"的典范,对于整个文官保障制度的实践起到了不可替代的作用。

(二) 案例

1. 内务部大改组案与平政院管辖权的确立

1916 年袁世凯复辟帝制失败而亡,"再造共和"后,在反对袁世凯复辟中表现积极的孙洪伊被任命为内务总长。孙洪伊认为内务部官员在朱启钤担任内务总长(兼袁世凯登基大典筹备处处长)时参与复辟大典特别积极,所以要整顿部务,清理之前"附逆"者。孙氏于 1916 年 9 月 8 日发布将参与帝制的 64 人停职的部令,是为内务部大改组案。

尽管面对国会议员的质询与平政院审理该案件的双重压力,孙洪伊依然提出非常尖锐的辩护意见,根本质疑平政院对本案的管辖权:其一,"平政院只能受理人民与官吏之诉讼,不能受理属员与上官之诉讼",故而被解职文官不具备行政诉讼的主体资格;其二,平政院乃是袁世凯的政治遗产,"平政院之机关将来宪法上未必存在,平政院既根本摇动,此等诉讼案件届时自然随之消灭"。需要特别强调的是,孙洪伊甚至未依据平政院的要求提出正式答辩书,而是"以部门之间咨文的形式予以回复",这也表现出孙洪伊对于平政院管辖权的质疑。①

平政院经过全体会议讨论,认为行政诉讼对于人民权利的保障,除法律明文规定的例外,也应及于官吏,故而被停职文官有权诉诸平政院。平政院裁判书抓住了内务部拒绝提出答辩书的程序瑕疵,指出"被

---

① 参见张超:"政治和法律的互动:孙洪伊与 1916 年平政院受理的内务部停职案",《北京社会科学》2014 年第 8 期。

告对于原告经本院咨送诉状副本迄今未依式提出答辩,应认为自行抛弃答辩之权利"。平政院认定内务部处分违反法令且超越权限("蔑视大总统职权"),裁判取消内务部的处分,并宣告:"虽依据通常行政法理,部长于所属贤否,行使其监督权以为考核固非所禁,如认有必须解除其职者,则应于法律上有正当明确之事由;系荐、简任各职又应呈奉大总统令公布照准;即职属委任,亦不得无故勒停。"①

平政院于作出裁判后,孙洪伊坚持不肯配合,总统黎元洪、总理段祺瑞以及多名国会议员均卷入此一政治难题,最终以内务部长孙洪伊免职,连带国务院秘书长徐世铮、总统府秘书长丁世峄(与孙洪伊同一派系)去职而告终。② 政治斗争的最终结果在客观上树立了平政院的权威,确立了其管辖权,之后再也没有当事人针对平政院的相关管辖权提起抗辩。

2. 徐某免职案与不当处分的实质审查

原告徐某为交通部佥事,无故"奉部令免职","另候任用"。经平政院审理查明:"本案免官之处分既无任何理由,并不依据法律,殊欠公允","且于免官后已历一年之久,尚未派有他项职务,是部令另候任用一语,亦仅托诸空言",故对于其处分"应予取消"。③ 在本案判决书中,平政院除审查实体问题外,还强调了应依法定程序办理惩戒。

3. 周树人诉教育部案与正当惩戒程序的司法保障

1926 年发生的周树人(鲁迅)诉教育部案,可谓轰动一时的案件。鲁迅时任教育部佥事,同时兼任国立女子师范大学教员。当时教育部

---

① 黄源盛纂辑:《平政院裁判录存》,(台北)五南图书出版有限公司 2007 年版,第920 页。

② 参见丁中江:《北洋军阀史话》第 2 册,商务印书馆 2013 年版,第 319—322 页。

③ 参见黄源盛纂辑:《平政院裁判录存》,(台北)五南图书出版有限公司 2007 年版,第 991—984 页。

停办女子师范大学,引发学生抗议活动;鲁迅作为教育部官员,被认为有"勾结学生""反抗部令"的行为,因此被教育部总长章士钊径行呈请免职。当时章士钊身兼教育部与司法部总长,得到总理段祺瑞的支持;而鲁迅以教育部部员公然对抗本部行政命令,事实上违反了文官中立的原则,依法应受处分。但周树人抓住了将其免职的处分与法定程序不合的漏洞,最终在行政诉讼中胜诉。① 平政院判决:"被告停办国立女师大学,原告兼任该校教员是否确有反抗部令情事,被告未能证明,纵使属实,涉及文官惩戒条例规定范围,自应交付惩戒,由该委员会依法议决处分,方为合法。被告遽行呈请免职,确与现行法令程序不符。"至于被告辩称的"原拟循例交付惩戒,其时情形严重,若不采用行政处分,深恐群相效尤",平政院认为:"原告果有反抗部令嫌疑,先行将原告停职或依法交付惩戒已足示儆,何患群相效尤,又何至迫不及待,必须采用非常处分?"故裁决"被告呈请免职之处分属违法,应予取消"。②

平政院在审理这类典型案件时,侧重于审查作出处分机关的程序瑕疵,至于在实体上该处分是否有理则在所不问。在审判中对于正当惩戒程序的坚持,在客观上有利于引导各政府机关依法处分文官,也有利于树立文官惩戒委员会的权威。

---

① 参见黄源盛:"平政院裁判书整编与探讨",载黄源盛:《民初大理院与裁判》,(台北)元照出版有限公司 2011 年版,第 385 页。

② 参见黄源盛纂辑:《平政院裁判录存》,(台北)五南图书出版有限公司 2007 年版,第 995—998 页。

图书在版编目（CIP）数据

中国公法史讲义 / 聂鑫著 . —北京 : 商务印书馆，
2020
ISBN 978-7-100-18722-0

Ⅰ . ①中… Ⅱ . ①聂… Ⅲ . ①公法－法制史－中国－
教材 Ⅳ . ① D929.7

中国版本图书馆 CIP 数据核字（2020）第 116465 号

权利保留，侵权必究。

中国公法史讲义

聂 鑫 著

商 务 印 书 馆 出 版
（北京王府井大街 36 号　邮政编码 100710）
商 务 印 书 馆 发 行
南京鸿图印务有限公司印刷
ISBN 978-7-100-18722-0

2020 年 8 月第 1 版　　　开本 880×1240 1/32
2020 年 8 月第 1 次印刷　印张 15¼

定价：69.00 元